KB169489

언어 학습의 생태학과 기호학

— 사회문화적 관점으로

언어 학습의 생태학과 기호학

― 사회문화적 관점으로

레오 판 리르 지음

김혜숙·김규훈·김혜련·변정민·이호형 옮김

사회평론

국어교육학회
국어교육번역총서 2

언어 학습의 생태학과 기호학
— 사회문화적 관점으로

2017년 7월 17일 초판 1쇄 인쇄
2017년 7월 28일 초판 1쇄 발행

지은이 레오 판 리르 지음
옮긴이 김혜숙·김규훈·김혜련·변정민·이호형
펴낸이 윤철호·김천희
펴낸곳 (주)사회평론아카데미
편집 고하영·정세민
디자인 김진운
본문조판 아바 프레이즈
마케팅 이승필·강상희·남궁경민·김세정
등록번호 2013-000247(2013년 8월 23일)
전화 02-326-1182(영업) 02-2191-1128(편집)
팩스 02-326-1626
주소 03978 서울특별시 마포구 월드컵북로12길 17

ISBN 979-11-88108-18-3 93700

---

* 일러두기

1. 저자, 서명의 경우 원서의 표기를 존중하고자 하였다.
2. 각 장, 절 도입부의 인용문 서명과 인명은 원어를 그대로 표기하였다.
3. 기타 용어의 번역은 국어교육학에서 통용되는 의미를 고려하고자 하였다.
4. 저자 주는 1, 2, 3, …으로, 역자 주는 *로 표기하였다.

생태학적 국어교육으로 가는 여행의 첫걸음

우리 삶은 우리만의 것이 아니다. 자궁에서 무덤까지 타인과 묶여 있고 과거를 지나 현재를 살며 우리가 저지른 악행과 우리가 베푸는 선행이 우리의 미래를 탄생시킨다.

— 영화 〈Cloud Atlas〉 중에서

'욕망'이라는 전차에 몸을 실은 인간이 도착한 간이역은 행복과 불행이 뒤섞여 있는 혼돈의 공간이었다. 하지만 혼돈 속에도 약간의 질서가 있어 서양과 동양을 나누고, 백인과 유색인종을 차별하며, 남자가 여자보다 높은 지위를 누린다. 물리적 세계의 이원 대립 구조는 근대를 거치면서 자연을 야만으로 만들고, 문명을 문화로 둔갑시켰다. 그리고 정신적 세계 역시 육체보다는 정신에 손을 들어주면서 이성 중심 인간관을 고착시켰다. 그동안 지속되던 평등하고 순환적인 관계는 무게 중심을 한쪽으로 옮기면서 '신자유주의'라는 기관차를 타고 속도를 내기 시작했다.

요즘 한국 사회의 교육 문제 역시 이런 상황에서 자유롭지 못하다. 자율형 사립 고등학교, 누리과정 보육 지원, 무상급식 등의 다양한 한국적 상황은 '가진 자'와 '못 가진 자'의 평등을 추구하기보다는 한쪽으로의 쏠림으로 나타난다. 쏠림 현상의 극단에는 과정은 외면한 채 결과만을 중시하는, 일그러진 욕망들이 꿈틀대고 있다. 그래서 학교 교육은 이제 모든 사람을 객관적으로 평가하여 한 줄로 세우는 것에 익숙하고, 좋은 대학에 들어가는 것으로 한 사람의 모든 것을 평가한다. 보이지 않는 벽은 곳곳에 존재하여 사람과 사람, 사람과 환경과의 소통을 지연시킨다.

우리 사회의 교육적 생태는 원활한 소통을 주요 교육 목표로 삼고 있는 국어교육에도 영향을 주기 마련이다. 국어교육도 역시 입시교육에 매몰되어 있으므로 학습자의 언어적 체험을 중시하여 다채로운 학습으로 유도하는 것을 실행하지 않고 천편일률적인 지식 전달식 학습에 치중된 모습을 보이기 때문이다. 국어교육은 근대적 욕망에 편승한 측면도 있지만, 그것에 거부하는 몸짓 역시 하나의 흐름을 보여 주고 있다. 최근 고시된 국어과 교육과정에서는 국어 교과를 인격 형성 교과로 규정하면서, 사람의 됨됨이를 결정짓는 자질로 '국어'가 핵심적인 역할을 하고 있음을 역설한다. 그런데 삶이 자신만의 것이 아니듯, 한 사람의 자아는 혼자만의 수양이 아니라 타자와의 관계 속에서 대화를 통해 지속적으로 형성된다. 이런 국어교육의 도전은 그동안 잊힌 '관계성의 회복'이라고 할 수 있다. 이제 국어교육은 정확성을 뛰어넘어 창의성과 인성을 향한 긴 여정을 시작하려고 한다.

그러나 국어교육의 새로운 돌파구는 쉽게 찾을 수 없었다. 그동안 국어교육에서는 실제성 중심 교육, 총체적 언어 교육, 현상학적 접근, 뇌과학의 활용, 사회 구성주의, 매체언어 교육 등 일일이 열거하기 어려울 정도로 다양한 시도와 접근이 진행되어 왔다. 그리고 국어교육을 중심축으로 교육학, 심리학, 사회학 등과의 연계를 모색해 국어교육의 지평을 확장하려는 노력이 있었다. 하지만 이러한 다양한 도전은 구심점으로 모여 제대로 힘을 받지 못하고 이곳저곳에 흩어져 표류하는 양상을 보이고 있다.

우리의 연구도 국어교육의 다양한 도전 중 하나에 불과할 수 있다. 우리가 생태학에 관심을 보인 이유는 레오 판 리르(Leo van Lier)가 말하는 것처럼 '생태학적 접근이 한때 강조되었던 주장이나 실천을 하나로 결집하는 데 유용한 관점'을 제공하기 때문이다. 이 책의 저자인 판 리르는 생태학적 접근이 하나의 이론이나 방법이 아님을 언급하면서, 이것은 사고의 방식이자 행동의 방식임을 강조한다. 그러면서 언어와 교육 간의 불가분한 관계를 핵심 키워드로 설정한 후 교육적 관점으로 언어를, 언어학적 관점으로 교육을 다루고 있다. 이것이 우리가 생태학을 연구하면서 이 책을 번역하게 된 까닭이다. 물론 국어교육에서 생태학에 관심을 기울인 시도는 이번이 처음은 아니다. 2000년대 초반에 초등국어교육학회를 중심으로 연구를 진행한 이후 가끔 주목을 받아 왔다. 그렇다고 생태학이 국어교육의 주류 논의에 포함되어 활발하게 연구된 것은 아니다. 당시에는 생태학이 국어교육에 적용될 수 있는 가능성을 염두에 두어 큰 틀을 제시하거나, 생태학의 핵심 요소에 해당하는 관계성, 순환성, 평등성 등이 독서교육에서도 발현될 수 있음을 논의했다. 또한 평가의 측면에서도 연구가 진행되었다. 이는 교실에서의 국어교육이 실제 국어 능력을 향상시키지 못한다는 것에 대한 반성이지만 연구가 곧 현실을 바로잡은 것은 아니었다.

이 책은 인간 활동의 가장 적확한 표현법인 언어의 교육적 관점을 살피되, 언어 학습의 생태학적 접근을 바탕에 두고 이루어진 논리적인 안내서라고 할 수 있다. 이 책에서 강조하는 생태학적 접근은 우리에게 언어와 환경, 학습자와 세계, 언어와 언어, 언어와 학습자, 학습자와 학습자 등의 다양한 관계성을 염두에 두게 한다. 이렇게 볼 때 생태학적 접근은 우리가 입과 몸, 그리고 머리와 가슴으로 드러내는 '말'의 교육적 작용을 전체적으로 조망할 수 있는 관점을 제공한다고 할 수 있다.

이 책은 총 8장으로 구성되어 있다.

1장에서는 생태학적 접근이 교육적인 이론이나 연구, 실습을 수행하는 전통적인 방법의 대안임을 제시한다. 즉, 언어 연구는 환경을 고려하지 않고는 있을 수 없기 때문에 맥락을 통해서만 언어 속으로 들어갈 수 있음을 명확히 하고 있는 것이다.

2장에서는 언어가 물리적·사회적·상징적 세계의 양상뿐만 아니라 그들끼리 서로 섞여 있는 복잡한 체계 내의 네트워크에서 일어나는 의미 행위임을 드러내고 있다. 특히 양파의 층처럼 보이는 언어 층위를 제시하면서 기존의 중심에 해당하는 음성, 단어, 절 등이 해석과 같은 의미 행위를 일으키기 위한 중심이 아님을 증명한다.

3장에서는 기호학의 발달을 검토하면서 소쉬르, 퍼스, 할리데이에 집중하며 기호학이 언어 학습의 복잡성을 고찰하는 데 도움이 된다는 것을 밝히고 있다. 이는 기호학의 다양한 의미 자원들이 언어적 체계를 비롯한 의미 구성 체계와 맞물리면서 정보를 창출하고 끊임없는 상호작용을 통해 활동할 수 있음을 제시한다.

4장에서는 생태학적 접근의 핵심이 되는 '창발'과 '행동유도성'을 언어 교육적 측면에서 살펴보고 있다. 창발은 단순한 요소에 결여된 특성이 복잡한 유기체가 되면 새로운 특성으로 드러나는 현상을 말한다. 행동유도성은 개인의 행동이 환경(언어, 문화, 사회 등)에 유도되어 환경과의 역동적인 상호작용을 통해 지각할 수 있다는 것을 말한다.

5장에서는 언어가 끊임없이 의미를 구성하고 재구성하는 과정이면서 동시에 내적인 대화의 과정임을 제시한다. 이런 대화성 때문에 자아는 지속적으로 형성되고 재구성된다. 즉 현재의 자아(I)는 과거의 자아(me)와 미래의 자아(you) 간의 끊임없는 대화를 통해 형성된다. 이때 정체성이 이들과 연관되는데, 정체성은 특정한 환경과 사회적 관계 속에서 형성됨을 설명하고 있다.

6장에서는 언어 학습의 생태학적 접근을 통해 실제 학습이 일어나는 경로를 탐색하고 있다. 생태학적 접근에서는 언어적 환경이 학습자에게 의미 있게 지각될 때 유의미한 학습이 일어난다. 좋은 교실을 만드는 데 문화적인 차이가 있겠지만, 유의미한 학습이 일어나기 위해서는 학습 환경을 적절하게 바꿀 필요가 있다. 또한 학습자들의 언어 학습이 유인, 투입, 의미 교섭, 행동유도성의 네 가지 학습 경로를 통해 이루어짐을 설명하고 있다.

7장에서는 생태학적 접근이 비판적 관점임을 제시하고 있다. 여기서 말하는 비판적 관점은 특정한 사태를 다루고 해석하고 기록할 때 분명하고 명시적이며 합리적이고 도덕적이며 윤리적인 태도가 적용되고, 결과를 중재하며 변화를 지향하는 것을 말한다. 이를 위해 언어적 다양성 감소, 언어적 인권, 언어 계획과 언어 정책, 기술 발달과 언어 교육, 비판적 언어 연구 등 다양한 측면을 논의하고 있다.

8장에서는 생태학적 접근의 연구 방법론과 실제에 대해 설명한다. 그래서 크게 브론펜브레너의 생물 생태학적 모델, 엥에스트룀과 손의 활동 이론, 체클랜드의 소프트 시스템 방법론을 보여 주고 있다. 그런데 이 세 가지 모형은 모두 과정을 중시하고 풍부한 맥락적 관점을 가지며 실제 학교나 교실들을 탐구 대상으로 했다는 공통점을 지닌다.

이처럼 이 책은 생태학적 언어 교육의 실질적인 모습을 보여 준다는 측면에서 국어교육에 필요한 논의를 제공하고 있다. 이를 통해 생태학을 국어교육에 접목시키는 재개념화를 가능하게 하며, 더 나아가 국어교육을 둘러싸고 있는 여러 학문과의 융복합적 접근을 꾀할 수 있도록 유도한다. 곧 이 책은 기존 언어 교육의 모든 관점을 보여 주고 있으며, 이를 비판적으로 바라보고 새로운 대안으로서 생태학적 언어 교육을 제시하고 있다. 그래서 우리는 이 책을 기존의 언어 교육 담론을 이해하고 싶은 학부생이나 새로운 국어교육의 모습을 찾아 헤매는 국어교육 전공 대학원생과 연구자들에게 추천하고 싶다.

이 책을 번역하는 과정에서, 우리는 생태학을 국어교육적으로 적용한 여러 사례를 연구하여 세상에 내놓았다. 물론 그 작업이 완벽하게 영글었다고 볼 수는 없을지라도, 새로운 길을 걷는 사람이 많아야 길이 가야 할 방향을 제대로 보여 줄 수 있다고 기대했기 때문에 부족한 민낯을 그대로 드러내었다. 이번 작업도 역시 역자들 스스로에게 만족스럽지 못하기는 마찬가지다. 문화학, 사회학, 생물학, 물리학 등 다양한 학문 분야를 넘나드는 저자의 역량에 한참이나 미치지 못하는 안목으로 이를 모두 잡아 보려고 안간힘을 써 보았지만 국어교육적 실천으로 올바르게 번역하고 해석하는 작업은 여간 힘든 게 아니었다. 그럼에도 국어교육에 오랫동안 몸담아 온 역자들의 지혜와 경륜을 길어 올려 최선을 다했다는 것을 밝힌다. 하지만 앞으로 기회가 허락하는 대로 지속적인 보완을 약속할 수밖에 없다.

애초에 이 책의 번역은 국어교육학회의 학문후속세대 양성사업으로 추진된 것이다. 1년의 고된 작업 끝에 부족한 성과물이라도 보여 드릴 수 있었던 것은 국어교육학회의 격려와 관심 덕분이었다. 국어교육학회의 임원진에게 감사드린다. 끝으로 어려운 여건 속에서도 이 책의 학문적 가치를 발견하여 출판을 허락해 주신 사회평론아카데미 출판사의 윤철호 사장님과 편집부 여러분에게도 감사의 인사를 전한다.

2017년 따뜻한 봄날
제주의 반딧불이 마을 '예래'에서
김혜숙 씀

서문

이 책은 언어 학습의 생태학적 접근에 대한 논의를 다룬 것이다. 다만, 모든 것을 완벽히 설명할 수 있는 거대 담론을 제시한 것은 아니다. 특별히 이 책에서 살피고자 하는 것은 바로 생태학적 세계관을 바탕으로 하면서 모든 인간 활동에서 가장 중요한 언어 교육에 대한 논의다.

괴테는 모든 것은 예전에 한 번 생각한 것이지만 그것을 다시 떠올리는 것이 어렵다고 하였다. 현재의 노력 역시 이와 마찬가지다. 만일 혁신적인 생각이 제공되어야 한다면, 이것은 아주 오래 전부터 존재한 생각의 새로운 결합으로 실현될 수 있다. 독자는 이 책에서 바뤼흐 스피노자(Baruch Spinoza)부터 미하일 바흐친(Mikhail Bakhtin), 레프 세메노비치 비고츠키 (Lev Semenovich Vygotsky)부터 마이클 할리데이(Michael Halliday)까지 만날 수 있을 것이다.

이 책에서 다루는 내용은 의도적으로 넓게 설정하였는데, 이는 언어 학습과정부터 언어 지도 전문성에 이르기까지 많은 주제를 포괄하기 때문이다. 이들 주제는 언어, 지각과 행동, 자아, 학습, 비판적 교육학, 연구 등을 포함한다. 동시에 생태학의 거시적이고 미시적인 측면을 모두 살펴볼 것이며, 이론적이고 실천적인 관점 각각에서 생태학적 화두를 제안해 보고자 한다. 이에 따라 이 책에서는 실천가와 이론가 모두에게 도움을 주기 위하여 알기 쉬우면서도 도전적인 주제를 다루고자 한다.

생태학적 접근은 한때 강조되었던 주장이나 실천을 하나로 결집할 수 있다는 점에서 유용하다. 대부분의 주장이나 실천은 서로 다른 이론적 방향이나 아주 훌륭하고 잘 짜인 수업 형태에서 도출되었는데, 생태학적 접근은 이들에 대하여 일관성과 방법론적 논증을 제공할 수 있다. 다시 말해서 생태학적 접근은 다양하면서도 같은 맥락을 유지하는 이론적 접근에 활력을 불어넣어 줄 수 있다. 몇 가지의 그러한 접근을 간략히 제시하면 다음과 같다.

먼저 그것들 가운데에는 사회문화 이론(Socio-Culture Theory: SCT) 범주에서 논의되는 작업이 있는데, 이들은 비고츠키와 바흐친(브루너, 미드, 롬메트베이트 등의 후기 작업도 포함됨)을 기저에 두고 있다. 사실 생태학과 사회문화 이론은 공통점이 많은데, 이들에 대해서는 1장에서 자세히 제시할 것이다.

또한 생태학은 사회문화 이론에 이론적 영향과 교육학적 초점을 제공할 수 있다. 예를 들어, 기호학과 언어의 이론은 사회문화 이론에 필요한데, 그러한 이론에 대한 기초 작업을 2장과 3장에서 논의하고자 한다.

생태학은 언어학에서 중요하면서도 주목할 만한 성과를 보이고 있다(이에 대해 필과 뮐호이슬러는 최근 논저에서 생태언어학이라고 불렀다). 이는 더 나아가 언어 접촉, 정책, 언어적 권리 등으로 그 초점을 확장해 갔다. 이 작업은 필수적이기는 하지만(이에 대해서는 2장과 7장에서 설명한다) 생태학적 심리학이 좀 더 넓고 거시적인 관점의 논의를 다루고 있다. 예를 들면 유리 브론펜브레너(Urie Bronfenbrenner)의 발달생태학(developmental ecology)

과 제임스 깁슨(James Gibson)과 엘리너 깁슨(Eleanor Gibson)의 시지각 (visual perception) 이론을 들 수 있다. 4장과 6장에서는 언어 학습에서의 더욱 미시적인 관점을 논의하고자 하는데, 여기에 행동–지각에 대한 논의 와 창발(emergence), 행동유도성(affordance), 비계(scaffolding)와 같은 개념 설명이 포함된다.

무엇보다 최근 중요하게 부각된 논의 가운데 하나는 자아와 정체성이 다. 이 영역에 대한 연구는 여전히 더디고 실험적이다. 몇 년 후에는 교육학에서도 이 영역이 매우 중요한 문제로 부각될 것이다. 이와 관련하여 5장에서는 바흐친, 나이서, 윌리 등의 논의를 바탕으로 사회적·문화적·시간적·공간적 자아에 관한 생태학적 관점의 토대를 구축하고자 한다. 이는 단지 시론에 불과한데, 앞으로 수년에 걸쳐 정치, 이념, 그리고 제도를 비롯한 수많은 측면에서 자아와 정체성에 대한 논의의 체계를 수립해 나가야 할 것이다.

이 책은 언어 교육에 생태학적 세계관을 불어넣기 위한 초기 시도일 뿐이다. 아마도 이들 논의에는 큰 간극, 부정확함, 그리고 모호한 영역이 존재할지도 모른다. 세련된 작업이라기보다는 밑그림을 그리는 기초 작업이지만, 이 책이 생동감 넘치는 후속 논의를 위한 사고와 행동의 자양분을 제공할 수 있을 것이다.

앞서 제시한 괴테의 문장을 조금 변형한다면(아마 괴테는 이러한 언어유희를 허용할 것이다), 아무 것도 예전에 끝나지 않았지만 진정한 어려움은 우리가 지금 끝낼 수 있다는 생각을 막는 것이다. 부디 독자가 이 책의 내용을 지지하든 혹은 그에 대한 반론을 펴든, 이 책을 통해 생각과 실천에 대한 자극을 받기를 기대한다.

감사의 글

이 책은 수년간의 연구와 교수를 바탕으로 저술되었다. 가족들만큼이나 익숙한 제자들, 교사들, 친구들을 알게 된 것은 행운이었다.

사회문화 이론, 생태학, 그리고 기호학에 대한 연구를 시작한 이후 책의 많은 부분을 집필하는 동안 2002년에 대학원 세미나를 지도한 적이 있었다. 이들 세미나의 주제는 '언어 학습의 생태학'이었는데, 3월부터 5월까지는 오클랜드 대학교에서, 7월에는 펜실베이니아 주립대학교에서 개최하였다. 이 두 세미나는 책의 전체 구도를 설계할 수 있도록 해 주었으며, 방대한 양의 관련 내용을 이해하는 데 도움을 주었다. 따라서 누구보다 그 세미나에 열정적으로 참석하여 논의하고 날카로운 질문을 하거나 의문을 제기하며, 때로는 참기 힘들었겠지만 인내심과 배려심을 보여 준 학생들에게 깊은 감사의 뜻을 전하고 싶다. 이와 더불어, 몬트레이 국제대학원의 제2언어 습득과 관련된, 성공적인 대학원 수업은 생태학과 기호학에 대한 강박관념에서 벗어날 수 있게 해 주었다. 특히 맥스 캐이드(Max Kade) 언어와 공학 센터의 센터장을 맡으면서 밥 콜(Bob Cole)과 동료들의 창의적인 작업을 통해 혁신적인 프로젝트 기반 교육과정에 적용되는 컴퓨터 기반 언어 수업을 접할 수 있었다.

이와 더불어 동료 스티브 손(Steve Thorne)에게 특히 감사의 인사를 전하고 싶다. 그는 불충분한 진행 상황에서 전체 원고를 모두 살펴보면서 터무니없는 논지로 빠지지 않게 해 주면서 동시에 훌륭한 제안을 많이 해 주었다. 또한 몬트레이 국제대학원의 동료 케이시 베일리(Kathi Bailey)는 이 책의 초반부를 살펴보면서 의미 있는 조언을 해 주었다. 한편 연구 조교로서 훌륭한 능력을 갖춘 레티카 파스트라나(Leticia Pastrana)는 각 장과 참고문헌을 정리하고 논의의 간극과 과잉을 조절하며 작업의 진행에 실질적인 도움이 되는 제안을 해 주었다. 리-엘렌 마스칼(Lee-Ellen Mascal)과 사라 스프링거(Sarah Springer) 역시 조교로서 최종 탈고와 구성 방식 점검을 진행하였다. 마지막으로 클루베(Kluwer) 학술출판사에서 출판 원고를 전체적으로 검토하고 인자한 조언과 제안을 해 준 두 동료에게도 감사의 인사를 전한다. 이들 모두의 도움과 영감 없이 결코 이 책은 세상에 나오지 못했을 것이다. 좀 더 나은 책으로 출판하지 못한 필자의 부족함을 돌아보며 그들의 도움에 깊이 감사한다.

차례

04 창발과 행동유도성

05 자아와 언어 학습

06 언어 학습의 경로

도입: 왜 생태학인가

1. 교육 속의 언어: 뒤섞인 감정들

언어가 없는 학교를 상상해 보라. 설명이나 토론, 연습이나 꾸지람이 없는 교실. 교사도 학생도 자신의 의견을 말하지 않는 교실. 고요한 복도와 아무 소리도 나지 않는 스피커. 어떤 대화도 들리지 않는 행정실과 교장실. 관할 교육청에서 전화 한 통 오지 않으며, 이메일도 팩스도 안내 방송도 없는 학교를. 언어가 없는 환경에서는 교육과 관계된 어떤 활동도 진행될 수 없다. 우리의 교육 체계에서 언어는 교육 활동을 조직할 뿐만 아니라 교육 과정을 지도하고 조종하며 평가한다. 좀 더 진지하게 말하자면 언어는 교육을 창조하고, 교육을 지속시키며, 교육을 재생산한다.

분명히 말해서 언어가 없는 학교는 존재할 수 없으며, 교육도 할 수 없다. 모든 학교, 모든 교실에서 언어는 교육을 실행하는 도구일 뿐만 아니라 교육의 체계를 조직하는 주요 수단이다. 학생 기록, 학교 관련 각종 자료들, 학교의 행동 규정, 교육 목표 등에서 점심 메뉴, 연극 동아리의 저녁 공연 홍보물 등에 이르기까지 학교생활에서 언어가 스며들지 않은 것은 하나도 없다.

이뿐만이 아니다. 언어는 인간의 감각 체계나 기억은 물론 개인의 정체성을 창출하고 함양하는 모든 이야기와 밀접하게 관련된 메시지 체계의 일부다. 이러한 모든 연관된 것들과 언어를 분리하는 것은 불가능하며, 언어와 교육을 분리하는 것도 불가능하다. 이러한 관점은 생태학과 기호학이라는 두 분야와 언어를 연결하는 중요한 단서다.

학교를 졸업한 지 십 년, 이십 년 혹은 사십 년 후에 우리는 무엇을 기억할 것인가? 그 시절에 경험한 여러 가지 성공과 실패, 좋았던 순간들과 나빴던 순간들을 무엇으로 떠올릴 것인가? 누군가 "결국 당신이 배운 것은 무엇인가?"라고 질문한다면, 무엇이라고 대답할 것인가?

우리는 어떤 순간을, 기억할 만한 사건을, 그리고 갑작스럽게 닥쳤던 수많은 일을 떠올리게 될 것이다. 다시 한번, 기억은 언어를, 언어는 기억을 불러올 것이다. 학교생활은 기억된 이야기, 이야기된 기억이 된다. 교육을 서술 혹은 이야기로 바라보는 방법은 학교 교육을 기관이나 관료로 이해하는 관점, 이를테면 예산과 건물에 명시되어 있는, 그리고 행정가, 교사, 학생, 학부모 집단의 투쟁으로 정의되는 지배적인 관점에 대하여 강력한 균형추로 기능할 것이다.

학교 교육과 언어 학습에 관한 생태학은 교육의 담론과 제도적인 구조를 함께 고려한다.

2. 교육에서의 언어

이 책은 생태학과 사회문화적인 관점에서 고찰한 언어 교육 분야의 개론서다. 서론에서는 이 책이 취하게 된 관점의 배경을 설명한다. 그 과정에서 생태학이 무엇을 의미하는지, 그리고 교육에서 언어가 행하는 역할에 대하여 왜 다른 견해를 제안해야 하는지 드러날 것이다. 필자로서 이 책의 관점이 일반적인 교육에서, 특히 모국어와 제2외국어 교육에서 언어가 수행하는 역할에 대하여 상이하면서도 새롭게 접근한 방법이라는 사실을 독자들이 확신하기 바란다.

교육에서 언어의 역할은 모국어와 제2언어 학습 혹은 외국어 학습에만 한정되는 것이 아니다. 언어는 전 교과에 걸쳐 모든 교육적인 행위에 스며들어 있다. 이 책에서는 필자가 주로 경험해 온 분야인 제2언어 혹은 외국어 교육 사례를 자주 제시하며 설명하지만, 대부분의 논의는 과학, 언어, 수학, 체육, 미술과 그 밖의 어떤 것이든 교과 전체 분야의 교육 활동과 관련되어 있다. 모든 교육은 언어 교육이다. 왜냐하면 언어는 사람의 됨됨이를 결정하는 자질이기 때문이다.

언어와 교육은 실제적인 차원에서는 매우 밀접한 관계를 보인다. 그러나 이론적이고 학술적인 수준에서 교육학과 언어학이라는 두 학문 분야는 전혀 다르게 나타난다. 앤디 하그리브스(Andy Hargreaves, 1994)가 강조한 '발칸제국화(balkanization)'*라는 학술적인 구분은 언어가 수행하는 역동적이고 중심적인 역할에 집중하는 것을 어렵게 한다. 이 글의 생태학적인 설명을 통해서 언어와 교육에 대한 더욱 통합적이고 총체적인 관점이 교육의 본질을 좀 더 깊게 이해할 수 있도록 도와 줄 것이다.

초기 저서(van Lier, 1994a)에서 필자는 '교육언어학(educational linguis-

·········

* 어떤 나라나 지역이 서로 적대적이거나 비협조적인 여러 개의 작은 나라나 지역으로 쪼개지는 현상을 일컫는, 지정학적 용어다. 이 용어는 다른 종류의 분열에도 비유적으로 쓰이는데, 예를 들어 인터넷이 고립된 여러 개의 섬처럼 나뉘어 있는 현상이나 국제 협력 관계가 서로 적대적인 정책 때문에 깨지는 경우 따위가 해당된다. 또한 사람의 언어, 프로그램 언어나 데이터 파일 포맷 등이 분화·발전하는 것을 나타내는 데에도 쓴다(http://ko.wikipedia.org).

tics)'이라는 새로운 학문 분야를 논의한 바 있다. 만일 인류의 지식과 활동 중에서 사회적·역사적·정치적으로 구성되고 제도화된 영역, 특히 자신의 고유한 담화 활동, 학술적 분야, 저널과 학회, 회원과 전문직 종사자들을 갖고 있는 영역을 학문 분야로 정의한다면(Bourdieu, 1991 비교), 교육언어학을 학문 분야라고 할 수는 없다. 그러나 수많은 대학의 학과들은 교육적이고 언어학적인 목표 또는 '언어 교육(language education)'에 초점을 두는 목표를 분명히 갖추고 있다(van Lier, 1994a; Brumfit, 1997; Hornberger, 2001 참조). 이들 대학들은 '교육언어학'으로 불리는 전공들뿐만 아니라 응용언어학이나 제2언어로서의 영어, 제2언어 습득, 언어 연구, 현대 언어 등으로 일컬어지는 전공 과정들을 운영하고 있다.

이 책에서 사용하고 있는 언어 교육 생태학(ecology of language learning), 그리고 교육언어학(educational linguistics)이라는 용어를 이해하는 가장 좋은 방법은 분리된 분야로서가 아닌 '초학문적인' 시도로 보는 것이다(Halliday, 2001). 필자가 이미 다른 책(van Lier, 1994a; 1994c)에서 언급한 바와 같이 집도 없이 방랑하고, 학문적으로 구현하기도 어려우며 게다가 독점권도 없는 이 연구 분야(또는 분야의 희망)는 다음과 같이 두 가지 방법으로 언어학과 교육에 유용하게 기능한다.

a) 언어학적인 면: 다른 공동체의 이론 언어학에 영향을 미칠 것이다. 학교에서의 언어 교육과 실제 세계에서 언어학 이론의 타당성, 그리고 전 세계의 학부생과 대학원생의 언어학 교육을 향상시킬 수 있는 언어 학습과 언어 사용(Firth & Wagner, 1997)에 관한 교육적인 문제에 영향을 줄 것이다.

b) 교육적인 면: 교사들의 교육에서 언어 연구를 더욱 중요하고 흥미로운 분야로 만들 것이다. 언어적으로 점점 다양해지는 학생들로 구성된 교실

상황에서 특히 그러할 것이다(Trappes-Lomax & Ferguson, 2002).

이 책의 언어 교육에 대한 생태학적 접근법은 언어와 교육 간의 불가분의 관계를 핵심으로 삼는다. 필자는 교육적 관점으로 언어를, 그리고 언어학적 관점으로 교육을 바라본다. 이 관계는 실용적이고 교육적인 관점과 이론적이고 철학적인 관점을 함께 요구한다. 이 책에서 좀 더 발전시킨 생태학적 접근법은 하나의 이론이나 방법이 아니다. 이것은 사고의 방식이자 행동의 방식이다. 그러나 이 방법은 언어학과 교육 두 분야에서 특정한 이론적인 위상을 차지하게 될 것이며, 이어지는 장(章)들에서 윤곽이 드러날 것이다. 이 논의는 이미 만들어진 정답이나 처방을 제공하려는 것이 아니다. 사고를 위한 거리를 제공하고 언어와 교육에 관한 성찰을 권장하며 나아가 비판적인 논의를 자극하는 데 목적이 있다.

3. 생태학: 심층과 표층

지구에는 피부가 있고, 그 피부에는 여러 가지 병이 있다. 그 병들 중 하나는
인간이라 불린다.
— Friedrich Nietzsche(1844~1900)

생태학[1]이 과학적인 학문으로 정립되기 시작한 것은 19세기 중반 독일인 생물학자 에른스트 헤켈(Ernst Haeckel)이, 유기체가 다른 모든 유기체와 맺는 관계 전체를 나타내기 위해 이 용어를 고안한 데서 비롯되었다

....

1   접두사 'eco'는 '가정(household)'을 의미하는 그리스어(oekos)에서 유래된 것이다.

(Arndt & Janney, 1983). 원래 생태학은 환경(생태권 또는 생물권) 또는 특정 생태계에 대한 연구와 관리를 의미했다. 그러나 오늘날은 인류가 지구와 지구상의 무생물과 생물을 개발하고 조정하는 것이 권리이자 운명이라고 생각한 데카르트와 그의 동시대인들에게서 유래된 과학적이거나 합리적인 것(인간 중심적인 세계관)과는 전혀 다른 세계관을 의미하는 것으로 사용되고 있다. 오히려 생태학적 세계관은 '환경 중심적 또는 지구 중심적'이며, 인간을 더욱 거대한 자연계의 질서 또는 거대한 생명 시스템인 '가이아'(살아 있는 지구; 남북 아메리카와 그 외 다른 지역의 토착민들뿐 아니라 Capra, 1996; Goldsmith, 1998, Lovelock, 1979에서 언급)의 일부라고 가정한다. 생태학에 대한 이러한 관점을 노르웨이의 철학자 아르네 네스(Arne Naess)는 생태계를 조종하고 관리하는 방법을 연구하는 '표층생태학(shallow ecology)'과 대조하여 '심층생태학(deep ecology)'[2]이라고 불렀다(Allen & Hoekstra, 1992).

생태학은 환경과의 관계 속에서 유기체를 연구한 이래로 일종의 맥락화된 혹은 상황화된 연구 유형이 되었다. 전통적인 과학은 개념적으로 혹은 실험적으로 환경을 조절하고, 나아가 복잡한 특정 현상을 관찰, 조작, 측정할 수 있도록 선택한다. 이러한 절차의 가치는 의심의 여지가 없었으며, 수세기에 걸쳐서 과학과 기술의 많은 영역에서 거대한 진보를 가져왔다. 그러나 전 세계의 환경 문제와 생태계의 악화라는 면에서 과학의 발전이 비싼 대가를 치르고 있다는 것 또한 틀림없다. 이러한 현실에 대응하여 생태학적 연구는 기본적으로 두 가지 방향에서 진행되어 왔다. 한 가지는 인간 활동과 자연 재해에 대한 환경적인 영향을 최소화하여 해결하거나 혹은 이를 예방하기 위해서 전통적인 과학의 방법을 사용하는 것이다. 이것

....

2 관련된 운동으로는 생태 페미니즘과 급진적 생태학이 있다.

은 앞 단락에서 언급한(표층생태학) 환경에 대한 관리를 말한다. 이 방법은 환경 공학, 폐기물 관리, 재활용, 재삼림화, 환경오염 관리, 기타 등등과 같은 분야를 포함한다. 이것은 공기와 물의 특정 입자를 측정하고, 생태계에서 중대한 종의 존재를 추적하고 확인하며, 도시의 배수로나 습지의 영향을 연구하는 것 등을 수반한다.

또 다른 접근 방법은 복잡하고 긴밀한 과정이 결합하여 하나의 환경을 생산할 수 있는 새로운 연구 방법을 모색하는 것이다. 이 방법(일명 '심층생태학')은 체계 이론과 인공두뇌학과 관련되며 최근 몇 년간은 혼돈(chaos) 이론, 복잡성 이론과 연관되었다(8장 참조).

두 가지 관점 모두 교육적인 연구와 실천을 제공할 수 있다. 사실상 이들은 서로 배타적일 필요가 없다. 생태학적 공학, 경영, 그리고 보수는 환경이 극도의 스트레스를 받는 세상에서 필요하다. 그리고 다소 믿기지 않겠지만 교육적·사회적·경제적인 구조에도 마찬가지로 적용될 수 있다. 생태학적 연구는 이해와 논의를 제안하는 것에 도움을 줄 수 있다. 그러나 그 지배적인 동력은 잘못된 것을 끊임없이 고치는, 일종의 위기 경영이 되기 쉽다. 게다가 이 관점은 모든 것이 '고쳐질 수 있다'(아마도 거짓인)는 인상을 창조할 수 있으며, 착취와 오염이라는 현상도 지속시킬 수 있다. 두 번째 접근(심층생태론)은 그러한 '고침'만으로는 충분하지 않으며, 비전이나 목표, 변화에 대한 명백한 이념이 덧붙여져야 한다고 제안한다(일종의 비판적인 관점). 그리고 이것이 언어 교육에 대한 생태학적 관점을 위하여 내가 주목하는 것이다.

생태학적 접근은 다음 장들을 통해 서로 다른 방법들로 다루어질 많은 특징이 있다(심층생태학, 비판생태학에 관한 정교한 논의는 7장 참조). 각각의 생태학적 접근은 서로 배타적이지 않으며, 전체적으로 볼 때 언어 교육에 대한 새로운 관점에 도달한다. 다음은 안내 활동이나 목표를 서술한 것으로 특별한 순서 없이 주요 특징들을 간략하게 제시한 것이다.

관계(relations)

생태언어학(Eco-Linguistics: EL)은 사람과 세상 사이의 관계로서 언어에, 그리고 사람과 세상을 더욱 효과적으로 연계시킬 수 있는 방법으로서 언어 학습에 초점을 둔다. 이때 중요한 개념으로 행동유도성(affordance)이 있다. 행동유도성은 유기체(우리의 경우에는 '학습자'를 의미)와 환경 사이의 관계를 의미하며 행동의 기회 또는 억제를 나타내기도 한다.[3] 환경은 활동의 무대를 제공하는 모든 물질적·사회적·상징적인 행동유도성을 포함한다. '관계'라는 개념은 언어, 학습, 행동, 커리큘럼 등 이 책에서 논의하는 모든 주제에 스며들어 있다. 언어를 대상의 집합체로서가 아니라 일종의 관계 체계로 이해할 경우 언어학을 정의하거나 학습을 개념화하는 방법에 많은 영향을 미칠 것이다(Halliday, 1993; Harris, 1996; Saussure, 1983 참조).

맥락(context)

생태언어학은 맥락을 단지 언어를 둘러싼 무언가로 생각하는 것이 아니라 실제로 언어를 정의하고 동시에 '언어에 의해' 정의되는 어떤 것으로 간주한다. 연구를 하다 보면 "맥락을 고려하라"는 조언을 들을 때가 있다. 이들 조언은 맥락의 양상, 양, 정도 등에 대한 의문을 불러일으킨다. 뿐

....

3 행동유도성이 행위를 유발할 뿐만 아니라 억제할 수도 있다는 것은 매우 이상하게 보일 수 있다. 우리는 4장에서 이에 대해 이야기할 것이 좀 더 많을 것이다. 그러나 지금은 뜨거운 난로를 상상하라. 난로는 주변의 사람들에게 도움이 될 수 있는 수많은 가능성을 가지고 있다. 우선 행위에 대해 말하자면, 난로는 요리라는 행위를 가능하게 하고, 추운 겨울날 저녁 따뜻하게 데워진 방에서 서로 대화할 수 있게도 한다는 것 등이다. 행위를 억제하는 차원에서 말하자면, 그것은 당신을 태울 수도 있으니 닿는 것을 억제해야 한다.

만 아니라 이들은 맥락 관련 정보는 보충적인 성격으로 덧붙여져야 한다고 제안한다. 그러나 생태학에서 맥락은 문제의 중심이다(Drew & Heritage, 1992; Duranti & Goodwin, 1992 참조).

패턴(patterns), 체계(systems)

생태언어학은 언어를 패턴의 패턴으로, 체계의 체계로서 이해한다. 그 레고리 베이트슨(Gregory Bateson)이 종종 말해 왔던 '연결된 패턴'이다. '패턴'과 '체계'와 같은 단어들은 '규칙'과 '구조' 같은 개념들을 회피한다. 후자는 시·공간을 넘어서 동일하거나 다소 고정된 사건이나 상황들에 대해 미리 결정되거나 예측될 수 있는 상태와 관련된다(Bateson, 1979; Capra, 1996 참조).

창발(emergence)*

생태언어학은 언어 학습을 점진적이고 직선적인 것이 아니라 창발적인 것으로 여긴다. 창발은 비교적 간단한 요소들이 결합하여 더욱 고차적인 언어 체계를 형성할 때 일어난다. 전체는 부분들의 합 이상일 뿐만 아니라 부분들과는 전혀 다른 성격의 것이다. 새로운 체계는 다른 구조이며 그것을 발생하게 한 단순 성분들과는 전혀 다른 의미들과 기능의 패턴을 지

....

* 'emergence'는 사전적으로 '드러남, 발현'이라는 뜻을 지니고 있다. 여기에서는 이를 '창발'로 번역한다. 창발의 본래 의미에 대해서는 다음을 참고할 수 있다. "단백질 분자는 살아 있지 않지만 그들의 집합체인 생물은 살아 있다. 생명처럼 구성 요소(단백질)가 개별적으로 갖지 못한 특성이나 행동이 구성 요소를 함께 모아 놓은 전체 구조(유기체)에서 자발적으로 돌연 출현하는 현상을 창발(emergence)이라 한다."[S. Johnson(2011), *Emergence*, 김한영 역(2004), 『미래와 진화의 열쇠, 이머전스』, 김영사] 한편 언어학과 언어 교육에서도 '창발'은 이미 널리 사용하고 있는 용어로, 그 의미는 '창의적 발현' 혹은 '창의적 생산'과 비슷하다고 할 수 있다. 무엇보다 부분의 합보다 큰 총체의 특성이 '창발'이라는 말 속에서 생동한다.

닌다. 언어 안에서 문법은 어휘(Bates & Goodman, 1999)에 의해서, 기호는 도구(Vygotsky, 1978)에 의해서, 학습은 참여(Lave & Wenger, 1991)에서 창발된다. 언어 숙달도는 이 모든 변화에서 생겨난다(Hopper, 1998; Johnson, 2001; MacWhinney, 1999 참조).

질(quality)

생태언어학은 연구해야 할 중심 대상으로 질이라는 개념을 만들었다. 교육 경험의 질은 교육 기준과는 상당히 다르다. 그간 교육에 관한 생태학적 목표가 교육의 질과 기준이 다르긴 하지만 서로 관계를 맺고 있다는 사실을 연구하여 교육의 질과 기준을 조화시키려고 애써 왔다. 그러나 이미 오래 전에 아르네 네스는 삶의 질은 삶의 기준과 같지 않다고 지적한 바 있다. 우리의 삶의 기준은 번쩍번쩍 광채 나는 자동차 세 대를 소유하는 것만큼이나 높다. 사람들의 삶의 기준이 높아지면 공기 오염이나 소음의 증가로 동네를 걸어 다니는 것이 더 이상 어려워져서 삶의 질은 오히려 낮아질 것이다. 이러한 상황은 (물론 다른 측면에서) 교육에도 적용될 수 있다. 이를테면 더 어려운 시험과 같은 높은 기준에 집중하느라 음악, 답사, 예술 혹은 지식 자체를 개발하거나 사고의 폭을 넓힐 수 있는 시간은 나지 않게 된다(Naess, 1989; Capra, 1996; Goldsmith, 1998 참조).

가치(value)

생태언어학은 모든 행동, 모든 연구, 모든 실행이 가치 판단적이고, 가치 추동적이며 가치 생산적이라고 주장한다. 그리고 언어 교육은 그것이 무엇이든 간에 또한 언제나 '가치의 학문'(Reed, 1996)이라고 한다. 이것은 과학(res cogitan)에서 신학(res extensa)을 분리한 전통적인 데카르트적 과학의 이상에 반대한다. 과학이라는 거대한 사업의 목표는 "과학의 중요한 영역을 조각해 내어 신학적 조종이라는 족쇄로부터 자유로울 수 있게 하는 것, 동시에 과학이 신학의 영역을 지배하기 위해 협박하는 것이 아니라며 교회를 안심시키는 것"이었다(Goldsmith, 1998: 6). 지금까지의 결과로 보아 과학은 오늘날에 치명적인 결과들과 함께 도덕성이나 사회적 관심과 같은 문제들을 여전히 남겨 놓았다. 이러한 사실은 노엄 촘스키(Noam Chomsky)가 자신의 과학적인 연구(일반 언어학)를 왜 정치적 행동과 분리했는지, 나아가 그 두 가지가 관련된다는 것을 왜 납득시킬 수 없었는지를 보여 준다. 대신에 생태언어학은 다른 방법으로 과학(그리고 생산과 소비의 과정)을 일종의 비판적이고 도덕적인 대기업으로 정의할 수 있다고 혹은 해야만 한다고 주장한다(Bowers, 1993; Capra, 1996; Goldsmith, 1998 참조).

비판적(critical)

만일 언어 교육을 맥락적인 관점에서 생각한다면, 만일 양보다 질을 우선시한다면, 그리고 이른바 객관적인 사실이나 현상보다 가치에 초점을 둔다면, 우리의 접근 방법은 불가피하게도 비판적인 것이 될 것이다. 다시 말해, 우리가 분명히 표현해 온 특정 목표나 이상보다 더 발전된 교육적인 행위들을 연구할 것이다. 만일 그렇게 하지 않는다면, 이러한 목표와 이상을 더욱 발전시킬 수 있는 행위들을 정교하게 할 것이다. 비판적인 관점에서는 실제로 일어나고 있는 것(다시 말해서, 우리가 하고 있는 것)과 (우리의 원칙, 도덕적 가치 등에 따라) '일어나야 한다'고 생각하는 것이 지속적으로 평가되어야 한다. 이것은 어떤 특정한 사고방식에 대한 주입이라기보다 오히려 잘 표현된 원칙들과 개인적인 확신을 바탕으로 한 비판적인 사고와 행동에 대한 요청인 것이다. 원칙적인 행동에 대한 권력과 제약이라는 개념(관료주의적이고 비합리적인 통제와 같은 다른 형식에 의한)은 사고와 행동에 대한 어떤 비판적인 접근에서 분명히 드러날 것이다. 그리고 그것이 실현될 때 비판적인 생태학은 운동가의 면모를 보인다(Bowers, 1993; Pennycook, 2001 참조).

가변성(variability)

교사는 아마 자랑스러운 마음으로 이렇게 말할 수도 있다. "나는 학생들을 모두 똑같이 대한다." 그러나 이 문제에 대해 같은 나이의 학습자인 아이들은 서로 다르다고 할 것이다. 교사의 동등한 대우는 교육적인 관례일 뿐이다. 일반적으로 교육 기회, 특히 수업 기회에서 학습자들은 많은 차이를 보인다. 좋은 교사는 학습자를 이해한다. 이것은 차이를 고려해야 한다는 뜻이다. 그러나 더욱 미시적인 수준에서의 가변성도 있다. 교육 체제는 정책 입안자들이 제안했지만 평등한 것이 되기는커녕[4] 실제로는 지역적·사회적·경제적인 경계를 넘어 불평등을 만들어 낸다. 어떤 나라든 학교는 평등하게 창출되지 않았다. 그래서 역설적으로 보일지라도 학교 체제는 균질화하는 동시에 선별한다(Bourdieu, 1991; Gardner, 1993; McLaren, 1998 참조).

다양성(diversity)

다양성은 가변성과 관련되지만 같지는 않다. 가변성은 서로 다른 학습자가 학습하는 방식, 그리고 이것이 교사들에게 어떤 의미를 가지는가와 관계가 있다. 반면에 다양성은 교실(학교)이 대략 규정되었다고 해서 동질적으로 구성되었다기보다는 서로 다른 학습자들과 교사들로 그리고 더욱 일반적인 의미로 사회가 서로 다른 부류의 사람들로 구성되는 것을 말

....

4   미국의 조지 부시 행정부가 평등 정책으로 제시한 "뒤처지는 아이는 없다"라는 슬로건으로 인해 기금 모금액은 급격하게 줄어들었다. 그러나 특히 '빈곤층 학교에서 아이들을 뒤에 남기지 않겠다'는 정책의 실현으로 인해 시험이 평준화되었다. 부시 자신은 학교의 청소년들을 대상으로 유창하게 연설하면서 이렇게 말했다. "시험을 치는 것은 재미없다. 최악이다!"(TV 뉴스, 2002)

한다. 생물학에서 다양성이란 생태계에서 본질적이다.[5] 마찬가지로 (언어, 민족성, 종교, 흥미 등에서) 다양한 사회가 오랫동안 동질적인 사회보다 더 건강한 상태를 유지할 것이다. 게다가 배워야 할 언어는(모국어든, 제2언어든) 하나의 표준화된 부호로서가 아니라 방언, 장르, 사용자들의 집합체로서 나타난다. 학습자들은 때때로 언어가 방언, 문화, 사회적 관습의 다양성으로 나타나는 것에 내색을 하지는 않지만 당황할 수도 있다. 그러나 사실상 존재하지 않는 일반화인 동질적인 언어와 단일한 언어 공동체를 제시함으로써 궁극적으로 더 큰 혼란이 야기될 수 있다. 적절한 언어와 의식적인 행위를 배우면서 학습자는 완벽하게 다양성을 이해할 수 있게 된다. 그 결과 그들의 주변, 가정, 공동체, 학교, 그리고 세계 도처에서 언어 안에 존재하는 것을 쉽게 정립할 수 있다. 독자들은 이것이 합리적인 논쟁이라기보다는 오히려 매우 어렵고 부담스러우면서도 열정을 불러일으키는 주제라는 것을 알게 될 것이다(Phelan & Davidson, 1993; Miramontes, Nadeau & Commins, 1997 참조).

활동(activity)

생태학적 언어학자들은 언어와 언어 학습을 활동 영역으로서 탐구한다. 교실 앞에서 학급회장이 (교육 토론의 형식으로) 제안한 지식을 그저 수동적으로 흡수하는 빈 머리들이 있는 교실 모습은 지워라. 대신에 눈앞에 다음과 같은 장면을 떠올려 보라. 학습자가 다양한 활동을 수행하고, 함께 일하고 혹은 그들 스스로 교육이라는 업무를 바쁘게 행하는 실천의 공동체를. 이러한 생태계에서 학습자는 자율적이다. 다시 말해 그들은 사회적

....

5   이에 대해서는 7장에서 더 자세하게 다룬다. 생태학적 관점에서, 더 많은 다양성이 반드시 더 좋은 것만은 아니다. 그러나 다양성의 감소는 언제나 생태계에 해롭다. 결정적인 변수는 균형이다.

인 맥락 안에서 자신들의 행동의 의미가 규정되는 것을 허용한다(Shotter, 1984: 147; Oyama, 2000: 189에서 인용). 그러나 생태학적인 관점에서 자율성은 독립성이나 개인주의를 의미하지 않는다. 그것은 자기 정체성을 가지고 행동하는 것, 단어를 말하는 목소리를 갖는 것, 그리고 그 사람이 속한 행동 공동체 안에서(Wenger, 1998) 행동과 말에 정서적으로 연결되는 것을 의미한다(Damasio, 2003). 이러한 유형의 자율성은 바흐친이 주장하는 것과 유사한 의미(Bakhtin, 1981), 즉 사회적으로 생산되지만 전용되어 그 사람 고유의 것이 된다는 점에서 대화적이다(Engeström, Miettinen & Punamäki, 1999; Wenger, 1998 참조).

이상의 모든 특징은 앞으로 이 책에서 좀 더 상세한 고찰을 위한 토대가 된다.

4. 사회과학에서의 생태학

우리는 사회과학에서 생태학적 연구의 몇몇 광대한 분야, 예컨대 인류학, 교육학, 심리학, 그리고 언어학을 구분할 수 있다. 이 학문 분야들은 각각의 영역을 갖고 있지만 수많은 방법과 방향 안에서 한데 섞인다. 이들 학문 주변과 그 위에는 철학적이고 윤리적인 세계관이 존재한다. 여기서는 고전적인 기본 텍스트에 초점을 맞출 것이며, 이어지는 장(章)에서 현재의 작품들이 이들 토대 위에서 얼마나 세부적으로 축조되었는가를 탐사할 것이다.

로저 르윈(Roger Lewin)은 혼돈과 복잡성에 관한 저서(1993)의 서두에

....

* AD 100년경부터 근대까지 미국 애리조나·뉴멕시코·콜로라도·유타 접경 지역에서 발달했던

서 뉴멕시코의 차코 캐니언(Chaco Canyon)을 여행한 경험을 서술하며 아나사지 문화(Anasazi culture)*의 불가사의한 실종을 언급하고 있다. 분명히 그 지역에서 한때 번성하고 발달했던 사회가 대략 천 년 전에 갑자기 이해할 수 없을 정도로 붕괴된 것이다. 여기에 대해서는 명확하게 설명하지 못했다. 그러나 혼돈 이론과 복잡성 이론은 이런 현상에 대해 복합적 적응 시스템의 발전과 고요한 시기 이후에 갑작스럽게 닥친 거대한 변화를 초래한 요인들이 함께 작용하는 것으로 이해한다. 표면의 복잡함은 저 깊은 곳의 단순함에서 생기고 거대한 변화는 작은 사건에서 시작된다(나비효과—8장 참조).

혼돈과 복잡성 이론을 언어 학습에 적용할 경우(Larsen-Freeman, 1997, 2002) '학습'에 대하여 중요한 방법들을 많이 끌어낼 수 있다. 사회적인 생태계(가족, 교실, 학교 등—Bronfenbrenner, 1979 참조)를 포함하여 생태계 내에는 수많은 결과가 예측할 수 없고 조절되지 않는, 다시 말해 혼돈스러운 방법으로 나타나고, 왜 그런지는 모르지만 모든 운동과 상호작용이 진행되는 가운데 사회적인 체계라는 복잡한 질서가 생긴다. 이러한 질서는 고정적이라기보다는 역동적이며 환경 내의 활동적인 참여자를 위해 행동유도성을 부여한다. 교육은 좀 더 추가적인 행위를 위하여 선택되고 개발된 행동유도성의 일부로 부각된다. 상황 학습에 대한 관점은 투입이 산출을 가져오고, 결과가 원인을 전제하는 과학적 접근의 가정들과는 상당히 다르다. 이러한 관점에서 학습에 대한 연구는 전통적인 실험 과학의 방법으로는 효과를 기대하기 어렵다. 새로운 과학적인 연구 방법이 필요하다.

오랫동안 많은 사람이 사회과학(인간 과학, 인문학 등)을 과학적인 지형도 위에 놓으려고 노력해 왔다. 고대 중국 철학이나 인도 철학, 아프리카,

....

북아메리카 문명(두산백과사전: http://terms.naver.com/entry.nhn).

미국, 유럽의 이야기 전통, 고대 그리스와 에트루리아의 사상 등과 같은 전통들에서 '과학적인 것'과 '비과학적인 것' 사이에 간극이란 존재하지 않는다. 전통을 기억하는 것은 매우 중요하다. 과학적 사고를 의심할 여지가 없는 모든 인류의 노력의 정점으로 여기는 유혹을 피한다면 말이다.

서양 전통에서 과학은 갈릴레오, 베이컨, 데카르트, 뉴턴 등이 남긴 업적으로서 권위라는 면에서 르네상스 시대를 전후하여 지배적인 힘으로 나타났다. 물론 과학의 뿌리는 피타고라스와 아리스토텔레스, 아비센나 등이 활동하던, 이전 시기로 거슬러 올라간다. 그러나 과학과 '비'과학 사이의 실제적인 구분은 데카르트가 종교와 과학 사이에 이분법을 선점하면서 정립되었다(오컴의 윌리엄이 이미 200년 전에 모험을 시도했더라도 말이다). 데카르트는 교황의 권한으로 자신들의 이교도적인 두뇌가 제거되는 것을 피하기를 원했다(데카르트는 확실히 브루노의 운명에 익숙했다).

데카르트와 동시대인들이 과학적인 작업을 나머지(종교, 신비주의, 연금술, 마술 그리고 미술)와 분리한 후 과학적인 혁명이 본격적으로 시작됐다. 수많은 분야에서 지구가 둥글다는 것의 입증, 중력과 운동성, 자력, 전기에 대한 설명 등 거대한 진보들이 놀랄 만한 결과를 보여 주며 실현되었다. 그리고 이러한 목록들은 계속된다. 여기에 더하여 갈릴레오의 임시 망원경에서 시작하여 대략 300년 후 엄청난 자동차에서 정점을 이루기까지 기술의 발전은 계속되었다. 과학이나 광채 나는 기술에 쉽게 유혹되거나 사로잡힐 수 있다. 뿐만 아니라 이것이 경건이나 고행 같은 고요한 종교적 수행에서 세상의 관심을 어떻게 끌어냈는지도 어렵지 않게 이해할 수 있다.

물리학은 오랫동안 '탁월한' 과학이었다. (19세기 후반 다윈의 진화론과 파스퇴르의 백신 연구가 나올 때까지 극적인 것은 없었다 할지라도) 약학이나 생물학과 같은 분야들이 확실히 흥미롭고 새로운 생각들을 생산했지만 관심을 독차지한 것은 물리학이었다. 러더퍼드(Rutherford) 경은 "물리학이 있다. 그리고 우표 수집이 있다"라고 말하기도 했다. 물론 오늘날에는 물리학이 불확실성 쪽으로 방향을 전환하고 있으며(예컨대, 양자 이론의 경우), 생물학이 새로운 '탁월한' 과학이 되려는 것처럼 보인다(Capra, 1996).

표준적인 과학 모델과는 다른 조사 방법론과 이론 구성 방법을 토대로 사회과학을 정립하려는 시도가 많이 있었다. 생태학적 접근법은 비판적인 시선으로 과학적 모델을 조사한다(사례는 Passmore, 1978 참조). 뿐만 아니라 이 글에서 내가 초점을 두는 생태학도 이와 깊게 관련되어 있다.

과학적인 연구에는 적어도 '맥락' 환원, '자료' 환원, '복잡성' 환원이라는 세 단계의 환원주의가 필요하다(Checkland, 1981).

맥락 환원(context reduction)

일관성 있는 연구를 수행하기 위해서 실제 세계의 무한한 다양성을 단순화하여 선택하는 것이 필요하다. 이 말은 환경이나 배경을 이루는 측면들 중에서 잠재적으로 의미 있는 것들을 단순할 정도로 무시하거나 통제된 환경 안에서 실험하기 위해 다양한 맥락들을 제거한다는 말이다. 문제는 학습자들이 통제된 실험에 따라 행동하지 않고 주어진 그대로의 학습 환경에 따라 행동할 것이라는 점이다.

자료 환원(data reduction)

오컴의 면도날 이론*은 자료를 최대한 단순하게 설명하는 것을 선호한다. 오컴의 절약 법칙은 이론 작업에서 지방을 도려내기 위한 원칙으로 고

....

* 　오컴의 면도날(Occam's razor)은 "필요 없이 많은 전제를 설정하지 않는다"라고 하는, 이른바 사고 경제를 존재 문제에까지 적용한 유물론의 격언을 말한다. "존재는 필요 이상으로 수를 늘려서는 안 된다"라고 하는 명제. 스콜라 철학자 오컴이 애용한 원리이기 때문에 그의 이름이 붙게 되었다[임석진 외(2009), 『철학사전』, 중원문화사].

안된 것이다. 이 이론은 인간이 고기에서 지방을, 달리 말해 중요성에 관한 선험적인 가정들을 구별해 내는 방법을 알고 있다고 전제한다. 그런데 문제는 이 과정에서 중요할지도 모르는 자료들을 간과할 수도 있다는 점이다.

복잡성 환원(complexity reduction)

모든 문제는 구성 요소로 분해되고 하나씩 분석되어야 한다. 교실에서의 언어 교육은 의심할 여지없이 복잡한 일이다. 그렇다면 우리는 교육이 일어나는 것을 어떻게 기록할 것인가? 방법 중 하나는 중요하다고 생각하는 한 가지 요소에 초점을 맞추는 것이다. 예컨대 실수에 대한 교정을 생각해 보자. 만일 학습자가 어떤 실수를 올바른 항목으로 고치고 대체할 수 있다면, 그는 더 이상 그와 같은 실수는 범하지 않을 것이고 우리는 명백한 한 가지 학습 요소를 분리할 수 있게 된다. 그다음에 우리는 고민해 온 다른 요소로 옮겨 갈 수 있다. 이와 같이 시간이 흐르면서 퍼즐의 모든 조각을 맞추듯이 교육에 관한 한 폭의 그림을 그려낼 수 있게 된다. 그러나 이러한 방법의 문제는 다양한 학습 요소들이 서로 어떻게 연계되어 교육을 형성하는지를 알기가 어려울 뿐만 아니라 불가능하다는 점이다.

교육언어학은 과학적인 행위를 어떻게 정의할지 그리고 정당한 연구 활동으로 무엇을 인정할지와 같은 문제에서 물리학의 부담을 벗어나지 못해 왔다[패스모어(Passmore)는 이것을 '귀족 과학(aristo-sciences)'이라고 칭했다―Goldsmith, 1998 참조]. 정당성의 중심은 숫자의 사용에 있다. 갈릴레오는 "측정될 수 없고 숫자로 환원될 수 없는 것은 진짜가 아니다"(Goldsmith, 1998: 61에서 인용)라고 말했다. 물론 그가 곧 망가질 것 같은 망원경으로 행성과 달의 움직임을 관찰해서 말한 것이며, 그의 업적이 약한 렌즈와 약한 시력으로 완성되었다는 것을 인식해야만 한다. "나는 이것이 어제보다 약간 오른쪽으로 움직였다고 생각한다"라는 그의 말은 분명히 설득력 있게 들리지는 않는다. 그러나 오랜 기간 동안 조심스럽게 수치로 운동을 기록하여 어느 정도 일관적인 패턴을 형성했다는 사실은 이해할 수 있다.

갈릴레오의 연구에서 수와 관련된 정확성에 대한 요구는 전적으로 타당하다. 그렇다고 해서 이것이 다른 모든 분야의 연구에 적용될 수 있거나 적용되어야 한다는 것을 의미하지는 않는다. 여전히 물리학은 이제 막 시작하고자 하는 연구자들과 학문에게는 이론과 방법, 특히 권위 면에서 우세하다. 현상이나 정보들이 그러한 접근법에 적합했는지에 상관없이 말이다.

최근 몇 년 동안 생태언어학에 대한 질적(즉, 양적인 것이 아닌) 접근법이 사회과학 전반에 걸쳐 더욱 위대한 접근법으로 성장해 왔다. 학문적인 힘과 영역(그리고 몇몇 경우에서는 부여된 자부심)에 관한 쟁점을 제외하면 양적·질적 연구 방법 모두에 관련된 몇몇 문제가 남게 된다. 이 쟁점들은 무엇일까? 이것들은 종종 양자택일 방식의 이분법으로 표현된다. 다음은 그들 중 일부다.

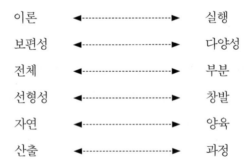

이론	◄---------►	실행
보편성	◄---------►	다양성
전체	◄---------►	부분
선형성	◄---------►	창발
자연	◄---------►	양육
산출	◄---------►	과정

이와 같은 이분법이 언어 교육에 어떻게 영향을 미치는가? 모든 이분법이 그릇된 것이겠지만, 그럼에도 이것은 교육과정 개발이나 연구 그리고 언어 정책에서 일련의 상식을 산출해 낸다. 반면에 어떤 특정한 것이 일반

적으로 용인된다고 해서 그것으로 교육적인 관행을 바꾸기는 충분치 않다. 예를 들어, 내 생각에 대부분의 사람은 모든 학습자가 서로 다를 뿐만 아니라 서로 다른 비중과 방법으로 공부한다는 데 동의한다. 그러나 현재 미국 대통령 조지 부시(George W. Bush)가 "어떤 아이도 뒤처지지 않을 것이다"라고 단호하게 선언할 경우, 이 말은 곧 모든 학생이 동일한 방법으로 평가받게 된다는 것을 의미하며 표면적으로는 학습자들이 모두 '같아야 하며' 혹은 아마도 '같게 된다'는 것을 가정하는 것이다. 대부분의 사람이 학습자는 서로 다르다는 생각을 믿고 그와 관련된 연구 결과들을 정립해 왔을지라도 관료주의적 편의와 정치적 기대는 시니컬 정도로 섬사리 이러한 결과들을 기각해 버린다. 실제로 전반적인 영어 시험 체제는 30퍼센트 정도의 (특히 영어가 모국어나 방언이 아닌 학생들 중에서) 실패자와 중퇴자를 산출했지만 정치인들은 이 수치를 무시될 수 있는 한 완전히 용인하는 것으로 보인다.

생태학적 접근은 전체적인 상황을 바라보며 다음과 같이 질문한다. 특정 환경에서 사건은 어떻게 발생하는가? 학습이란 어떻게 일어나는가? 따라서 생태학은 맥락에 대한 연구(2장과 8장을 참고할 것)와 관련된다. 게다가 학습은 학교에서, 교실에서, 책상에서, 컴퓨터 주변에서 항상 발생한다. 그래서 생태학은 움직임이나 과정, 행동의 연구이기도 하다. 대부분의 교육 연구는 즉각적이고, 짧은 시간 내에 가능하며, 실제적인 효과가 있는 교수 방법을 찾아내는 데 초점을 둔다. 우리는 한 단위를 가르치고 학생들이 그 내용을 '배웠는지' 확인하기 위해 시험을 본다. 우리는 측정할 수 있는 결과들을 토대로 교육의 성취 여부를 판단한다. 표준, 국가 차원의 교육과정, 교재, 책무성, 이 모든 것은 단기간의 학습 결과와 생산물을 도출하기를 바란다.

이러한 맥락에서 루트비히 비트겐슈타인(Ludwig Wittgenstein)이 말한 것을 인용하고자 한다. "뿌린 대로 거둘 것이다"(1980: 78). 교실과 학교는 학습의 기회를 제공하기 위해 계획된 맥락이며, 어느 정도는 성공적이라 할 수 있다. 학습 기회는 파종 혹은 수확 행위가 될 수 있다. 어떤 것이 더 중요하고, 더 가치 있고, 더 심오하고, 더 지속적이고, 더 강력한가? 더욱이 우리(교사로서, 학습자로서)는 언제쯤이 파종을 위한 기회인지 아니면 수확을 위한 기회인지 알 수 있는가? 어떻게 말할 수 있는가? 수확의 시나리오에서는 우리 손에 무언가가 쥐어져 있기 때문에 특정한 항목들, 말하자면 학습자가 수행한 것들이나 시험지에 올바르게 가득 찬 수많은 동그라미에 대해서 말하고 보고 나타낼 수 있다.

그러나 파종 상황에서는 그 씨앗이 표면 아래에 숨어 누워 있을 수도 있고, 미래의 어느 불특정한 시간에 그리고 불특정한 방법으로 과일을 품고 있을지, 그렇지 않을지 등을 말하는 것이 불가능할 수 있다. 정치인은커녕 학습자, 교사, 행정가에게도 매우 불확실한 상황이다. 실용적인 목적을 위해서 교육의 파종 측면은 무시하고 수확이나 기껏해야 고성능화된 작물의 순환에 초점을 맞추는 경향이 있다. 만일 월요일에 학습의 씨앗을 뿌린다면, 늦어도 금요일에는 작물을 보기를 원할 것이다. 왜냐하면 그때쯤 주간 성취도 퀴즈를 실시하기 때문이다. 한참 후에 나타나는 교육의 결과, 그리고 구체적인 교수 활동으로 연계될 수 없는 결과가 과연 무슨 소용이 있는가? 교사는 책임을 질 수도, 보답을 받을 수도 없다.

표준, 평가, 수행 평가, 책무성 그리고 표준화된 시험의 범위에 들어가는 교육의 결과는 해변에서 볼 수 있는 조개껍데기에 불과하다. 그것들은 바다의 한 생명체일 뿐 바다의 본성이나 다양성에 관해 어떤 단서도 알려주지 못한다.

생태학은 더 깊이 그리고 더 멀리 보는 방법을 찾기를 원한다. 뿐만 아니라 생태학은 교육적인 표준과 관계된 문서와는 다른 교육적인 경험의 질을 기록하게 될 것이다. 이것은 어렵지만 불가능하지는 않다. 오히려 크나큰 부담을 주는 시험에 대한 의무감과 관련된 높은 성취 수준을 추구하는 것이 교육적인 질을 개선하지 못한다는 점을 교육 정책 입안자들에게 설득하는 것이 훨씬 더 어렵다.

5. 생태학과 사회문화 이론

사회문화 이론(SCT)은 "정신적 기능과 이 기능이 실행되는 문화, 사회 기관, 역사적 상황 사이의 관계를 해석하는 것"(Wertsch, Del Rio & Alvarez, 1995: 3)을 목표로 하는 인문과학적인 접근방식으로 정의할 수 있다. 마이클 콜(Michael Cole)은 비슷한 맥락에서 사회문화 이론을 '사회·문화·역사적' 연구로 확장했다. 이 이론은 사회 속에서 오랜 시간 동안 만들어진 인공물과 이 인공물들이 어떻게 인간의 활동을 중재하는가와 주로 깊게 관련되어 있다. 사회문화 이론과 관련된 또 다른 용어로 사회 역사적 혹은 사회 구성주의자(Lantolf, 2000: 155), 사회적 상호작용주의자(Nystrand, 1992; van Lier, 1996)가 있다.

사회문화 이론의 핵심은 '중재'다. 중재에는 도구와 인공물을 통한 중재, 상호작용을 통한 중재, 기호의 사용을 통한 중재의 세 가지 방법이 있다(Ellis, 2003). 더 자세하게 말하자면 제2언어를 배울 때 중재는 (1) 사회적 상호작용 범위에서 다른 사람에 의한 중재, (2) 개인적인 언어를 통한 스스로의 중재, (3) 인공물(업무, 기술)을 통한 중재로 나누어질 수 있다(Ellis, q.v.; Lantolf, 2000). 이 세 가지 외에 기호에 의한 중재, 모국어와 다른 언어에 의한 중재 등을 덧붙일 수 있다.

중재는 비고츠키 이론 연구의 주요한 두 가지 영역을 가로지른다. 두 가지 영역 중 하나는 생물학적-진화적, 사회-문화-역사적 발달로 구성되는 계통 발생적 영역으로서 아이나 학습자를 포함하는 구조나 제도를 산출한다. 또 다른 하나는 개체 발생적 영역으로서 사회적 의미가 내면화되는 상호작용 과정과 더 높은 수준의 정신적 기능과 연관된 언어와 기호의 사용을 포함한다(미시발생 영역으로 언급되기도 함—Wertsch, 1985 참조). 따라서 생물학-진화적, 사회-문화-역사적, 상호작용적-대화적, 정신적-상징적 등 내적으로 연관된 네 가지 차원(혹은 생태학적 용어를 사용하면, 범위[6])이 있다.

생태 연구에서 한 범위의 분석은 상위 범위와 하위 범위에 대한 분석의 맥락에서 이루어져야 한다. 중재된 행위의 범위를 중심적인 범위로 볼 때, 상위 범위는 사회-문화-역사적인 것이고 하위 범위는 정신적-상징적인 것이다(8장의 모듈-영역-장 서술을 참조할 것). 이러한 심도 있는 접근을 통해 비고츠키는 당시 심리학에서 우세했던 횡단 연구의 한계에서 벗어날 수 있었다(Leontiev, 1997: 21). 그는 여기서 '표현형(phenotypic)'(외적 현실 속의 실제적 사물과 사건에 관한 연구)과 '유전자형(genotypic)'(기원, 발달, 본질적인 특징을 포함하는 설명)을 대조했던 쿠르트 레빈(Kurt Lewin)의 제안을 따르면서, 자신의 (중재에 바탕을 둔) 발달 이론이 이 두 가지를 혼동하지 않고 다루고 있다고 주장했다.[7] 중심적인 범위의 하위 범위인 제3의 범위

....

6 생태학에서 범위는 서로 분리된 공간적·시간적 차원으로 작동한다. 문화-역사적인 범위는 상호작용-대화적인 범위보다 더 느리고 넓은 지역에서 작동한다. 그리고 이것은 정신-상징적인 범위보다 시간적으로 더 느리고 공간적으로 더 넓다. 한 범위 내의 변화가 다른 범위 내의 변화에 영향을 미치는 데는 시간이 필요하며 범위에서 범위로의 영향에 대한 연구에는 시간적·공간적인 차원이 고려되어야 한다. 이는 혼돈 이론의 상전이(相轉移)와 관계있다.

7 스티브 손(Steve Thorn)은 생물학에서 유전자형과 표현형이라는 용어는 비고츠키와 레빈이 사용한 것들과 다른 의미를 지닌다고 지적했다(개인적 소통, 2003). 생물학에서 유전형은 유전의 경향을 의미하는 반면 표현형은 생태학적으로 유효한 결과(유전+환경)이며, 공(共)진화의 원칙으로서 사회-물질적인 조건을 고려한다. 표현형은 이처럼 본능과 환경 간의 상호작용의 산물이다.

는 직접적으로 관찰되지 않는 정신적 과정의 범위다. 그러나 중재 행위와 비중재 행위의 차이에서 중재 과정은 발달 과정이 향하는 지점을 연구자가 대략 알 수 있게 한다. 아래 [그림 1.1]은 비고츠키의 발달론적 방법의 다양한 양상을 시각화하여 나타내고 있다. 이것이 사회문화 이론의 핵심을 공정하게 표현했다고 가정하면 여기서 새로운 질문이 생긴다. 이것은 생태학적 관점과 어떻게 다를까? 후자에 무엇이 추가될 수 있을까?

우선 두 가지 주의점이 있다. 사회문화 이론 자체가 명확하고, 동질적

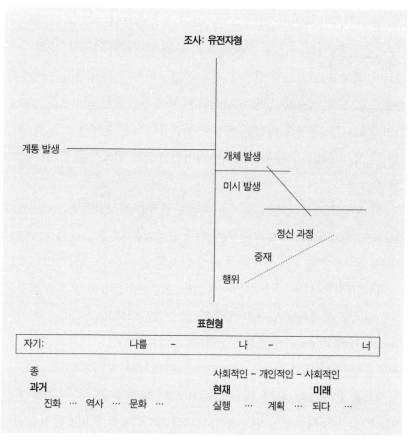

[그림 1.1] 비고츠키의 발달론적 방법

이고 또는 논란이 없는 용어가 아니라는 것을 유념해야 한다. 앞에서 부분적으로 언급했듯이, 사회문화 이론과 밀접하게 관련된 용어들로 사회 역사적, 활동 이론적, 사회 상호주의적, 사회 구성주의적 접근 등이 있다. 이러한 명칭들은(나는 더 있을 것이라 확신하지만) 대부분 다양한 학교의 설립 목적이나 학교 교육 전통과 뒤섞인 채 밀접하게 관련된 관점을 강조하거나 중요하게 언급한다. 그러므로 다양한 형태들 사이에는 명확한 경계도, 고질적인 논쟁도 없다는 것을 예상해야 한다.

두 번째로 생태학적 이론들은 또한 다양한 특징으로 이루어질 수 있다. 나는 이미 심층생태학과 표층생태학의 차이점을 언급했다(이 둘 사이에 근본적인 논쟁이 있다는 것을 주목하라). 더 나아가 언어의 다양성, 접촉, 제국주의, 민족주의 그리고 관련된 문제들을 연구하는 거시적 관점(7장)과 행동유도성, 지각, 행동과 창발에 관련된 미시적 관점(4장) 사이에는 명백한 차이가 있다. 지금까지 이러한 관점들이 긴밀하게 연결되지 못한 채 남아 있지만 시간이 지날수록 관련성에서 결여된 부분은 반드시 극복될 수 있을 것이다.

이 책에서 비록 거시적 관점에 대한 관련성을 제시하려고 노력하겠지만(그리고 이러한 방향이 더욱 활성화되어야 한다고 본다) 주로 미시적 관점에 초점을 둔 '언어 교육의 생태학'에 대한 필자의 관점에서 대답하고자 한다.

사회문화 이론은 비고츠키의 추종자 또는 해석가들이 보완한 비고츠키의 업적에 의존하고 있다. 대부분의 경우 레온티예프(Leontiev), 루리야(Luria), 워치(Wertsch)가 보완 작업을 했고(개관은 Wertsch, 1985 참조), 제2언어 습득에서는 랜톨프(Lantolf), 크람시(Kramsch), 도나토(Donato)가 보완 작업을 했다(특히 개관은 Lantolf, 2000 참조). 다양하게도, 다른 관련된 학자들의 업적은 해석적인 연구와 관련되어 있다. 예컨대 바흐친(Bakhtin, 1981)과 언어에 대한 대화적 관점(Rommetveit, 1974; Wells, 1999; Bakhurst,

1991), 듀이(Dewey, 1938)와 사회적 행동주의와 교육의 민주주의(Greeno, 1997; Kohonen, 2001), 미드(Mead, 1934)와 상징적 상호작용론(Wiley, 1994), 베이트슨(Bateson, 1973, 1979)과 마음의 생태학(Bowers, 1993), 퍼스(Peirce, 1992; 1998)와 기호학(Kramsch, 2000; van Lier, 2000), 비트겐슈타인과 언어의 사용으로서의 의미 관점(Bakhurst, 1991; van Lier, 1996), 깁슨(Gibson, 1979)과 지각의 생태학(Reed, 1996; Neisser, 1988; van Lier, 2000) 등이 그것이다.

다양한 기초 요소들이 혼합되는 가운데 새로운 시각과 경향이 출현했지만 이것들이 굳이 사회문화 이론을 개정하거나 거부하지는 않고 있을 뿐만 아니라 서로 다른 포괄적인 관점으로 이것을 감싸고 있다. 게다가 아직 언급조차 하지 못한, 주요한 특징들도 많이 있다. 이를테면 피아제, 부르너, 브론펜브레너, 번스타인, 해리스, 할리데이, 하산 외 다른 학자들과 그들의 의견은 다음 장에서 설명할 것이다. 언어 교육에서 새로운 접근법을 찾고자 하는 많은 연구자와 학자가 자신들의 업적을 사회문화 이론이라고 언급하지는 않지만 그들의 대부분은 사회문화 이론과 관련되어 있거나 혹은 그 이론을 유익하게 활용하고 있다. 사회문화 이론과 생태학은 서로의 경계를 투영할 수 있으며, 또 그래야만 한다고 생각한다. 지금부터 사회문화 이론을 과거, 현재, 미래의 관점에서 간략하게 정리하고자 한다.

1) 과거

비고츠키는 사회문화 이론의 핵심을 형성하면서 완성되거나 단일한 형태를 제시하지는 않았다. 그가 십 년도 채 되지 않는 짧은 기간 동안 양적·질적으로 놀랄 만한 업적을 쌓았다는 것은 부인할 수 없는 사실이다. 그러나 그의 업적에는 완성되지 않고 끝나지 않은 부분이 많이 남아 있다. 이것은 그가 1934년에 서른여덟 살의 나이로 생을 마감했기에 생긴, 어쩔 수 없는 결과다(Vygodskaia, 1995). 비고츠키는 생애 마지막 몇 년 동안 단어와 그 의미(그의 분석의 기본 단위)를 그것이 사용되는 맥락에 놓는 데 많은 관심을 두었다. 기본적인 의미 산출 단위로서의 활동의 개념이 그랬던 것처럼 그의 업적은 끝나지 않은 채로 남아 있다. 예컨대 그가 사용한 단어(word)라는 단위는 많은 해석가에게 여전히 문제로 남아 있다(Lantolf, 2000의 '분석의 단위' 참조). 특히 근접발달영역은 기본적인 모델로서 전문가와 초보자의 불균형을 유지하는 동시에, 비고츠키 자신에 의해 측정의 맥락에서 교육학적인 맥락으로 확장되었다(많은 논의를 위해 6장을 참조. 또한 Wells, 1999 참조). 그는 권력의 불평등이 아닌 기술과 지식의 불평등을 강조하였지만, 균형 대 평등(van Lier, 1996)이라는 중요한 개념 자체를 전적으로 문제 삼지는 않았다(6장과 Wells, 1999 참조). 그 동전의 다른 면인, 불평등에 반대되는 균형에 대한 강조는 특히 피아제(Piaget, 1978)와 프레이리(Freire, 1972)가 제시했다. 이 문제 제기의 결론을 연구하는 것이 과제로 남아 있다(van Lier, 1996). 근접발달영역의 개념과 비계 과정에서 교육하는 조력자에 관한 모호한 위상이 더 생산적이고 정당한 해석과 예시들의 확산을 가져왔다. 몇몇 설명에서는 '도움을 주는 것' 또는 '가르치는 것'이 근접발달영역 내에서 비계라고 불리지만 이러한 생각은 무의미해질 위험이 있다. 크라센(Krashen)의 'i+l'(제2언어를 배우기 위해 필요한 모든 것은 그것이 일어나는 장소와 그 구조가 학생의 현재 수준에서 조금 더 앞서나가야 있어야 한다는 것—Krashen, 1985 참조)*에 대한 던과 랜톨프(Dunn & Lantolf, 1998)의 토론을 참조하라. 이는 근접발

....

*   'i+1'은 크라센의 투입 가설(input theory)의 핵심 원리를 말한다. 크라센은 현재 학습자의 언어 능력 수준('i')을 파악하고, 바로 그다음 단계의 것, 'i+1'을 제공하면 자신의 경험과 지식을 이용하여 새로운 것을 자기의 것으로 받아들인다고 한다[정혜영(2002), 「Krashen의 "입력 가설(Input Hypothesis)"에 대한 개인적 고찰」, 『교육과학연구』 33-1, 이화여자대학교 사범대학 교육과학연구소].

달영역과 비교될 수 없는 방법이다. 교육학, 참여, 활동, 상호 구성의 역할은 너무 쉽게 무시될 수 있는데, 이는 근접발달영역을 위험할 정도로 기계적이고 반사회적인 교수로 바꿔 놓는다.

더욱 역사적인 문제는 중재에 대한 것이다. 깁슨의 연구는 비고츠키의 업적을 명백하게 망쳐 놓았다. 이를테면 깁슨은 지각이 주로 중재되는 것이 아니라 즉각적인 것이라고 했다. 그리고 상호작용 속에 출현하는 행동 유도성은 특히 인간의 사회적 행동과 언어와 관련해서 중재가 될 수도, 즉각적일 수도 있다고 주장했다. 여전히 잘 이해되지 않는 패기 속에서 말이나. 비고스키의 업석 중 상당 부분에 연결될지는 두고 보아야 하다. 비록 다른 이론의 경우 그 조짐이 보일지라도 말이다(Trevarthen, 1990 참조).

2) 현재

우리는 비고츠키가 죽은 지 70년이 지난 시대에 살고 있으며, 지금 세상은 그 시대와 같지 않다. 비고츠키가 죽었을 당시에 그와 동시대인인 피아제는 그보다 40년이나 더 오랜 세월 동안 집중적이고 활동적인 업적을 쌓아 왔다. 우리는 제도적 타성이라는 바위를 치는 파도와 같은 지속적인 교육 개혁을 보아 왔다. 이러한 타성은 민주화와 중앙집권 정책, 인간의 활동과 학습에 대한 기초적인 은유인 소통의 증가, 교육과 세계 전반에 걸친 새로운 기술의 폭발적인 출현에 반하는 것이었다. 비고츠키의 생각과 연구가 2000년에 결론 내려졌다면 1934년의 그것과 똑같을 거라고는 생각할 수 없을 것이다. 만약 그가 비트겐슈타인의 언어철학, 바흐친의 대화 철학,[8]

....

8 비고츠키 연구가 바흐친의 연구와 직접적으로 유사한지 분명하지 않다. 그러나 "대화는 가장 자연스러운 구두 언어 형식"이라는 점에서 그 시대의 다른 지도적인 지성인들에 동의한다. 동시에 바흐친이 분리하지 않았던 상태로서 문자 언어를 "구술 언어의 반대"로 고려했다(Vygotsky, 1987: 272).

퍼스의 기호학, 그리고 언어, 심리학, 철학, 교육 분야에서 나타난 20세기의 발전에 대한 정보를 얻을 수 있었다면, 초기 게슈탈트 이론, 레빈과의 대화(Vygodskaia, 1995), 마르크시즘과 피아제, 뷜러(Bühler), 쾰러(Köhler), 프로이트 등에 의해 풍부해진 것과 마찬가지로, 그의 업적은 더욱 풍부해졌을 것이다.

지금 우리가 살고 있는 이 세상의 관점에서 보면, 우리가 살고 일하는 이러한 상황 안에서 우리가 겪을 수 있는 가능한 한 모든 영향을 고려하면서 비고츠키의 이론과 관련하여 깊이 통찰할 필요가 있다. 이것이 제2언어 습득과 그 외의 것 등등에서 현재 자신의 전공을 사회문화 이론이라고 특징지은 사람들이 행하고 있는 것이다. 따라서 앞서 언급했듯이, 사회문화 이론은 단일하고 논란이 없는 것이 아니다. 비고츠키를 기원으로 하는, 즉 좁고 '정통적인' 관점의 사회문화 이론에서 내려와 현재 우리 분야에까지 미치는 생각들을 시작으로 교육언어학자들이 재개념화할 필요가 있다고 생각한다. 필요하다면, 이 분야에서 최고의 지성인들에게 배워 온 모든 것을 고려하여 이러한 원래의 착상을 언어 교육의 현재적인 모델로 바꾸어야 한다.

3) 미래

필자는 대단한 미래학자인 체하고 싶지는 않다. 그러나 교육이 교육 행위에 관한 바람직한 미래의 모습과 함께 학생의 평생 진로와 행복에 대해서도 유념해야 한다는 것은 의심할 여지가 없다. 교육은 미래에 가치 있는 결과로 간주될 만한 것들이 추동하는 가치 체계의 일부이다. 우리는 학생을 오직 혹은 주로 경제적인 단위로 여기는 모든 비도덕적인 관점[유용하고 생산적인 시민, 다른 말로는 상업적이고 정치적인 체제에 필요한 사람, 혹은 푸코(Foucault, 1977)의 '온순한 인간(homo docilis)']을 제쳐 두어야 한다. 물론 좋은 교사들은 자신의 학생을 하나의 인격체로 보지만 때때로 교사들은 기준과 책임이라는 미명하에 잠재적인 시험 성적으로 간주할 것을 강요받는다. 생태학적 그리고 사회문화적 관점은 학교 교육의 상업화에 대항하는 새로운 주장과 균형을 제공한다.

책임감 있고 미래 지향적인 언어 교육은 무엇을 포함해야 하는가에 관해 비판적인 입장과 실용적인 이념을 취할 수 있도록 사회문화 이론은 어떻게 우리를 도울 수 있을까? 이것은 비고츠키가 오랜 시간 동안 집중한 그 무언가는 아니다. 게다가 그는 비문명 사회의 인간을 교육받고 읽고 쓸 줄 아는 사람보다 상당히 낮은 수준의 존재로 간주했다. 이것은 그가 연구하던 시기에서는 충분히 이해될 만한 일이다. 그러나 20세기의 인류학적·언어학적 연구는 원시성이 문명사회와 비문명사회를 비교하는 개념으로 사용되지 않는다는 것을 극적으로 보여 주고 있다. 제2차 세계대전과 수많은 갈등 전후에 진행된 잔혹한 행위는 사고와 문명화가 원시사회와 문명사회를 쉽게 구분할 수 있는 것이 아니라는 점을 보여 준다.

사회문화 이론은 본질적으로 비판적이고, 행동주의적이고, 정치적이고, 도덕적으로 확신에 찬 것이 아니다[비록 엥에스트룀(Engeström, 1999), 랜톨프와 손(Lantolf & Thorne, 근간)의 사회문화 이론에 대한 해석과 같은 몇몇 형태의 활동 이론은 그럴 수도 있지만 말이다]. 진실로 비고츠키의 업적은 그의 시대에 그러한 것들의 전부였지만, 그것들을 공개적으로 표현하는 그의 능력은 스탈린주의 때문에 축소될 수밖에 없었다. 어쨌든 이러한 비판적인 자질들은 모든 위급한 정치적 상황 속에서도 새롭게 설명되어야 하며, 따라서 이 글에서 우리는 오직 우리의 이상과 지각된 대안들에 의존할 수 있다.

사회문화 이론은 가끔 순종적인 학생들을 지도하는 우호적인 선생님을 가정하는, 순응주의자의 방식으로 해석될 수 있다. 상황이 학습에 미치는 영향을 실험하고자 할 때 이러한 우호적 관점은 생태학적 관점으로는 가능하지 않다. 비고츠키 그 자신도 다음 부분에 이야기되는 정신 실험을 거부하는 사례를 볼 때 결코 순응주의자가 아니란 것을 알 수 있다. 필자가 보기에 미래의 사회문화 이론은 행동주의적이고 혁신적인 윤리를 포함해야 한다.

6. 사회문화 이론과 생태학의 비교

여러모로 사회문화 이론이 심리학을 향한 생태학적 접근이라고 주장하는 것은 억지가 아니다. 실제로 판 데 페어와 발시네르는 근접발달영역을 발전으로 이끈 비고츠키의 심리 검사가 인위적인 상황에서 얻어진 검사 결과를 부정(van der Veer & Valsiner, 1991: 58)한다는 점에서 생태학적이라고 말했다. 더 나아가 (검사의 특정한 결과가 아닌) 발달 과정에 관한 비고츠키의 연구는 발달 패턴의 발생을 연구하기 위해 그 주제에 대해 다양한 종류의 지원을 제공함으로써 본질적으로 생태학적 연구에 포함된다. 다음은 사회문화 이론과 생태학 사이에 공통적인 방향, 차이점과 유사성을 생태학적 관점에서 본 열 가지 성향과 그에 맞는 의견들이다.

① 관계 — 언어 내에서 그리고 세계 안에서
생태학적 관점은 (19세기 언어학, 소쉬르의 획기적인 연구, 마르크스주의로부터 영향을 받은) 언어에 대한 비고츠키의 관점을 확장시킨다. 이것은 특히 퍼스와 할리데이 그리고 바흐친의 언어에 관한 대화적 관점 등 기호학적 전통들을 고려하는 것이다. 비고츠키는 언어에 관한 이론을 명쾌하게 표현하지는 않는다. 그는 당대의 언어학자들인 폰 훔볼트(von Humboldt), 뷜러 그리고 다른 러시아 언어학자들을 언급한다. 비고츠키가 소쉬르를 분명하게 거론하지는 않았지만 그의 영향력은 거의 명백하다. 예를 들어, 『사고와

언어(Thinking and Speech)』(1987: 49)에서 의미와 관련된 소리로서 음소의 중심성에 관한 비고츠키의 논평을 보면 알 수 있다. 다른 곳에서 비고츠키는 문자 이전의 언어와 학술적인 언어를 구별하는데, 이는 오늘날의 모국어와 제2언어 학교 수업에서 진행되는 학술 언어의 발달 과정에 관한 논쟁과 아주 적절히 관련되어 있다.

② 맥락 ─ 의미는 맥락 안에서 드러난다

비고츠키의 맥락은 사회적·문화적·역사적인 것이다. 그 초점은 도구에 있으며, 집치 기호로 비뀐다. 생태하적 맥락은 물리적이며 또한 사회적이다. 기호의 성장은 절대 멈추지 않는 과정이다(3장을 참조할 것). 생태학적 접근의 또 다른 측면은 중재 또는 도구, 기호 사용과 밀접하게 관련된 행동유도성의 개념이다. 행동유도성은 지각과 관심을 행동으로 연결하고, 의도적인 방법으로 행위자를 환경과 연관시킨다(4장을 참조할 것).

③ 패턴, 체계 ─ 규칙은 아니지만 서로 얽힌 조직적인 힘

비고츠키의 언어는 규칙적인 체계인데, 특히 외국어와 교육적 언어에서 그러하다. 이는 학술 언어의 발달에 중요한 통찰력을 제공하지만, 생태학 이론은 규범적 언어 체계와 자연적 언어 체계의 관계를 더 세부적으로 다룬다.

④ 창발 ─ 대상의 축적이 아닌 변형, 성장, 재조직

비고츠키는 학습에 관한 새로운 수준은 이미 존재하고 있는 수준에서 직접적으로 끌어낼 수 없다는 것으로 변형의 개념을 강조했다. 비록 그는 창발론이라고 언급하지는 않았지만 학습에 대한 창발론적 관점을 가지고 있었다. 창발론에 대한 최근의 연구는(MacWhinney, 1999) 변형의 개념을

확정하고 비고츠키의 연구를 지지하는 명확한 증거들을 제공하고 있다.

⑤ 질 — 단순한 양이 아닌 질은 지적 능력과 감정을 결합시키고, 높은 수준의 의식을 만들어 낸다

비고츠키는 문식성의 맥락에서—그리고 마리아 몬테소리(Maria Montessori)의 업적을 언급하면서—학습이 삶과 밀접하게 관련되어 있어야 한다고 말했다. 교육의 활동이 "필수적이고 삶과 관련되어 있는" 맥락에서 "본질적인 요구"를 불러일으킬 수 있어야 하는 것이다(Vygotsky, 1978: 118). 이러한 방식에서 사회문화 이론은 학습에 대한 생태학적 접근이라고 할 수 있다.

⑥ 가치 — 명백히 윤리적이고 도덕적이며, 자아와 정체성에 대한 시각을 포함한다

생태학, 특히 심층생태학[쳇 바워스(Chet Bowers)의 연구, 예를 들면 Bowers, 1993; Bowers & Flinders, 1990]은 도덕적 목적, 자아와 정체성의 발달을 상세히 다루는데, 이 발달은 이미 존재하는 사회적·문화적·역사적 현실로 성장하는 것뿐 아니라 그러한 현실을 구성하는 것을 뜻한다.

⑦ 비판적 — 건전한 세상 속에서 인간성에 대한 활발한 이해와 증진을 목적으로 한다

앞서 언급한 부분의 연장선으로 비판적인 관점은 교육과 연관된 제도적 구조를 관찰하고 명확하게 표현된 이데올로기적 관점에서 변화와 증진을 주장하는 것이다.

⑧ 가변성 — 다양성을 없어져야 하는 골칫거리로 여기지 않고 문화적이고 개

인적인 활력에 대한 표지로서 바라보는 것이다

　본래 형태의 사회문화 이론은 공식 언어와 주류. 문화의 헤게모니에 의문을 가지지 않고 교육에 대한 엘리트적 접근을 유지시켜 주는 것에 사용될 수 있을 것이라고 보았다. 문화적 관례뿐만 아니라 학습에서 개별적 다양성은 비록 이론에서 부인되는 것은 아닐지라도 사회문화 이론의 필수적인 부분은 아니다.

　⑨ 다양성 — 일반적인 상황(비식민지, 비제국주의) 아래에서 언어는 다른 언어와의 접촉으로 인해 뒤섞임을 받아서는 안 되며 고립과 언어 순화라는 면목으로 개선되어서도 안 된다. 다중 언어는 단일 언어보다 더욱 인지적이고 사회적·경제적인 이득을 가져온다

　언어 접촉, 학습에서 모국어와 제2언어의 영향, 그리고 방언의 다양성은 비고츠키의 논의 영역에서 강조되어 다뤄지는 부분은 아니다.

　⑩ 활동 — 언어는 고정된 대상이 아니라 활동하는 것이다. 결과적으로 언어란 머릿속에 존재하는 것이 아니라 하나의 세상 속에 존재하는 것이다

　활동은 비고츠키 연구의 중심이다. 하지만 그의 저작에는 활동 이론이 대부분 내포되어 있을 뿐이다. 레온티예프와 루빈스타인과 같은 비고츠키의 추종자들에게는 활동 이론을 세우는 것(드러내는 것)이 숙제로 남았다. 현재 지배적인 접근법은 엥에스트룀의 활동 모델(8장 참조)이다. 그러나 이 이론이 비고츠키 이론의 자동적인 확장을 의미하는 것은 아니다. 그는 활동을 세부 연구 주제이자 동시에 실험 원리로 사용하는 접근법들에 대해 경고했다. 왜냐하면 그는 이 과정이 벗어날 수 없는 굴레를 만들어 낼 수 있다고 생각했기 때문이다(Kozulin, 1986: lii). 이는 앞서 언급된 유전적 그리고 표현적 분석에 대한 혼란과 연결된다. 이 둘은 모두 필요하지만 각

각 분리되어야 하는 것이기 때문이다. 엥에스트룀의 것과 같은 현재의 활동 이론의 개념이 비고츠키가 만든 굴레와 혼란을 어떻게 벗어날 수 있을지 지금 이 시점에서는 명확하지 않다.

요약하자면 언어 학습에 대한 생태학적 접근은 사회문화 이론과 연관된 이론주의자들과 전문직 종사자들이 오늘날의 필요와 지식에 맞추어 비고츠키의 생각을 확장하는 것이다(엄격한 정통 비고츠키학파들을 제외하고). 그러나 이는 사회문화 이론을 언어, 기호학, 활동, 행동유도성, 자아와 비판적 행동을 설명하는 동기화되고 잘 만들어진 체제 속으로 가져가는 것을 시도하고 있다. 생태학은 데카르트 사상(Cartesian)의 이원론과 인간 중심적 전통을 거부하는 세계관을 제공하고 대안적인 질적 교육학을 제안한다.

더 나아가 생태학적 관점은 언어 이론이 기호학의 이론과 교육을 세상 속에서 일어나는 활동(activity-in-the-world)으로서 보는 이론으로 통합시키는 것을 가능하도록 한다. 다양한 종류의 지도(로고프의 안내된 참여, 참여적 전용, 견습)들은 지각, 행동, 해석의 주요 개념들과 2차적으로 관련되어 있으며, 이러한 것들에 수반되어 나타나고 있다. 그 중점은 지도에서 행동으로 옮겨 가게 된 것이다.

7. 정리와 전망

이 장에서는 생태학적 접근이 교육적인 이론이나 연구, 실습을 수행하는 전통적인 방법의 대안을 제공할 수 있다고 주장했다. 생태학은 응용언어학을 위한 간편한(혹은 유행하는) 서술적인 비유다. 뿐만 아니라 생태학은 연구와 사유의 특정한 방법들에 대한 권한을 가진 규범적인 비유도 될 수 있다. 왜냐하면 교육 목적과 내용 및 방법에 관한 새로운 세계관은 교착 상태에 빠져 전혀 바뀔 것 같지 않은 체계를 영원히 의미 있을 방법들로서 돌파할 수 있을 것이기 때문이다.

이 책은 생태학적 관점에서 어떻게 언어 학습을 연구할 수 있는가에 초점을 둔다. 그러나 언어와 다른 분야들을 예리하게 구분하지 않는다는 것은 자명하다. 언어는 모든 교육에 스며들어 있기 때문에 교과와 커리큘럼의 경계를 초월한다. 이러한 과정은 모국어뿐만 아니라 다른 언어 교육에도 적용된다(모든 나라에서 필수적인 것은 아니지만 적어도 후자가 중요하게 간수되는 곳에서는 그렇다).

이 책의 주제는 생태학적 관점에 바탕을 둔 교육언어학이다. 이런 유형의 언어학은 '상황적'이거나 '맥락적'이다. 다시 말해 사회적인 활동들에서 언어의 역할이 언어를 정의하는 핵심이다. 이 이론은 언어의 본질에 도달하려는 목표 아래 일상의 언어 활동 수행을 도외시하거나 탈맥락화하는 대부분의 언어 이론[할리데이의 사회적 기호학(1978), 해리스의 통합적 언어학(1996)은 예외]과 구분된다. 언어의 본질은 구문론적 단위(절 또는 문장)나 형태론 혹은 개념적 단위(단어) 등으로 여겨질 수 있다. 생태학적 이론은 맥락을 제거하면 연구될 언어가 남지 않는다는 사실을 토대로 한다. 마치 양파와 같다. 층을 다 벗겨 내고 '진짜' 양파를 얻기를 바랄 수 없는 것이다. 양파는 안쪽까지 전체가 층들로 되어 있기 때문이다. 언어 역시 마찬가지다. 언어는 안쪽까지 맥락으로 되어 있다.

언어교육자로서 또한 응용언어학자로서(우리 스스로를 무엇으로 부르든 간에―필자는 교육언어학자라는 용어를 더 선호하지만) 우리에게도 분명히 언어 이론은 필요하다. 또한 이 이론이 이상적이거나 추상적인 이론일 리 없다는 것도 분명하다. 우리는 모든 상황에서 매일 매일 언어와 함께 일하고 있기 때문이다. 교육은 언어로 가득 찬 대기업과 같다. 생태학적 관점의 핵심은 상황적인 언어다.

생태학은 표층적인 방식과 심층적인 방식으로 접근할 수 있다. 표층적인 접근은 문제의 원인을 규명하지 않고 문제를 고치는 것에 초점을 맞춘다. 심층적인 접근은 문제를 비판적으로 조사하여 원인을 규명하고 심오한 변화를 주장하는 데 초점을 둔다. 이것은 새롭고 '환경 중심적인' 세계관을 함축한다.

생태학은 사회과학에서 긴 역사를 지닌다. 생태학의 기원은 19세기 중반 무렵의 생물학이다(Arndt & Janney, 1983). 비고츠키의 심리학과 게슈탈트 심리학은 강력한 생태학적 학습을 바탕으로 한다. 미국의 생태학적 심리학은 에곤 브룬슈비크(Egon Brunswik), 로저 바커(Roger Barker) 그리고 쿠르트 레빈의 연구로 개척되어 왔다. 특정한 영역의 다른 생태학적 이론들은 깁슨(시지각), 브론펜브레너(인간 발달), 나이서(기억, 자아)가 발전시켰다.

최근 몇 년 동안 생태학적 관점은 체계 이론뿐만 아니라 혼돈 이론과 복잡성 이론에서 강력한 영향을 받고 있다. 베이트슨의 '마음의 생태학'도 마찬가지다.

생태학은 유기체 상호 간의 관계 및 유기체와 환경 간의 관계를 연구한다. 이 학문은 맥락적인 연구이기 때문에 과학적인 환원주의나 맥락, 데이터, 복잡성의 이상화를 거부한다. 이 말은 생태학적 연구를 위해서 비전통적인 다른 연구 방법들이 개발되어야 한다는 점을 의미하는 것이다. 생태학적 타당성이나 개입 연구, 활동 연구, 사례 연구, 서술적 또는 담화적 연구 등 여러 가지 방법이 필요하다. 물론 다양한 종류의 계량적이거나 통계적인 모델을 배제하는 것은 아니지만 특정한 맥락적인 체제 안에서 동기화되어야 한다.

필자는 생태학과 사회문화 이론은 많은 부분에서 중요한 특징을 공유한다고 주장해 왔다. 실제로 비고츠키의 연구 방법은 생태학적인 것으로 불리어 왔다(van der Veer & Valsiner, 1991: 58). 생태학적 관점이나 세계관은 사회문화 이론 연구에 중요한 방향과 이론적인 힘을 보탤 수 있다. 특징의 일부를 제시하면 다음과 같다.

- '기호'라는 개념을 분명히 하고, 의미의 대화적 본질을 강조하는 기호학 안에 있는 일관된 언어 이론
- 물리적·사회적·상징적 세계를 포함하는 맥락에 대한 관점
- 즉각적 행동과 중재된 행동, 지각과 해석을 포함하는 행동유도성에 대한 초점
- 상황적 활동에 대한 시간적·공간적 해석
- 학습 환경의 질에 대한 관심과 교육 행위에 대한 비판적 관점
- 가변성과 다양성에 대한 공감
- 학습과정에서 자아와 정체성의 통합

이 특징 중 대다수는 현재의 사회문화 이론 아래의 다양한 분야에서 공유되며(Lantolf, 2000), 이 글에서는 생태학적 은유가 논리적이고 개념적이며 방법론적인 세계관과 사회문화 이론을 진보시키는 준거 틀을 제공한다고 주장한다.

다음의 장들에서는 생태학적 관점에서 언어를 들여다보고(2장) 일반적인 거시적 관점(언어 다양성, 언어적 인권 등)과 조금 덜 알려진 미시적 관점(창발, 언어와 지각, 상호작용)을 논의해 보고자 한다. 언어와 환경주의라는 흥미롭고 새로운 연결 고리는 필과 뮐호이슬러가 엮은 최근의 책(Fill & Mühlhäusler, 2001)에 많은 도움을 준 것으로 논의된다. 3장에서는 다양한 형태의 기호학을 소개하지만 특별히 퍼스의 삼원적 기호 체계에 초점을 맞출 것이다. 4장에서는 상황적 행위와 지각에서 언어적 성장이 어떻게 일어

나는지를 설명하며 창발과 행동유도성에 대한 개념을 논의하고자 한다. 5장에서는 서술적이고, 사회적이고, 기억되고, 개념적인 자아를 포함한 다양한 면에서 자아와 정체성을 이야기해 보고자 한다. 6장은 생태학적 관점에서 실용적인 교육언어학을 정교화하고, 7장에서는 비판적인 관점을 소개할 것이다. 8장은 활동 이론, 혼돈과 복잡성, 소프트 시스템 방법론과 같은 연구 이론과 관련된 문제를 논의할 것이다.

언어 이론

02

1. 도입

필자의 서고에는 언어학 개론 서적이나 언어학의 영향을 주제로 하는 책들이 많이 있다. 책장을 넘겨 보면 언어에 대한 전문가들의 매우 뛰어난 생각들을 얻게 된다. 몇몇을 제외하고(특히 Herbert Clark의 *Using Language*, 1996), 대개의 개론서에서는 주제를 아주 표준적인 요소들, 즉 음운론, 형태론, 통사론, 의미론, 화용론으로 나눈 다음 다른 장에서 범위를 확대하여 동물의 의사소통, 사회언어학, 언어 습득, 언어와 마음 등을 다룬다 (아마 강의 계획에서 이와 같은 요소들은 선택적일 것이며, 교사들은 강의 일정이 채워지면 그것들을 다루지 않기도 한다).

따라서 "언어란 무엇인가?"라는 질문에 대해 '구성된 것'이란 대답을 듣게 된다(그것은 소리, 단어, 문장 등으로 구성되어 있다). 또한 '의사소통을 위한 체계'처럼 더 일반적이고 기능적인 대답도 들을 것이다. 여러분은 언어를 어떻게 정의할 수 있는가? 여러분이 상당히 확신하고 있는 정의가 정확하고 완전하다고 할 수 있는가? 그렇다면 여러분은 방언, 아기의 말, 외국인의 말, 돌고래 소리, 벌들의 춤 동작, 공작의 으스대는 걸음걸이를 언어라고 부를 수 있는가? 아마도 여러분은 "언어란 무엇인가?"라는 질문에 쉽게 대답할 수 없다는 것을 인정하며, 많이 생각할수록 대답이 더 어렵다는 것을 알게 될 것이다. 또한 개론서들을 대략 살피다 보면(그 문제에 대한 이론적 논문들 역시), 전문 언어학자들이 완벽하면서도 모든 사람들이 동의할 만한 정의를 찾아내기가 결코 쉽지 않다는 점을 발견하게 된다.

언어라는 주제는 방대하고 다양해서 단일한, 모두를 아우르는 언어 이론은 어디에서도 찾을 수 없다. 대신에 언어 기원, 언어 발달, 언어 변이, 의미, 문법 등에 대한 이론은 찾을 수 있다. 이 이론들은 전체보다는 언어의 양상들을 다루며, 하나 또는 그 이상의 환원주의 형태를 띠려는 경향이 있다(1장 참조). 환원주의는 복잡한 것은 더욱 기본적인 것으로 설명되어야 한다는 개념이다. 어떤 환원주의는 연구되는 양상(말하자면, 문법)을 묶어 두고, 나머지는 의도적으로 배제한다. 또 다른 환원주의는 언어의 양상들을, 인지과학이나 사회과학과 같은 다른 연구 영역과 결합시킴으로써 적합한 언어 현상이 선택되고, 그 언어 현상들은 사고, 사회 변화, 권력 등의 이론과 통합된다. 연구를 하다 보면, 이와 같은 환원이나 대상의 부분들을 묶는 것이 유용하거나 심지어 필수적일 때도 있다. 그러나 부분에 대한 연구가 결코 전체에 대한 연구와 혼동되어서는 안 되고, 어떠한 점에서는 부분에 관해 얘기되는 것이 무엇이든지 간에 전체와 조화되어야만 한다. 그런데 그렇게 하기가 어렵다.

생태학적 언어 이론은 통합적이거나 총체적인 이론을 주장하는 것이 아니라 앞에서 언급한 두 가지 환원주의로부터 벗어나서 맥락화된 방식에 따라 언어를 연구하려는 것이다. 즉, 생태학적 관점은 언어가 단지 문법이나 의미만으로 '압축'될 수 없고, 의사소통하거나 세상을 이해하기 위해 사용하는 모든 방법으로부터 분리되어 '격리'될 수 없다는 시각을 견지한다. 몸짓, 표현과 움직임은 언어 메시지로부터 벗어날 수 없고, 의미는 통사론이나 어휘 구성 방법만으로 요약될 수 없다. 본질적으로 언어는 구체적이며 대화적이다(McNeill, 2000; Ruthrof, 2000; Wells, 1999; McCafferty, 2002). 이러한 주장은 생태언어학을 촘스키 부류의 생성 이론이나 추상적인 다른 이론과 매우 확연하게 분리시켜 주는, 중요한 쟁점이다.

언어를 정의하고 언어를 이론화할 때 맥락의 역할은 오랫동안 심각한 논쟁거리였다. 그것은 의미, 기능, 의사소통의 개념과도 관련된다. 1장에서 언급한 학교와 교실에서 사용하는 언어의 몇 가지 예를 기억해 보자. 그것은 맥락에서 사용하는 언어의 예다. 만일 우리가 맥락으로부터 어떠한 정보도 이용할 수 없다면, 언어에 관해서 무엇을 말할 수 있겠는가? 맥락이 어떻게 기능하는지 알기 위해 간단한 사례를 들어 보자.

A: 자, 유코, 질문 좀 해 보렴.
B: 전혀 모르겠어요. 어떤 질문을 해야 할지도 모르겠어요.

위의 사례에서는 어떤 언어적 행위를 요구하고(질문하는 것) 뒤이어 하나의 반응이 따라왔다. 그러나 그 반응이 '모름'이어서 요구가 받아들여지지 않았다는 것을 알 수 있다. 지금까지는 순조롭다(우리의 분석에 대해, 물론 유코는 제외하고). 이미 하나의 맥락, 즉 두 사람 사이에서 대화가 진행되고 있는 상황이 있음에 주목하자. 전형적인 촘스키식 문장, 즉 "존은 너무도 고집불통이어서 누군가와 대화하기 힘들다"에서 이미 벗어나 있는 것이다. 그런데 이러한 마지막 문장마저도 이해하기 위해서는 하나의 맥락을 만들어야 하는데, 이를 위해서는 너무나 고집이 세서 누구의 말도 듣지 않는 존이란 인물을 떠올려야 한다.

앞의 사례에서는 두 사람을 떠올릴 수 있을 것이다. 아마도 A는 선생님, B는 학생일 것이다. A는 어떤 복잡한 주제—아마도 언어학—를 설명하거나 소개하고 있다고 상상할 수 있다(즉, 그럴듯한 맥락을 만들 수 있다). B는 긴장하거나 크게 낙심하고 있는데(상상을 해 보자), 이러한 태도는 B가 진도를 따라가지 못했음을 보여 준다. 계속 이어서, 교실에 15명의 다른 학생이 있고 그들은 주제를 충분히 이해하고 있기에 유코의 곤란함이 가중되는 상황을 상상할 수도 있다. 이야기를 더 엮어서 A가 근엄한 기술로 하나의 방법을 찾아내어 유코가 이해하거나 덜 무기력하게 느끼도록 도와주는 상황을 가정할 수도 있다.

상상이나 공상을 펼치는 것이 언어는 아니지만, 핵심은 "언어를 사용하지 않고 언어를 전적으로 이해할 수 있을까?"[1]라는 질문에 있다. 또한 "언어와 관련된 것들을 무시한 채 과학적으로 언어를 연구할 수 있을까?" 와 같은 질문도 제시할 수 있다.

우리 모두 언어교육학 교수로서 연구의 진행 방법에 관한 이론들을 가지고 있다. 교수·학습법 이론과 몇몇 언어 이론이 여기에 포함된다. 물론 우리가 이러한 것들에 항상 '이론'이란 이름을 붙이는 것은 아니고, 아마도 신념 체계, 관점, 의견 또는 이와 비슷하게 부를 것이다. 그럼에도 이것들은 이론인데, 이는 우리의 실천적 연구의 근거가 되고 활동을 정당화하는 수단이 된다—우리가 완전히 로봇처럼 행동하지 않는다면. 초기 저서(van Lier, 1996)에서 필자가 썼듯이, 이 이론들은 대개 암시적이고, 우리는 그것들을 충분히 조사하거나 재고하지 않는다(즉, 명시적으로 만들지 않는다). 만일 우리가 행동을 통제하고자 한다면 이 암시적 이론을 명시적으로 만들어야 하며, 우리 자신에게 다음과 같이 물어야 한다. 실제 이러한 관점들을 지지할

....

1   비트겐슈타인은 "언어는 분명해야만 한다"(1974: 40)라고 말했다.

수 있는가, 나의 방식에 동의하지 않는 사람들에 대해 방어할 준비가 되어 있고 방어할 수 있는가, 이전 암시적 이론들을 정립할 수 있는가, 그것들을 더 항구적이고 견고하게 만들 수 있는가, 자신이 원하는 교사의 유형과 일치시킬 수 있는가? 필자는 이 책에서 행동을 통제하고 교사의 자격을 갖추고자 한다면 스스로 이러한 물음이 필요하다고 주장하였다. 이 책에서 여러 시도가 제시되었으나, 이 방법만으로는 연구의 진행이 불완전하다.

더 많이 고려해야 할 점은, 랜톨프와 손이 주목하였듯이(곧 제시함), 특히 암시적인 언어 이론은 언어에만 초점을 두는 것이 아니라 '언어적으로 중재된 존재로서의 사람'에도 초점을 두어야 한다는 것이다. 즉, 언어학의 개념들은 일반적으로 견해, 가치 판단, 인류에 대한 신념과 밀접하게 관련된다.

2. 언어, 언어학 이론, 학습법과 교수법에 관한 몇 가지 공통된 가정

개인적으로 나는 우리의 본심이 불평을 요구하기 때문에 언어를 발달시켰다고 생각한다.
— Lily Tomlin

2장을 '언어 이론'으로 명명하였다. 여기서 '공식적' 이론을 잠시 살펴 겠지만 그 전에 사람들(교사들만을 지칭하는 것이 아니라, 반드시 언어학자와 많은 교육 실무자와 교사를 포함한다)이 따르는 대부분의 공통된 가정을 살펴고자 한다.[2]

....

2   가정과 관련된 논의는 Leather& van Dam, 2003을 참조.

다음의 도표에서 암시적 이론들의 일부를 가져올 것이다(중간 열). 암시적 이론들에 관련된 언어 이론이나 다른 이론(왼쪽 열)과, 가장 중요하게는

[표 2.1] 언어에 대한 교사와 학습자의 지식

기저 이론	← 공통된 가정 →	실행
도관 은유,* 발신자–수신자 모형, 정보 처리 과정, '텔레멘테이션(telemention)'** (Harris, 1996).	**1. 전산 처리 가정** 언어 사용은 입력과 출력으로 구성되는 정보 교환이다.	정보차 활동, 결정적 정보가 한 명 또는 그 이상의 참여자에게 숨겨져 있는 것을 활용하는 활동.
습득된 습관으로서의 언어, 내적·정신적 능력으로서의 언어(선천적인 또는 학습된), 재현.	**2. 저장 가정** 언어 학습은 능력 획득을 의미한다, 즉, '정해진 부호'와 관련된 내재화된 지식과 기술을 획득하는 것이다.	단어, 문장 연습, 개별 테스트의 목록을 기억하거나 스키마와 스크립트 정립.
구조 언어학과 생성 언어학, 발화행위 이론과 기능주의.	**3. 이분법 가정** 언어는 두 가지, 즉 형태(구조)와 의미(기능)로 이루어진다.	형식 초점 접근법, 입력 강화, 의식 고양, 내용 중심 교수법, '자연적' 교수법.
기술 언어학, '언어학의 기초' 수업과 같은 개설 강의들.	**4. 구성 성분 가정** 언어는 블록을 쌓듯이 음성, 어휘, 문법과 의미로(담화, 화용을 포함) 이루어진다.	기술 발달을 위한 연습, 모든 기술 영역 내에서의 연습, 작은 항목(소리)에서부터 더 큰 항목(텍스트)으로의 이동 또는 반대 방향으로의 이동.
표준적·규범적 언어학(사회언어학, 방언학 등은 비판의 초점을 제공한다.).	**5. 정확성 가정** 언어 사용은 정확하거나 또는 부정확할 수 있고, 표준 또는 비표준적일 수도 있다.	오류 교정, 중수필의 구조, 강세를 감소시키는 방법 또는 표준 시험.
초기 인지 과학, 대조 언어학, 행동주의 이론.	**6. 전쟁 중인 언어 가정** 언어들은 우리의 관심이나 저장 공간 때문에 두뇌에서 서로 경쟁한다.	제2언어 수업에서 모국어 사용의 회피, 이중 언어 교육에 반대하는 논의, 과제에 부여되는 엄청난 시간.
보편 문법 또는 생성 언어학, '정신 기관'으로서의 언어, 단지 '성장하는' 어떤 것, 또는 심지어 '본능'으로서의 언어(Pinker, 1004).	**7. 분리 가정** 언어는 자율적 체계로 우리의 삶이나 환경들로부터 철저히 분리되어 있다.	두 극단 중의 하나로, 입력된 것은 대부분 이해된다(그리고 언어는 저절로 성장한다)는 데에 초점을 두거나 언어를 명확히 가르치고 훈련하는 것.

이러한 가정과 이론으로부터 비롯된 교수법 실행(오른쪽 열)을 제시하겠다.

이 가정들은 어떤 의미로든 검토된 것이다. 즉 연령대가 낮은 어린아이가 연령대가 높은 아이나 성인보다 제2언어를 항상 빨리 익히며, 이 경우 문어가 구어보다 더 문법적이라고 가정한다. 그러나 이 두 가지는 여러 면에서 비현실적이다. 다만, 도표에서 작성한 일곱 가지 가정은 생태언어학을 입증하기 위한 출발점으로 충분하다.

우선 강조하려는 바는 이러한 모든 가정[3]은 한 톨의 진실 그 이상의 가치를 지닌다는 점이다. 이 가정들을 이상하거나 멍청한 견해로 무시해서는 안 되며, 어떤 점에서는 의미가 있다고 생각한다. 그러나 동시에 이 가정들이 일반적으로 교수·학습 수행에서는 의문의 여지가 있기에, 일부만 진실일 수 있음을 밝힌다. 이제 이것들을 하나씩 차례대로 논할 것이고, 언어에 관한 생태학적 접근법을 사용할 것이다. 각각의 경우에서, 가운데 열부터 시작을 한 후, 이론적 관련성을 검토하고(왼쪽 열), 그다음에는 실행 결과(오른쪽 열)를 검토할 것이다.

1) 전산 처리 가정

두 얼굴 사이에서 양 방향의 화살표가 그어진 그림이 있다.

....

* 　도관 은유(conduit metaphor)는 레디(M. Reddy)가 처음으로 일컬은 말로서, 화자는 아이디어(물건)를 낱말(그릇) 속에 넣고, 그것을 청자에게 (어떤 도관을 따라) 보내고, 그 청자는 그 낱말이나 그릇으로부터 아이디어나 물건을 꺼낸다는 의미이며, 도관 은유의 '언어 표현은 의미를 담는 그릇' 측면은 낱말과 문장이 어떤 맥락이나 화자로부터도 독립적으로, 그 자체로서 의미를 지니고 있음을 함의한다[G. Lakoff & M. Johnson(2003), *Metaphors We Live By*, 나익주 외 역(2006), 『삶으로서의 은유』, 박이정].

** 　원격 정신 작용으로서 언어를 매개로 하는 인간의 정신과 정신의 작용이라 할 수 있다.

3　여기에서는 '가정'을 부정적 의미의 단어로 사용하지 않는다. 왜냐하면 가정은 진실이거나 거짓일 수 있고, 부분적으로 진실이거나 거짓일 수도 있기 때문이다. 또한 그들은 항상 이론상으로 확실하거나 불확실한 것을 요구한다.

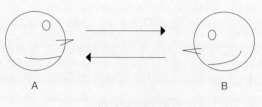

정보의 발신과 수신

이것은 언어의 발신자-수신자 모형이다. A는 메시지를 보내고 B는 그 메시지를 받는다. 그런 다음 B는 응답 메시지를 보내고 A는 응답 메시지를 받는다. 이 메시지는 사고에서 시작하여 언어로 부호화되고, A의 사고가 B에게 전달되도록 상대편 쪽에서 메시지가 해석된다.

전산 처리 과정처럼 두뇌는 입출력 자료를 처리하기 위해 원래의 언어 자료를 마음속에 저장된 개념이나 스키마와 연결시키면서 프로그램(규칙, 사전, 다양한 종류의 스크립트)을 작동시킨다. 반대로의 작용도 가능하다.

이러한 견해와 관련된 이론들은 공통적으로 정보 처리 과정, (초기) 인지과학에서의 다양한 해석에서 잘 나타나 있다. 우선적으로 주목해야 할 것은 두뇌의 작동에 관한 것으로, 이것의 대부분은 통제될 수 없거나 아마도 헤아릴 수 없는 것일지도 모른다. 작동의 대부분은 타고난 것이다. 마치 컴퓨터에서 프로세서나 칩과 같이 두뇌 안에 짜여 있는 것이라 할 수 있다.

정보 처리 과정은 수십 년간 인지과학의 지배적인 접근법이었으며, 언어 처리 과정과 언어 산출에 대한 정신 과정을 잘 이해할 수 있도록 도움을 주었다. 그러나 이 접근법에 대한 강력한 비판은, 두뇌에서 작동하는 것이 무엇인지에 관한 것과 A에서 B, 그리고 그 반대 방향에서 이동하여 전달되는 메시지의 본질이 무엇인지에 관한 것이었다. 통합언어학의 창시자인 로이 해리스(Roy Harris, 1996)는 정보 처리 과정을 언어의 '텔레멘테이션(원격 정신 작용)' 관점이라 불렀고, 이 과정은 어쨌든 마음을 공유할 수 있는, 이미 만들어진 언어 꾸러미들을 갖고 있는 '마을 우체국'과 닮아 있다고 주장하였다. 언어를 고정된 부호로, 두뇌를 독자적이고 분리된 '입력 처리기'로 보는 것이다(Donato, 1994). 인간 행위의 사회적 양상들을 포함하는 환경의 역할은 무시하거나 소홀히 하게 된다.

수업에서 전산 처리 가정은 메시지 교환을 촉진하는 데 바탕이 되는 실행과 관련되어 있다. 예를 들면, 수업 시간에 학습자 A와 학습자 B 사이에 정보 차이가 있는 한 쌍의 활동에서[4] 많은 메시지가 발신되고 수신되면 각자의 두뇌에서는 많은 정보 처리 과정이 진행되어야 한다.

2) 저장 가정

저장 가정은 앞의 내용과 밀접하게 관련된다. 언어는 두뇌에 저장되며 다양한 언어 재료는 메시지를 주고받는 데에 활용된다. 몇몇 이론은 다음과 같은 질문과 관련되어 있다. "언어가 어떻게 두뇌에 도달할까?", 흥미롭게도 두 개의 대척되는 이론, 즉 행동주의와 보편(또는 생성) 문법이 있다. 행동주의자들은 종종 두뇌는 태어날 때 백지 상태이며 모든 것은 경험의 결과로서, 즉 모방,[5] 연상과 암기식 학습을 통해 두뇌에 저장된다고 한다. 반면 보편 문법은 다음과 같은 가정을 지지한다. 아이들은 두뇌 안에 일종의 '언어 기관'을 가지고 태어나며 언어 기관은 단지 언어에 노출됨으로써 완전히 발달된 언어로 '자라는 것'일 뿐, 노출이 일어나기만 하면 이 노출이 어떻게 일어나는가는 실제로 중요하지 않다는 것이다.

....

4   제2언어 습득의 관점에 따른 정보차 활동에 대한 연구는 Long, 1996을 참조할 것.
5   인간 진화에서 모방의 중요한 역할을 하찮게 여겨서는 안 된다. 이것은 행동주의자들의 기계적인 암기 훈련과는 매우 다르다. 모방에 대한 통찰력 있는 연구에 대해서는 Tomasello, 2001; Meltzoff & Prinz, 2002를 참조할 것.

언어 학습의 실행, 훈련, 기억은 행동주의자들에게 '그 안에서' 사용되는 언어를 알게 되는 방법이라 할 수 있다. 그러나 보편 문법을 지지하는 사람들은 전혀 가르치거나 배울 필요가 없이 단지 노출, 언어가 말해지는 환경에 있는 것을 언급하고 있다. 세 번째 방식은 새로운 정보를 다루기 위해 예상을 해 보고 해석 구조들을 활성화하는 스키마 정립과 조직 활동의 증진에 초점을 두는 인지적 또는 심리언어학적 제안이다. 이것은 효과적인 교육 전략으로서 듣기와 읽기와 같은 이해력에 관한 연구들에 도움이 많이 될 것이다.

3) 이분법 가정

언어를 살피는 두 가지 방법, 즉 형태(구조)와 기능(의미, 사용)에 관한 것을 들 수 있다. 곧 구조만을 살피는 언어 이론(구조주의)이 있는데, 이는 의미를 분리하여 다룬다(또는 전혀 논의조차 하지 않는다). 미국의 구조주의(Bloomfield, 1933)에서 벗어난, 초기 생성 문법에서도 의미는 크게 주목받지 못했다. 반면, 분리되고 독자적인 체계를 지닌 언어의 문법 구조에 주목하며 그 부분을 특별히 강조하였다. 촘스키의 유명한 문장인 "아름다운 녹색 생각이 맹렬하게 자고 있다"는 문법성과 의미를 별개로 다루어야 함을 강조하기 때문에 효과적이다(이 문장은 의미가 없으나 분명히 문법적이다). 이와는 다른 이론들(생성 의미론, 화행 이론, 화용론)은 형태를 부차적인 것으로 여기며 의미를 중심에 놓고 논의한다.

언어교수법에서 우리는 수년 동안 이 두 가지를 통합하려는 다양한 시도를 하면서 형태 중심에서 의미 중심으로 진자 운동(pendulum swing)을 하는 것을 보았다. 이러한 통합은 쉽지 않은데, 형태와 의미는 사실 배타적인 경향이 있기 때문이다. 실제로 형태와 의미를 통합하려는 교사들을 본 적이 있다. 그들은 한 사람인데 둘로 분리된 교사들인 것처럼 가르치기도 한다. 의사소통 부분에서는 의사소통 전달식으로 수업을 하며, 형태를 연습시키기 위해서는 내용을 무시하는 문법 훈련가와 같이 가르친다.

통합을 하려면, 즉 언어로써 언어를 가르치려면 (지금의 형태, 지금의 의미, 지금의 문법, 지금의 소리라기보다) 함께 유기적으로 연계되어야 한다. 그러나 이와 달리 다른 조각들의 집합처럼 언어를 살핀다면, 통합은 결코 쉬운 일이 아니다. 이것은 다음 가정에서 더욱 자세히 살필 것이다.

4) 구성 성분 가정

2장의 초반에서 언급했듯이, 대부분의 언어학 강의와 교재는 주제를 전통적인 언어 구성, 즉 음운론, 형태론, 통사론, 의미론과 화용론으로 나눈다. 언어는 더 작은 조각에서 더 큰 조각으로 이루어지며 음성에서 시작하여 텍스트로 끝난다. 때때로 제2언어의 수업도 이와 마찬가지로 진행된다. 필자도 첫 번째 영어 수업에서는 음성(특히 가장 어려운 것은 th와 같은 발음이다)을 배운 것으로 기억하고 있다. 빅터 보르게(Victor Borge, 덴마크의 인기 코미디언)처럼, t와 h 발음은 어려운데, "특히 그 음들이 함께 붙어 있을 때" 그러하다(혀를 붙여야 함을 알지만 결코 얼마만큼 붙여야 하는지 알지 못한다). 그런 다음 목록에 있는 단어들을 배우게 된다. 이러한 관점에서 언어 지식은 차츰 구조면에서, 단어면에서 하나씩 축적된다. 이에 따라 언어는 먼저 언어학적으로 분해된 후 교수요목 설계자가 결정한 차례에 따라 학습자들에게 하나씩 제시된다. 다음의 [그림 2.1](van Lier, 1995)은 이러한 관점에서 언어가 구성되는 방법을 보여 준다. 참고로 이 블록쌓기식의 접근법은 결코 절대적인 것이 아니다.

언어에 관한 성분 분석의 관점은 여러 상황에서 실제 삶과 언어와의 관련성에 대한 영향 관계를 계속해서 무기력하게 한다. 예를 들면 캘리포니아에서는 영어 학습자를 위한, 구어를 포함한 CELDT(캘리포니아 영

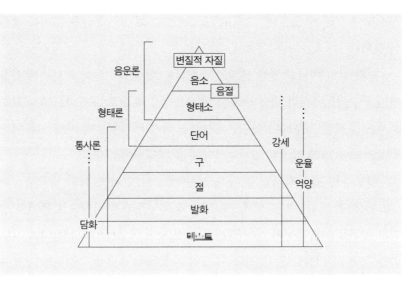

[그림 2.1] 언어 단위(van Lier, 1995)

어발달테스트)라는 새로운 테스트를 시행한다. 첫 번째 기준은 학습자들이 (수준에 따라) 모든, 대부분의, 혹은 약간의 처음, 중간, 마지막 소리를 구별하거나 발음할 수 있는가에 대한 요구와 관련되어 있다. 이것은 음소론적 인식이다(http://ctp.com/state/CA/celdt/celdt_2001_tip_guide.pdf 참조).

　'Spanish, study'와 'speak'를 'Espanish, estudy'와 'espeak'로 발음하는 라틴계 학생들은 표현의 명료함과 내용을 무시하고 처음부터 발음을 늘려서 하는 것으로 보인다. 그 결과, 수업 시간에 흥미롭고 도전할 만한 문제를 살피거나 탐구하고 연구하기보다 언어의 형식적인 측면과 관련된 수많은 부분을 다루면서 시간을 보내게 된다. 계량 심리학자와 문제 출제자들은 지역과 국가 정부의 명령에 따라 유명한(그리고 유리한) 문제집 출판사를 위해 비인간적이고 억압적인 거짓 평가 결과를 대량으로 만들어 낸 혐의로 고소당해 왔다. 그들은 대부분 언어학 측면에서 결함이 있고, 도덕적으로 옹호할 수 없으며, 그리고 교육적으로 해로운 산업용 문제를 생산한 것이다.

이와 같이 비난할 만한 문제가 생산되는 현실에서 언어 교사는 무엇을 해야 하는가? 과격한 대답은 교사의 전문성을 토대로 교육적으로 해로운 문제는 무조건 거부해야 한다는 것이다. 국가 커리큘럼에 따라 이루어진 몇몇 문제에 대한 영국의 교사들의 반응을 참고해야 한다.

이보다는 유연하지만 효과가 있는 것으로 언어 인식의 접근법(van Lier, 1995)을 도입하여 사회적·제도적·정책적 동기를 바탕으로 문제의 성격과 항목들을 학생들과 같이 검토하는 것이다. 학생들이 자신들에게 기대하는 것과 그 이유를 알게 된다면, 그저 학생들의 능력을 측정하는 것보다 더 타당한 방법적 결정을 내릴 수 있기 때문이다.

5) 정확성 가정

유창성과 정확성의 정의에는 다소 차이가 있다. 유창성은 의미 전달에서 개인의 능력과 관련되며 정확성은 산출되는 많은 오류와 관련된다(이것은 말하기뿐만 아니라 쓰기에도 적용되며 위에서 논의한 의미-형태의 이분법과도 관련되어 있다). 한편 이 두 특성과 관련하여 교수접근법은 둘 사이의 정의를 달리 내리거나, 두 정의의 의미적 균형을 이루게 할 수도 있다.

전통적으로 정확성은 성공적인 언어 학습의 필수조건으로 여겨져 왔다. 오류는 능숙함을 방해하는 것으로 간주되고, 주의하지 않으면 고착이 되어 결국에는 고칠 수 없게 될 수도 있다. 특히 오류가 '심각하다'고 생각된다면, 발생할 때마다 수정하거나 피하는 것이 가장 중요하다. 그러나 오류의 심각함은 그것이 정의되기 때문에 발생한다(오류의 심각함에 대한 문학 작품은 James, 1998을 참조). 그렇다면 '오류'를 어떻게 정의할 수 있을까? 분명한 것은 모국어 화자나 비모국어 화자 모두가 문법책이나 사전에서 허용하지 않는 것들을 말하고 쓴다는 것이다. "Cindy, We shoulda went to that party.(신디, 우리는 그 파티에 가야만 했어.)", "Hey, waddup dude, where's the concert at?(야, 무슨 일이야, 어디서 콘서트하니?)" 이것은 모국어 화자들의 말이다. 다음은 비모국어 화자가 지나가면서 어떤 사람에게 인사하는 경우이다. "Sarah! Where are you always?(사라! 너는 항상 어디에 있니?)" 또는 우리가 다음과 같은 일본 광고를 볼 때도 있다. "I feel coke!(난 코카콜라를 느껴요!)" 모국어 화자가 말하는 비문법적인 것과 비모국어 화자가 범하는 오류들 가운데 어디에다 밑줄을 그어야 할 것인가?

대개 모국어 화자는 모국어를 완벽히 잘 구사하는 것으로 인식한다. 그러나 이것은 오늘날 논란의 여지가 있다. 수많은 출판물에서도 그렇지 않다고 주장하고 있고, 어떤 면에서는 가치도 없고 현실적이지도 않다. 대부분의 모국어 화자도 제2언어 학습자만큼 모국어 능력을 갖추기 위해 노력한다. 이 논쟁에 바탕을 두는 몇 가지 근본적인 생각은 파이크데이(Tom Paikeday, 1985)의 『모국어 화자는 죽었다(The native speaker is dead)』라는 책에서 다룬 토론에서 엿볼 수 있다. 이 책은 촘스키와 할리데이가 관여했을 정도로 주목을 끌었다. 이 특별한 싸움은, 기본적으로 고집스런 촘스키와 세상 사이의 간극을 줄이지 못한 채 명백한 교착 상태로 끝났다(지금까지와 별반 다르지 않은 시나리오였다).

다양한 논의에 대해 한쪽에서는 모든 오류는 너무 늦기 전에 수정되어야 한다고 주장한다. 반면에 다른 한쪽에는 오류를 수정하는 것이 언어 발달을 방해할 뿐만 아니라(처음과 나중 모두), 효과적이지도 않으며, 학생들의 동기 부여를 꺾는다는 주장도 있다.

정확성 가정보다 더 심화된 내용으로, 언어에는 '정확한' 버전이 있고 그 외에 방언, 강세, 외국어 적용 사례 등이 있다는 것이다. 다만 이것들은 모두 '부정확한' 것이어서 학습자들에게 본보기나 목표로 사용되지 못한다. 그러나 사회언어학자와 방언학자들이 알려주듯이, '공식적' 또는 '표준적'인 언어와 그 지역 내에서 사용되는 다양한 방언과의 차이점은 순전히 위세와 명성이라는 점이다. 본질적으로 언어적 우월성 같은 명제는 존재하지 않는다.

6) 전쟁 중인 언어 가정

특히 이 가정은 지속적이다. 하나의 언어를 사용하면서 다른 언어를 배운다거나 혹은 같은 상황에서 두 언어를 사용하게 되면 혼란스러워질 뿐 아니라 두 언어가 서로 오염될 수 있다는 것이다. 수년 전에 심리학자들은 너무 어린 시절부터 이중 언어를 사용하면 지적 장애에서부터 만성적 야뇨증에 이르기까지 여러 문제가 발생할 수 있다고 주장해 왔다. 그러나 실제로 이들 연구 중 그 어떤 것도 사실이 아니다. 오히려 그와는 반대로, 증명된 연구에서는 이중 언어 사용이 삶의 모든 국면에서 자산이 되고 있다는 것을 명확하게 지적했다(Genesee, 2002). 그렇다면 한 수업에서 두 개 이상의 언어 사용을 허용해야 하는가? 그럴 경우 일종의 피진어(pid-gin),* 부정확한 발화, 언어 부호 변환을 하는 학생들, 또는 목표 언어 수행에 노력하지 않는 학생들이 생기지는 않을까? 실제 연구에서는 아마도 언어 부호 변환을 제외하고는, 어떤 심각한 결과도 일어나지 않는다고 하며 언어 부호 변환도 이중 언어를 사용하는 사회에서는 정상적이라고 한다. 흥미로운 사실은 언어 부호 변환자들이 두 언어를 인상적으로 조절한다는 점이다. 그들은 임의적인 언어의 각 부분을 엉망으로 구성하지 않으며, 실제 맥락에서 뛰어난 기교와 감성으로 부호를 능숙하게 다룬다(Auer, 1998)

....

* 서로 다른 언어를 사용하는 사람들이 협력해서 일해야 할 때 만들어지고 발전되어 온, 단순하고 초보적인 기초 언어[조명한 외(2003), 『언어심리학』, 학지사].

고 한다.

대개 제2언어나 외국어 학습자들이 오히려 자신의 모국어에 '의지하기'보다는 제2언어나 외국어 사용을 강요받고 있다. 이러한 강요 속에서 그들은 연습을 더 많이 하게 되고 점차 목표 언어로 '생각하는 것'을 배우게 된다. 많은 부모와 교사, 학생은 이러한 것을 두고 능숙하게 되거나 혹은 '모국어 화자와 비슷하게' 되는 열쇠라고 생각한다. 이 문제에 대한 연구는 그 반대가 진실이라는 점을 밝혔다. 중요하고 흥미로운 과제와 같은 특정한 조건에서, 모국어의 사용은 실제로 목표 언어의 발달에 도움을 주는데, 제2언어가 숙달됨에 따라 모국어의 사용은 자연스럽게 풀이든다(Brooks, Donato & McGlone, 1997; Swain & Lapkin, 2000). 모국어와 제2언어의 사용은 마치 오토매틱 자동차나 스틱 자동차를 운전하는 것과 유사하다. 만일 당신이 이들 중 하나만을 몇 년간 운전했다면, 그러고 나서 갑자기 다른 차로 바꾸었다면, 당신은 계속해서 상상 속의 스틱을 부여잡거나 있지도 않은 페달을 밟고 있을 것이다. 그러나 만일 당신이 하루에 50여 대의 다른 차를 운전한다면, 그것의 절반은 수동이고 나머지는 자동이라면(대리 주차원이 해야 하는 것처럼), 자동차의 조작법, 크기, 모양 그 어떤 것도 당신을 힘들게 하지 않을 것이다. 왜냐하면 당신은 운전해야 할 자동차에 즉시 적응하기 때문이다.

7) 분리 가정

많은 언어학 이론은 언어가 자율적 체계로 물리 세계, 정신 상태, 사회 행위 등과 분리되어 있다는 가정을 따른다. 이 이론들은 이론상으로 마치 언어가 독립적이고 자율적인 것처럼 언어를 다룬다. 특히 촘스키의 생성 문법에 바탕을 둔 이론들이 그러하다. 도표에서 제시했듯이, 이 가정은 교육에서 두 가지로 나뉘어 적용될 수 있다. 만일 촘스키(Chomsky, 2000)와 핀커(Pinker, 1994)에 기대어 언어가 단지 성장하는 '기관' 또는 '본능'이라고 믿는다면, 언어를 배울 수는 없고 다만 그 성장이 촉진될 수만 있다[크라센(Krashen, 1985)의 입력 접근법과 같이, 여기에서 필요한 모든 것은 학습자들을 쾌적한 환경 속에서 이해할 수 있는 입력으로 둘러싸는 것이다]. 반면에 언어는 학습되어야만 하는 분리 체계라고 생각한다면(예를 들어 행동주의자들이 하는 것처럼), 명백한 체계를 이루는 요소들이 체계적으로 제시되고 연구되며 실행되어야 한다. 다만 만일 우리가 이러한 두 신념 중 어떤 것도 받아들일 수 없다면, 전적으로 새로운 접근법을 제안하여야 한다.

3. 언어학

> 자연이 건네주는 가르침은 달콤하네.
> 간섭하기 좋아하는 우리의 지성은
> 사물의 아름다운 모습을 망가뜨리네.
> 우리는 분석함으로써 자연을 죽이는구나.
> ─ William Wordsworth, 1789, "The tables Turned", Dennett(1991: 21)에서 인용

필자의 언어학적 관심은 20년 이상 촘스키의 연구에 자극을 받아 왔으며, 다른 많은 언어학자도 비슷하다. 물론 할리데이의 영향도 받아 왔다. 문제는 이 두 언어학자가 서로 반대의 입장을 띤다는 것이다. 언어학의 매력은 언어학 연구에 대한 촘스키와 할리데이의 방식 사이에 있는 모순 때문이다. 물론 이것이 전부는 아니다. 미하엘 바흐친과 다른 많은 학자에게 영향을 받은 대화적 접근법의 언어학자들, 이에 바탕을 둔 해리스(Harris, 1996)의 통합적 접근법에도 관심을 두었으며, 이것은 앞 절에서 살핀 모든

가정에 이의를 제기하는 것들이다.

할리데이의 기능적 관점이 촘스키의 관점보다 필자의 철학적 신념과 교육적 이상에 훨씬 더 부합하지만 촘스키의 주장을 반박한다는 것은 결코 쉽지 않다. 그럼에도 불구하고 촘스키의 책과 논문이 나오면 열심히 읽으면서 '바보 같은 소리', '허튼 소리'와 같은 문구를 여러 번 그의 책과 논문의 가장자리에다가 계속해서 써 나갔다. 그리고 책을 구입할 때마다 수많은 비(非)촘스키 또는 반(反)촘스키 언어학자의 반박 논의로 조각나 버린 생성 문법과 보편 문법 이론을 완전히 극복할 수 있다는 신념 또한 가졌다. 비트겐슈타인, 퍼스, 바흐친과 같은 철학자에게서 유리한 정보를 취하려 애썼다.

그러나 그것이 쉽지 않다는 것을 안다. 어쨌든 왜 촘스키식 접근법을 그렇게 많이 반대하는지? 왜 그것이 미국의 언어학 분야에 부정적 영향을 주었는지? 왜 그것이 교사들의 준비와 소수 언어 학생들에게 타당한 교육을 하려고 하는 언어학자들에게 방해가 되는지? 이에 대해 대답하는 것이 결코 쉽지는 않지만, 여기에서 몇 가지 논쟁거리를 던지고자 한다.

가장 중요하고 까다로운 개념은 언어학이 과학적 기획이라는 것이다. 과학이란 무엇인가? 과학을 생각하면, 어떤 사람들과 어떤 이론들이 생각나는가? 만일 필자와 비슷하다면, 아리스토텔레스, 갈릴레오, 뉴턴, 에디슨 등 몇몇 학자와 운동 이론, 중력 이론, 상대성 이론 등을 떠올릴 것이다. 아마도 이러한 이름에는 모두 동의할 것이다. 다윈, 멘델, 파스퇴르, 로렌츠, 프로이트, 분트에 관해서는 어떤가? 이에 대해서는 다소 견해가 갈릴 것이다. 퍼스, 비고츠키, 야콥슨, 사피어, 미드, 브루너, 베이트슨에 대해서는? 여기에 대해서는 견해가 좀 더 심하게 갈릴 것이다. 몬테소리, 프랑클, 매슬로우, 코졸에 대해서는 더 이상 언급할 필요가 없을 것이다.

어떤 면에서 과학은 죽은 재료를 연구하는 것이다. 만일 무언가가 자발적으로 움직인다면, 그것은 과학이라고 할 수 없다. 또는 데이비드 배리(David Barry, 미국의 코미디와 풍자 작가)의 말처럼, 움직임을 멈출 때까지 그것을 짓밟는다면, 그것은 과학적 조사로 분석할 수 있는 것이다. 우리는 물리 세계의 카오스 이론을 탄탄하게 받쳐 주는 원리를 살펴보아야 한다. 만일 그것이 물리학이 아니라면, 그것은 수년 전에 뉴질랜드 물리학자 러더퍼드를 괴롭혔던 것처럼, 우표 수집 그 이상이라 할 수 없다(1장 참조).

어떻게 과학이 언어에 적용될 수 있을까? 언어과학이란 것이 존재할 수 있을까? 만일 그렇다면 우리는 언어를 분석할 수 있도록 해체해야 하는가? 워즈워드의 시를 인용하자면 "분석하기 위해 살인자"가 되어야 하는가? 언어과학이 되기 위해 할 수 있는 몇 가지 것이 있다. 하나는 말도 안 되는 방법으로 살아 있고 움직이는 것을 부분으로 나누는 방식, 즉 언어를 잘게 나누는 것이다. 다른 하나는 언어를 한 장소에 두고 그 내부 구조를 밝히기 위해 해부하는 것이다. 이것은 본질적으로 소쉬르가 했던 것으로, 빠롤(통제할 수 없는 측면)을 랑그(정태적 측면)와 구별하는 것이다. 소쉬르에 따르면, 빠롤은 일상생활에서 개인의 실제 언어 사용에 관한 것이고 너무나 불규칙적이어서 연구되기 어렵다. 반면 랑그는 공유된 사회의 언어 구조이며 복합시스템으로서 충분히 구조적인 것이며, 과학적으로 연구될 수 있다. 그러나 소쉬르의 '과학적으로'라는 말이 물리학과 같은 전통적 과학 분야와는 이미 상당히 떨어져 있다는 것을 명심해야 한다. 왜냐하면 그는 최초의 사회학자로 불리는 동료 에밀 뒤르켐(Emile Durkheim, 1964[1895])이 구성한 사회과학과 사회적 현상에 관련된 개념들에 영향을 받았기 때문이다. 뒤르켐은 실증주의의 창시자인 오귀스트 콩트(Auguste Comte)에게 영향을 받았는데, 그 영향은 세상의 모든 것은 원칙적으로 측정할 수 있다는 것이다. 따라서 필자는 사회과학의 위상을 과학으로서 다룰 것이며, 그 자체로 충분히 논쟁거리가 된다. 그러나 촘스키는 이것에 관심을 두지 않았다.

소쉬르 이후 반 세기가 지나서 촘스키는 소쉬르의 이와 같은 구별을 자신의 연구 방식에 따라 언어 능력(competence)과 언어 수행(performance)으로 한정하였다. 그러나 촘스키의 언어 능력과 언어 수행은 소쉬르의 랑그와 빠롤과는 상당히 다르다. 사실 그것들은 표면적으로 닮았음에도 개념적으로는 분명히 구별된다. 소쉬르의 그림에서 랑그는 공통된 사회적 산물인 반면, 빠롤은 개인의 언어 사용이다. 촘스키에서 언어 능력은 개인적이고 변함없는 것이며, 언어 수행은 사회적이고 다양한 것이다. 따라서 소쉬르는 사회적 불변성과 개인적 다양성을 말한 것이고, 촘스키는 사회적 다양성과 개인적 불변성을 말한 것이다. 그 차이를 아래의 [그림 2.2]에서 살펴볼 수 있다.

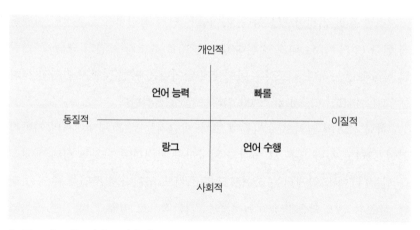

[그림 2.2] 소쉬르와 촘스키의 비교

앞에서 언급했듯이 소쉬르는 사회학자 뒤르켐의 사회적 현상에 고무된 반면, 촘스키는 데카르트의 관념론에 고무되었다. 빠롤에 대한 연구를 거부함으로써 소쉬르는 사회적 규약과 언어의 규칙을 강조했다. 할리데이는 언어를 사회적 기호라고 했다. 소쉬르는 언어의 물리적 양상은 무관한 것으로, 심리적 양상은 부분적으로만 관련되는 것으로 여겼다. 랑그는 본질적으로 "사회적 산물… 사회적 결속… 발화를 통한 공동체 구성원들에게 쌓인 축적물"이며, "사회적 결정체"다(Saussure, 1983: 13).

이러한 구분, 즉 소쉬르와 촘스키의 차이가 교육언어학자들에게, 그리고 언어에 관한 생태학적 관점에 어떤 의미를 주는가? 교육의 측면에서 촘스키의 관점은 비록 관련된 자료에 대한 외적인 노출이 필요하더라도(자료의 양이나 정확성은 그리 중요하지 않다) 언어 발달과 2차 언어 습득은 내재적으로 결정된 개인적 과정이라는 것이다. 반면 소쉬르의 관점에서 언어는 사회·문화적 관습에서의 약속이기 때문에, 언어는 공통된 사회적 산물이라는 점을 강조하게 된다. 따라서 소쉬르와 촘스키의 결정적 차이는 사회의 역할 대 개인의 역할이다. 소쉬르는 "개인이 스스로 [언어] 작동에 익숙해지려면 훈련 기간이 필요하다. 아이들은 단지 점진적으로 완전히 이해하게 된다"(위의 책: 14)라고 지적하였다. 반대로 촘스키는 언어 습득이 "기관의 성장과 흡사하다… 그것은 아이에게 일어나는 어떤 것이지 아이가 행하는 것은 아니다"(Chomsky, 2000: 7)라는 입장을 취한다.

학교 교육의 영역으로 이동해 보자. 학습자는 학교 체제에서의 지배적 언어, 그리고 하나 혹은 그 이상의 외국어와 관련하여 다양한 형태의 교육을 받는다. 이 영역에서는 소쉬르도 촘스키도 명쾌하게 조언해 주지 못한다. 학교의 언어 학습과 외국어 학습이 기본적으로 어릴 적의 언어 습득과 동일한 방식으로 진행될까? 이는 사실 1960년대와 1970년대에 있던 가정이었다. 근본적으로 누군가가 어린 시절 집에서 배운 방식과 같은 방법으로 제2언어를 배울 수 있다면(그리고 가능하다면 모국어의 학문적 장르에 대해서도 마찬가지로, 비록 이러한 가능성에 대한 논구가 거의 없긴 하지만), 학교에서의 언어 학습이 집에서의 언어 학습과 동일하게 진행될 수도 있을 것이다. 다만 이것이 가능하려면, 모든 조건이 바뀌어야 한다. 우선 피아제의 발달 단계에 따르면 열두 살 전후의 아이는 '형식적 조작(formal operations)' 단계에 들어가고, 거기서 그들이 접하게 되는 모든 문제는 인지적이며 분석적으로 해석된다. 분명히 그것은 아이가 언어를 습득하는 방식이 아니다. 더욱이 학교를 다니는 학습자들은 이미 스스로 완벽히 표현할 수 있는 언어를 가지고 있기 때문에 학교 언어, 즉 외국어이든지 모국어의 학문적 유형이든지 간에 습득을 위한 본질적 충동이 실제로는 없다는 점이다. 이미 모국어가 자리배김하고 있는 상황에서는 새로운 언어의 유형으로 의사소통을 위한, 또는 사회적·물리적·상징적 현실을 구성하기 위한 절실한 요구가 없다고 할 수 있다.

언어 발달에 관한 여러 연구에 따르면 아이들은 다섯 살 무렵에 그들의 모국어와 만나게 되면서 모국어를 습득하기 시작한다. 더욱이 아이의 언어 습득을 연구해 온 학자들(Bowerman & Levinson, 2001)에 따르면, 그 나이의 아이들은 문법적 사용을 충분히 통제할 수 있다고 한다. 이것은 분명히 가능한 것이지만(그리고 이 쉽지 않은 '작업'이 다섯 살에 나타난다는 사실을 명심해야 한다), 이것이 언어 발달의 끝은 아니다.

언어 피라미드(van Lier, 1995)의 모든 단계를 살펴보면 의미 있는 점을 발견할 수 있다. 음운론적으로 더 복잡한 소리는 9세 전후에도 충분히 조절되지 않고(예를 들면 영어의 s, th, v, f와 같은 마찰음), 형태론적으로 단어 형성 과정과 굴절은 계속해서 발달한다. 특히 통사론적으로 복합 종속 관계(조건문 같은)와 명사화는 아직 5세 아이들에게는 어려운 구조다. 텍스트와 화용 단계에서도 수행되는 작업이 더 있다. 이를테면 의견을 분명하고 논리적으로 표현하는 방법, 논쟁하는 방법, 효과적으로 이야기하는 방법, 조롱하는 방법, 농담하는 방법 등이 해당한다.

5세 이후 6세, 9세, 12세 혹은 더 많은 나이에서(대부분의 아이가 이에 해당하지만, 세상의 모든 곳에서 동일한 방식인 것은 아니다), 학문적 주제로 언어를 사용하는 방법, 문학을 감상하는 방법, 수학 문제를 푸는 방법, 과학 실험에 대해 보고하는 방법 등에 대한 교육이 전개된다. 그것은 학교에 다니는 한 계속될 것이다. 그러나 이것이 청소년기를 거쳐 성년으로 자라는, 학교에 다니지 않는 아이들과의 차이를 유발하는 것은 아니다. 벤 램톤(Ben Rampton, 2002)이 설명하듯이, 10대들은 그들의 정체성과 자아의식을 만들고 굳힐 수 있는 언어 관습을 행하고 정립해 나가는 데 엄청난 노력을 한다. 어떤 사회에서 말을 잘하는 성인은 문식성이 있든 없든, 교육을 받든 아니든, 능숙하고 창조적이고 재미나고 매혹적이고 멋진 언어 사용자, 이야기꾼, 익살꾼(다른 가능한 자질들 중에서)들이다. 학문적 성취가 본질적으로 사회문화적 성취보다 더 어렵다고 생각하지 않는다. 단지 다른 맥락에 대한 다른 접근 유형과 과정들이 있을 뿐이다.

　언어 능력은 5세에 완성되지 않는다. 그러나 그 시기에 언어의 복잡성을 익힌다는 점은 상당히 놀랍다. 이 시기는 문식성이 본격적으로 적용되지 않으며, 교육 역시 마찬가지다. 이러한 점은 우리 사회와 같이 제도화된 교육이 필수 요건인 사회에서는 더욱 명백한 것이 된다.

　촘스키의 생성 문법에서 가장 논쟁거리가 되는 것은 대부분의 언어가 선천적이라는 점이다. 즉, 갓난아이의 두뇌에 언어가 존재한다는 아주 특별한 생물학적인 구조를 주장한다. 언어 발달과 관련하여 타고난 자질이 존재한다는 점은 누구에게도 논쟁거리가 되지 않았다. 그러나 타고난 자질의 정확한 본질, 그것의 특별함, 그리고 언어 발달에서 그것의 역할은 훨씬 더 큰 논쟁거리가 될 수 있다. 앞서 언급했듯이 촘스키는 선천적 특수성을 강조하는 방향으로 계속 나아갈 것이다. 아동의 언어에 대한 대부분의 연구자는 더욱 중간적인 입장을 취한다. 그들 대부분은 타고난 것이 무엇이든지, 처음 5년 동안 일어난 것이 무엇이든지 간에 이들 사이의 역동적 관계에 초점을 둔다. 그래서 '본성-양육'에 대한 오래된 논쟁에서, 타고난 특성과 경험의 역동적인 상호작용이 연구의 중심이 된다. 노벨상 수상자인 피터 메더워(Peter Medawar)는 본성과 양육 사이에 적용되는 비율을 질문받고 이들 각각이 100퍼센트 기여한다고 답변하였다(Bruner, 1986: 135). 이것은 매우 훌륭한 대답이다. 왜냐하면 각각의 정확한 기여도에 관해 주장하기보다는 언어 발달 과정에서 아이들과 환경이 서로 어떻게 상호작용하는지를 살피는 것이 더 생산적이라고 할 수 있기 때문이다. 이러한 점은 비고츠키 접근법의 핵심이 된다. 발달은 단지 타고난 특성을 펼치는 것이 아니라 참여와 내면화의 과정 속에서 통제와 자기조절로 점차 이동하는 것이다. 비고츠키는 이러한 과정에서 학습이 발달에 앞서 있을 때 효과적이라고 한다. 촘스키는 '학습(learning)'이란 단어에서 적절함을 전혀 찾지 못했다. 그는 언어를 단지 어떤 물리적 기관처럼 성장한다고 보며 그것은 학습될 수 없다고 보았다. 여기서 확실치는 않지만, 무시할 여지없이, 비고츠키는 환경과 그 적용 과정에 촘스키와 그의 동료들이 했던 것보다 더욱 큰 역할을 부여했다. 더욱이 방금 언급한 것처럼, 비고츠키는 발달보다 앞선 '훌륭한 학습(good learning)'의 중요성을 제시하였다. 이것은 매우 흥미로운 지적이며 이에 대해 세세히 살필 것이다. 그러나 지금, 아이들의 부모나 사회문화적 공동체가 실제 아이의 행동보다 더 높은 수준의 성숙도를 요구한다는 점에 주목해야 한다. 가령 아이가 개를 지적하면서 "Goh!"라고 말할 때 보모는 "그래, 정말 귀여운 강아지(doggie) 아니니?"라고 답할 것이다. 다시 말해 보모는 마치 아이들이 실제로 아직 행동할 수도 말할 수도 없는 것에 대해 행동하고 말할 수 있는 것처럼 아이들을 대하고, 이것은 아이들이 자라는 동안 개념적이고 경험적인 '공간'을 제공한다. 물론 아이들이 말하는 것과 보모가 아이들을 대하는 것 사이의 정도 차이가 그렇게 크지 않으며, 학습 발달의 역동적 움직임도 잘 일어나지 않는다. 예를 들어 만일 아이의 "Goh!"에 대한 반응으로 보모가 "봐라, 귀여운 아이야, 너는 'Goh'로 다소 모호하게 언급하였는데—아마도 'dog'란 단어에 대해 너의 미숙함으로—이 특별한 개는 구부러진 발과 한쪽으로 기울어진 귀로 특징되는 '잡종개'의 하위 종에 속해. 원래 니스덴(Neasden)의 작은 언덕에서 발견되는데 최근에는 바이에른의 내륙 지역에서 가정의 동반자로서 위상이 승격되었단다"와 같이 말했다고 가정해 보자. 아이가 이처럼 방대한 최상의 정보를 얻는다고 하더라도 언어적·인지적·사회적으로 더 많이 나아가지는 못한다. 학습자의 행동과 어른의 대답 사이의 긴밀한 관계는 나중에 살피게 될 근접발달영역의 개념과 관련되어 있다.

4. 맥락: 과학에 대한 기록

> 과학자들 중에는 수집가, 분석가, 강박증이 의심될 정도로 정리하는 사람들이 있다. 대개 기질에 따라 탐정 수사관과 탐험가가 많다. 또한 일부는 예술가이며 일부는 기술자이다. 시인이면서 과학자 그리고 철학자이면서 과학자인 사람들이 있고, 심지어 신비주의자들도 몇 명 있다.
>
> — Peter Brian Medawar, *The Art of the Soluble*, 1967

필자는 언어 연구와 학습에서 맥락의 중요성을 수차례 언급하였고, 여러 인용을 들면서 설명하였다. 맥락은 생태언어학에서 매우 중요하므로 별도의 절에서 설명할 필요가 있다. 맥락은 다양성을 지니면서 순환되는 주제이므로 이후의 장에서도 여러 번 반복될 것이다.

주시하다시피 유명한 언어 이론들에서는 맥락을 언어에서 분리하였고, 실제로 언어의 필수 요소가 아닌 것 혹은 기껏해야 추가적인 조명을 위해 부가하는 것으로 여겼다. 반면 다른 언어 이론들, 즉 해리스와 할리데이의 연구들에서는 맥락을 중심에 놓았다.[6]

이와 같은 접근들은 하부 구조로 분리되거나 자연주의적 연구, 다시 말해 과학적 환원주의를 따르지 않는 이상 엄격히 과학적인 관점에서는 '공허한' 이론으로 무시될 수 있다(Chomsky, 2000: 29).

앞서 살펴보았듯이, 과학 연구에서 주류 개념은 어떤 맥락적 요소들로부터 조사된 추상적인 대상을 포함한다. 그러나 이는 맥락의 본질에서 멀어진 것이다. 가령 쥐들의 장소 이동과 장소 기억을 연구하기 위해 쥐들을 미로에 놓거나, 빛, 습도 등의 효과를 연구하기 위해 옥수수 낱알을 유리컵에 넣거나, 그리고 방 안에 있는 아이들이 함께 블록을 쌓는 모습을 낯선 사람들이 지켜보는 것 등이 이에 해당한다.

촘스키는 누군가 과학적으로 언어를 연구하고자 한다면, 선택의 여지 없이 적어도 갈릴레오 이래 물리학자들이 실행했던 이상화의 다양한 단계를 따라야 한다고 한다. 촘스키는 이상화란 "진정한 원리로서의 본질인 실체를 발견할 수 있도록 따라야 하는 절차"라고 언급하면서 "만일 이것이 모든 과학을 수립하는 데 적합하다면, 왜 정신 현상의 연구에서는 불합리한 것인가?"라고 불평했다(Chomsky, 2000: 123).

1장에서 언급했듯이, 전통적 과학은 이상화의 세 단계(맥락 환원, 자료 환원, 복잡성 환원)를 수행한다. 촘스키의 생성 문법에서 이것들은 가상의 동질적인 공동체, 이상적인 모국어 화자, 세상에서 사용되는 언어보다는

....

6   언어에 대한 적절한, 여러 다른 맥락적 접근이 있는데, 사회언어학, 인류언어학, 담화분석 등이 여기에 포함된다. 대표적 문집에 대해서는 Coupland & Jaworski(1997), Jaworski & Coupland(1999)를 참조할 것. 또한 Clark(1996), Duranti & Goodwin(1992), Hanks(1995), Hymes(1974)를 참조할 것.

내재적 언어(그것은 두뇌와 마음속에서 재현된다)에 초점을 둔다. 첫 번째와 두 번째는 분명히 존재하지는 않지만 합리론 발달의 목적을 위해서는 유용한 구성이다. 세 번째는 인디아나 존스의 "이곳이 바로 그곳이다(X marks the spot)"이거나, 언어의 진정한 본질이 파묻힌 곳이다. 언어학자는 무수히 많은 언어와 방언으로 사람들이 말하고 행동할 때 이상함과 놀라움으로 방해받지 말고, '언어'라는 생물학적 특질이 실제로 무엇인지를 밝혀야 한다. 그가 I-언어라고 부른 이 특질은 촘스키의 신념이며 진정으로 언어를 풀 수 있는 열쇠가 된다. 그것은 프리지아어, 케추아어, 중국어, 스카우스(영국 리버풀 방언), 우르두어와 같은 언어의 기저가 된다(E-언어는 나중에 살필 것이다). 이 견해에 따르면 이러한 후자의 언어들 또는 방언들(어쨌든 차이가 무엇인가?[7])은 세상의 실제 대상이 아니며 과학적 연구로 다루기 어려운 것이다. 그것들은 심지어 정의될 수도 없다.

이와 관련된 논의를 하자면 다음과 같다. 첫째, 이상적이고 환원주의적 접근만이 과학적 연구에 적합한 방식인 것은 아니라는 점이다. 만일 그러한 이상화가 과학적 정의라고 해서 다른 접근법들이 다른 무엇으로 불려야 한다면, 우리는 그 과학적 접근은 유용한 지식에 도달하기 위한 유일한 방식 또는 가장 적합한 방식이 아니라고 말할 것이다. 이러한 주장과 그 변형들은 상당한 열정, 분노, 경멸을 불러일으켜 왔다. 이때 적합성, 권력, 자원의 통제, 인식에 대한 요구 등의 영역을 고려해야 한다. 즉, 과학적 논쟁보다 사회적·정치적 논쟁 또는 주도권의 영역에서 더욱 큰 영향을 받고 있는 것이다.

이러한 맥락에서 만일 자연스럽게 상호작용하는 사람을 관찰하고 그 상

....

7 '방언'에 대한 언어학적 정의가 가능하지 않다는 이유로 언어와 방언 사이의 구분은 사회적·역사적·문화적·정책적인 것이 되었다. 막스 베인레이흐(Max Weinreich)는 "언어는 육군과 해군으로 무장한 방언이다"라는 유명한 말을 하기도 했다.

호작용에서 학습의 진행을 확인한다면, 이것은 사람들을 심리학 실험실에 데려가서 머리에 메탈 돔을 씌운 후 스크린에 비친 단어를 반복적으로 말하게 하면서, 그러한 행동이 일어나는 동안 두뇌의 반응을 표로 작성하는 것과 같은 과학적 연구와 동등하거나 그보다 훨씬 더 가치 있을 것이다. 구식의 이상화 실험이 궁지에 빠지게 된다는 불만이 있겠지만, 과학을 하고 있다고 말할 수도 있다. 과학적 방법으로 간주되는 것에는 독점권이 없고, 지식의 진보를 위해서는 어떤 유형의 연구든지 할 수 있기 때문이다. 파울 파이어아벤트 (Paul Feyerabend, 1975)의 언급을 빌린다면, "무엇이든 허용된다".

전통 과학의 지거에 대한 이외 같은 노골적인 노선에 이해를 실어내기 위한 여러 방법이 있다는 점도 덧붙여 제시할 수 있다. 이미 아리스토텔레스는 "어디로 이끌든지 그 자료를 따르라"라고 했으며, 퍼스 역시 "연구 방법에 제한을 두지 마라"라고 경고했다(Büchler, 1955). 초반에 언급했듯이, 참된(견고하고 정확한) 과학 모형은 오랫동안 물리학이어서 일반적으로 보다 유연한 영역인 자신의 분야에서 물리학의 방법을 모방하는 사람들은 '물리학 선망'이란 경멸적인 말을 듣기도 했다. 물리학적 관점에 따르면, 사실과 인과 관계에 초점을 두는 것은 당연하다.

그러나 대상은 그렇게 단순하지 않다. 갈릴레오에서 데카르트, 뉴턴, 아인슈타인 등에 이르기까지 물리적 세계의 구성에 대하여 불변의 사실로 확고히 생각되었던 견해는, 꿈에도 생각지 못한 방법에 의해 밀려났다. 그리고 지금 너무도 놀라운 현상, 예컨대 더블 슬릿 실험과 양자 뒤얽힘, 미립자 [파동이나 다른 것들이 될 수도 있다—결국 루이스 캐럴(Lewis Carroll)의 Snark는 "여러분이 알다시피 Boojum일지도 모른다"[8]]는 완전히 분리되었을 때조차 서

....

8 사람들은 캐럴의 *The hunting of the Snark*를 과학사의 패러디로서 읽는다. 그것은 다양한 웹 사이트에서 재생산되는 것처럼 *Alice*의 여러 판에서 나온다.

로 영향을 주었던 것 같고 관찰자가 그것들을 살펴보는 것으로도 그들의 행위에 영향을 주는 것 같다. 노벨상 수상자가 라디오에서 "양자물리학은 너무나 이상해서 아무도 그것을 이해하지 못하고, 여러분은 주변을 어슬렁거리면서 무엇이 일어났는지를 본다"라는 것이 결코 이상한 말이 아니다.

최근 생물학은 인간 게놈에서부터 자기 조직의 시스템에 이르기까지 새로운 사상과 가능성의 발달로 과학 분야에서 지배적인 영향력을 행사할 만큼 부상하였고, 이러한 성장과 함께 새로운 연구 방법들이 다양하게 등장하고 있다. 이것은 부분뿐만 아니라 전체를 살피고, 대상보다는 관계들을 고려하려 한다(이러한 경향은 물리학에서도 점차 증가하고 있다). 전반적으로 새로운 과학은 복잡성 과학이라 불리면서 등장했다(혼돈 이론을 포함). 그것은 완전히 새로운 방식으로 물리학적이고 생물학적이며 정신적이고 사회적인 현상을 살핀다. 수학처럼 일종의 '상위과학(suprascience)'이다. 즉, 이것이 추구하는 바는 인간의 지식과 조사에 관한 모든 영역과 관련된다. 혼돈, 이상한 끌개, 출현 방식, 생물과 환경의 종합체, 복합 적응 시스템—이것들은 사실, 증거, 법, 인과 관계와 같은 오래된 일련의 묶음과는 전혀 다르게 보이거나 들리고 움직이는, 상대적으로 새로운 현상들이다. 아마도 새로운 구분은 견고한 과학과 유연한 과학 사이의 차이가 아니라 건조한 과학(물리학)과 촉촉한 과학(생물학) 사이의 차이일 것이다.

언어교육자들과 언어교육학습자들은 종종 많은 이론 수업(교육 이론, 제2언어 습득) 때문에 불평을 하는데, 수업에서 이론들이 너무 많아 서로 모순되는 것 같고 실제와 연계된 이론은 거의 없다는 식의 반응을 한다. 이것은 언어와 교육이 명확함을 찾는 데 실패한 사상가들의 분야라는 데서 기인한 결함이 아니라는 점을 간략히 지적하겠다. 이 경우 비트겐슈타인의 포로와 같은데, 그 포로는 "문이 잠겨 있지 않고 안쪽으로 열리는 방 안에 있다. 그는 문을 밀기만 하고 당기려고 하지 않는다"(Wittgenstein, 1980: 42e). 만일 그가

문이 안으로 열린다는 것을 깨닫는다면, 그는 금방 자유로울 수 있을 것이다. 그러나 그는 시도하지 않는다. 유일한 진실, 진정한 답을 찾는다는 것은 안쪽으로 열리는 문을 미는 것과 같다. 문을 열기 위해서 우리는 미는 것을 멈추고 우리 자신의 맥락에서 우리의 연구를 깨우칠 수 있는 질문을 만들어야 한다. 아마 보편적인 대답을 찾기는 어려울 것이다. 다만 운이 좋으면 직면한 과제를 해결할 수 있는 더 나은 방법을 찾을 수 있을 것이다. 그러면 아마도 문은 활짝 열리고 장벽을 밀어낼 수 있는 방법까지 찾게 될 것이다.

5. 맥락, 언어와 언어학

『교실과 언어 학습자(The classroom and the language learner)』에서 필자는 언어 학습에서의 맥락을 "중심에 개인이 있고 점점 벌어지는 동심원의 파문처럼 확장되는 것"(van Lier, 1988: 83)이라고 정의했다. 개인의 맥락은 개인의 행동과 상호작용을 창조하는 것이라고 생각한다. 드루와 헤리티지가 언급했듯이, 대화분석(CA)[9]에서 맥락은 "참여자들 자신의 행동에 투영되고 산출되는 것으로 다루어지고, 본질적으로 근처에서 생산되며 언제 어느 때라도 변형될 수 있는 것"(Drew & Heritage, 1992: 19)이다. 그러므로 학습에서 맥락은 명시적·함축적·잠재적 교육과정이 탄생되는 환경 속에서 학습자와 다른 학습자들로 구성된다(Bernstein, 2000). 그러나 제도적 체계를 포함한 다른 사람들에 의해 창조되는 맥락 안에서 자신을 발견하고, 이러한 맥락들이 자신의 행동을 구속하거나 가능하게 한다는 점도 사실이

....

9　대화분석은 민속방법론에서 표명하는 것으로 가장 잘 알려져 있지만, 그것이 유일한 것은 아니다(Heritage, 1987 참조).

다. 그러므로 자신의 행동으로 창조하는 맥락과 다른 사람들에 의해 창조되는 맥락은 서로 연결되며, 고의든 우연이든 그 안에서 자신을 발견하게 된다.

앞에서 제시한 1988년의 책에서 언급한 정연한 동심원의 파문은 이제 수많은 다른 방향에서 교차되어 나오는 파문들이 되었다. 따라서 필자가 그렸던 그림은 다소 부분적이며 지나치게 단순한 것이 되었다. 그러나 여전히 상호작용 그 자체에서 나타나는 현상을 분석적 구조물로서 수용하는 민속방법론의 원리는 지금 여기에서도 타당하다고 생각한다. 하비 삭스(Harvey Sacks)가 말한 것처럼 "만일 그것이 현상이라면, 그것은 상호작용 속에 있어야 한다"(1963). 다시 말하면, 예상되는 생각이나 개념을 도입하지 마라. 그렇지 않으면 분석을 왜곡하는 위험에 빠질 것이다. 민속방법론에서의 가정은 만일 분석적 묘사를 위해 '역할', '위상', '권력' 등과 같은 다른 구성물을 고려하려면, 주어진 경험적 자료를 넘어서는 이론들을 반드시 구성해야 한다는 것이다. 즉, 맥락 구성을 위하여 자신의 생각과 가정을 사용할 것이고 이것은 행위자 자신이 경험한 맥락일 수도 있고 아닐 수도 있다. 이러한 관점에서 대화분석가들이 "미리 세워진 사회적 체제가 참여자들의 행동을 '포함하는 것'으로 보이는"(Drew & Heritage, 1992: 19), 맥락의 '버킷' 이론을 거부할 때 방법론적으로 중요한 쟁점이 생겨난다.

그런데 실제 일어나는 행동과 상호작용을 벗어난, 더욱 큰 규모의 맥락 연구를 하면서 야기된 논쟁들이 있다. 언어 교육을 할 때, 수많은 상호작용은 말하고 행동하는 데 상당한 영향을 미치는 수업과 학교에서 일어난다. 이러한 것이 상호작용 속에서 항상 보이고 들리는 것은 아니지만, 그럼에도 그것은 무엇이 일어났는지 어느 정도 한정해 줄 수 있다. 따라서 상호작용의 세세한 부분만을 연구한다면, 상호작용이 그것에 영향을 주는 다양한 체계와 어떻게 관련되어 있는지를 충분히 이해하기 어려울 것이다. 예를 들면, 다음의 말 교대에서 무엇을 말하고 행하는지 의미를 해석할 때 다양한 잠재적 요인이 있다.

A: 에이! 네가 내 그림을 망쳤어!
B: 미안해. 내가 똑똑하니?

이와 같은 간단한 말 교대는 무엇을 뜻하는가?[10] 부가된 정보 없이도 해석을 할 수 있지만, 만일 A는 영국계 외국인, B는 라틴계 여자, 두 명 모두 4학년이며 B는 특수교육을 받는 학생이라고 한다면, 부가된 의미를 바탕으로 말 교대의 의미를 해석할 것이다. 그들은 한 학기 동안 멀티미디어 프로젝트 수행을 위한 이종 집단으로 구성되어 있다. 이러한 환경 조건을 알고 있다면 지금 어떻게 말 교대를 해석할 것인가? 충분히 가능한 해석으로는, B가 특수 교육을 받는 학생으로 자신의 상황을 내면화해 왔고 그녀의 대답은 사실상 "미안해, 네가 기대할 수 있는 것은 어쨌든 내가 멍청하다는 거야"이다. A가 B의 상황에 대해 지각이 있는지 없는지는 이 에피소드만으로는 분명하지 않다.

여기서 살필 수 있는 모순은 맥락 연구에 대한 매우 상이한 두 가지 접근법, 곧 거시적 접근법 대 미시적 접근법과 관련된다. 8장에서 이를 상세히 다룰 것이고, 그 전까지는 언어와 언어학을 위한 맥락 개념의 적절성을 중심으로 살필 것이다.

앞서 언급했듯이, 전통적 언어학에 따르면 언어는 실제로 사용되는 상황과 떨어져 추상적으로 깊이 연구될 수 있는 유일한 독자적 체계이다. 그러므로 소쉬르는 랑그라는 추상적 체계를 제안하였고, 촘스키는 이상적

----

10   위의 예에 대한 좀 더 상세한 토론을 원한다면 van Lier, 2003을 참조할 것.

모국어 화자의 기저가 되는 언어 능력을 제안하였다. 최근에 촘스키는 언어 능력과 수행의 개념을 각각 I-언어와 E-언어로 바꾸었다. I-언어는 개인의 마음 또는 두뇌 속에 있는 내재적으로 특별한 언어 구조다. E-언어는 수천 개의 다양성으로 세상에서 사용되는 언어이다. 흥미롭게도 촘스키는 "전자만이 실재이고 후자는 단지 인위적 구조일 뿐 과학적으로 적절한 존재 의미가 없다"(Chomsky, 1986: 31)고 주장한다. 오직 두뇌에 있는 구조만을 실재라 고집하고 외부 표현은 비실재적이고 근본적인 언어 연구의 자료로서 부적합한 것으로 일축해 버린 촘스키의 생각은 잘못되었지만,[11] 이것이 이 책에서 다루고자 하는 논쟁거리는 아니다. 실재적인 것과 실재적이지 않은 것, 그리고 과학적으로 유용한지 그렇지 않은지 하는 것은 그 자체로 연구를 위해 개방해야 할 개념이다. 갈릴레오-데카르트-뉴턴의 전통에 속하는 과학적 절차의 기본 모델에 대해서도 이러저러한 실재, 유용함과 무용함을 언급할 만한 사전 근거는 없다. 그것은 단지 독단일 뿐이다. 예를 들면, 물리학자가 '물'이란 실재적인 물질이 아니라 단지 H_2O의 형태로서 정확히 한정할 수 있는 원자들로 구성된 분자라고 선언할 수도 있다. 어쨌든 비, 진눈깨비, 이슬비, 안개, 강, 호수, 샛강, 웅덩이, 대양, 눈물, 땀 사이에 분명한 경계나 분명한 한정은 없다. 그럼에도 불구하고 완벽하고도 적법한 각종 연구 분야에서 수많은 목적으로 여러 형태와 크기로 물을 이용하고 있다. 물이 수소 두 개와 산소 하나의 원자로 구성되었다는 정보가 일상생활에서 드러나는 것은 어렵지만 분명히 과학 연구에서 이러한 정보를 조사 자료로서 수용하는 것은 매우 바람직하다. 비록 촘스키는 필자가 했던 것보다

....

11 촘스키가 가정한 방식으로 언어의 내적 구조를 정확히 설명할 수 있다고 해도, 현재의 언어와 학습에 관한 모든 질문과 문제는 변함없이 제기되며, 이 새롭게 형성된 지식은 세상의 언어 연구에 관한 이해도를 향상시키는 데 충분한 도움이 되지 못한다.

더 좁은 의미로 '과학'의 경계를 그었을지 모르지만 촘스키 자신도 매우 기꺼이 동의할 것이라 확신한다. 마침내 촘스키도 사회언어학을 "완전히 적법한 연구"(2000: 156)라 불렀다. 어쨌든 현재 수많은 양자 역학 연구나 혼돈 이론은 데카르트의 정의에 따르면 전혀 과학이 아니다. 물리학과 수학 역시 특별한 틀을 깨고 맥락과 체계로서 문제 해결을 위해 노력해야 한다.

이제 언어로 돌아가자. 생태교육의 언어학자로서 필자는 가정적이며 추상적이고 정신적인 자질이 아닌 맥락 속에서 언어를 연구할 것이다. 곧 H_2O가 아닌 물을 연구할 것이다. 필자가 어부, 정치가, 기상학자 혹은 맥주 양조업자이든 아니든 간에 말이다.

맥락언어학자로서 필자는, 활동하고 있는 분야의 언어를 연구할 것이다. 언어의 분자적 정신 구조가 미래의 어떤 관점에서는 흥미 있는 것일 수도 있겠지만(비록 여기서 적절성을 충분히 보여 주지 못해도), 세상에서 이루어지는 대부분의 실제 연구는 필자의 연구 분야와 관련되어 있다. 응용-이론의 구별이 문제가 있긴 하지만, 이것은 응용언어학으로 부를 수 있다(van Lier, 1996을 참조). 교육적 맥락에 초점을 둔다는 의미에서 그것은 교육언어학이고, 1장에서 언급한 것처럼, 언어가 사용되는 맥락에서의 다양한 관계와 행동들에 초점을 둔다는 점, 좀 더 넓은 의미에서 세상의 관점과 접근법을 진술한다는 점에서 생태학적이라 할 수 있다.

6. 생태언어학

다음의 동심원 그림(van Lier, 1995)은 언어 행위를 해석하는 데 여러 방법이 있다는 것과 그 방법들이 단어나 문장 유형의 내부 중심으로만 한정될 수 없음을 보여 준다. 더욱이 세상의 물리적·사회적 속성에 대한 암시뿐만 아니라 언어적·비언어적 기호들도 서로 복잡한 방식으로 상호작용하면서 의미 해석을 가능하게 한다. 그리고 대부분의 경우 의미 해석은 지금까지의 해석이며, 더 추가된 정보가 유용하다면 충분히 바뀔 수 있다.

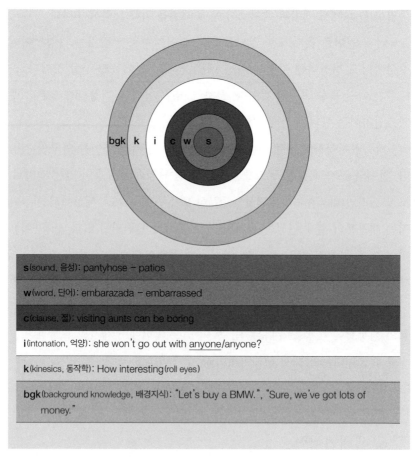

[그림 2.3] 의미 층위, 해석 단계

위의 그림에서 동심원이 기계의 부분들이나 계층도(비교를 위해 앞서 살핀 삼각형 참조) 보다는 양파의 층처럼 보였으면 한다. 확실히 여기에 보이는 것보다 더 많은 층이 존재한다. 양파 내부의 '실재'를 얻기 위해 양파의 층들을 모두 벗겨 낼 수는 없다. 층은 끝까지 있다. 어떤 발화는 잠재적인 정보가 즉시 나타나는 다양한 원인을 제공하기도 한다. 해석을 위해, 즉 특정한 의미 단서를 찾기 위해 발화―그리고 발화자―를 '살핀다(scan)'. 그것은 마치 정신적 판독장치(scanner)를 모든 층 쪽으로 가져가서 해석을 할 수 있도록 '인식하는(read)' 것과 같다. 어떤 층에서는 무엇인가 틀어져서 모호함과 놀라움을 유발할 수 있다. 흥미로운 것은― 일반적으로―특정한 층(예컨대, 절)에서 일어나는 어떤 문제가 위쪽의 다음 층(또는 층들)을 살핌으로써 해결될 수 있다는 것이다. 그러므로 해석에서 선택이나 충돌이 일어날 경우, 바깥층이 내부 층보다 우선할 수 있다.[12]

만일 이러한 방식으로 해석을 한다면(그리고 그것이 화자와 청자 사이의 합동 구성임을 가정하면), 음운론, 형태론, 통사론(3개의 내부의 층)으로 구성되는 '순수 언어학'의 개념은 불충분하며 여러 면에서 인위적임이 분명하다. 화자와 청자의 관점으로부터, 정보와 행동유도성(affordance)은 단지 순수 언어학적 구조만을 포함하지 않고 행위에 관심을 둔다.

생태언어학이란 용어는, 비록 존 트림(John Trim)이 1959년에 발표한 논문에 사용하였지만, 일반적으로 에이나르 하우겐(Einar Haugen, 1972)에 의해 알려졌다. 더욱이 홈볼트(Humboldt)에서 사피어(Sapir)와 워프(Whorf)에 이르는 언어학자들은 언어와 환경과의 관계를 연구하였고, 19세기부터 20세기 상반기까지 생태언어학에 관심을 두었다[7장에서 좀 더 살

....

12   예를 들면, "그녀가 어떤 사람과 함께 나가지 않을 것이다(She won't go out with anyone)"란 말은 모호하다. 모호성을 해결하려면 우리는 다음 단계인 억양으로부터 정보를 얻어야 한다. 만일 'anyone'이란 단어가 상승-하강-상승의 억양으로 말해졌다면, 그녀는 누군가(someone)와 함께 나갔다는 것이다(만일 그 누군가가 특별하다면). 만일 급격히 하강하는 억양으로 발음했다면, 그녀는 어떤 사람과 그 시간에 단지 나가지 않았다는 것이 된다.

퍼볼 것이다. 필과 뮐호이슬러(Fill & Mühlhäusler, 2001), 특히 도입 부분 참조].

생태언어학은 언어 사용과 언어가 사용되는 세계 사이의 관계를 연구한다. 이 세계는 물리적이며 사회적인 세계다. 심지어 개인적인 세계일 수도 있고 상상의 세계일 수도 있다. 그것은 사르트르의 닫힌 방(Huis Clos)을 포함하며 어린 왕자의 행성, 앨리스의 거울 속 세상, 제임스 조이스의 더블린을 포함할 수 있다. 또한 그것은 케냐, 아프카니스탄, 백악관, 바그다드도 포함한다.

생태언어학에서 연구하는 관계성은 서로 배타적이지도 않고 깔끔하게 분리할 수 있는 것도 아닌, 다양한 형태들을 고려한다. 이것에 대해서는 아래의 [표 2.2]를 참조할 수 있다.

[표 2.2] 관계성

언어와 물리적 환경과의 관계성
- 도상성, 지표성 그리고 직시소
- 에스키모 어휘: 그것은 장난인가?
- 생태언어(환경주의, 개발)

언어와 사회문화적 환경과의 관계성
- 사피어-워프 가설
- 사회언어학: 방언과 언어, 권력과 차별

둘 또는 그 이상의 언어들 간의 관계성, 즉 언어 다양성
- 언어 차별, 언어 제국주의, 언어 소멸, 언어 접촉
- 이중 언어 사용과 다중 언어 사용

학습자(아이 또는 제2언어 학습자)와 학습 환경과의 관계성
- 행위와 지각, 지도와 참여, 언어의 창발
- 물리적·사회적·상징적 행동유도성
- 사회화

---

1) 언어와 물리적 환경과의 관계성

언어는 우리 주변의 물리 세계와 여러 면에서 연관된다. 다음의 표현을 생각해 보자.

1. 펑! 철퍼덕! 픽!
2. 봐! 저기 저건 뭐야?
3. 너 그리고 너 그리고 너, 더 많은 의자를 가져와.

1의 단어들은 소리를 모방하고 있기 때문에 단어 자체만으로도 나타내는 것을 지시한다. 이것은 단지 도상성의 예이며 노크(knock), 뻐꾸기(cuckoo), 발을 질질 끌며 걷다(shuffle), 샌들(flip-flop) 등도 비슷한 단어다. 담화 수준의 예들은 사건의 연속에 대한 진술로서 이에 대한 예는 다음과 같다. "문이 열렸다. 낯선 사람이 들어왔다." (반대로, "낯선 사람이 들어왔다. 문이 열렸다."—이것은 적절하지 않아 보인다.) 소쉬르(1907/1983)는 다른 언어학자들(예를 들면 Hockett, 1968) 중에서 언어의 자의성을 무척 강조했으며, 이때 사물을 지시하기 위한 표현인 단어는 자의적이다. 저기에 있는 사물을 보면서 그것을 '의자(chair)'라고 불러야 할 이유는 없다. 그것은 silla, tuoli, stoel로도 불릴 수 있다. 물론 그것은 사실이지만, 많은 언어학자와 기호학자는 언어의 도상적 측면이 무시되었다고 생각한다.

2의 경우는 환경 속에서 특정 대상을 직접 지시하는(어떤 의미로는 가리키는) 단어들이다. look, that, there와 같은 단어는 의미가 고정되어 있지 않다. 그것은 기본적으로 물리적 환경에서 단지 특정한 것에 주목하여 쓰인다. 그것은 지시적 표현으로 지적하는 기능에 적합하다. 환경적 측면에 의존하는 언어의 본질은 해안으로 밀려 올라온 병 안에 있는 편지라는 오래된 농담으로 설명될 수 있다. 그 편지에는 "이렇게 큰 지팡이를 가지고 내일 여기서 나를 만나"라고 쓰여 있다.

3의 경우도 이와 비슷한 방식인데, 대명사는 특정한 사물이나 사람에게 쓰이는 특정한 경우를 지시한다. 단어 you는 매번 동일한 것을 의미하지 않는다. 2와 3에 표현된 기능은 또한 직시소(deixis, 의미는 '지시'이다)라 불리는 것이다. 다양한 경우에 그것은 비언어인 몸짓 또는 시선으로 드러날 수 있으며, 이에 따라 의도된 지시물을 가리킬 수 있다.

다음 항목인, 에스키모 어휘 현상(또는 장난)은 캘리포니아 대학교 산타크루스 캠퍼스의 제프리 풀럼(Geoffrey Pullum)이 다소 인습 타파적인 논문에서 언급했다(Pullum, 1991). 우리는 에스키모어에 눈을 가리키는 단어가 얼마나 많은지 익히 들어왔다(그것은 48개에서 4만 개 정도로 다양하다). 에스키모의 언어에는 눈에 관한 단어들이 아마존 인디언보다 더 많을 것이다. 반면에 아마존 인디언의 언어에는 녹색을 구분하는 단어들이 에스키모보다 더 많을 것이다. 풀럼은 그러한 개념은 명백한 엉터리라고 주장한다. 교착어에서 '단어'는, 분석어에서 '문장'과 거의 같아서, 에스키모 단어로 '언덕으로 이동하면서 쌓이는 가루눈'은 미네소타에서 'snowdrift(바람에 날려 쌓인 눈더미)'라 부르는 것과 같다.

케추아어에서 안데스 고원의 언어인 'wicharirpapun'은 '그는 갑자기 다른 누군가를 찾기 위해 언덕으로 올라갔다'를 의미하며, 'qaraykurimul-lawankimañña'는 '당신은 이제 우리에게 제공해야 한다'를 의미한다. 이러한 두 표현에서 형태론적 투자(morphological investment)[13]는 매우 다르고 이 차이는 분명히 문화적·환경적으로 동기화된 것이다. 분명히 어휘 선택(표현의 선택)과 물리적 환경 사이에는 관계성이 있다. 예를 들면, 케추아어에는 가볍거나 무거운 형태의 물건 따위를 운반할 때 언덕을 오르고 내려가는 것을 나타내는 동사가 많다. 따라서 하나의 동사가 다음과 같

....

13   표현의 중요성('비용' 또는 '부담')과 언어의 정교함 사이에는 가능한 도상적 관계가 있다. 발화 행위가 중요한(또는 잠재적으로 체면을 위협하는) 것일수록 이것을 산출할 때 더 많은 언어적 작업이 수행된다. 비유컨대, 만일 당신이 지나가다가 누군가와 살짝 부딪혔다면, 당신은 바로 "미안합니다!"라고 말할 것이다. 그러나 만일 당신이 값비싼 정장에 뜨거운 커피를 쏟았다면, 당신은 더 세심하고 깍듯하게 사과해야 함을 알 것이다.

은 의미를 지니기도 한다. "그는 등에다 무거운 짐을 진 채 그것이 가벼운 것처럼 언덕을 천천히 오르고 있었다". 'wicharirpapun'의 사례처럼, 암스테르담 거리에서는 비탈을 타는 것과 관련된 이러한 표현을 많이 사용하지 않을 것이다. 그리고 뉴욕에서는 무엇을 운반하든지 단지 '운반하는 것(shlepping)'으로 표현하면 된다. 따라서 물리적 세계와 언어 사용 사이에는 명백하거나 그다지 명백하지는 않은 수많은 연결들이 존재한다. 단어와 세상을 묶어주는 방법은 깊고도 무수하다.

다음 요소(생태 언어)는 단어-세계의 조응을 조금 덜 명백히 확장한 것인데, 언어를 물리적 세계의 사회 정치적 세계와 연관시킨다. 종종 환경적 이슈(문제, 남용, 개발)를 강조하거나 경시하기 위한 목적을 드러내는, 언어가 환경에 대해 말하는 방식을 언급하겠다. 필과 뮐호이슬러(Fill & Mühlhäusler, 2001)가 엮은 여러 논문으로 알 수 있는 바와 같이, 최근에 이에 대한 관심이 커지고 있다. 여기서 상세히 다루지는 않겠지만(7장 참조) 독자들에게 다음의 목록을 제시하고자 한다. 이 중요한 언어학 분야에서 논쟁의 흥미를 제공하는 몇몇 사례가 있다. 과연 주류층이 환경을 걱정하는 사람들을 어떻게 언급하고 있는가? 뉴스에서 드러나는 몇 가지 예를 살펴보자.

- 환경 운동가(environmentalists)
- 환경단체의 로비(environmental lobby)
- 친환경(greens)
- 급진적 환경보호 운동가(tree huggers)
- 환경 행동가(environmental activists)
- 공해를 막기 위해 활동하는 사람(ecoterrorists)

몇몇 예만으로도 주목할 수 있는 것은 이러한 사람들은 주류층의 바깥쪽에 있고 아마도 감성적이고 비현실적이며 심지어 위험하기까지 한, 다소 비주류에 있는 사람이나 단체로 규정하는 경향을 띤다는 점이다.

사실 앞의 예들은 비환경운동가에게는 일반적 용어가 아니다. 오염 제공자(pollutist, polluter는 대개 단독 행위이거나 시간 제한의 고발과 관련된다), 급진적 개발 운동가(log hugger), 상업 활동가(commercial activist) 또는 기업 테러범(corporate terrorist)[14]과 같은 단어는 들어보지 못했다. 그린피스(Greenpeace, 국제환경보호단체)에 반대하는 단어는 Redwar, Brownburn, Smokechoke가 아니다. 그것은 아마도 자유무역, 경제 성장, 개발과 가까울 것이다.

숲의 파괴는 클리어 컷(clear cut)이라 불린다. ('clear'에 아무 문제가 없을까?) 벌목 회사와 정유 회사들이 숲을 복원하는 일을 한다니 정말 훌륭하다. 최근에(2002년) 조지 W. 부시 대통령은 숲의 화재를 예방하기 위해 벌목을 옹호하고 있다. 그런 식이다. 단어는 단지 세계를 반영하는 것뿐 아니라 세계를 창조한다.

몇몇 생태언어학자(Fill & Mühlhäusler, 2001)는 최근에 적극적으로 개발에 찬성하는 것과 파괴를 완곡하게 표현하는 것의 우위를 바로잡고자 언어를 바꾸려는 의식적인 노력을 제안한다. 예를 들면 벌목에 대한 단어를 Waldmord로 하자는 제안으로서, 이 단어는 독일어로 '나무 살해자'란 의미를 지닌다. 그러나 불행히도 이 단어는 영어의 입장에서 청각적으로 잘 인지되지도 않고 효과적이지도 않다. 개인적인 생각이지만, 이러한 노력으로는 희망을 찾기가 어렵다고 본다. 왜냐하면 앞에서 지적했듯이, 환경 옹호단체들은 권력, 돈, 정책의 중심부에 있는 사람들로 구성되어 있지 않기

....

14 비록 환경 운동가 웹진 'Grist'가 환경을 손상하는 사람에게 새로운 이름 'pollutocrat'을 내놓았어도 마찬가지다.

때문이다. 더 중요한 것은 정책과 관습을 반영하거나 그것에 영향을 미치기 위해 사용되는 언어 방식에 대하여 학생들의 의식 수준을 향상시키는데에 힘을 모아야 한다는 것이다. 이와 같은 방식으로 학습자들을 단지 편향된 언어의 수동적 소비자보다는 비평적 독자나 청자가 되도록 독려할 필요가 있다.

2)언어와 사회문화적 환경과의 관계성

① 사피어-워프와 퇴화의 영향력

환경에 대한 인간의 해로운 영향에 관심을 두는 사람들의 경우, 어떠한 의식의 향상이 태도를 바꾸고 텍스트와 언어로 제시되거나 부여된 반환경적 세계관에 저항하는 것을 가능하게 하는지를 고려하는 것은 특히 중요하다 (Goatly, 2001: 212).

앞에서 언어와 물리적 세계의 연관성에 대해 간략히 살펴보았다. 언어는 사회적·문화적 환경과도 깊게 관련되어 있다. 이 주제와 관련하여 가장 잘 알려진 논의가 사피어-워프 가설이다. 이 가설은 20세기 전반기에 미국의 인류 언어학자들이 에드워드 사피어와 그의 제자 벤자민 워프의 이름을 따서 붙인 명칭이다. 그들이 수많은 아메리칸 인디언 언어(가장 유명한 것으로 호피어)를 연구한 이후, 여러 연구자가 이 가설의 타당성을 논의해 왔다 (Lee, 1996). 여기에는 두 가지 중요한 입장이 드러난다. 언어 결정론과 다소 중도적인 언어 상대주의로, 전자는 어떤 사회나 단체의 언어는 그 사회의 사고 유형과 관습을 결정한다는 것이고, 후자는 단지 문화와 언어는 서로 영향을 미친다는 것이다.

이와 같은 관점을 잘 보여 주는 예를 제시하겠다. 오랫동안 라틴아메리카와 긴밀한 관계를 맺어 온 유명한 영국 기자의 일련의 여행 기록물이 몇 년 전에 TV에서 방영되었다. 그는 다양한 사건들에서 발견한 그들의 사유 방식의 하나를 "se me cayó(내게서 떨어졌어)" 원리라고 불렀다. 이것은 축제 때 관찰할 수 있는 것으로, 누군가 유리컵을 떨어뜨리고 "se me cayó"라고 말하면 그 의미는 '그것이 내게서 떨어졌다'라는 것이다. 리포터에 따르면 이것은 라틴아메리카 사람들의 운명론을 보여 준다고 한다. 그들에게는 개인 행위를 강하게 의미하는 것이 없다. 대신에 사건이 그들에게 일어났을 뿐이다. 그래서 그들은 용감한 앵글로색슨 사람들처럼 "내가 그것을 떨어뜨렸어"라고 말하지 않고 "그것이 나에게서 떨어졌어"라고 말한다. 사고의 결정론적 방식에서, 이러한 재귀적이고 수동적인 구조의 사용(슬라브어에서도 흔한)은 운명적 기질의 결과이거나 운명적 태도를 부추기는 언어의 특성일 수도 있다. 또는 상호 간에 운명론을 강화시키는 요인과 개인적 책임 의식의 결여도 어느 정도 관련될 것이다

이러한 예들은 사실, 언어와 문화의 관계를 탐색할 때 근본 사항은 아니다. 현재든 과거든, 언어와 문화의 범위 밖에서 패턴(유형)들이 조사될 때 분명해지듯, 위의 예들은 완전히 허튼소리다. 예를 들면 스페인어는("se me cayó"를 포함하여) 라틴아메리카를 포함하여 세상의 많은 땅을 정복하였다. 그 전에 그곳 사람들은 과라니어, 아과루나어(페루 지역), 케추아어, 아이마라어 등으로 말했다. 이들 언어의 일부는 구성이 비슷하기도 하고 그렇지 않기도 하다. 많은 언어에는 일종의 수동 구조가 있는데, 그것은 주어 대명사가 종종 삭제되는 경우인 pro-삭제 변형이 발생하는 언어에서 특히 자주 사용된다. "나는 집에 가"라는 표현 대신에 스페인 화자는 "집에 가(voy a la casa)"라고 말한다. 영어, 불어, 독일어는 주어 대명사를 요구하는 언어들 중의 하나다. 특정한 구조 유형이 국가적 특성을 다소 반영한다고 말하는 것

은 어리석은 일인지도 모른다. 그러나 종종 이와 같은 연결 관계가 만들어지며 그것은 일반적으로 무지, 고정관념 또는 민족차별주의의 결과다.

그러나 이것이 끝은 아니다. 위에서 앤드루 고틀리(Andrew Goatly)의 제안을 인용했듯이, 사회에서 지배적 견해와 힘 있는 단체의 목적은, '공식적' 언어 정책인 미디어와 경제 정책 등을 포함해, 다양한 방법으로 언어로 부호화하는 것이다. 그러므로 학습자들(이상적으로는 대중 전체)이 모호한 관습을 '정상화'하고 강조하는 추론적 관행을 인식하지 못한다면, 그들은 중요한 변화를 추진할 수 없을 것이다. 그러므로 할리데이와 마틴(Halliday & Martin, 1993)은 공식적 담화의 명료성에 미치는 영향을 문법적 은유, 특히 명사화의 개념에서 살폈다. 그들은 명사화가 과정(행동, 사건, 행위)을, 행위자 없이 정상적인 것으로 상정되는 대상으로 바꾸게 한다고 주장한다. 명사화는 '무엇 무엇이 이러저러한 것을 했다'라기보다는 '그것은 단지 사건의 존재 방식'이라는 의미를 지닌다. 명사화의 예는 다음과 같다.

---

1. 지속적인 화학물 유출이 Wazzoo 강 유역의 물고기 고갈을 초래했다.

또는

2. Wazzoo 강 유역의 물고기 고갈과 관련된 유출이 … 등을 가져왔다.

이것은 다음과 동일한 의미다.

3. The Filth & Muck Mining 사는 수년간 Wazzoo 강 유역에 유독성의 화학 물질을 버렸다. 그 결과 강 주변의 모든 물고기가 죽었다.

필자는 다음과 같이 주장한다. 1과 2는 더 추상적이며, 더 기정사실에 가깝고, 더 중립적이며 덜 '고발하는' 또는 덜 '대립적'인 의미를 지닌다. 반

면 3은 행동과 결과를 상세히 설명함으로써 시민들 사이에 분노를 일으키게 하며 그 행위와 범죄자를 반대하게 한다.

이러한 부분에 관심을 두는 생태언어학은 비판적 언어 인식이나 비판적 담화 분석과 어느 정도 동일한 입장을 취한다. 이에 환경 파괴 정책을 용납하고, 감추고, 촉진하며, 관련된 시민과 단체를 비난하고, 폄훼하고, 조롱하는 언어를 사용한 사실을 폭로한다. 생태 언어교육학자들은 의식 고양의 교육적 과정과 교재의 비판적 검열에 초점을 두고 학습자들에게 무엇이 행해지고 있는지와 관련하여, 실제로 어떻게 말해지고 있는지를 인식시키면서 학습자들이 비판적 입장을 취할 수 있도록 용기를 주어야 한다.

② 사회언어학─방언과 언어, 권력과 차별

사회언어학은 사회 내의 장소, 역할, 그리고 언어 사용을 연구한다. 그것은 굉장히 폭넓은 범위와 관련되며 생태언어학과도 밀접하게 연관된다. 1장에서 논의했듯이, 그것은 초점과 방향이 한 곳으로 통일되는 경향이 있다. 사회언어학의 영역을 요약하려는 것은 아니다. 이와 관련해서 다양한 자료를 찾아볼 수 있다(Coupland & Jaworski, 1997; McKay & Hornberger, 1996). 여기에서는 사회언어학자들이 다루는 관심사와 생태학적 방법의 관련성을 간략히 살피고자 한다.

논점은 사회에서의 다양한 발화다. 모든 발화 공동체는 공간, 사회 계층, 시간 등의 세 가지 차원(적어도)으로 방언을 구분한다. 이 세 가지 차원은 지역적 변이(예를 들면 오사카 방언 대 도쿄 방언), 사회적 변이(교육받은 계층 대 노동자 계층의 발화), 그리고 나이 변이(10대 은어 대 중년 발화)다. 이러한 변이를 포함하는 모든 자료는 비교적 잘 기록되어 있으며, 그와 관련된 열띤 연구 또한 존재한다. 반면 잘 알려지지 않은 것은 증가된 다양성 대 증가된 동질성의 효과가 무엇인지에 관한 것이다. 어떻게 특정 발화 공동체의

'건강함'이 그곳에서 사용되는 발화 형태의 다양성과 관련될 수 있는가? 공동체의 '건강'을 위해 좀 더 다양한 것이 좋은 것인가 아니면 덜 다양한 것이 좋은 것인가? 그 점에서 언어의 다양성을 생태계에서 생물의 다양성과 연계하려는 시도가 있다. 분명히 단일 문화 생태계(근본적으로 이것은 농경지에서 있을 수 있다)는 극히 허물어지기 쉽고 이롭지도 않다. 그러한 체계로 내버려 두면 폭발적으로 다양해지거나(농부가 양배추 밭을 포기할 때처럼) 척박한 상태로 남게 될 것이다. 반면 풍부한 생태계는 동·식물의 매우 다양한 종을 가지며, 내버려뒀을 때 균형을 유지하고 최상으로 번성하는 경향이 있다. 당신이 그 주변에서 간섭한다면, 즉 인위적인 침을 가한다면, 잘못된 접근이 될 수 있다. 물론 그러한 비유들이 얼마나 유효한지는 분명하지 않다.

　　사회 생태계 내의 다양성은 다양한 효과를 지닌다고 볼 수 있다. 다양성을 유지하거나 줄이려는 노력도 종종 볼 수 있다. 가령 특정한 변이(하나의 방언)는 권력 집단에 의해 다른 방언보다 더 위상이 높은 '표준'으로서 인정된다. 그런 다음 학교, 미디어, 법정, 그리고 많은 공적인 장소에서 적극적으로 사용된다. 표준 변이는 적법함의 표시로서 그것을 관리하는 사람들과 그곳에 거주하는 기호 사용자가 이용한다. 그 밖에 다른 변이는 하위 표준이 되거나 중요한 자리에서 무난히 사용되기에는 부적합한 것으로 간주된다. 따라서 공식적 방언은 'x 언어'로 불리고 다른 방언은 'x 언어의 방언'으로 불린다. 공식적 'x 언어'는 교육 기관의 졸업 수단이자 직업과 지위를 얻기 위한 중요한 진입 수단으로 사용된다.

　　3) 둘 또는 그 이상의 언어들 간의 관계성, 즉 언어의 다양성
　　여기에서의 논쟁은 여러 면에서 앞선 논쟁과 매우 유사하지만 방언보다는 다른 언어들에 관해 말함으로써 전혀 다르게 전개될 것이다. 방언은, 심지어 그것이 어떤 환경에서는 경멸받고 조롱받고 금지될지라도, 여전

히 '언어'의 일부로 인식된다. 그러나 다른 언어들은, 그것이 그 나라의 경계 안에 존재하더라도, 이해할 수 없는 이국적이고 외국적인 것으로 인식된다. 그리고 일반적으로 다른 문화적 관습을 따를 때, 그것은 종종 학대받고 심지어 격리되기까지 한다. 이것은 브르타뉴어, 콘월어, 아일랜드어, 프리지아어, 사미어, 바스크어, 아이누어, 베르베르어 등의 운명이었다. 언어가 사라질 때 공동체의 생명력도 쇠약해진다고 한다. 그러한 이유로 발화 공동체와 소수민족들은 그들의 언어를 보전하기 위해 싸우며 문명국도 그들이 회복하고 지속적으로 활력을 유지할 수 있도록 돕고 있다. 그러나 매우 국수주의적이고 보수적이며 편협한 경향의 나라들은 소수 언어의 지속적 사용을 지지하는 정책을 반대한다. 특히 다수 언어 화자에게 비용을 부담하게 할 경우에 그러하다.

소수민족은 그렇다고 하더라도 대부분의 나라는 그 나라에 다른 언어를 가져오는 이민자 비율이 높은 편이다. 이것은 그 나라의 정체성을 풍부하게 하거나 또는 정체성을 위협하게 하는 것으로 간주될 수 있다. 후자는 매기 대처가 TV에서 "그런데 그들도 우리 중의 하나인가?"와 같이 공공연하게 우려한 바와 같은 맥락이다. 다양성에 대한 두려움은 획일성의 두려움보다 훨씬 더 일반적으로 나타난다. 상원의원이자 대통령 후보였던 미국의 밥 돌(Bob Dole)에게서도 공통된 정서를 찾을 수 있다. 그는 "공통어는 우리를 합쳐 주는 접착제다"라고 하였다. 아직까지 어떤 사회에서도 다양성이 그 사회를 약화시켰다는 증거는 없다. 역사적으로 언어적 측면에서 동종의 공동체보다는 언어적으로 다양한 공동체에 더 큰 생명력이 있다는 증거를 살필 수 있다.

언어의 다양성에 대한 연구는 다른 언어보다 우위에 있는 언어의 영향력에 대한 것이다. 예를 들면, 뮐호이슬러(Mühlhäusler, 1996)는 영어의 엄청난 힘이 태평양 연안의 많은 언어를 잠식했던 해로운 영향에 대해 분석하였다. 그리고 꽤 먼 일본, 네덜란드, 그리고 프랑스 사람들은 매 순간 영어가 그들의 언어를 죽이거나 언어의 표현 및 풍부성 측면에서 국력에 심각한 손상을 초래한다고 우려한다. 스쿠트나브-캉가스와 필립슨(Skutnabb-Kangas & Phillipson, 1995)은 언어 말살에 대해 이야기하면서 수입된 언어(일반적으로 영어)가 한 나라의 상업, 교육 체제와 사회를 과도하게 지배하게 되면 모국어는 그 위상이 급격히 떨어지게 된다고 한다.

여러 나라에서 또 다른 뜨거운 논쟁거리가 되었던 문제는 이중 언어 사용이다. 어떤 학교 체제에서는 다양한 언어 학습을 장려하지만 다른 곳에서는 그렇지 않다. 영국은 최근에 유럽공동체(EC)로부터 LOTE(languages other than English)*의 교육에 대한 기록 문서가 형편없다는 질책을 받았다. 곧 이 공동체에 속한 다른 나라들에서는 시민들이 두 개, 세 개, 또는 네 개의 언어로 말할 수 있도록 지속적인 노력을 하며, 초등학교에서도 외국어 학습을 시행하도록 하고 있으나, 영국에서는 비슷한 동력을 가지고서도 외국어 연구를 증진시키는 데 실패하였다는 것이다.

물론 미국은 상황이 더 안 좋다. 외국어 연구 성과가 결코 우수하지 않았으며, 최근에는 가파르게 하락하고 있는 실정이다. 미국 정부는 9·11 테러를 당한 후 "지난 해 미국 전체에서 겨우 9명의 학생만이 아랍어를 전공한다"고 밝혔다. 정부 관계 기관에서 아랍어, 다리어, 파슈트어와 같은 다양한 언어를 유창히 말하는 화자가 필요할 때 찾을 수 있는 사람이 거의 없는 실정이다. 전형적인 미국인들은 확고한 단일 언어 화자들이며, 그들은 흔히 서커스 곡예사에게 보여 주는 놀라움이나 애국심 부족이라는 막연한

....

* LOTE, 즉 '영어보다는 다른 언어'라는 말은 뉴욕 학교 및 호주 학교의 언어 과목 명칭에서 말미암은 것이다. LOTE는 전통적으로 다문화주의 정책과 깊게 관련되어 있는데, 학교에서 영어 이외의 지배적인 다른 언어 사용을 허용한다는 기조를 갖고 있다. 이는 지역 사회에서 문화적 정체성을 유지하기 위한 노력의 일환이라고 하겠다.

의심의 시선으로 그들을 구경한다(왜 당신은 그러한 언어로 말하려고 하는가? 숨은 동기가 있는가?). 개구쟁이 데니스(Dennis the Menace)는 이중 언어를 사용하는 학교 친구를 "같은 것을 두 번 말할 수 있지만 상대방은 그것을 한 번만 이해할 수 있는" 사람이라고 말하였다.

　왜 어떤 사회는 외국어 연구를 수용하고 가치 있는 자산으로 보는데 다른 사회는 그것을 불필요하거나 고작 이상하고 특이한 것으로 여기는가? 이 문제를 살피는 데에는 발달론적 방법과 공리주의적 방법이 있다. 발달론적 측면에서는, 이중 언어 혹은 다중 언어 능력을 지적 확장, 개인과 문화의 풍부함, 더욱 높은 수준의 인지 능력의 발달에 이로운 것으로본다. 공리주의적 측면에서는 이중 언어 사용을 여행, 관광, 다국적 사업, 그리고 다른 나라와의 관계에 유용한 도구가 된다고 여긴다. 미국에서 전자의 견해는 거의 통용되지 않고, 두 번째 견해는 다소 이해할 만한 주장이 된다. 소련이 인공위성을 궤도에 진입시켰을 때 미국인들은 그들이 뒤처져 있음을 발견하고 혼미해졌다. 이에 외국어 연구를 포함하여 학교 체제를 강화하기 위한 즉각적인 대책이 뒤따랐다. 갑자기 러시아어가 큰 인기를 끌었다. 몇 년 후 미국의 다양한 장치들 또한 지구 주변을 돌았고, 러시아어에 대한 관심은 다시 줄어들기 시작했다. 2001년 9월 11일의 비극적 사건으로 아랍어 연구에 대한 관심이 커졌다. 이슬람 사람들을 더 잘 이해하려는 목표도 있겠지만, 대부분의 권력자는 국가의 안전을 위해서 아랍어 화자들이 필요하다는 절박감을 느꼈다.

　경제적 이유에서든 기근, 전쟁, 다른 위기를 포함한 다양한 재난 때문이든 여러 나라에 들어와 있는 다수의 이민자는 개발되지 않은 자원과도 같다. 새로운 이민자들이 이민국의 언어를 배우는 데 그들의 노력을 쏟아야 한다는 것이 이민국들의 공통적 반응이라는 사실을 고려한다면, 이와 더불어 이민자의 아이들이 자신의 모국어를 놀랄 만큼 빨리 잊는다는 사실도 충분히 알 수 있게 된다. 그런데 이중 언어 교육보다 더 많은 오해가 있는 이 문제는 교육적으로 거의 논의되지 않고 있다. 2장의 도입 부분에서 논의했듯이, 많은 사람은 제2언어를 좀 더 빠르게 배우기 위해서 모국어를 '잊는 것'이 이롭거나 심지어 필요한 것으로 여긴다. 이민자에 대한 이중 언어 교육이 단일 언어 교육보다 훨씬 더 효과적이라고 진지하게 제시하고 있는데도, 감정적이고 정치적이며 외국인 혐오적인 주장들이 만연하다. 특히 주목할 점은, 미국, 서부 유럽, 그리고 다른 지역의 많은 납세자가 이민자의 자녀들을 위해 지출되는 비용에 대해 엄청난 억울함을 호소한다는 사실이다. 왜 나의 세금이 이러한 아이들의 '이질성'을 유지시키고 영어 학습을 회피하도록 허용하는 프로그램에 낭비되어야 하는가?

4) 학습자(아이 또는 제2언어 학습자)와 학습 환경과의 관계성

학습의 생태학적 양상에 대하여 간략히 언급하겠다. 이 주제는 이 책의 나머지 부분에서 상세히 다룰 것이다. 이제 이 장의 초반에 제기한 공통된 가정으로 돌아가서, 학습은 기본적으로 '머리에 무언가를 넣는 것'이라는 문제에 대한 공통된 견해를 지적하려고 한다. 언어의 경우 이것은 언어 교육과정에서 선택되고 배열되고 전달되는 언어의 조각들을 내면화하는 것이다. 이에 반해, 생태학적 관점은 언어 발달―처음과 그 이후―은 인간의 사건들 중 의미 있는 참여의 결과로 일어난다. 그러한 참여는 아마도 처음에는 지엽적인데(Lave & Wenger, 1991), 지각, 행동, 공동의 의미 구성을 수반한다. 그러한 사회문화적으로 체계화된 행동에서, 행동유도성은 더 나아간 행동을 위한 자원으로서 유용하다. 행동유도성은 언어 '입력'의 부분이 아니며 그것은 환경에서 행동 학습자와 요소들 사이에서의 관계다. 다음 장에서 이 부분을 좀 더 언급하겠지만, 기본적으로 입력 기반 학습에서 행동 기반 학습으로의 이동에 대한 논의가 필요하다. 행동 기반 학습에서 언어는

행동의 일부, 물리적 인공물의 일부, 다른 사람들의 행동의 일부다. 학습자
들은 이러한 모든 자료, 예컨대 물리적·사회적·상징적 자료들에서 정보를
얻고 이를 활용하여 행동을 풍부하게 한다. 이와 같이 학습자들은 언어의
사회적·문화적 관습에 따라 사회화되고 다양한 목적으로 그것을 사용하는
주체가 된다.

7. 정리

언어는 모든 물리적·사회적·상징적 세계의 양상에서뿐만 아니라 그
들끼리 서로 섞여 있는 복잡한 체계의 복잡한 네트워크에서 일어나는 의
미–구성 행위다. 언어는 사회적·정치적·경제적 영향에서 벗어나지 못하
며 지식만큼이나 오류도 담고 있다.

여기에서는 언어와 학습에 관한 일련의 공통된 가정에 문제를 제기했
으며, 그것들을 이론적 입장, 교실 실행과 연계하였다. 그러한 가정들이 완
전히 틀린 것은 아니며 모두 어느 정도의 진실을 포함한다. 그러나 그것이
독단적이고 극단적이라면 의심을 해 보아야 한다.

이 장에서 언어의 두 입장을 반영한 두 개의 그림(van Lier, 1995에서 가
져옴)을 살펴보았다. 하나는 피라미드 그림으로, 변별적인 자질에서 텍스트
에 이르는 언어 단위의 전통적인 성분 분석의 견해를 반영한 것이며, 다른
하나는 동심원으로, 그 내용은 영역의 범위에 따라 잠재적 해석을 할 수 있
다는 것을 반영하는 좀 더 역동적인 관점을 보여 준다. 후자는 전통적으로
고려했던 언어의 '핵심적인' 자질이 의미의 구성을 위해서 가장 두드러지
거나 결정적인 것이 아니라는 사실도 보여 준다.

또한 언어에 관한 소쉬르의 이론과 촘스키의 이론을 간략히 언급했다.

두 이론의 차이점과 유사점도 일부 살펴보았다.

생태언어학은 주로 대상보다는 관계성의 문제에 초점을 둔다. 다음과 같은 관계성을 상세히 논의했다.

- 언어와 물리적 환경과의 관계성
- 언어와 사회문화적 환경과의 관계성
- 둘 또는 그 이상의 언어들 간의 관계성, 즉 언어의 다양성
- 학습자(아이 또는 제2언어 학습자)와 학습 환경과의 관계성

요컨대 여기에서 제안한 언어 이론은 세상에서 일어나는 행동으로서의 언어와 둘 또는 그 이상의 개인, 집단, 그리고 세상과의 관계로서 언어를 바라본다는 점이다. 따라서 언어 사용이 체계적이라 해도 결코 정적인 의미의 체계는 결코 아니다.

기호학: 의미의 구성

03

1. 도입

기호학은 기호의 과학으로 정의된다. 이것은 매우 일반적인 정의인데, 과학과 기호라는 용어는 모두 매우 다양한 방법으로 해석되기에, 2장에서 언어의 개념에 대해 살펴본 것과 같이 기호학에 대해서도 개념적 정의를 다양하게 할 수 있다. 더욱 구체적인 수준에서 기호학은 기호-생산과 기호-사용의 실천에 관한 학문이라고 말할 수 있다(van Lier, 2002).

이 연구에서는 기호학과 생태학이 친연성을 지니고 있음을 강조하고자 한다. 언어에 대한 기호학적 접근은 언어 학습(과 사용)의 생태학적 관점을 이끌고, 언어에 대한 생태학적 관점은 언어의 학습을 공간, 시간, 행동, 인식, 그리고 정서의 기호학 안으로 이끌 수 있다. 궁극적으로 이 장에서는 생태학적 기호학(ecological semiotics)이라는 하나의 덩어리로 논의를 전개할 것이다.

2장에서 살펴본 것처럼, 언어는 진공 상태에서 존재하는 것이 아니며 이를 분리하여 연구하는 것 또한 불확실한 가치를 양산할 뿐이다. 언어에 대한 이러한 연구 작업이 이론적인 측면에서는 어떠한 가치를 지닌다고 할지라도, 언어를 가르치는 교사는 언어를 독립적이고 자율적인 체계로 능숙하게 다루지 못하고, 결국 언어는 뇌라는 기관에 의해 본능적으로 습득되는 것으로 간주된다. 촘스키(Chomsky, 2000), 핀커(Pinker, 1994), 포더(Fodor, 1998)가 옹호한, 엄격한 선천주의자들의 제안은 결과적으로 언어학습의 실행에 대한 가치를 제한하게 되었다. 비유컨대, 이는 물의 분자 구조를 밝히는 작업이 결코 습지 주민들이 어떻게 홍수와 침수를 막을지에 대한 답을 주지 못하는 것과 같다.[1]

모국어 혹은 제2언어 학습자에게 필요한 것은 학습자의 시각에서 '학습될' 언어다. 기호학 그리고 생태학적 관점을 바탕으로, 학습자의 입장에서 본 언어의 몇 가지 특성을 아래와 같이 제시하고자 한다.

a) 언어는 학습자의 주변을 복잡하고 다양한 모습을 품은 채로 둘러싸고 있다.
b) 언어는 물리적이고 사회적인 세계에 포함되어 있고, 다른 의미 구성 체계의 일부이다.
c) 언어 학습과 언어 사용은 서로 분리될 수 없으며, 이들은 모두 활동과 상호작용의 요소가 된다.

여기서 우리는 다음과 같이 말할 수 있다. "잠시만, 제2언어 교실에서

....
1   이것이 다양한 관점으로부터 기인한 이론들의 가치를 부정한다는 의미는 결코 '아니지만', 교육자들은 이러한 방식으로 이상화된 것과는 다른 언어 이론을 필요로 한다는 것에 대해서는 논의할 만하다.

언어는 주의 깊게 선정되어야 하고, 수업은 통제적이고 절차적으로 진행되어야 한다. 교사와 학습자는 한 번에 하나의 문제에만 효과적으로 집중할 수 있고, 순서에 따라 다음으로 나아갈 수 있기 때문이다." 누군가는 더 나아가 학습자들이 부담이나 혼란을 느끼지 않도록 하기 위해서는 이러한 통제된 접근이 필수적이며, 만일 그렇지 않을 경우 제2언어 학습자는 전혀 학습하지 못할 수 있다고 할지 모른다. 물론 이는 그냥 보기에는 타당할 수도 있지만, 생태학적 접근은 이것이 전부가 아님을 강조한다. 추후 6장을 통해서도 이를 확인할 수 있다.

이와 관련하여 일화 한 가지를 소개하고자 한다. 미국의 한 저녁 만찬 자리에 3대로 구성된 가족이 자리하고 있고, 거기에 그 가족의 친구 몇 명이 함께 있다. 어린 소년(아마 두세 살 정도)이 다음과 같은 규칙적인 간격으로 소리를 질러 주목을 받았다. "THANK you VEry MUCH!" 그 아이는 다른 누군가가 비꼬는 의미, 곧 "고맙네(부탁을 거절당했을 때의 반어적 의미)."—다른 말로, "꺼져, 인마!"—라는 의미로 이 구절을 사용한 것과 동일한 어조를 사용하였다. 당신은 이 어리고 귀여운 악동이 애플 잼 몇 개나 레몬에이드 한 잔을 받을 때마다 이 말을 해서 재미를 주고 이목을 집중시키는 것을 상상할 수 있다. 이제 이러한 작고 흥미로운 사례를 통해 학습자의 관점에 중심을 두는 것이 학습자의 능력을 두 배 아니 무한대로 향상시키는 일임을 확신할 수 있다. 첫째, 우리는 그 아이가 그 어조와 강세로 말한 "THANK you VEry MUCH!"가 정확히 무엇을 의미하는지, 언제 어떤 목적으로 이것이 사용되는지 몰랐을 것이라는 점을 고려해야 한다.

그는 아마 확실히 "Thank you"라는 말의 의미를 알 것이다. 그러나 이 말은 사소한 대화 행동을 정중하고 적절한 방식으로 보는 데 관심이 많은 어른들이 사용하는 것으로, 결코 칭송이나 환호를 가져다주는 것은 아니다. 이에 이 말은 어른들의 대화가 지배할 때 종종 무시되는 어린아이에게는 주목을 끌고 유쾌함과 멋진 성취를 이루는 도구가 되었다. 그 아이는 이 말이 바라던 효과를 가져온 이유는 모른다. 단지 그렇게 된다는 것을 깨닫고 이를 최대한 활용한다.

여기서 그가 어떻게 그 말을 그 특정한 상황에서 선택했는지가 설명되어야 한다. 명백하게도 그는 특정 상황에서 이 말을 우연히 들었을 것이다. 그러나 그는 수백만 개의 말을 항상 엿듣고 있는데, 그들 대부분은 이 말처럼 어린아이에게 선택되거나 활용되지 않았다. 그럼 왜 하필 이 말일까? 여기서 우리는 단지 추측하건대, 물론 단언컨대, 처음에 그는 그 모든 단어들의 의미를 또 다른 맥락들로부터 파악했을 것이다. 이러한 점은 그가 어떤 상황에서 특정 구절을 선택할 수 있게끔 만들지만, 사실 이것만으로는 충분하지 않다. 분명 이와 관련하여 무언가 특별하고 기묘한 것 혹은 환상적인 것이 존재한다고 본다. 이러한 두 번째 직관은 어린아이들이 우리가 선택하길 원하지 않는 것들만 선택한다는 사실을 설명해 준다. 따라서 만일 우리가 주의하지 않고 어린아이의 귀 가까이에서 특정한 네 글자의 단어를 말한다면, 정말 분명하게 그들은 그 불쾌한 표현을 즉시 받아들이고 집 주변에서 그 말을 하며 즐겁게 놀게 된다. "그 단어를 어디에서 배웠니?" "아, 밥 삼촌이 손가락을 망치로 쳤을 때 했던 말이에요." 요컨대 언어 습득자로서의 어린아이는 가족이 언어를 풍부하게 사용하는 환경 속에서 산다. 그리고 어린아이들은 관계를 맺는 청중으로부터 지속적으로 영향을 받으며, 언어적 능력의 범위를 확장하게 된다.

학습자의 언어 사용은 물리적 지각, 사회적 인지, 그리고 화용론적 이해의 문제와 깊이 관련된다. 학습은 언어 행위의 효과를 지각하고, 선택하며, 평가하는 과정의 결과로 나타난다. 이 모든 것은 일상에서 뒤죽박죽 일어나는 모든 활동 속에 담겨 있고, 이러한 일상 활동은 새로운 것을 배우며 나아가는 원천으로 작용한다.

또 다른 사실은 이미 위에서 언급했듯이 학습자가 세계를 '이미 만들어진 것'으로 접한다는 점이다(Rossi-Landi, 1992). 물리적이고 사회문화적인 세계는 모두 학습자가 나타나기 전에 존재하는 것이며, 학습자에게는 전부로 다가온다. 갓난아이의 경우 특히 확실한데, 이는 제2언어 학습자가 제2언어의 세계를 인식하는 방식이기도 하다. 이와 관련하여 6장에서 '언어 학습의 역동성'에 대하여 더욱 자세히 다룰 것이다.

이 장에서는 20세기 기호학(semiotics 혹은 semiology, semeotic)의 발달에 대해 간략히 개관하고자 한다. 이 과정에서 세 명의 핵심 인물이 등장하는데, 그들은 페르디낭 드 소쉬르(Ferdinad de Saussure, 1983), 찰스 샌더스 퍼스(Charles Sanders Peirce, 1992; 1998), 그리고 마이클 할리데이(Michael Halliday, 1978)다. 이들 외에도 중요한 인물들로는 레프 비고츠키(Lev Vygotsky), 미하일 바흐친(Mikhail Bakhtin), 찰스 모리스(Charles Morris), A. J. 그레마스(A. J. Greimas), 페루초 로시-란디(Ferrucio Rossi-Landi), 줄리아 크리스테바(Julia Kristeva), 토머스 세벅(Thomas Sebeok), 그리고 움베르토 에코(Umberto Eco) 등이 있다. 여기에서는 이들을 모두 다룰 수 없으므로 몇몇 논의를 통해 개괄적으로 이해하는 데 집중하고자 한다(Cobley, 2001; Nöth, 1995; Sebeok, 1994).

2. 기호의 일반성

서두에서 언급했듯이 기호학은 '기호-생산'과 '기호-사용'의 실천에 관한 학문이다. 그렇다면 무엇이 기호이고, 우리가 사는 환경에서 기호의 역할은 무엇일까? 기호는 인간만의 독특한 현상은 아니지만, 인간이 사용하는 종류의 기호들은 자연의 나머지가 사용하는 것과는 다르다. 그러나 퍼스는 "심지어 식물들도 기호를 쓰면서 살아간다"(Sebeok, 1994: 70)라고 하였다. 꽃들은 화려한 색상으로 식물들을 수분할 벌과 나비를 유혹한다. 물론 동물들은 매우 다양한 기호를 사용하는데, 이를 통해 구애를 하고 영토를 확보하며 다른 침입자를 막는다.

인간의 세상은 기호로 가득 차 있는데, 이들 중에는 자연적·문화적인 것을 비롯하여 의사소통 목적을 위해 형성된 것이 존재한다. 우리가 보고 들으며 느끼는 모든 것은 기호가 될 수 있다. 실제로 부르디외는 북아프리카의 카빌리아 원주민과 함께한 작업에서 "아침은 모든 것이 좋은 혹은 나쁜 징조의 기호를 보여 주는 시간이나"(Bourdieu, 1997: 152)라고 하였다. 구름은 비를 의미하고, 새벽녘의 붉은 하늘 역시 비를 의미하며, 마찬가지로 우산, 지붕의 소리, 포장도로의 물결, lluvia(유비아, 스페인어로 '비'라는 뜻)는 모두 '비'를 의미한다. 이 예들에서 '의미하다'라는 단어가 다른 무언가를 의미한다는 것에 주목하라. 그들은 모두 비를 '의미'하지만, 그 방식은 다르다. 기호학의 많은 문제와 어려움이 이러한 실제화(realization)에 포함된다.

일반적으로 기호는 아래와 같은 형태를 지닌다.

X (대상은)	의미한다. 상징한다. 관계가 있다. 언급한다. ~와 같다, 등.	Y (또 다른 대상을)	Z ⋯ (누군가에게)

예)

- 연기는 삼림 감시원에게 불을 의미한다.
- 기침은 청중에게 '조용히 하세요!'를 상징한다.

- 발진은 의사에게 알레르기를 나타낸다.
- 컴퍼스 바늘은 탐험가에게 북쪽을 가리킨다.
- 'beanz meanz Heinz'*—광고의 슬로건

역사적으로 처음 기록된 기호는 그리스의 의사인 히포크라테스가 의학에서 사용한 '증상(symptom)'이라는 용어인데, 이 용어는 의학적 문제나 병적 증상이 지각되는 상태를 의미한다. 아리스토텔레스는 기호학의 토대를 다졌는데 기호를 실제 물리적 기호 그 자체라고 정의하였다. 여기에는 대상이나 상태를 지시하는 것(지시물)과 그것으로부터 떠올려지는 의미의 요소가 존재한다고 하였다. 통시적으로 이러한 서구적 기호의 개념은 성 아우구스티누스(St. Augustine)에서 존 로크(John Locke, 기호의 학문을 기호학으로 이름 붙인 인물)에 이르면서 더욱 정교해졌다. 기호에 대한 초기 개념은 20세기에 이르러 소쉬르와 퍼스에 의해 전환기를 맞이했다. 그리고 거의 같은 시기에 바흐친과 비고츠키와 같은 철학자는 언어와 사고의 이론을 더욱 정교화하여 근대(혹은 탈근대의) 기호학의 개념을 정립하는 데 기여하였다.

3. 페르디낭 드 소쉬르

소쉬르의 책 『일반 언어학 강의』(1983)는 그의 제자들이 기록한 강의 내용을 바탕으로 하여 그가 죽은 후(1907년)에 발간되었다. 이 책은, 소쉬르의 작업이 얼마나 정교하게 기록되었는지, 얼마나 와전되었는지에 대

....

* 하인즈 사의 통조림 콩 광고. '콩은 하인즈다'라는 뜻.

한 끊임없는 논란이 있음에도 여전히 근대 언어학의 근간으로 여겨진다 (Thibault, 1997 참조). 이에 이 책은 "근대 언어학의 대헌장"(Harris, in Cobley, 2001: 255)의 지위를 갖고 '기호학'의 출발점으로 인식된다. 우리는 이를 배우려는 학습자에게 의심과 탐구의 기회를 줄 수 있으며, 이는 곧 '소쉬르'에 대한 회상을 가능하게 할 것이다.

소쉬르(1857~1913)는 언어학의 기본이 된 세 가지 개념을 다음과 같이 제시하였다.

- 랑그(langue)와 빠롤(parole)
- 통합 관계(syntagmatic)와 계열 관계(paradigmatic)
- 통시(diachronic)와 공시(synchronic)

소쉬르는 인간 언어와 언어 능력의 총체를 랑가주(langage)라고 명명했다. 랑가주는 다시 언어 체계인 랑그와, 실제 발화 활동인 빠롤로 구분된다. 2장에서 살펴보았듯이, 소쉬르는 랑그를 언어 연구의 타당한 주제라고 하였는데, 그것은 빠롤이 매우 다양한 변이성을 지니고 있어 다른 관점에서 논의되어야 하기 때문이다. 이와 같이 소쉬르는 인간 생활에서의 실제 사용(빠롤)보다 언어의 체계성(랑그)에 언어 연구의 초점을 더 많이 맞추었다.

그가 강조한 것들 중의 하나는 부분적인 언어의 개념을 하나의 체계 안에서 다른 개념으로부터 독립적으로 다루게 되면 그 개념을 명료하게 정의할 수 없다는 점이다. 그는 아래와 같이 말한다.

언어는 모든 요소가 함께 결합되는 양상으로 존재하며, 어떤 하나의 요소는 다른 모든 요소의 동시적인 공존에 의해 존재한다(1981: 113).

따라서 언어적 현상은 랑그의 체계에서 다양한 요소들 간의 상호작용에 의해서만 그 의미가 형성된다고 볼 수 있다. 이러한 점은 종종 체스 게임으로 비유되기도 한다(Harris, 1990). 체스 게임에서 '나이트(knight)'의 개념은 반드시 다른 조각과의 맥락 속에서만 파악될 수 있다. 즉, 다른 조각들과는 구별되는 이동 가능성이나 특별한 역할 등을 비교함으로써 알 수 있다. 체스 게임의 맥락을 상정하지 않으면, 체스 조각 하나로서의 '나이트'는 아무런 의미도 갖지 못한다. 한편으로는 어떤 조각이든 가령 '녹슨 병뚜껑'과 같은 것도 나이트로 사용할 수 있다("우리가 까만색 나이트를 잃어버려서, 녹슨 병뚜껑을 나이트로 사용하려 해"). 이러한 관계적 개념은 소쉬르를 언어의 기호적 관점으로 끌어들일 수 있지만, 소쉬르가 초점을 둔 개념은 언어의 체계 '안에서만' 탐구되어야 하는 것으로, 의사소통 체계의 더욱 폭넓은 맥락을 고려하지는 못한다.

　　소쉬르의 개념에는 두 가지 관계의 유형이 있다. 그것은 통합 관계와 계열 관계다. 통합 관계는 언어의 선형성으로 형성된다. 즉, 각 단위(음성, 단어, 발화 등)는 필연적으로 다른 단위를 수반하며, 담화에서의 특정한 단위는 선행 혹은 후행 단위에 의해 제한된다. 따라서 만일 "Mary lost her ＿＿"라는 발화를 듣는다면, 우리는 다음에 나올 단어가 명사임을 알 수 있다. 계열 관계는 하나의 단위와 또 다른 단위의 연계를 바탕에 둔다. 이러한 연계의 작동은 다음의 몇 가지 방법으로 일어난다. 하나는 형태론적 관계에 의한 것인데, 'teach, teacher, taught, teaching, teachable'은 계열적으로 연관되어 있다. 또 다른 유형은 품사에 대한 것인데, 가령 대명사 'me-you-him-us' 등은 계열 관계의 예라고 할 수 있다. 위의 예를 바탕으로 보면, Mary가 잃어버린 것은 '그녀의 지갑, 그녀의 열쇠, 그녀의 마음, 그녀의 어린 양'일 수도 있다. 이러한 계열적 선택은 명사구라는 범주에서 일어난다.

　　소쉬르는 최초의 근대 언어학자로 인정받고 있는데, 그것은 그가 언어는 시간이 지나면서 변한다는 사실[예를 들어, 영어의 모음 추이(중세 영어에서 근대 영어로의 역사적 음운 변화), 그림(Grimm)의 음성 법칙(게르만계 언어 자음의 전환 법칙), 친족 언어의 상관성에 대한 어원 연구, 한 언어의 연속적인 역사적 변천]과 같이 언어를 통시적으로 연구하는 전통을 깨뜨렸기 때문이다. 소쉬르는 언어의 공시적인 연구가 그 시대에 존재하는 한 언어의 구조와 체계성을 보여 주는 데 필수적이라고 주장한다. 통시적 연구는 결코 그것을 할 수 없다고 보았는데, 통시적인 연구는 그저 언어에 관하여 일시적인 범위에 따른 변화를 보여 줄 뿐, 복합적인 체계로서의 언어가 지닌 역동성을 언급하지 못하기 때문이나.

이제 소쉬르를 기호학의 개척자로 생각해 보자. 그는 일찍이 기호학(혹은 기호론)에 대한 관점을 『강의록(Cours)』에서 다음과 같이 말하고 있다.

> 따라서 사회적 삶의 일부로서 기호의 역할을 연구하는 과학을 상상할 수 있다. 이는 사회심리학, 그에 따른 일반심리학의 부분을 형성할 것이다. 우리는 이를 기호학이라고 부르고자 한다. … 그것은 기호의 본질과 그것들을 지배하는 법칙을 연구한다. 그것은 아직 존재하지 않기 때문에, 존재할 것이라는 확신을 가질 수는 없다. 그러나 이는 존재해야 하며, 이미 존재할 준비가 되어 있다. 언어학은 단지 이 일반 과학의 한 종류일 뿐이다. 기호학이 해명할 법칙은 언어학에도 적용할 수 있는 법칙일 것이며, 이에 언어학은 인지의 영역 가운데에서 명확하게 정의될 것이다(1983: 15-16).

앞서 언급한 것처럼 소쉬르는 그의 언어학적 연구를 언어를 넘어선 것으로 확장하지는 않았지만, 위 인용문에서 볼 수 있듯이 기호학은 그럴 필요가 있다고 인식하고 있었다. 소쉬르는 자신의 연구를 랑그에 대한 연구로만 제한하였고, 빠롤을 체계적으로 파고들 수 있는 지점에는 도달하지 못했다(비록 그는 이 둘이 직접적으로 상관성이 있음을 강조했지만). 후자(빠롤에 초점을 두는 것)는 만일 언어가 기호학 안에 존재한다고 한다면, 반드시 명확하게 초점화되어야 하는 대상이다.

소쉬르 기호학의 기호는 고정되어 있고 자의적이다. 그리고 두 가지의 대립되는 요소로 구성되어 있다. 그것은 기표(signifier, 청각-영상)와 기의(signfied, 개념, 사고)다. 이들은 서로 대립되지만, 서로 분리될 수 없다. 소쉬르는 이를 설명하기 위해 '종이'라는 유명한 이미지를 활용한다. 즉, 기표는 한쪽 면이고 사고(기의)는 다른 면이다. 종이의 한쪽 면은 다른 쪽 면으로부터 분리될 수 없는데, 만일 종이를 잘라 낸다고 해도 결국에는 항상 양쪽 면을 갖게 된다. 앞서 2장(97쪽)에서 확인한 바와 같이 기표와 기의의 관계는 자의적이다. 소쉬르는 의성어를 인정하지만, 그것은 소수의 현상이며 언어 체계에서 필수적인 요소는 아니라는 것을 강조하였다.

소쉬르의 체계에서 무척이나 논쟁적인 개념은 가치(value)다. 위에서 볼 수 있듯이, 기호는 가치를 지니고 있는데, 이는 기호가 독립적으로 존재하는 것이 아니라 체계의 일부로 존재하기 때문이다. 나이트의 가치는 체스판 위에서 다른 조각들과의 관련성 속에서 [이후 비트겐슈타인(Wittgenstein, 1958)에서 언급했듯, 게임의 일부로서] 정의될 때만 존재한다. 따라서 이 체계에는 다음과 같은 두 가지의 기호학적 근원 개념이 존재한다. 그것은 '의미', 즉 자체의 기표-기의 관계와 '가치', 즉 체계 내에서 하나의 기호가 갖는 다른 기호와의 관계(물론, 이 체계는 언어 체계를 가리킴)다. 소쉬르에 의해 개척되지 않은 것들 중의 하나는—그는 기호학을 미래의 과학이라고 한 것이지, 스스로가 이를 발전시키는 데 많은 시간을 투자한 것은 아니라는 점을 기억해야 한다—기호의 발전에서 물리적이자 사회문화적인 맥락의 역할, 즉 의미의 정교화이다.

소쉬르의 후학들이 종종 언급한 linguacentric 혹은 glottocentric (Deely, 1990: 4)을 뛰어넘는, 기호학에 대한 더욱 확장된 관점을 위하여* 이제 근대 기호학의 실질적인 창시자인, 퍼스를 살펴보자.

4. 찰스 샌더스 퍼스[2]

퍼스(1839~1914)는 늘 위대한 미국의 철학자로 간주된다. 그는 과학자, 논리학자, 수학자일 뿐 아니라 20세기부터 21세기까지 지속적으로 탁월하다고 평가받는, 매우 정교한 기호학 이론을 창안하였다.

퍼스는 일생 동안 여러 가지 문제[3]를 겪었고(Brent, 1993 참조), 이로 인해 그는 대학에서 오랫동안 강의를 맡거나 어떤 정기적인 일을 할 수 없었다. 그는 자신의 가장 유명한 제자인 윌리엄 제임스(William James)로부터 너그럽고도 꾸준한 존경을 받으면서 경제적·도덕적 지원도 받아야 했다. 그렇지만 그는 다양한 과학적·철학적 주제에 대해 대단히 복잡하면서도 때로는 빼어난 글을 몇 천 장이나 생산하였다. 가장 유명한 글은 실용주의, 실용주의 철학, 그리고 기호학을 주제로 한, 정교한 작업에 관한 것이었다.

....

*   linguacentric 혹은 glottocentric은 '언어중심주의'다. 언어중심주의란 언어가 실재를 구성한다는 관점을 말한다. 이는 로고스중심주의와 같은 맥락인데, 로고스가 서구의 사회, 문화, 사상 등 모든 영역을 지배해왔음을 의미하는 것으로 자크 데리다(Jacques Derrida)가 처음으로 사용하였다. 이때 로고스는 단지 언어, 논리뿐 아니라 이성, 질서, 합리성 등의 의미를 내포하고 있으며, 불변의 본질적·절대적 권위를 의미한다고 볼 수 있다[국학자료원(2006), 『문학비평용어사전』, 국학자료원].

2   이 절의 내용은 van Lier, 2002를 바탕으로 수정 및 보완한 것이다.

3   재발하는 신경 질환은 극심한 얼굴 통증을 야기했고, 그래서 그는 감정과 화를 통제하지 못했다. 더욱이 그의 결혼 생활(그는 자신의 아내와 이혼하기 전에 다른 여성과 살고 있었다)은 당시와 같은 보수적인 시기에는 받아들이기 어려운 것이었다.

그의 영향력은 후대 제임스, 듀이, 모리스, 미드에까지 전해졌고 이들은 모두 언어 교육에 일정 부분 영향을 주었는데, 퍼스의 기호학은 최근에 들어서야 더욱 직접적인 방식으로 교육언어학(educational linguistics)에 영향을 미치기 시작했다고 할 수 있다.

퍼스는 아리스토텔레스의 3부 기호 개념을 차용하여,[4] 정교한 기호 이론, 즉 완전히 발달한 기호학으로 전이하였다. 그는 세 가지의 보편적인 범주를 적용하여 기호학의 토대를 다졌다. 일차성(firstness), 이차성(secondness), 삼차성(thirdness)(Peirce, 1992; 1998)이 그것이다. 일차성은 대상 그 자체로서, 다른 이외의 것을 지칭하지 않는 상태를 말한다. 이것은 종종 '자질'(다른 책에 사용한 것과 같은 실용적인 의미가 아닌)이라고 불리며, 감각 혹은 가능성과 관련되어 있다. 이차성은 반응, 관계, 변화, 경험이다. 삼차성은 중재, 습관, 해석, 묘사, 소통, 상징이다.

퍼스의 삼원론적 기호는 근본적으로 소쉬르의 한 쌍의 기호와는 다르다. 후자가 랑그의 체계 안에서 다른 기호들과의 관련성 속에서만 그 가치를 획득하는 데 반해, 퍼스의 삼원론적 기호는 항상 개방적이고 역동적이며 변화 가능성을 지닌다. 또한 다른 기호 안으로 확장되어 끊임없는 기호현상(semiosis)이나 의미 구성의 과정을 이룬다. 이는 다양한 방향으로 발달하며 해석 과정을 통해 다른 기호를 파생시킨다. 삼원론적이라는 명칭은 다음과 같은 세 요소의 역동적 상호작용에 의해 기호가 구성되기 때문에 생겼다. 세 요소란 '표상체(Representament)'(기호 혹은 기호 매개; 소쉬르의 기표, 1983), 표상체가 상징하는 대상인 '지시물(Referent)', 그리고 그 기호의 의미나 결과(그것은 이미 또 다른 기호이다)인 해석체(Interpretant)를 말한다. 이들 세 상관물은 각각 일차성, 이차성, 삼차성이라고 불리며, 이들 구

....

4   또한 이는 13세기 스페인 과학자 피터(Peter)의 영향이기도 하다(Cobley, 2001 참조).

도에 따라 생성되는 기호의 총합은 수학적으로 볼 때 부분의 합보다 크다고 할 수 있다.

그러나 언어교육학자들인 우리가 무엇보다 초점을 두어야 할 것은 학습의 맥락에서 이루어지는 '기호-구성 과정' 곧 기호 현상이다. 학습 맥락은 의미 구성의 물리적·사회적·상징적 기호로 구성되는데, 이러한 의미 구성을 이끄는 중심 개념은 '활동'이다. 발표를 들으며 주입되는 자료(사실, 기능, 행위) 대신에, 연습과 생산 그리고 생태 기호학적 접근은 좀 더 높고 복잡한 수준의 활동을 수행할 수 있는 능동적인 학습자로 이끌 수 있는데, 이는 이후 장에서 자세히 설명하고자 한다. 학습자가 함께 혹은 단독으로 활동하는 과정이나 방식은 정확하게 예상되거나 통제되지 못하며 또한 그래서도 안 되는데, 그러한 상황에 대한 지도는 다수의 교육 계획가들을 몸서리치게 하는 부분이다. 그러나 그것은 생태-기호학적 접근의 직접적인 결과이며 또한 듀이의 경험적 접근의 근거라고 할 수 있다(Kohonen, 2001 참조). 스텐하우스(Stenhouse)는 이와 같은 생각을 다음과 같이 풀어 놓는다. "지식의 학습을 유도하는 교육은 학습자의 예측 불가능한 행위적 결과를 확장하는 것으로 성공할 수 있다"(1975: 82-83).

필자는 이전의 연구(van Lier, 2002)에서 호주 또는 뉴질랜드 단어인 'pozzie'를 사용한 기호 구성의 복잡성에 대하여 설명한 바 있다. 이를 요약적으로 제시해 보면 다음과 같다. 필자는 혼잡한 상점에서 더욱 쉽게 상품을 살펴보기 위해서 큰 쇼핑백을 놓을 장소를 둘러보고 있었는데, 판매 점원이 코너 근처에 있는 벤치를 가리키며, "There's a good pozzie"라고 하였다. 필자는 그 단어를 전에 들어 본 적이 없지만, 그 메시지가 의도하는 바를 바로 알아차렸다. 나중에 pozzie라는 단어를 position과 관련지을 수 있었으며(그 단어의 유래를 추측해 보았다), 이를 유추하여 호주와 뉴질랜드의 pokie, barbie, garbo와 같은 단어들이 유사한 축약 과정을 거쳐 생성되고 있음을 알 수 있었다(이들 각각은 poker, barbecue, and garbage collector다). 이러한 예의 핵심은 어떤 활동은 무수히 많은 기호의 과정을 낳는다는 것이며, 그것은 곧 일련의 기호에 대한 생성이자 공유이며 다양한 방향으로 확장되는 의미망의 창조다.

이처럼 학습의 과정은 기호 현상의 과정이다. 생태학적 관점에서 학습의 맥락은 '활동 공간'이다. 우리가 학습의 맥락에서 활동적일 때, 행동유도성(affordances)은 다음 행동을 가능하게 할 것이다. 우리를 둘러싼 세계는 그것이 우리와 관련되어 있음을 반영하고 그와 관련된 행동유도성을 제공하는데, 그것은 우리의 존재와 행위가 세계 속에서 이루어지기 때문이다. 우리는 이러한 행동유도성을 지각하고 이를 의미 구성의 재료로 사용한다. 자연에서의 유도성은 직접적이고 즉시적으로 지각되는데, 그것은 그러한 유도성이 유기체와 생태계 사이의 '적합성(fit)'을 보여 주기 때문이다. 이러한 현상은 인간 사회에서도 적용될 수 있는데, 비록 'immediate(즉시적)'이라는 말이 'mediate(중재하다)'라는 말과 뒤얽혀 있지만, 언어의 사회화(Ochs, 2002)는 훨씬 빨리 진행된다[랑나르 롬메트베이트(Ragnar Rommetveit)가 제시한 'felt immediacy'와 're-presentational mediacy'의 구별을 참고(1998: 354-355)]. 'pozzie'라는 단어는 언어적 행동유도성에서 출발하여 풍부한 의미로 가득 차게 되었다. 이것이 필자의 요구와 환경에 존재하는 물리적 자원(자연적 행동유도성을 위한 자원인)을 결합하게 해 주었기 때문이다. 이는 또한 스토리텔링과 뉴질랜드와 호주의 단어 형성의 궁금증에 대한 탐색을 지속하게 한다.[5]

....

5   '관련성 이론'의 관점에서 원시 발화는 상황 맥락과 직접적 관련성을 지니며(가방을 놓을 곳을 유도하듯이), 그런 다음 자신의 맥락에 부합하는 다양한 맥락적 효과(인지적, 대화적, 언어적)를 불러일으킨다. 따라서 용어의 '자기 관련성'은 오늘날까지 증가하고 있는 것이다(Sperber & Wilson, 1986).

활동, 지각, 그리고 행동유도성은 언어가 발현되어 기호로 생성되는 근원 재료로서의 구성 요소들이다. 어린아이들의 자유분방한 손의 움직임은 엄마의 손가락을 만났을 때 '쥐게' 되고(Vygotsky, 1978), 발성은 엄마가 대답을 할 때 '부름'으로 바뀌며, 눈동자의 움직임은 상호 주관적 관계를 유도한다(Trevarthen, 1990). 이처럼 아이들의 움직임은 곧 '의미의 행위'가 된다(Halliday, 1993: 94). 도상적 일차성(iconic firstnesses)에서 시작하여, 이들이 공유된 지표적 표현(이차성, secondnesses)으로 확장된다. 마침내 그것들이 게임으로 적용되거나 의식, 이야기, 유머 등과 같은 주제로서 발화될 때 상징적 삼차성(symbolic thirdness)이 나타난다. 그러니 중요하게 전제해야 할 것은 삼차성은 결코 이차성으로 대치되지 못하고, 마찬가지로 이차성도 일차성으로 대치되지 못하며, 오히려 그들은 '더해지며', 기호화의 과정 속에서 좀 더 복합적인 새로운 기호로 변형된다(이를 퍼스의 용어로는 '확장'이라고 한다)는 점이다.

기호는 외적 대상이나 내적 사고가 아니라, 개인의 사고와 물리적·사회적·상징적인 세계를 긴밀하게 연결해 주는 관계이다. 기호는 행동유도성[6]을 이끌기에, 기호는 개인과 '거기 그 무엇'과의 대화적 관계를 형성한다. 먼저 세계의 (우리의 관점에서는) 매우 복잡한 현상은 유아에게는 해석할 수 없고 제어하기 어려운 것이다. 우리가 세계를 이해하는 과정은 서서히 걷히고 있는 짙은 안개 속에 있는 것처럼 형태는 점진적으로 드러나고, 그 후에 인지할 수 있게 되고 해석하고 활용할 수 있게 되는 것이다. 그러나 이것 또한 신생아들에게는 완전한 혼란은 아닌데, 뷜러가 표현하였듯이

....

6   다음 장에서 살필 것이지만, 행동유도성과 기호의 관계는 복잡하며 논란이 많다. 깁슨의 원 개념으로서 행동유도성은 직접적으로 지각하는 것으로서 '전-기호' 혹은 '일차원적' 행동유도성이라고 하는데, 이것은 점차 사회적 행동유도성의 차원으로, 즉, 퍼스의 개념에 따르면 '이차원적' 행동유도성으로 확장된다.

(Vygotsky, 1987: 291), '정제되지 않은 감각의 거친 춤'이라는 비유는 유아의 시각에서는 큰 의미를 갖지 못한다. 곧 초기에는 음성과 얼굴(접촉, 맛, 냄새 뿐 아니라)을 통해 행동유도성이 직접적으로 지각되는데, 이는 일차성이며, 자신의 안전을 지키는 일종의 지주와 같은 맥락으로서 점차 의미 있는 기호로 창발(emergence)*하기 때문이다. 행동유도성이 한번 기호로 전환되면, 기호는 언어가 성장하는 지표적 기반 구조를 창조할 것이며, 우리는 존재적인 가치를 자각하여 우리의 정체성을 형성하는 데에 언어를 사용할 것이다. 이를 바탕으로 볼 때, 깁슨(Gibson, 1979)의 지각의 생태학(ecological theory of perception), 퍼스(Peirce, 1992; 1998)의 기호론(theory of signs), 바흐친(Bakhtin, 1981)의 언어의 대화적 관점(dialogical theory of language), 비트겐슈타인(Wittgenstein, 1958)의 언어의 의미적 사용(theory of language as use), 비고츠키(Vygotsky, 1978)의 정신 발달 이론(theory of mental development)과 같은 여러 이론은 개념적 합일점을 갖는다고 할 수 있다.

이러한 논의를 제2언어 학습에 적용해 보면, 아래와 같은 다이어그램(Merrell, 1997b에서 인용)에서, 퍼스의 기본적인 열 가지 유형의 기호(십계)를 명시할 수 있다.

다음의 그림에서 기호의 세 가지 상호관계성을 살펴볼 수 있다(Merrell, 1997a; 1997b; 1998 참조).

....

* 생태계는 기본적으로 중층적이다. 따라서 하위 계층의 구성원들이 여러 개 모이면 더욱 크고 통합된 성질을 가지는 상위 계층을 형성한다. 이때 여러 계층 사이의 상호 관계에 의해 새로움을 더하는 성질을 '창발(emergence)'이라고 한다. 창발은 생태계의 균형을 유지하며 총체를 지향한다는 의미를 가장 잘 설명해 주는 개념이다[S. I. Dodson(1998), *Ecology*, Oxford University Press].

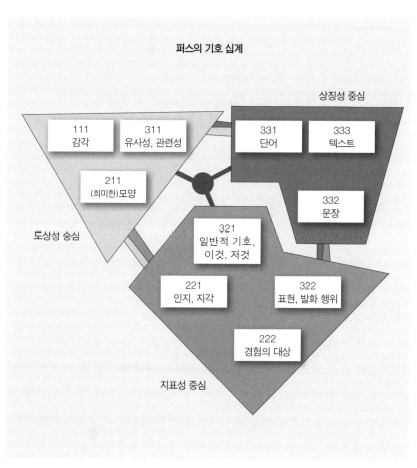

[그림 3.1] 기호 십계(Merrell, 1997: 210)

도상성(Iconicity)

- 감정, 감각, 냄새, 맛, 직접 지각, 자아
- 정서적(친교적) 의사소통(Malinowsky, in Jaworski & Coupland, 1999)
- 어조, 표현, 운율, 도상적 손짓(McNeill, 2000)

지표성(Indexicality)

- 선형성, 공시성, 구분, 타자성, 사회적 세계
- 반응, 상호작용, 변화, 대화
- 직시소, 지적, 지시적 손짓(McNeill, 2000)
- 공동 관심

상징성(Symbolicity)

- 이유, 논리, 재현, 통합, 논쟁
- 습관, 관습, 제의
- 상징적 손짓(McNeill, 2000)

앞의 그림은 하나의 기호 유형에서 다른 기호 유형으로 이행되는 역동적인 흐름을 보여 준다. 도상성, 지표성, 상징성의 넓은 영역 사이, 그리고 이들 영역 안에 존재하는 다양한 기호 유형들 사이에는 일종의 연결 '관'이 있으며, 이를 통해 상호 연관되어 있다. 이들 기호 유형들 사이에는 '확장'과 '수렴'7의 연계가 활발하게 일어나는 특정한 통로들이 존재하는데, 이러한 통로를 통해 기호는 성장·확장·축소·연계·통합된다. 확장은 기호가 고차원적으로 나아가는 과정이다. 곧 '일차성 → 이차성 → 삼차성'(가령, '감각'에서 '표현' 그리고 '발화'로)을 말한다. 수렴은 상징을 지표 혹은 도상으

....

7 퍼스는 '새롭고 높은 수준의 번역'의 의미가 내포된, 기호 사이의 발달을 지칭하는 용어로 '확장(engenderment)'을 사용하였다(Merrell, 1997a: 31). 정반대로 기호는 관습적인 기호에 의해 묻히고, 둘러싸이고, 자동화되는 수렴(de-engenderment)의 과정도 거친다(Merrell, 1997a: 58). 퍼스는 또한 진보(generate)와 퇴보(degenerate)라는 용어도 사용하였는데, '퇴보'라는 용어에는 일반적으로 부정적인 의미가 함축되어 있기에 오해의 소지가 있어서 현재는 사용되지 않는다. 확장과 수렴은 모두 의미 생성 혹은 기호 현상의 과정이다.

로 바꾸는 과정인데, 가령 은유는 클리셰(상용구)가 되며, 자유의 상징(깃발이나 독수리) 등이 한 나라를 대표하는 기호 혹은 상징적 그림으로 작용하는 경우가 이에 관한 예다.

언어와 언어 학습은 무엇보다 '이차성'에 주목해야 한다. 이는 세상의 언어 작용을 의미하며, 특히 타인과의 사회적 상호작용을 말하는 것이기도 하다. 에코는 초기 언어 학습의 시작인 '지표성' 혹은 '주목성'에 관하여, '기호 의미 과정을 진행시키는 기호'라고 하면서 아래와 같이 설명한다.

조기 지표성은 우리가 누군가의 주목을 끌 때 일어나는데, 꼭 그에게 말해야 하는 것이 아니라, 기호 혹은 예가 될 무언가를 그저 보여 주는 것으로 이루어진다. 우리가 그의 재킷을 잡아당겨 그가 돌아보게 하는 것과 같다 (2000: 14).

이는 생후 9개월쯤에 먼저 일어나게 되는데, 아이들은 자신이 존재하는 환경에서 타인 혹은 사물에 공동 관심을 기울일 수 있다. 부모와 아이가 함께 제3의 대상에 집중할 수 있는 것은 이 덕분이다. 다른 연구자들 역시 이러한 순간의 중요성을 인식하였는데, 할리데이는 이를 "마술 통로(magic gateway)"(Halliday, 1993; 다음 장 참조)라고 하였고, 콜윈 트레바튼(Colwyn Trevarthen)은 "이차적 주관성(secondary subjectivity)"(Trevarthen, 1998)이라고 하였다. 이 시기에 아이들의 어휘 습득이 시작되는 것(처음에는 음절 단위의 옹알이)은 결코 우연이 아니다. 이 시기 이전에는, 아이와 부모는 함께 초기 상호주관성에 개입되는데, 이는 면대면 운율적 상호작용이다. 이러한 상호성에 대하여 에코는 일차성 혹은 "목소리"(Eco, 2000: 100)라고 하였다. 이는 어떠한 측면에서는 언어이고 양자 소통이지만, 조어(protolanguage) (Halliday, 1993) 혹은 일차적 행동유도성이라고 하는 편이 더 적절하다.

행동유도성이, 이것이 일어나는 활동 장소에서 분리된 언어적 행위인 '단어'가 될 수 있으려면 몇 차례의 기호 현상(의미 구성, 즉 기호 구성)의 반복이 필요하다. 이러한 초기 상태의 언어 중심 과정을 '정박(anchoring)'이라고 한다. 이는 세상을 언어로 표현하는 것, 언어를 통해 세상을 수렴하는 것, 자아를 세상에 표현하는 것을 포괄한다. 이와 관련된 기호 현상에 관한 용어가 바로 직시소(deixis) 혹은 지적(pointing)(Clark, 1996; Hanks 1995; Levinson, 1983)이다. 깁슨(Gibson, 1979)은 이에 대하여 언어의 고차원적 서술(predicational) 과정과는 반대되는 의미로서 언어의 지시(indicational) 과정이라고 하였다(Reed, 1996 참조). 지시는 몇 가지의 기능을 갖고 있는데, 그중 가장 중요한 것은 지표(indexing), 참조(referring), 그리고 명명(naming)이다. 언어의 지시적 기능은 세상을 분류하는 도구가 되고, 초기 언어 사용자는 행동유도성을 지닌 일차성이 기호가 되게끔 한다. 더 나아가 이들 기호는 주로 다른 언어 사용자와의 상호작용을 통해, 상징 기호를 포함한 더욱 고차원적인 기호로 확장될 수 있다.

필자가 이전의 연구(van Lier, 2002: 152)에서 언급했듯이, 지표성은 언어로 들어가는 통로인데 초기 언어 기호는 도상적 기질로부터 기호를 '획득'한다(이는 마치 허리케인이 따뜻한 바닷물로부터 힘을 얻는 방식과 같다). 이것은 사회적으로 직접 매개된 행동유도성을 바탕으로 기호의 복잡성을 가감해 주는 상징적 영역으로 확장된다. 이에 모든 기호는 다른 기호를 받아들이고 내보인다. 언어가 비록 이차성[8]의 형태를 지니고 있더라도, 곧 도

....

8   이는 언어에서 지각과 감정을 경시하면 안 된다는 의미를 갖는다. 앞서 언급하였듯이, 언어의 뿌리는 일차성, 즉 도상성에 있으며—일차성은 엄마와 다른 이들의 목소리 등 처음으로 만나는 대상의 경험을 통해서 강하게 나타나며, 점진적으로 다른 지각 경험으로부터 독립되어 감정을 일깨우는 청각 영상으로 발현되지만, 아직 공동 관심을 통해 이차성이 확립되기 전까지는 '언어'로서 표현되거나 이해되지는 않는다. 이와 더불어 주목할 사실은 이차성과 삼차성이 언어를 공들

상, 지표, 상징적 자질을 다양한 조합으로 포괄해 나가면서 기호를 확장하기 시작한다.

언어를 통해 우리는 기호의 세상으로 곧바로 나갈 수 있는데, 이는 지표적 평면에 기인한다. 이 평면은 우리가 경험을 이해하는 작업대 혹은 책상이자, 사회적·문화적·역사적 세계의 일부를 이룬다(Cole, 1996). 따라서 언어는 시간, 공간, 대상의 물리적 세계(물리적 환경)와 인간, 사건, 사회의 사회적 세계(상징적 환경—Bourdieu and Wacquant, 1992 참조)에 접근하는 방식이라고 할 수 있다. 이는 레빈(Lewin, 1943)의 생애 공간(life space), 바흐진(Bakhtin, 1981)의 시공성(chronotopes), 앤디슨(Anderson, 1991)이 상상의 공동체(imagined communities) 개념을 포함한다. 이와 같이 세계를 구성하는 모든 개념적 방식은 '언어화'되어 있고, 인류의 사회적·문화적·역사적 전통과 더불어 꾸준히 이어져 왔다. 이 같은 유산은 또한 비고츠키의 인간 발달 이론을 특징짓는 중재의 기제가 된다.

기호는 꾸준히 다른 기호로 발달한다. 머렐(Merrell)은 이러한 현상을 기호들이 서로를 향해 '새어 들어간다' 혹은 '쏟아져 나온다'라고 표현한다(Merrell, 1997b: 210-211). 언어 발달은 '더욱 복합적인 기호 무리의 쓰임'[지시에서 서술까지, 깁슨의 용어(Reed, 1996)로는 어휘적 지표와 체험적 발화 행위에서 텍스트와 논쟁까지]과 '복합적(상징적) 기호에 대한 지표와 도상으로의 단순화(의식, 규칙, 은유, 관용구)' 등을 두루 포함한다. 따라서 기호는 특정한 기호 현상에 따라서 '위로'(확장)도 '아래로'(수렴)도 발전한다(Merrell, 1998).

만일 처음과 그 이후의 언어 학습이 여기에 제시된 대로 진행되려면

....

여 만드는 상황에 이를지라도 일차성은 결코 사라지지 않는다는 점이다—이러한 일차성은 모든 언어 사용에서 필수적인 요소다. 몇몇 외국어 사용의 맥락에서와 같이 일차성이 부재한다면, 언어 습득의 상태는 걷잡을 수 없이 심각해질 것이다.

특정한 확장과 수렴이 일어나야 한다.

예를 들어, 확장과 이어지는 수렴과 재확장의 경로는 다양한 방식에 의해 차단, 봉쇄, 부정될 수 있다. 이러한 방식 중 하나는 불충분한 능숙함, 더욱 일반적인 용어로 말하면 주변 세계에 존재하는 의미 있는 기호와 기호 체계로의 불충분한 접근이다. 또 다른 방식은 극도의 아노미 상태에서 발생하는 참여의 상실이다. 지표적 언어 작업 관계에 대한 불충분한 접근 및 참여가 진행되는 환경에서, 기호는 대개 세계의 도상적이고 지표적인 국면—욕망, 고통, 음식, 생존, 위험, 생존을 위한 작업—등을 향할 수밖에 없다. 문화적 혹은 사회적 삼차성은 도상적이고 지표적인 영역으로 잘려지고, 납작해지며, 혹은 이동할 것이다. 또는 몇몇 사례에서 반문화, 수입된 민족 문화 혹은 '저항 문화'(Ogbu, 1991)의 형태로 대안적 상징 체계가 설정된다. 학교 체제에서의 영어 학습자(제2언어로서의 영어)는 사실 그들이 이민국의 도상적이자 상징적인 사건의 완전한 참여에서 배제되고 있음을 느끼고, 그들은 오직 그들의 학급에서 사소한 문제만 토론할 수 있기에 그들 스스로 큰 가치가 없는 존재로 인식한다(Walqui, 2000).

이에 언어와 또 다른 의사소통 과정은 필수적으로 지표성의 '책상(desktop)'을 통해 활성화되는 도상과 상징 사이의 개방적 흐름을 반드시 요구한다. 지표(지표성, 대명사, 대표성과 이름 등을 포함한 지시적 표현)는 여기에서 핵심적인 역할을 하며, 때로는 한 사람의 언어적 기호의 사용에 대한 성공 혹은 실패의 척도로 활용될 수 있다(Wortham, 1994의 예 참조). 또한 지표(지표하기)는 그룹 멤버십을 구성하는 것, 경계를 그리는 것(예를 들어 타자에 대한 담론 구성, 즉 타자화— Riggins, 1997), 또는 예기(반대론을 예상하며 반박해 두는 법— Rommetveit, 1974)[9]에 의한 접근을 조절(거부 혹은 촉진)하는

....

9   일반적으로 예기(prolepsis)는 어떠한 사건의 상태가 마치 그것이 이미 일어난 것처럼 표현하는

데 사용될 수 있다. 이러한 내용들을 브론펜브레너의 인간발달생태학과 접목하면, 지표성은 선동하는 혹은 억제하는 기제가 되는데, 브론펜브레너는 이를 '활동 환경(activity milieu)'이 '심리적 성장을 자극하거나 억누를 수 있음'을 의미한다고 하였다(Bronfenbrenner, 1979: 55). 앞서 언급하였듯이, 대명사 사용(가령, 통합적 혹은 독립적 사용)에 관한 면밀한 고찰과 명명의 연습은 이러한 측면에서 의미 있는 단서를 제공할 수 있다. 상호작용의 유형에는 특히 이야기, 유머, 그리고 대화가 있는데, 이들은 모두 지표성의 주된 매개(vehicles)이다. 곧 지표성을 통해 도상성과 상징적 체계의 통합을 유도될 수 있게 된다. 그리한 발화 시선에 내린 접근, 그리고 그들의 장소와 실행에 참여하는 능력은 인간의 언어 발달에서 핵심적이다. 이와 관련하여 '발언권'(Bourdieu, 1997)을 논의한 보니 퍼스(Bonniy Peirce), 부르디외의 언어·문화적 '자본(capital)'에 관한 경제 은유(economic metaphor)(Bourdieu, 1991; Bourdieu & Wacquant, 1992), 그리고 담론 심리학자의 작업(Harré & Gillett, 1994; Edwards, 1997; Mercer, 1995) 등을 참고할 수 있다.

지금까지의 논의를 정리하면, 기호 체계는 학습자가 세상에 들어갈 수 있는 열쇠를 준다. 하지만 다양한 이유(인종차별, 다른 형태의 차별, 자원의 부족, 불충분한 교육적 실천, 참여의 기회 상실, 과도한 심리적 거리 등) 때문에 가끔 그 열쇠가 깨지기도 하고 분실되기도 한다. 공동체의 일원이 되기 위한 가장 중요한 열쇠는 지표성 혹은 지시적인 것인데, 이는 지칭, 주목, 참여를 가능하게 한다. 이것은 행동유도성과 기호의 창조적 사용을 이끈다. 다만 가장 중요한 것은 학습자가 기호의 자유로운 흐름을 협동하여 구성하고

....

발화를 의미한다. 바크허스트가 비고츠키의 논의를 받아들여 "아이들을 마치 특정한 능력이 있는 것처럼 대우하면 비록 현재는 그 능력을 갖추고 있지 못하더라도 미래에 그러한 능력의 함양할 수 있는 조건을 형성하는 데 도움이 된다"(Bakhurst, 1991: 67)라고 하였다.

그들 삶의 기회를 구성하기 위한 작업대 혹은 책상을 갖게 해야 한다는 사실이다. 지시적 열쇠 없이는 학습자는 그저 외부인으로 남겨지겠지만, 그 열쇠가 있다면 학습을 통해 문화에 초대받을 수 있고, 학습자는 그 문화의 '서명자'가 될 수 있으리라 본다.

5. 퍼스 기호학의 고찰

이 절에서는 퍼스의 다양한 기호 현상을 더욱 면밀하게 살펴볼 것이고, 더욱 구체적인 수준에서 기호 체계가 어떻게 언어와 언어 학습에 연관되는지를 논의해 볼 것이다.

우리는 기호 현상(근본적으로, 의미 구성)을 의미 작용의 세 가지 요소의 구성 뿐만 아니라, 그것들로부터 기호를 엮어내기 위해 요소를 추출하는 과정, 또한 이 요소들을 지속적으로 다른 의미 구성자(Wells, 1986)와 세상과 대화하며 기호로 재배열하고 재조합하는 과정이라고 본다.

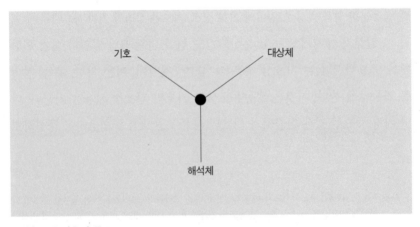

[그림 3.2] 기호의 구조

주지하다시피 퍼스의 기호학에서 기호는 삼원 구조를 갖고 있는데, 이는 기호(sign)[혹은 표상체(representament)라고 하는데, 여기에서는 '기호'로 줄여 부른다], 대상체(object), 그리고 해석체(interpretant)다. 모든 기호는 다양한 조합과 정도성의 차이를 지니지만 모두 도상적(iconic)·지표적(indexical)·상징적(symbolic) 의미를 지니고 있다. 따라서 기호의 구조는 앞의 그림과 같이 제시할 수 있다.

기호의 세 요소는 도상적·지표적·상징적 가치를 지닌다. 퍼스는 이들 세 요소를 일차성, 이차성, 그리고 삼차성이라고 하였다. 한편 이를 'S-O-I'라고 쓴다면, 이는 완전한 도상적 기호(1-1-1), 혹은 완전한 상징적 기호(3-3-3), 혹은 조합된 기호[예를 들어, 1-2-2, 2-2-1 등―퍼스는 가장 일반적인 기호 현상에 대한 설명으로서 이들에 대해 법칙기호(legisign), 개별기호(sinsign), 성질기호(qualisign)라고 하였다] 등이 존재할 수 있다. 기호는 다양한 종류의 기호에서 '재료(의미)'를 모으고 여러 번 이들 재료를 확장하면서 끊임없이 발달한다. 퍼스의 용어로 기호는 끊임없이 확장 혹은 수렴된다.

기호는 사회적으로 구성되며 이때 언어 학습은 핵심적인 역할을 수행한다. 그러나 물리적 사물, 문화적 인공물, 다른 나라의 지도, 그리고 신체의 움직임과 자세와 같은 것들도 모두 기호 현상의 과정을 유지하는데 함께 작용한다.

앞의 그림에서 가운데 점 혹은 노드(node, 접점, 교점)는 주목할 필요가 있다. 기호는 닫힌 삼각형(Ogden & Richards, 1923에서 했던 방법―Apel, 1981; Merrell, 1997: 133 참조)으로만 존재하지 않는다. 오히려 외향적이고 자연스럽게 움직이는 바퀴살의 모습을 보인다. 비유적으로 말하면 가운데 점은 기호 현상이 의미를 의미로, 기호를 기호로 변하게 하는 중력의 중심과도 같다. 때때로 퍼스가 '지면(ground)'(불확실한 구조물)이라고 한 것은 노드가 상징하는 것과 같다. 한편 개인이 기호 현상을 중심에 두고 이를 편성할 때, 노드는 개인의 자아를 상징하는 것일 수 있다. 다만 노드는 어떤 '통치자', 뇌 속에 사는 난쟁이의 의미는 아니다. 다른 이들과 세상을 향한 주체자의 창이라는 의미가 강하다.

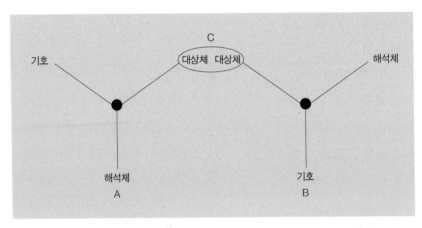

[그림 3.3] 지표성의 대화적 기호쌍[10]

　　두 명의 학습자가 함께 같은 대상체[아마 컴퓨터 화면이거나 '개량할 수 있는 대상'(Wells, 1999)]에 초점을 둘 때, 그들은 아마 그것의 의미를 파악하기 위한 첫 단계로서 무엇보다 그들 자신만의 기호를 생성해 낼 것이다. 그런 다음 그들은 기호를 공유하기 위해 언어를 사용할 것이다. 그 언어들은 대화를 통해 다양한 방식으로 조합될 것이며, 끊임없이 모아지고 갈라지는 과정을 반복하면서 더욱 많은 언어 사용과 발화 행위를 획득해 간다.

　　만일 기호가 끊임없이 시계 방향 혹은 그 반대 방향으로 회전하며 연

....

10　이는 마치 해석체와 기호를 A와 B로 전도시켜 놓은 것처럼 보일지도 모르지만, 실제로 만일 그들 중 하나를 한 단계 왼쪽 혹은 오른쪽으로 회전시킨다면, 그 구조는 여전히 A와 B로 같아진다는 것을 알 수 있다. 이는 그다지 중요한 문제가 아닌, 시각적 관습일 뿐이다.

결(결합)된다고 상상한다면, 우리는 협력적 의미 구성이 어떻게 일어나는지 이해할 수 있다. 위의 예에서, A와 B의 기호는 지표적 수준에서 만나고 있다. 이는 곧 A와 B가 특정한 대상체(C), 컴퓨터 화면에서의 어떤 그림과 같은 것으로 모아져 있음을 말한다. 그들은 아마 그것을 가리키고 있거나 그것을 바라보고 있다고 할 수 있다.

여기에서 더 나아가, A가 의도된 의미 혹은 목적 있는 대상체(혹은 평가하는 말인, 'Dude! Cool, huh?' 따위)를 떠올렸고, 이를 B에게 말한다고 생각해 보자. 이는 A의 해석체(상징적) 수준이 회전하여 B의 대상체 수준과 만났음을 의미한다. 반대로, A의 해서 결과로서 B의 기호 또한 새로운 기호(표상체)로 전환되어 생성된다면, A의 의미는 B의 새로운 기호와 짝이 된다. 그런 다음 A와 B 혹은 이 둘 모두에서 또 다른 행위가 제안될 것이며, 이러한 형태는 지속될 것이다. 분명 이러한 방식은 어쩔 수 없이 초기의 단계로 비교적 단순하지만, 독자로 하여금 삼차적 기호 구조에서 결합적 의미 구성이 어떻게 일어나는지 알 수 있게 한다. 가장 중요한 것은 이러한 기호의 짝은 기호 현상의 대화적 본성을 말한다는 사실이다. 의미 작용의 모든 성공적인 반복 수행은 다른 것(그 '다른 것'은 함께 있는 대화자, 기관의 관습, 문화적 인공물, 물리적 대상, 그리고 수많은 '다른 것'에 해당함)으로부터 에너지를 받아야 하기 때문이다. 따라서 기호는 항상 사회적 기호다. 이를 가리켜 바흐친은 "어떤 다른 사람의 일부"(Bakhtin, 1981: 345-346)라고 하였다. 일련의 과정은 세상에서 일어나는 것이지 한 개인의 마음(정신) 속에서 일어나는 것이 결코 아니다.

이제 퍼스의 삼원론적 기호 체계를 표로 제시하고자 한다. 개략적으로 왼쪽에서 오른쪽으로 '감각', '관계'와 '해석'을 각각 의미한다. 위에서 아래의 줄은 기호 유형(표상체, 즉 기표)에서 대상 유형(기호의 대상체)과 의미 유형(해석체, 활용)을 말한다. 이들의 명칭은 그리 중요하지는 않다. 중요한 사

	일차성	이차성	삼차성
표상체 형태	성질기호	개별기호	법칙기호
기호-대상체 관계	도상	지표	상징
해석체 형태	해석기호(용어)	발화기호(명제)	논항기호(텍스트)

원도상:　이미지 ——————— 도식 ——————— 은유

[그림 3.4] 삼원성과 그 '원도상'

실은 의미 구성의 상호작용을 통해 기호의 복합성, 관계, 깊이의 특성을 획득하는지를 명시적으로 확인할 수 있다는 점이다.

위에서 볼 수 있듯이 표 바로 아래에 퍼스의 세 가지 '원도상(hypo-icon)'을 배치하였다. 이를 통해 사건의 대상과 다채로운 표상의 유형을 참고할 수 있다. 예를 들어, '이미지(images)'에 해당하는 것은 '그림, 정물화, 초상화'이고, '도식(diagrams)'에 해당하는 것은 '지도, 대상, 장소, 관계의 도안'이며, '은유(metaphor)'에 해당하는 것은 어떤 일의 상태에 대한 관습적 재현, 가령, 깃발, 독특한 복장, 손가락 V 사인(평화를 나타내는 기호) 등이다.

더욱 자세히 살펴보면 퍼스는 기호의 열 가지 기본 범주를 제시하였다(앞서 논의한 '십계' 그림 참조—Merrell, 1997a: 299). 그 논의에서는 'rhematic indexical sinsign, dicent indexical legisign'과 같은 복잡한 용어를 포함하고 있는데, 여기에서는 이를 굳이 살펴보지 않을 것이다. 우리는 그러한 용어가 지닌 정밀한 논리적 기원을 해석하기보다 위에서 언급한 표를 바탕으로 기호가 구성되는 다양한 경로에 대한 아이디어를 얻는 것이 더 중요하기 때문이다.

6. 기호 현상과 언어 학습

기호 현상의 다양한 퍼즐을 어떻게 언어 학습과 관련지을 수 있을까? 이에 대해 앞서 살펴본 기호의 십계 그림([그림 3.1])을 바탕으로 몇 가지 힌트를 얻을 수 있다. 주지하다시피 그 그림은 학습자의 사회적·문화적·역사적 상징성에 대한 접근과 관련된 스펙트럼을 제시한다. 다만 이 경우 학습자가 주류 문화의 일원이 아닐 때 적용된다. 또한 언어로 접근하는 방법은 지표성과 지시를 통해서 이루어짐을 제시하였다. 더 나아가 지표적 자업에 의해 중계되는 도상적 기호와 상징적 기호 체계 사이의 긴밀한 관계를 확인하였다.

위의 문제에 대한 해답을 찾기 위하여 2장에서 언급된 동심원([그림 2.3])을 살펴볼 필요가 있다. 언어에서의 일차성(도상성, 십계에서의 첫 번째 영역)은 인간 상호 관계에서 억양, 어조, 표정과 같은 발화의 측면인 '반(半)언어'라고 부르는 것들로서, 동심원에서의 바깥 층위다. 또한 특정 발화 행위에서 해석의 충돌이나 중의성이 있다고 하더라도, 바깥 층위의 행동유도성이 내적 층위에의 그것보다 우선하는 경향이 있다. 따라서 우리는 도상성 안에 있지 않고서는 언어를 해석하고 사용하거나 배울 수 없다. 많은 교과서에서 언어는 자의적이라고 말하고 있다. 그럼에도 미시적이고 형식적이며 형태-음운적 단위에서 이는 사실이지만, 삶 속의 실제 발화에서는 옳지 않을 수 있다.

필자가 이전의 논문(van Lier, 2002)에서 밝혔듯이, 언어와 언어 발달에는 세 가지의 구분 혹은 시기가 존재한다. 그것은 상호주관성(mutuality), 지표성(indexicality), 서술성(predicality)이다. 이들은 십계 그림에서 세 영역에서 동시에 일어난다. 트레바튼(Trevarthen, 1990)에 따르면, 첫 번째는 초기 상호주관성 단계라고도 하는데, 이는 주로 부모(대부분 엄마)와 아기의 관계에서 발생하며, 생후 아홉 달쯤까지 지속된다. 이 시기의 음성 작용은 감각적이고 직접적이며 즉시적이고 율동적이며 정서적이다. 언어 사용은 주로 발화(심지어 엄마가 실제 말, 음악, 이야기 등을 들려줄지라도)가 아닌 목소리로 이루어진다.

두 번째 단계는 부모와 아이가 주위에 있는 다른 사물에 공동으로 초점을 맞추기 시작하면서(서로에게 초점을 맞추기보다) 나타난다. 이 단계에서는 아이, 부모, 그리고 주목하는 사물이라는 삼원적 상호작용이 일어난다. 이 단계가 일반적으로 언어가 발달하는 지점으로 간주되기에(Reed, 1996; Eco, 2000), 언어는 지표성 혹은 지시성을 바탕으로 습득되기 시작한다고 설명했다. 이러한 두 번째 단계는 지시의 단계이며, '이것을 보아라', '저것이 무엇이냐', '그것을 주어라'라는 말이 유효하다. 트레바튼은 이 단계를 '이차적 상호주관성'이라고 하였다(Trevarthen, 1990). 이 단계에서는 주로 어휘 발달과 형식적 발화 행위의 특징이 드러난다.

세 번째 단계는 서술적 언어의 발달 단계로, 지금 여기에 존재하지 않는 대상을 논의할 수 있는 능력인 상징 영역으로 이행된다. 여기에서는 내러티브, 논리적 사고 등이 발달된다. 한 마디로 말해서, 문법의 창발이다.

한 가지 기억해야 할 중요한 사실은 각각의 단계가 이전 단계를 대체하지 못한다는 것이다. 대신 각 단계는 이전 단계를 지나가며, 새로운 언어 사용의 양식은 이전 양식을 다중 의미-구성 과정으로 통합하여, 점진적으로 감각적인 세계는 언어로 중재되는 세계로 이행해 간다.

아동이 취학을 하게 되면, 4학년쯤 되었을 때 언어의 상징적 체계가 좀 더 현격하게 발달하며, 삼원적 상호작용에서 사물은 점차 추상적이고 탈맥락적으로 바뀐다. 지표적인 평면의 도움 없이, 도상적 도움으로 제공되는 정서적 지원 없이, 아동은 힘겨운 전투에 직면할 것이며 어쩌면 그 과정에서 혼란을 겪으며 좌절할지도 모른다.

이제 이를 제2언어 학습자, 가령 학교에서의 이민 아동들을 대상으로 적용해 보자. 앞에서 확인한 각 단계가 극단적으로(맹렬히) 그들에게 다가온다. 동시에 목표 언어의 모든 측면, 즉 도상적·지표적·상징적인 측면이 지속적으로 학습자들을 혼란스럽게 한다. 사실 학교에서 도상적이고 지표적인 측면은 탈맥락화된 교육과정(이민자는 모두 탈맥락화되어 있음을 명심해야 한다)에서 여실히 드러난다.

외국어 학습자의 경우, 교육과정은 매우 언어적이고 형식적인 경향을 지니고 있다. 이에 일차성, 언어를 통한 정서적 상호관계성을 발달시킬 수 있는 기회가 거의 없다. 자국어를 사용할 때 느끼는 싶은 정서적 조응을 찾기 힘든 것은 '스스로에게 말하는' 기회를 박탈당하기 때문이다. 게다가 새로운 언어를 사용하는 더욱 추론적인 방법으로서의 지표적 기능을 발달시킬 수 있는 결합적 프로젝트 기반(삼원적) 작업에 참여할 수 있는 기회 또한 거의 없다. 따라서 우리는 백여 년 전에 퍼스가 개발한 삼원론적 기호 현상이, 언어 교육을 어떻게 조직할 것인지에 대한 중요한 통찰을 주고 있음을 확인해야 한다. 그에 관한 주된 통찰을 요약하면 아래와 같다.

- 언어와 물리적·사회적·상징적 세계는 무수히 많은 방법으로 서로 연결되어 있으며, 이러한 사실은 반드시 교육과정, 교재, 교실 내 활동에 반영되어야 한다. 곧 언어 학습은 풍성하게 맥락화되어야 한다.

- 언어는 그저 뇌 안에 있거나 추상적 정신 영역에만 위치하는 것이 아니라 몸에 친밀하게 연결되어 있으며(신체화되어 있으며),* 이는 손짓, 표현, 대인적 소통 등을 나타난다. 이는 그저 언어의 외적 장식이 아니라,

....

* 생태언어학은 인지언어학과 밀접하게 관련되어 있다. 여기에서 '신체화되었다'라는 의미는 인지언어학의 개념이다. 인지언어학의 '신체화된 의미(embodied meaning)'는 구현된 의미 혹은 실

언어의 필수적 구성 요소이자 학습의 도구로서 기능한다.

- 건강하고 왕성한 언어 사용은 일차성, 이차성, 삼차성(혹은 도상적, 지표적, 상징적 요소)의 균형 잡힌 조합을 이끈다. 따라서 학습이라는 맥락은 이 세 영역에서의 풍부한 기호 자원을 활용할 수 있는 가능성을 담보해 주어야 한다. 학습자는 그저 시험 점수의 평균을 더하는 통계 자료가 아니라 무언가를 말할 줄 알고, 삶에서 의미 있는 목적을 향해 나아가는 '인간'인 것이다.

- 의사소통적 방법론은 상호작용 모델에서 면-대-면 소통의 개념을 과장되게 말하였다. 이보다 더 중요한 것은 나란히 서 있는 수평적 모델인데, 이는 참여자들로 하여금 기초적 도안(6장에서 알 수 있듯이, 이는 프로젝트 기반 학습을 이끎)으로서 '개량할 수 있는 사물(대상)'(Wells, 1999)이라는 공통의 초점에 공동 관심을 기울이는 것을 가능하게 한다.

- 기호학적 관점에서 언어를 보고 생태학적 관점에서 학습을 보는 것은 학습 환경을 교육학적으로 풍부하고 지속적으로, 학습자와 학습-중심적으로, 비통제적이고 자율적 지원(Deci and Flaste, 1995)으로, 그리고 진실로 학습자의 사고-언어-자극을 함께 도모하게끔 유도한다.

....

현된 의미라고 할 수 있다. 여기서 '신체화되었다(embodied)'라는 말은 '인간의 사유 체계에 의존한다'라는 뜻이다. 곧 세상의 의미는 반드시 인간의 사유 체계에 의해 은유나 환유되며, 이러한 은유나 환유의 대상과 인간의 사유는 강력하게 동기화되어 있다는 것이다. [G. Lakoff & M. Johnson(1999), *Philosophy in the flesh: The emobided mind and its challenge to western thought*. 임지룡 외 역(2002), 『몸의 철학』, 박이정].

7. 마이클 할리데이

할리데이는 최초의 사회언어학자(그는 '사회학적 언어학'이라는 용어를 사용했다)이며 근대 영국 언어학의 창시자라고 불리는 영국 언어학자인 존 루퍼트 퍼스(John Ruppert Firth, 1890~1960)의 제자다. 퍼스[브로니슬라프 말리노프스키(Bronislaw Malinowski)[11]를 계승한 뉴질랜드의 사회인류학자인 동명이인 레이몬드 퍼스(Raymond Firth)와 헷갈리지 않도록 함]는 언어학자, 인류학자, 그리고 철학자들, 특히 소쉬르, 파이크, 말리노프스키, 러셀, 비트겐슈타인의 영향을 받았다. 물론 이들을 비판하는 것도 주저하지 않았다.

퍼스는 소쉬르의 '기표-기의'와 '랑그-빠롤'의 구분이 데카르트식의 마음-신체의 이분법을 따랐다며 비판하였다(de Beaugrande, 1991: 193). 대신 퍼스는 "우리는 반드시 관계 속에서 총체적으로 생각하고 행동하는 온전한 인간을 보아야 한다"라고 요구하였다(위의 책: 193). 퍼스는 더 나아가 구조주의(특히 소쉬르에게 영향을 받은)에 대해, 그저 '죽은 기계적 언어'를 만들어 낼 뿐이라고 하며 비판하였다(위의 책: 197).

퍼스는 말리노프스키의 '상황 맥락'을 정교하게 살펴본 후, 연어(collocation)의 언어학적 성과를 집대성하였으며, 이는 후에 기능언어학(functional linguistics)으로 주창되었다. 초기 작업에서 (적어도) 그는 '지구가 주어야만 하는 것의 대부분'을 창안하여 '하나의 세상'을 만드는 것으로서 유럽의 문화적 우월성을 자랑하기도 하였다. 그럼에도 그의 작업은 생태학적 방향성을 제안하는 다양한 요소를 함축하고 있다. 한편 로버트 드 보그랑

....

11 말리노프스키는 폴란드 태생의 영국 인류학자인데, 그는 참여 관찰 분야를 개척하였으며, 문화 속에서 '정서적 공유'를 공유하는 발화의 중심성을 강조하였다. 그는 또한 의미의 '상황 맥락'의 역할을 정리하였다.

드(Robert de Beaugrande)는 퍼스가 지닌 유럽 문화의 우월성에 대해 "착취하고, 예속하며, 몰살하는"(de Beaugrande, 1991: 217) 것이라고 하였다. 곧 지구의 자연적 자원의 많은 부분을 파괴하는 측면을 지적했다.

어쩌면 퍼스가 당시 (식민지) 시대를 창조하게 하는 관용을 일부 제공하였다는 사실은 부정할 수 없을지도 모른다. 그래서 이후 우리는 언어와 언어학에 대한 새로운 관점을 지닌, 명석하고 새로우며 혁신적인 교사, 할리데이를 주목할 필요가 있다.

할리데이는 기능언어학을 발달시켰다. 그것은 계급-계층 문법, 체계 문법, 체계-기능 문법, 혹은 할리데이의 용어로 사회기호학이라고 불리었다. 소쉬르의 '랑그-빠롤'과 촘스키의 '능력-수행'의 이분법적 구분을 비판하며, 할리데이는 언어가 '의미 잠재성'(meaning potential), 화자 앞에 놓인 선택 체계를 갖고 있음에 주목하였다. 문화적 맥락은 의미 잠재성(생태학적 용어로, 기호화될 잠재성 혹은 행동유도성)을 정의하고, 상황 맥락은 이러한 잠재성이 선택으로 실현되어 행동으로 나타나는 방법을 결정한다고 하였다.

체계적 선택의 네트워크는 '역동적 문법'을 만들어 냈는데, 이는 주제, 행위자, 대상 등과 같은 폭넓은 주제로 시작하여, 점진적으로 미시적인 세부 단계로 정교화되었다. 할리데이 체계의 중심적 틀은 거시 기능을 수행하는 관념적(ideational), 대인관계적(interpersonal), 텍스트적(textual)의 세 부분이다. 이들은 포괄적으로, [그림 3.6]에서 볼 수 있는 것과 같이, 상황의 언어 사용역인 영역(field), 어조(tenor), 그리고 유형(mode)과 연결된다. 이러한 틀은 맥락에 따른 언어 사용에 대한 포괄적이지만 더욱 유연하고 유력한 분석 도구를 생산해 낸다[잘 알려진 S-P-E-A-K-I-N-G(Hymes, 1974)[12]에서

....

12 약자는 다음을 의미한다. 상황(Situation)-참여자(Participants)-결말(Ends)-행위(Acts)-목

제시된, 보다 상세하지만 근본적으로 분류학적인 상호작용적 경험의 목록과 비교할 수 있다].

관념적 기능은 내용, 경험, 행위의 본질과 같이, 일반적으로 사건이나 발화 행위의 '의도성'과 관련되어 있다. 지식의 구조에 관한 용어에서, 이것은 서사, 기억과 보고, 그리고 일상 논리 등과 관련되어 있다.

대인관계적 기능은 발화의 사회적 환경, 참여자의 정체성과 역할, 사회문화적 이슈, 관계, 권력과 통제 등과 관련되어 있다.

텍스트적 기능은 언어가 스스로 어떻게 조직되는가와 관련되어 있는데, 에코(Eco)는 그 방법에 내에서 "대석을 위해 부분을 뷔임한다"(2000. 37)라고 말했다. 이것은 표지어나 구문 등을 포함하는데, 가령 '첫째', '둘째', '요컨대', '결론적으로 말하면' 등과 같이 결속구조의 표지, 소개와 요약의 진술 등을 말한다.

할리데이의 매우 흥미 있고 영향력 있는 출판물 중의 하나는 『의미 구성에 대한 학습(Learning How to Mean)』(1975)인데, 이것은 그의 아들 나이젤(Nigel)의 생후 2년 동안의 언어 발달을 다룬, 심도 있는 연구 성과다. 그에 따르면 '아이가 의미하는 것을 처음으로 배우는 데에는' 일곱 가지 기능이 작동하는데, 이는 대략 다음에 제시된 순서와 같다.

아이가 자라면서, 언어는 위에서 언급한 세 가지의 거시 기능으로 결정체를 이루는데, 그것은 바로 관념적, 대인관계적, 그리고 텍스트적 기능이다. 흥미롭게도, 일곱 가지 기능 가운데 대인관계적 기능은 처음 네 가지를 포괄하며, 관념적 기능이 다섯 번째에 위치하고["tell me why(이유를 말

....

적(Key)-도구(Instrumentalities)-규범(Norm)-장르(Genre). 흥미롭게도, 필자가 대학원생들에게 하임즈(Hymes)의 SPEAKING과 할리데이의 F-T-M[영역(Field)-어조(Tenor)-유형(Mode)]을 활용하여 발화를 분석하라고 해 보면, 후자가 훨씬 더 많은 논의점을 던져 준다. 그러나 인류학의 관점에서는 하임즈의 방법이 분석적이고 간결하다.

도구적	'I want'
규범적	'do as I tell you'
상호작용적	'me and you'
개인적	'here I come'
발견적	'tell me why'
가정적	'let's pretend'
정보적	'I've got something to tell you'

(Halliday, 1975: 37)

[그림 3.5] 할리데이의 일곱 가지 기능

해 보라)"는 식의 표현], 텍스트적 기능은 내포되어 있다.

"Let's pretend(가정해서 말해 보자)"와 일반적인 정보적 말의 전략, 가령 "Guess what?(무엇인지 짐작해 볼까?)"와 같은 것들은 아주 어린아이일지라도 그들이 텍스트성의 감각을 기를 수 있음을 제시해 준다. 명심할 것은 할리데이의 관점에서는, 관념적·대인관계적 혹은 텍스트적 정보를 주로 이행하는 표지가 메시지에서 발견되더라도 모든 언어는 이 세 가지 거시 기능의 요소를 모두 갖고 있다고 할 수 있다는 점이다.

할리데이에 따르면, 기능언어학은 보통—적어도 어느 정도는—언어 사용이 언어 구조를 지배한다고 한다. 다만 이렇게 논의 범위를 한정한 이유는 개인적으로 "언어가 사고를 지배한다" 혹은 "사고가 언어를 지배한다" 식의 언어철학적 결정론을 믿지 않기 때문이다. 만일 그러하다면, 후자가 전자보다 그럴 듯하게 보이는데, 문제는 그러한 두 가지 방향성이 어떻게 연결되어 있는지를 생각할 수 있느냐는 점이다. 필자는 비고츠키, 비트겐슈타인을 비롯한 다른 철학자들과 같이 언어와 사고가 각각 서로를 만들어 낸다는 점을 의심한다. 또한 이들 중 어느 것도 완성되지 않았으며, 비교의 대상으로 기능할 수 있는 고정된 독립체가 아님을 언급한다. 대신, 그것들은 지속적으로 뒤얽혀 있는 과정으로 존재하고 항상 함께 성장하고 변하며 문화적 자양분과 같은 상호성을 요구하고 있는데, 마치 이는 포도와 효모가 상호작용하여 맛있는 와인으로 변하는 과정과 유사하다고 할 수 있다.

할리데이는 상황 맥락에 따른 기호 현상의 구조를 아래와 같이 설명하고 있다.

영역(field)은 텍스트가 작용하는 사회적 행위이다. 이것에는 독특한 특질로서 주제가 포함되어 있다. 어조(tenor)는 소통의 참여자 가운데 역할 관계성이 무엇을 의미한다. 이는 특정한 시계에서 형식적 단계를 포함하고 있다. 유형(mode)은 채널 혹은 선택된 파장을 의미하는데, 상황이라는 전체 구조에서 언어에 할당된 필수적인 기능을 말한다. 이것은 기능적 변이를 설명하는 매개(구어 혹은 문어)를 포함한다(Halliday, 1978: 110, 필자 강조).

최근 주목할 만한 논문에서 할리데이는 아이들의 언어 발달의 기능을 더욱 확장적인 관점에서 논의하였다. 그는 아이들이 언어를 배울 때 그들은 배움 그 자체의 토대를 배운다는 사실을 강조한다. 이러한 학습은 "탄생에서부터 유아기와 아동기, 그리고 청년기를 거쳐 성인기의 삶으로 이어지는"(Halliday, 1993: 93) 기호 현상의 과정이다. 현대 문화에서 이는 그저 공동체에서의 '자연적' 언어만이 아니라 학문적 주제와 쓰기의 제도화된 언어까지도 의미한다. 그는 언어 학습의 21가지 특징을 제안하였는데, 이는 출생에서부터 제2언어 학습의 학술 언어에 이르기까지를 포괄하고 있다. 앞으로 살펴볼 다음 장에서, 이러한 할리데이의 요지는 다양한 측면의 아동 언어 연구자, 그리고 생태학적 관점에서 언어 발달을 탐구하는 기호학자와 유사하다는 것을 확인할 수 있다는 점이다.

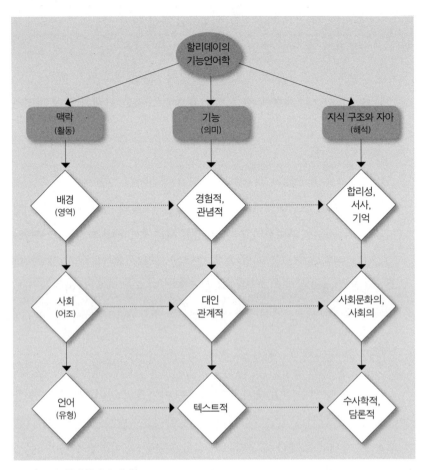

[그림 3.6] 할리데이의 대기능(macrofunctions)

8. 정리

이 장에서는 20세기 기호학의 발달에 관한 주된 내용을 검토하였다. 여기에서는 무엇보다 소쉬르, 퍼스, 그리고 할리데이가 가장 중요한 세 축임을 확인하였다. 일반적으로 기호학의 영역에서 언어가 다뤄지는 한 다음과 같은 세 가지 관계가 드러남을 알 수 있다.

1) 언어 체계와 하위 체계(구조적이고 기능적인 것)의 관계
2) 언어 체계와 소통의 다른 체계(제스처, 표정, 일반적인 신체 언어, 문화적·인공적 기호의 다양성)와의 관계
3) 기호 구성 체계와 물리적 세계의 관계

이 모든 의미 구성 체계와 의미 자원들은 서로 반향을 일으키고 공유된 징조를 창출하면서 끊임없이 활동하며 상호작용한다.

소쉬르는 첫 번째 '근대 언어학자'로서 랑그와 빠롤, 통합관계와 계열관계, 공시와 통시라는 이분 체계를 강조하였다. 소쉬르의 기호학은 거친 발신자-수신자 모델[13]에 바탕을 두었기에 종종 비판을 받는다. 게다가 기호의 관계성은 그저 언어학적 체계 그 자체(그의 개념에 따르면 가치임)에서의 관계만을 언급할 뿐, 사회적이거나 물리적인 세계를 염두에 두고 있지 않다. 이것은 구조주의의 핵심이며 이는 언어를 그것이 존재하는 세계(이는 빠롤의 영역으로, 소쉬르가 다루지 않은 영역임)로부터 지나치게 많은 괄호로 묶어 둔(배제한) 것이다.

퍼스는 비중 있는 기호학자들 중에서 가장 중요한 인물이다. 그의 작업은 모리스, 미드, 에코, 야콥슨, 세벅을 포함한, 20세기 대부분의 기호학자에게 영향을 주었다(Nöth, 1995 참조). 이는 또한 바흐친의 대화적 작업과 긴밀한 친연성을 지니고 있다(Merrell, 1997a). 퍼스의 기호학은, 그것의

....

13　소쉬르 학파가 모두 이 지점에 동의하는 것은 아니다. 이는 소쉬르의 지위가 이제는 수신자-발신자 모델이 제안하는 것보다 확장된 뉘앙스를 지니고 있음을 확실히 말하는 것이기도 하다(Thibault, 1997).

초기 구성에서는 대단히 이론적이고 추상적인 특성을 지니고 있음에도, 물리적이며 사회적인 세계가 지닌 대단히 역동적인 측면을 직시하였다. 우리는 그것을 기호학의 양자물리학적 버전이라고 말한다. 이는 우리가 생각하는 것보다 훨씬 다양한 측면이 존재함을 의미한다.

할리데이의 연구는 언어 학습의 교육 논의와 긴밀하게 연관되어 있다. 이는 아마 교사가 접근하기에 가장 타당한 기호학적 접근 틀이 아닐까 생각된다. 또한 소쉬르보다 퍼스의 기호학과 현저하게 호환되는데, 이는 추후 자세히 논의하고자 한다.

이 장에서는 기호학이 언어 학습의 복잡성을 고찰하는 것뿐만 아니라 촉진과 억압의 사회 유형을 밝히기 위한 강력한 기제로 작동될 수 있음을 살펴보았다. 이러한 점은 기호학과 교육사회학이 긴밀하게 연결됨을 보여 주며, 바실 번스타인(Basil Bernstein, 2000)과 피에르 부르디외(Pierre Bourdieu, 1991)처럼 이 둘의 관계를 연구하는 학자들의 작업에 기호학의 관점에서 도움을 줄 것이다. 물론 이들은 각기 본질적으로 학문 고유의 영역일 것이다.

다음 장에서는 의미가 발현되는 방법을 더 자세히 살펴보고자 하며, 언어 유창성이 어떻게 발달되는지에 특히 집중해서 살펴보고자 한다.

창발과 행동유도성

04

1. 도입

인지 이론의 핵심은 행동(action)에서 지각(perception)을, 혹은 지각에서 행동을 끌어내는 것이다. 이러한 확신에는 다음과 같은 두 가지 중요한 이유가 있다. 첫째, 인간과 다른 동물이 알고 있는 대상은 지각과 행동을 기본으로 한다. 둘째, 행동에 의한 지각의 조절과 지각을 위한 탐구적 행동의 촉진은 가장 기초적이고 일반적인 원리에 의해 유지되는 생명체들에게서 매우 유창하고 믿을 만하며 대단히 명확하게 드러난다. 주된 인지적 능력이 무엇이라 할지라도, 지각과 행동을 가능하게 하는 법칙과 원리는 주어진 능력을 정의하고 그 특성을 논의하는 데 중요한 기제로 작용한다 (Turvey, 1992: 86).

이 장에서는 언어 학습의 생태학적 접근을 할 때 중심적이고 서로 관련되어 있는 개념들인 '창발(emergence)'과 '행동유도성(affordance)'에 집중하고자 한다.

이 두 개념은 생태학의 근간이다. 행동유도성은 개인과 물리적·사회적·상징적 세계와의 관계에 대한 뿌리이기 때문이며, 창발은 복합적인 언어 능력의 발달을 특징지어 주기 때문이다.

여기서 시도하고자 하는 것 중 한 가지는 의미 있는 방향으로 이들 두 개념을 관련짓는 것이다. 이는 앞 장에서 살펴본 두 기호학(퍼스와 할리데이)을 함께 연관지어 논의하는 것을 의미한다. 또한 '지각'과 '행동'의 개념을 확장하여 '주의집중(attention)'과 '인식(awareness)' 혹은 '의식(consciousness)'에 관한 논의로 이어가고자 한다. 그런 다음 발달 문법의 접근법, 이른바 창발 문법(Hopper, 1998)을 고찰하여 언어 습득과 성장의 과정에 대해 논의할 것이다. 이와 더불어 제2언어 학습에서의 접근법인 '문법화(grammaticization)'(Rutherford, 1987), '문법화(grammaticalization)'(Dittmar, 1992), '문법하기(grammaring)'(Larsen-Freeman, 2003)* 등에 대해서도 탐색하고자 한다.

2. 창발

전체는 부분의 총합보다 크며, 부분보다 역동적이다. 이것은 게슈탈트 심리학¹의 중심 명제다.

....

* 이들은 모두 언어의 형태에만 집중하는 것이 아니라 언어의 온전한 모습을 모두 살피고자 하는 시도다. 이 가운데 '문법하기'를 살피면 다음과 같다. 언어 교육(language education)은 형태, 의미, 사용의 국면을 두루 고려해야 함을 강조하는데, 이를 정적인 'grammar'가 아니라 역동적인 'grammaring'이라고 명명하였다. 이와 관련하여 형태-의미-사용의 상호작용을 담은 대상으로서 다양한 맥락적 작용을 이끄는 텍스트의 소통적 특성, '텍스트 역동성(text dynamics)'이 중

이에 대한 명확한 예로 개미 왕국을 들 수 있다. 개미들 각각은 아주 작은 곤충임에도 이들이 구성한 사회는 매우 역동적인 모습을 보인다. 한 마리 개미를 테이블 위에 올려놓으면, 그것이 얼마나 무력한지를 쉽게 알 수 있다. 만일 그들이 집으로 가는 길을 발견한다면 괜찮지만, 만일 그렇지 못한다면 죽을지도 모른다. 그러나 총체로서의 개미 왕국은 정교한 구조를 갖고 있다. 습격에 대비하고 진딧물 농장과 상점을 운영하며 음식을 만든다. 마치 중심적인 리더십 없이도 생산적이고 행정적인 특징을 갖춘 기업과 유사하다. 이것은 창발 과정과도 같다. 곧 개미 왕국과 같은 구조는 하위 단계 규칙으로부터 더욱 세련된 상위 단계로 진화하고 있는 것이다 (Johnson, 2001).

창발은 관계적인 단일 유기체들이나 요소들이 더욱 복합적이고 지능적인 체계로 그들 자신을 재조직하는 과정에서 발생한다. 단순한 구성 형태가 적응 능력을 갖지 못하는 반면, 이러한 체계는 변화하는 상태에 적응할 수 있다(위의 책).

스티븐 존슨(Steven Johnson)은 일본 과학자 도시유키 나카가키(Toshi-yuki Nakagaki)가 발견한, 미로에서 가장 짧은 길을 찾을 수 있도록 훈련된 점균류(slime mold)*라고 불리는, 놀랄 만한 특성을 지닌 유기체를 제시한다(위의 책: 11). 점균류는 수천 개의 단일세포 균(곰팡이)인데, 특정한 환경

....

요하다고 하였다[Larsen-Feeman(2003), *From Grammar to Grammaring*, Thomson].

1   깁슨은 부분의 합보다 큰 전체가 정확히 무엇을 말하는지 보여 주지 못한다는 점에서 게슈탈트 심리학을 비판적으로 보았다. 깁슨의 견해에 따르면 게슈탈트(Gestalt)는 때때로 몇 가지 이상 한 원칙을 제시하였다고 한다(Reed, 1998: 55). 필자가 생각하기에 게슈탈트 심리학은 비록 다른 방식으로 이론을 전개했을지라도 비고츠키와 같은 맥을 공유하고 있다고 본다.

*   점균류의 삶은 순환적이고 적응적이다. 이를 그림으로 나타내면 159쪽의 그림과 같다(두산대백과사전: http://terms.naver.com/entry.nhn?docId=1102011&cid=40942&categoryId=32333). 점균류의 삶과 관련하여 다음 진술은 참고할 만하다. "점균류는 한동안 수천 마리가 개별적인 단세포 생물로 살면서 동료들과 무관하게 움직인다. 적절한 조건이 갖춰지면 무수한 세포가 더 큰

에서는 끈적거리는 마치 개의 토사물 같은 하나의 주홍색 덩어리로 합쳐진다. 이것은 숲의 썩은 나무나 잎을 가로질러 천천히 움직인다. 여기에는 중심적인 신경 체계가 존재하지 않으며, 그저 그 자체로서 움직일 뿐이다. 이 형태 없는 끈적한 점액은 움직이고 또 바깥쪽으로 향하면서, 심지어 미로를 따라 스스로 길을 찾아 나간다. 날씨가 차가워지고 눅눅해질 때, 한 덩어리로서의 방울은 다시 수 천 개의 단일 세포로 분열한다. 그리고 결합적인 균이 그들에게 영향을 주어(이때 특정한 화학 물질을 내뿜기 시작한다) 세포의 덩어리로 다시 만들어지는데, 그 전까지 그들은 기본적으로 서로 참견하지 않고 각 세포의 주위에 존재한다.

더 흥미로운 현상이나 초-유기체*(Johnson, 2001에서 더 매력적인 예들을 살펴볼 수 있다)에 대한 관심은 접어 두고, 언어의 창발과 관련된 주제로 들어가자. 이와 관련하여 생태학적 언어 학습(van Lier, 2000)에 대해 세 살난 아들의 일화를 통해 논의를 시작해 보고자 한다. 그 아이는 페루에서 자라면서 스페인어를 썼기 때문에 우리가 미국에 왔을 때 영어를 전혀 구사하지 못했다. 시간이 지남에 따라 그는 영어를 상당히 명확하게 이해할 수 있었지만 영어를 전혀 말할 수 없는 처음 몇 달 동안 매우 조용한 시기를 보냈다. 우리는 여전히 집에서는 스페인어로 말했는데, 아이는 모두 영어

....

하나의 유기체를 이루어 한가롭게 정원 바닥을 기어다니며 썩은 나무나 나뭇잎을 먹기도 한다. 환경이 쾌적하지 않을 때에는 하나의 유기체처럼 행동한다. 반면에 날씨가 시원해져서 먹을 것이 풍부해지면 동료들에게 작별을 고한다. 점균류는 단세포 생물과 무리 생활을 시계추처럼 왕복한다."[S. Johnson(2011), *Emergence*, 김한영 역(2004),『미래와 진화의 열쇠, 이머전스』, 김영사]

* 다중 유기체들의 체계는 곤충의 왕국과 같은 하나의 유기체, 혹은 내생공생동물의 유기체 등을 들 수 있다.

1. 포자낭이 터지면서 포자를 방출
유주자끼리의 접합으로 원형질체를 형성
포자는 편모가 있는 유주자가 됨
유주자
원형질체
점균류의 생활사
포자낭 형성
건조한 환경에서는 이동을 멈추고 포자낭을 만듦
3. 습기가 있는 환경에서는 원형질체가 이동하기도 함

로만 말하는 몬테소리 유치원에 갔다. 그는 처음에 그러한 환경에서 상당한 혼란을 겪을 수밖에 없었다.

약 두세 달 후, 슈퍼마켓에 가서 그를 앞에 앉히고 카트를 밀며 물건을 고른 적이 있다. Rice Krispies 박스를 집어 카트에 담았을 때, 다른 사람이 카트를 밀고 왔는데 그 카트에도 마찬가지로 Rice Krispies 박스가 담겨 있었다. 마커스(Marcus)는 흥미로운 우연의 일치를 인식하였다. 바로 그때 그는 자신의 첫 영어 문장을 만들어 내었다.

Look! This on This!(보세요! 이것이 이것이에요!)

우리는 여기에서 몇 가지 중요한 기호학적 현상을 언급할 수 있다. 먼저 'Look!'이라는 단어는 자신이 처한 환경에서 대상에 대한 주의집중을 나타내는 표지다. 그것은 시작이고 호출인데, 그가 응시하고 그의 손가락이 가리키는 방향에 의해 우리는 무엇을 말하려 하는지 알 수 있다. 다만 그 표지는 말의 첫 부분일 뿐이다. 이제 그는 왜 이것이 주목할 만한 가치가 있는지를 설명한다. 주의를 끌기 위해 그렇게 손가락을 가리킨 것을 정당화해야 한다. 그는 "흥미로운 우연의 일치이지 않아요?" 등의 말을 언어로 표현하지는 않았지만, 그가 지닌 언어적 자원을 조합한 후 맥락을 활용하여 의미를 전달하였다. 여기에서 '맥락'은 행동유도성(실행과 참여의 기회를 생산해 내는 행동의 가능성)을 제공한다. 상호주관성을 자극하고 주의를 끌며 다양한 종류의 언어학적 해설을 가능하게 하는 것이다. 이와 같이 '말하려는 무엇'에 대한 맥락적 의미와 그들에 관여하여 더 나아간 행동(항상 사회적 상호작용에 기인한 언어적 행동을 포함하여)을 자극하는 다양한 가능성을 지닌 자원을 '기호 자원(semiotic resources)'이라고 한다. 풍부한 기호 자원은 언어의 창발을 촉진한다. 학습 환경은 마치 이상한 백만장자가 달러 지폐를 마구 집어던지는 것과 같이 교사가 언어적 기호를 마구 던져 주는 것도, 문법 구두쇠가 다양한 언어적 지폐를 조금씩 지급하는 것도 아니다. 대신 우리는 학습자에게 어떻게 언어 시장(language market)이 작동하는지에 초점을 두고 교수·학습이 이루어져야 함을 강조한다. 이는 문법과 어휘의 법칙을 가르쳐야 한다는 것과는 확연히 다른 명제다.

그렇다면 어떻게 학습자가 언어 시장의 규칙을 배울 수 있는가? 잠시 방향을 바꾸어 다음과 같은 질문을 던져 보자. 어떻게 아이들은 축구 경기의 규칙을 습득할 수 있는가(van Lier, 1996 참조)? 수년간 그들에게 그것을 가르치는 방법은 제외하고 말이다. 그들은 특징한 연습에 함께 참여함으로써 그것들을 배운다. 중심이 되는 연습 두 가지는 다음과 같다. 첫째, 게임을 한다는 것이고, 둘째, 게임을 보는 것을 포함하여 참여한 게임에 대해 이야기를 나누는 것이다. 경기를 시작하면 아이들은 한 무리의 떼가 되어 공을 쫓아 달리며, 겉으로 보기에는 아무 방향으로나 그것을 차는 것 같다. 그런데 어떤 지점이 되면 '게임에 대한 감각'이 창발되기 시작한다. 그렇게 되면 경기는 그 자체가 다시 조직되는데(물론 모든 선수가 동시에 그렇게 되는 것은 아니다), 그것은 '공이 굴러가는 대로 쫓아가서 차는 것'으로부터 '전략적인 방식으로 협력하여 공을 움직이기'가 된다. 바로 그 지점에서 경기의 규칙은 학습할 수 있는 대상이 되고, 그것은 경기 진행의 사회적 맥락과 더불어 경기 규칙에 대한 상향식 발견과 하향식 지도의 상호작용을 통해 이루어진다.

또 다른 예로 1996년의 저서에서 언급한 벤지 랭돈(Benji Langdon)이라는 아동을 들 수 있다. 그는 수학 분야의 특수 재능을 지닌 학습 장애 쌍둥이를 따라 하기로 마음먹었다. 그는 노력하고 또 노력했으며 연습하고 또 연습했는데, 꽤 오랫동안 외현적인 발달은 보이지 않았지만, 어느 순간 갑자기 그의 부족한 뇌 세포들은 스스로 재조직되었고, 무리 지어 오른쪽 뇌로 이동하였다. 그 결과 그는 쌍둥이들과 같은 능력을 가질 수 있었다.

이와 같이 창발은 복합적인 궤적을 지니고 있기에 여러 방법으로 나타날 수 있으며, 드라마틱한 '아하' 하는 체험을 포함할 수도 있고 그렇지 않을 수도 있다. 이들의 이질성을 고려한다면, 진정 무엇이 창발인가(그저 평범한 '학습'과는 다른 것인가, 아니면 학습에 대한 특별한 관점인가) 하는 물음이 제기될 수밖에 없다. 여기서 창발이란 단순한 요소들이 더욱 복합적인 체계로 재구조화되는 일련의 현상이라는 사실을 거듭 상기해 보자. 언어에서 그러한 창발은 몇 가지 방법으로 입증되어 왔다. 그중 하나는 음운론적 체계의 수립이다. 연구자들 중에 재닛 워커(Janet Werker)와 패트리샤 쿨(Patricia Kuhl)은 한 살 된 유아의 경우 첫 아홉 달 동안 음운론적 체계가 완성됨을 밝혀냈다. 그 이전에 그들은 모국어 화자가 구별하기 어려운, 다른 언어에서 나타나는 음소의 차이를 구별해 낼 수 있었다(Werker & Tees, 1984). 그 시기 이후(예를 들어, 뇌의 뉴런이 영어의 음운론 체계에 수용될 때), 그들은 더는 구별할 수 없었다. 이러한 현상은 상당히 빠르게 일어났는데, 이는 음절(반복적인) 중얼거림의 기초이며 어휘 발달을 촉진하는 결과로 이어진다. 이러한 방식으로, 선천적 기질은 사회적이자 물리적인 환경과의 상호작용 안에서 언어 자원의 점진적 창발을 유도한다.

이제부터 언어 학습에 의해 일어나는 과정과 학습을 자극하는 맥락에서 언어의 창발 과정을 더욱 자세히 들여다보자.[2]

....

2   이 장에서 보인 예와 그에 관련된 아이디어는 최근 논의인 (van Lier, 2000; 2002), 그리고 발표와 세미나에서 공유된 논의를 바탕에 둔다.

3. 창발주의

창발주의(emergentism)의 최초 개념은 철학자 존 스튜어트 밀(John Stuart Mill)과 관련되어 있는데, 그는 화학적 원인으로부터 기계적 원인을 구분해 낸 사람이다. 화학적으로 몇몇 반응 물질의 혼합은 그저 구성 요소의 합이 아니라 이들과는 확연히 다른 것으로 새로운 가스나 액체를 만들어 내는 결과를 도출한다(Wilson & Keil, 1999: 267). 수소 원자와 산소 원자를 보는 것으로는 결코 물에 대한 정보를 얻을 수 없다. 물리적이고 사회적인 과학에서 창발주의(그리고 창발)의 아이디어는 시간 혹은 활동의 결과가 초기에 투입된 사건이나 활동과는 극적으로 달라져 그것으로 환원되지 못한다는 것이다. 이것은 비고츠키의 발달심리학에서 핵심적인 요소라고도 할 수 있다.

과학적 연구의 전통적 패러다임은 원인과 결과 사이의 이러한 분명한 단절을 다룰 수 없었고, 보통 생득주의 혹은 본능과 같이 특정 요인들로 인간의 놀랄 만한 발달을 설명했다. 그러나 베이트슨이 지적하였듯이(Bateson, 1979), 본능이나 유전자 혹은 다른 추측성 설명에만 의존하는 것은 사실 제대로 된 설명이라고 할 수 없다.

그렇다면 자연에서 창발되는 것과 예측되지 못하는 것들은 각각 무엇일까? 기후 변화, 지진, 허리케인, 그리고 눈사태와 같은 것들일까? 생태계, 인간 사회 또는 도시의 수립이나 파괴일까(Humphrey, 1992; Johnson, 2001)?

이 모든 경우에서도 어떤 행동의 결과는 반드시 질적으로 다르고 다양한 규모와 양상으로 재조직되기에, 이들 현상 속에는 이미 창발이라는 단어가 전제되었다고 할 수 있다. 만약 우리가 바닥 위에 두 개의 조약돌을 놓고 여기에 두 개를 더한다면, 네 개의 조약돌이 '창발되었다'라고 말할 수 없다. 그렇다면 엄격한 창발주의의 의미에서 조약돌이 가득한 산 중턱에 하나의 조약돌을 더 얹어 산사태가 일어난다면, 우리는 이것을 창발되었다고 말할 수 있을까? 조약돌을 추가한 것은 산사태를 '일으키고', 우리가 이렇게 하나 더 놓은 조약돌이 산사태를 일으킬 것이라는 정확한 계산은 할 수 없을지라도, 경사면에 많은 조약돌을 놓으면 산사태는 금방 일어나거나 언젠가는 일어날 것이 분명하다고 말할 수 있는 기계적인 누적 과정이 있다.

창발은 비환원적 변화를 전제로 한다. 이는 낮은 수준의 현상에서 높은 수준의 현상으로, 개별 개미들로부터 개미 왕국으로, 다수의 집으로부터 조직화된 도시로, 지각에서 사고로, 지시에서 언어 등으로의 이행을 의미한다. 비환원성은 낮은 수준의 요소들(사물, 행동, 기술)이 높은 수준의 요소를 설명할 수 없기에 질적으로 다르지만 동시에 높은 수준은 명백히 낮은 수준의 요소로부터 파생되거나 세워지는 방식으로 이행된다는 것을 의미한다. 나비는 번데기로부터 창발된다. 번데기를 분해하여 현미경 아래 놓고 관찰해 보아도 그 어디에도 나비(혹은 나비의 일부분)를 찾을 수 없으며, 이와 마찬가지로 나비를 연구하여 이것이 번데기로부터 왔음을 보여주는 일은 불가능하다.

언어 학습(그리고 일반적인 학습)에서 창발의 개념은 분명 주목할 필요가 있다(Elman et al., 1996; MacWhinney, 1999). 다만 이 개념은 결코 새로운 것이 아니다. 이는 이미 오래된 선천성-후천성 논쟁과 밀접한 연관이 있다. 언어에서의 창발에 대한 한 가지 예로, 통시적으로 16세기 영국에서 일어난 영어에서의 대모음 변이(the Great Vowel Shift)를 들 수 있다. 기본적으로 몇 개의 모음이 바뀌기 시작했는데, 이러한 변화는 또 다른 변화를 불러일으켰으며, 점차 새로운 모음이 창발되었다. 그것은 몇 개의 모음에서 일어난 몇몇의 변화가 전체 체계를 재구조화하여 그 체계에서 새로운 균형을 유지하도록 유도했기 때문이다. 이와 같이 하나의 변화는 체계의 불안정성을 가져다줄 수 있기에 또 다른 변화를 야기하여, 점진적으로 새로운 영역의 안정성으로 정착할 수 있는 새로운 체계가 창발된다.

음운론에서 모음 체계는 3, 5, 7, 8 모음 등 다양한 종류로 나타날 수 있다. 이때 방언과 같은 사회적 변이[마서스 비니어드(Martha's Vineyard)에 대한 라보프의 연구와 같은 것—Labov, 1972 참조] 혹은 언어 접촉으로 인해, 몇몇 모음은 하나로 합쳐질 수도 있다. 이 지점에서 혼란을 줄 수 있는 언어의 동음이의 현상이 발생한다. 남미식 영어에서 pin과 pen의 소리는 같다. 또한 북미 영어에서, 적어도 몇 개의 방언에서는 cot과 caught의 소리 역시 같다. 이처럼 한 언어는 특정한 양의 동음이의어를 다룰 수 있는데, 어느 순간에 모음이 이동하여 변이되기 시작하며 그 결과 또 별개의 거리를 만들고 만다.

고대, 중세, 그리고 근대 영어 사이의 시기(대략 1000~1500년)에는, 여러 단어의 전설모음은 고음이 되었고 원순모음은 평순화가 되었으며, 장-고-모음은 이중모음이 되었다. 이는 마치 혼란이 있는 것처럼 보이지만, 모음 체계표를 들여다보면 특정한 창발의 형태를 발견할 수 있다.

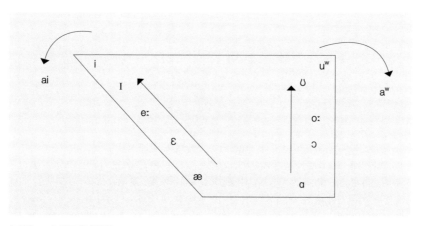

[그림 4.1] 대모음 변이(The Great Vowel Shift)

앞의 그림은 모음 체계에 관한 몇 가지 종류의 움직임을 보여 준다. 그럼에도 실제로 사람들은 그들의 발음을 바꾸지 않는데, 이는 외적으로 도입된 체계이기 때문이다. 대모음 변이를 거치면서 모음이 고음의 성질을 지니도록 바뀌었다. 가령 전설모음인 /næm/은 /neːm/(name)이 되었고, /miːs/는 /mais/(mice)가 되었다. 이들 각각의 경우에서 우리는 모음이 위쪽의 한 공간 혹은 몇몇 공간으로 연속적인 단계로 이동한다는 사실을 볼수 있다. 그것들이 '최상위'(전설고모음)에 다다를 경우, 그다음 단계는 이중모음화다. 그림의 오른쪽에서 볼 수 있듯이, 후설모음 역시 유사한 유형을 보여 주는데, /staːn/은 /stoʷn/(stone)으로, /huːs/는 /haʷs/(house)로 바뀐다. 이렇게 볼 때 개별 모음의 이동은 다른 모음의 이동을 유발함을 확인할 수 있으며, 이렇게 기존 위치에서 새 위치로의 지속적인 이동의 시기를 거쳐 총체적으로 새로운 모음 체계가 형성된다.[3]

지금까지 한 가지 유명한 예를 통해 언어에서의 통시적인 창발을 살펴보았다. 이러한 예를 바탕으로 이제 개인의 언어 학습이 이들과 어떤 점에서 유사한지 파악해 보도록 하자.

....

3　음성 변화에는 '끌기(drag)'와 '밀기(push)' 이론이 있다. '끌기' 이론에 따르면 모음은 이동하고, 빈 자리에 다음 모음이 '끌어당겨진다.' 반대로, '밀기' 이론에 따르면 이동하는 모음은 또 다른 모음의 공간을 침범해 그 모음을 다른 공간으로 보내는데, 이로써 연결 고리가 만들어진다. 다만 이는 왜 음성이 처음 위치에서 변화하는지를 설명하지는 못하는데, 이와 관련해서는 사회언어학적인 논의(Labov, 1972)를 포함하여 많은 이론이 있다. 대모음 변이를 더욱 자세하게 논의하기 위해서는 Gimson, 1970을 참조할 필요가 있다.

4. 창발적 체계로서의 언어

> 만일 '문화'가 설명될 수 있는 대상이 아니라면, 명확히 해석될 수 있는 상징과 의미의 통합된 논의 역시 존재할 수 없다. 문화는 경쟁적이고, 일시적이며, 창발적이다. 재현과 설명—내부와 외부 모두에 의한—은 창발과 밀접하게 관련되어 있다(Clifford, 1986: 19).

언어, 문법을 포함한 모든 언어는 클리포드(Clifford)가 문화를 설명하는 것과 같은 방식으로 "경쟁적이고, 현재적이며, 창발적이다." 이러한 맥락에서 언어가 창발적이라는 사실은 무엇을 의미하는가? 한 가지 예는 앞 절에서 살펴본 '대모음 변이(the Great Vowel Shift)'다. 언어의 모음 체계는 항상 변화의 과정에 놓여 있다. 음소는 이음으로 변하고 모음은 다른 모음을 민다. 이는 마치 전깃줄 위의 새처럼 빈 공간으로 거칠게 밀어붙인다. 그런 다음 적절한 시점, 즉 모음 통합이 감당할 수 없을 만큼 많은 동음성을 생성해 낼 때(동음이의어로 인한 것인데, 앞에서 설명한 것과 같이 pin과 pen, cot과 caught 등이 그에 해당함), 전체 체계는 스스로 재조직화 과정을 수행한다. 이는 인접한 모음들 사이에 새로운 신경 공간(특정한 모음이 할당될 뇌 속의 신경)을 설정하기 위함이다. 필자가 알아낸 바에 따르면, 뉴질랜드 영어에서 나타나는 sex는 six처럼 발음되고, six는 sucks와 같이 들린다. 아마 sacks는 sex처럼 들리겠지만, 이것을 규명할 수는 없다.

문법이나 어휘 역시 불변하는, 안정적인 체계를 갖고 있지 않다. 즐거운 분위기를 나타내는 의미로 'gay'라는 말을 사용하곤 했지만, 지금은 아니다. 'Terrorism'이란 말은 거의 매일 새로운 의미를 획득한다. 미국에서 'did you eat yet'이라는 문장은 'have you eaten yet'이라는 문장을 대체하고 있다. 단순 현재와 현재 완료의 구분 체계가 발화의 맥락 안에서 붕괴하고 있는 것이다. 그리고 미국 중서부에서 이와 매우 유사한 현상이 있었지만, 지금은 더 이상(anymore, 이 단어는 현재 'these days'와 같이 긍정적인 의미에서도 사용된다—Labov, 1972: 309 참조) 예전과 같지 않다.

바흐친(Bakhtin, 1981)은 언어에는 두 가지의 필연적인 장력이 존재함을 언급하면서 이들을 각각 원심력(centrifugal force)과 구심력(centripetal force)이라고 하였다. 원심력(바깥을 향하는 힘)은 창조성, 다양성, 다변성, 그리고 개방성을 표현하며, 구심력(안으로 향하는 힘)은 동질성, 표준성 그리고 형태와 의미의 규범적 조절을 의미한다.

이와 유사하게 한편으로 화자는 개인과 집단의 정체성을 드러낼 수 있는, 새롭고 다른 발음을 창안하고 행하길 원한다. 또 다른 한편으로는, 화자(그리고 때로는 학교와 같은 공식적인 협회나 기구)는 언어의 '정확성'을 위한 공식적 기준이나 가이드라인을 실행하여 사용 과정에서 지나친 다양성을 억제하는 시도 또한 수행한다.

학교 교육은 보통, 표현과 장르 범주에 대한 기준에 순응하는 것을 의미하고, 이는 '같은 것을 발음하는 것'을 포함한다. 그러면 교육받은 화자처럼 들리기 때문이다. 그런데 학교 바깥으로 나가면 이와 같은 사실은 고정되어 있지 않다. 즉, 가정에서 쓰는 방언은 학교에서 쓰는 공식적인 언어와 다르며 충실함, 친밀함, 그리고 이해 가능함을 표현한다. 따라서 자라나는 학생들은 아마 두 가지 방언의 사용자가 될지도 모른다.

이처럼 매우 다양한 방식으로 언어는 이동하고 바뀌는데, 이는 내적인 과정뿐만 아니라 외적인 영향과 사회적 과정을 통해 나타난다. 이러한 의미에서 우리는 언어—그저 '하나의' 언어(프랑스어나 페르시아어)가 아니라, 더욱 일반적인 의미에서의 '언어'—는 고정되어 있지 않고 '창발적'이며, 정적이기라기보다는 '유동적'임을 알 수 있다. 문화와 같이 언어는 경쟁적이고, 통합과 확장의 과정에 개방적이며, 사용의 용인 가능성과 제한성을 담고 있다. 또한 가치 판단에 따라 삼투 작용이 일어나고, 정체성의 표지이며, 성공의 기호로도 작동한다.

5. 선천성-후천성 논쟁: 요약적 개괄

창발의 개념을 역사적 맥락에서 찾아보면, 앞서 2장에서 자세히 살펴본 생득주의자(innatist)와 환경 결정론자(environmentalist)의 논의를 떠올리는 것이 유용하다. 역사적으로 언어 발달(사용어)에 대한 관념에는 크게 두 가지가 있다.

첫 번째는 아우구스티누스의 아래와 같은 진술에서 더 자세히 확인할 수 있다.

그들(내 손위 형제)이 사물을 명명하고 그에 따라 어떤 사물에 다가갔을 때, 나는 이를 보고 그 사물은 그것을 가리키려 할 때 발음하는 소리로 불린다는 것을 파악했다. 그들 신체의 움직임에 의해 그들의 의도가 보였는데, 그것은 곧 모든 사람의 자연적인 언어다. 우리가 무언가를 찾거나, 갖거나, 거절하거나, 반대할 때 생기는 마음이 드러나는 얼굴의 표정, 눈동자의 움직임, 다른 신체 부위의 움직임, 음색 등. 따라서 나는 다양한 문장의 적절한 위치에서 반복적으로 사용되는 단어를 들으며, 점차 그들이 의미하는 대상이 무엇인지 알 수 있었다. 그리고 내가 이들 기호의 형태를 내 입으로 만들어 내는 것을 연습한 뒤에 그 기호를 활용하여 내 욕구를 표현할 수 있었다(Wittgenstein, 1958에서 인용).

이러한 관점에서 볼 때 언어 발달은 사물을 명명하는 법을 배우는 과정이다. 아이들은 주변의 어른들이 말하는 방식을 따라하면서 언어를 배운다. 이는 후천주의 혹은 '환경 결정론적' 혹은 '후천적' 접근이라고 할 수 있다 (아래 참조). 이와 반대로, 독일의 언어학자 훔볼트는 19세기에, 언어는 "실제로 가르쳐질 수 없으며, 단지 정신에서 일깨워질 뿐이다"(Dakin, 1974에서 인용)라고 하였다. 이는 특유의 생득주의 혹은 '선천적(자연적)' 관점이다.

촘스키의 보편 문법(Universial Grammar: UG, 2000)에 따르면 자라나는 아이들이 현재 사용하는 실제적인 문장이나 발화로는 어른이 사용하는 언어 체계의 최종적인 모습을 예측할 수는 없다(혹은 더 나은 표현으로, 보장할 수 없다). 다시 말해서, 아이가 경험하는 언어에 대한 노출을 통해서 결정되는 언어 능력은 별로 없다. 꽤나 합리적인 관찰에서 도출한 촘스키의 결론은, 아이가 들어 온 것과 그 최종 결과가 무엇이든지 이것은 처음부터 줄곧 선천적인 자질로서 존재해 왔음에 틀림없다는 것이다. 결국 무엇이든 '무(無)'에서 창출되는 것은 아무 것도 없다. 반면에 창발주의자(앞 참조)는 새로운(그리고 다른) 무엇은 불현듯 나타날 수 있다고 말하는데, 이것 역시 '무(無)'에서 오는 것이 아니라, 무언가 확연히 다른 것들로부터 오는 것이라고 보아야 한다. 즉, 아이가 어떠한 정밀한 자료에 노출되었는지와 상관없이 결국 안정적인 언어 체계를 갖추게 되었다는 사실이, 거기에는 틀림없이 선천적인 능력이 있었을 것이라는 점을 의미하지는 않는다. 거듭 말하지만 이는 상당히 다른 전제로부터 창발된다. 이는 창발주의자의 담론에 해당하며, 피아제의 지식 구성으로서의 학습에 관한 생애 지속적 관점과, 비고츠키의 사회적 기능에서 상징적 기능으로 전이된다는 학습의 관점과도 밀접하게 연관되어 있다.[4]

....

4 비록 피아제와 비고츠키가 이 문제에 사뭇 다른 방식으로 접근하고는 있지만, 그들은 창발이나 발달에 의한 다른 무언가를 의미하고 있다.

6. 창발 문법

문법에 대한 창발주의적 접근은 언어와 관련된 특정 질문을 던지는 것에서 출발한다. 특정 질문은 언어 학습자와 교사가 오랫동안 갖고 있었으나 설명하기 힘들었던 다양한 가정으로 생성된다.

언어의 규칙, 예컨대 문법은 고정되어 있는가, 아니면 상호작용, 사회화의 실천, 그리고 사고와 사회적 삶의 도구로서의 언어 사용 안에서 구성되는가? 전통적으로 언어는 생물학적으로 물려받은 기질(촘스키 언어학에서 보낸 분법)과 같은 차원이거나, 인간 사회 교류에서 긴 년 넘게 생성되이온 문화―역사적 문화재처럼 이미 만들어진 구조물(소쉬르가 주장한 것과 같이)―로서 간주되었다.

아마도 우리는 이와 같은 양자택일의 선택을 할 필요는 없을 것이다. 분명 언어는 인간의 필요에 따라 형성되었고, 인간의 특성을 드러낸다. 우리는 귀뚜라미와 같이 두 다리를 문지르는 행동, 우리가 갖고 있지 않은 날개를 펄럭거리는 것, 나방처럼 복합적인 향기를 내뿜는 것 등을 통해 결코 언어를 만들 수 없다. 우리는 입, 후두, 그리고 물리적인 도구(예를 들어, 기호 언어의 경우)를 활용한 조음 체계, 우리의 뇌를 사용하는 의미 구조, 우리의 감정과 신체적 제스처를 사용한 운율 체계를 사용하여 언어를 생성한다. 이들은 스스로 다른 존재가 아닌 인간의 언어를 생산하는 데 쓰인다. 어떻게 생물학적 체계 혹은 사회적·문화적·역사적 체계가 구체적인 문법을 형성하는지에 대한 물음은 논쟁을 불러일으키는 사안이다. 아마 사회적·문화적·역사적 체계와 상호작용하는 생물학적 체계가 초기 발화 공동체에서 언어 체계를 형성한다는 논의는 덜 논쟁적일 것이다.

이와 같은 상호작용의 논의를 수용한다면, 생물학적이고 환경적인 체계와의 '만남'에서 언어가 어떻게 '생성'되는지 확인할 수 있다. 그런데 이에 앞서 이언어의 생성 과정이 어떤 경우에 일어나지 않는지 먼저 살필 필요가 있다. 이는 아래와 같다.

1) 환경으로부터의 최소한의 촉진 작용이 없다면 언어는 '자라지' 않는다. —보편 문법의 관점.

2) 체계적인 규칙으로서 지도와 연습을 통해 배우지 않는다면 언어는 학습되지 않는다. —전통 문법의 관점.

3) 관찰한 사례를 모방하거나 연계하지 않으면 언어는 습득되지 않는다. —전통적 행동주의 관점.

이와 같이 언어 습득이 일어나지 않는 경우와 달리, '어떻게 이것이 일어나는가, 혹은 어떻게 개인적으로 언어가 창발하는가?'라는 물음에 대한 답을 얻기 위해서는, 철학자 도널드 데이비드슨(Donald Davidson)이 말한 언어 사용과 이해에서의 예비 이론(prior theory)과 통과 이론(passing theory)의 구별을 다시 살펴볼 필요가 있다(Davidson, 1986; van Lier, 1996).

청자에게, 예비 이론은 화자의 발화를 이해하기에 앞서 그가 어떻게 준비되어 있어야 하는가를 제시하며, 통과 이론은 그가 발화를 어떻게 이해해야 하는가를 제시해 준다. 화자에게는, 예비 이론은 해석자(청자)의 예비 이론이라고 믿고 있는 것이며 통과 이론은 해석자가 활용하기를 의도하는 이론이다(Davidson, 1986: 442).

우리는 데이비드슨의 결론 "언어와 같은 것은 없다"(위의 책: 446)에 대한 촘스키의 반대 입장[5]을 그대로 두고, 어떻게 언어 능력이 언어 사용의 맥락에서 생기는지에 대한 질문에 계속해서 초점을 둘 것이다.

언어는 문법적 설명 혹은 처방식의 제안보다 훨씬 규칙적이지 않다. 코퍼스 언어학은 문법이나 어휘 사용의 모든 영역에 존재하는 대규모의 규칙성이 놀랄 만한 '한계'를 갖고 있음을 밝혀 왔다. 게다가 앞서 살펴본 대모음 변이의 예와 다수의 방언학에서 알 수 있듯이, 음성 체계는 또한 끊임없이 변화하는 상태를 지향한다.

언어는 기능과 의미, 그리고 형태의 순환 관계를 지니고 있다. 이러한 관계는 지속적으로 해석되고 있고, 모든 내화적 교환에 수반되는 의미교섭의 일부분으로 모든 화행에서 다시 해석되는 과정을 거친다. 데이비드슨의 통과 이론을 통해 알 수 있듯이, 새로운 의미는 통상적으로 과거의 형태로부터 창안되는데, 이는 우연적으로도 의도적으로도 일어난다.

결국 창발주의의 관점에 따르면, 문법은 소통의 전제 조건이 아니라 소통의 부산물이다(Hopper, 1998). 규칙성과 체계성은 '빈번히 사용되는 형태의 일시적인 하위 체계로의 부분적인 정착 혹은 침전에 의해 생산된 것'이다(위의 책: 158). 언어 학습은 위에서 언급한 두 극단 모두에서 일어나지 않는다. 곧 생득적인 생물학적 모듈의 작동 때문도 아니고, 귀납적인 모방과 연계 때문도 아니다. 언어 학습은 언어적 실천에 참여하는 것으로부터 창발되는데, 그 실천은 역사, 문화, 그리고 기관의 의미 체계로부터 촉발된 것이다.

이제 이러한 창발주의가 제2언어, 혹은 외국어 학습 상황에 어떻게 적용되는지 살펴보도록 하자.

....

5   촘스키는 데이비드슨의 주장을 "대체로 타당하다"(Chomsky, 2000: 69)라고 인정하였지만, "사람들이 할 수 있는 모든 것"을 표방하는 실증적 연구는 무의미하다고 하였고, 대신 실증적 검토를 위해 명확한 사례를 소외시키는 데카르트의 환원주의적 실증주의로 돌아와야 한다고 언급하였다(Chomsky, 2000: 69ff; 이와 관련하여 앞의 2장 논의 참고; 또한 van Lier, 2000 참조).

7. 문법화

 '문법화(grammaticalization)'라는 말은 기본적으로 문법(혹은 더욱 일반적인 용어로, 주로 음운론이나 형태-통사론을 지칭하는 언어의 형태적 복잡성)의 습득이 '학습된 규칙의 축적'의 결과가 아닌, 언어 사용의 '인지적·사회적 활동'의 결과임을 의미하는 용어다. 이러한 점에서 이 개념은 위에서 살펴본 창발 문법과 상당히 유사하다.

 자국어 습득에서 문법화는 비선형적인 창발의 예에서 비교적 잘 입증된다. 베이츠와 굿맨은 아래와 같이 설명한다.

> 어휘 발달과 통사 형태 발생의 특징인 연속적인 분출은 한 단어 단계에서 시작하여 1년 혹은 몇 년 후에 문법의 해변에 부딪혀 나타나는 엄청난 비선형적 파장을 가진 다양한 구절로부터 관찰될 수 있다(Bates & Goodman, 1999: 41).

 두 살 즈음 어휘의 바다에서 나타나는 "문법의 해변"이란, 어휘와 정형화된(분석적이지는 않은) 구절에 기반을 둔 통사 형태론적 발달의 시작을 가리키는 말이다. 자국어 학습자는 다섯 살 정도에 언어 발달 과정이 대체로 완성된다. 그러나 2장에서 언급했듯이, 여기서 끝이 아니다. 발화 공동체에 온전히 적응하는 일원으로 성장하기 위해서는 공식적으로든 혹은 비공식적으로든 수년간 언어 학습을 해야 한다. 문자 사용 이전의 사회에서는 제의, 회의, 스토리텔링, 거래 협상 등에 참여할 수 있어야 했다. 문자를 사용하는 사회에서 교육받은 사람들은 읽고 쓰는 것을 배우고 문법적·담론적 구조(학술 언어의 발달)와 비문맥적 다양성을 터득해야 한다.

 제2언어 습득에서, '문법화'는 오래 전부터 크라셴(Krashen)의 투입 이론과 같은 특정한 제2언어 습득(SLA)의 접근법의 일부였다. 그 접근법에서는 투입의 환경에 많이 노출되는 것이 학습자의 잠재의식을 일깨워 언어의 복잡한 구조를 습득하게 한다고 설명한다. 크라센의 주장에 따르면 문법을 명시적으로 가르치는 것은 아무 소용이 없는데, 그것은 문법의 학습이 일상의 의사소통에 쓸모없는 언어에 대한 지식 학습을 유도하기 때문이다. 따라서 문법적 지식(혹은 기능)은 이해할 수 있는 메시지를 듣는 과정에서 자동적으로 발달한다. 크라센은 발화가 습득을 유도하지 않는 대신 습득이 발화의 원인이 된다고 주장하면서(Krashen, 1985), 언어 사용과 언어 실천의 의미 있는 역할을 부정한다. 필자는 이와 관련된 일부 내용은 다음 장에서 반론을 펼치고자 한다. 무엇보다 크라센 이론이 지닌 문제점은 어떻게 이러한 과정들[창발, 내면화, 비고츠키 용어로 '미시발생(microgenesis)'[6]]이 일어나는지를 정확하게 보여 주지 못한다는 점이다. 짐작하건대, 습득 과정은 잠재적으로 드러나기에 명시적으로 관찰될 수 없고, 그래서 그저 일어나는 현상일 뿐이라고 한 듯하다.

제2언어 습득(SLA)에서 논의되는 또 다른 문법화 과정으로는 정보 처리 이론의 재구조화(restructuring)를 들 수 있다(McLaughlin, 1987). 이 관점에서는 도입된 정보가 뇌에서 처리되고, 현존하는 정신적 재현과 상호작용하며, 새로운 정보가 마음속에서 재구조화를 유발한다고 한다. 이는 지속적일 수 있고 연습과 가설 검증을 비롯한 여러 노력의 결과일 수 있다. 이렇게 볼 때 어떤 측면에서 '재구조화'는 인지적 창발의 다른 말이기도 하다. 그러나 정보 처리 접근에는 몇 가지 문제가 존재하는데, 그것들 가운데

....

6   미시발생(microgenesis)이라는 용어는 하인츠 베르너(Heinz Werner)가 처음으로 소개하였는데 이는 다음과 같다. "지각, 사고, 활동 등과 같은 인간 활동은 발현(unfolding)의 과정인데, 이 발현 혹은 '미시발생'은 순간 혹은 온종일 걸릴지언정 발달 순서(developmental sequence) 안에서 일어난다"(Werner, 1956: 347; Valsiner & van der Veer, 2000: 306 참조).

주요한 한 가지는 사회적 상호작용을 간과하고 있다는 점이다. 곧 언어가 동일한 인지적 재현을 만들어 내는 고정된 부호라는 가정을 내세우고 있다는 것이다(더 자세한 논의는 2장을 참조). 따라서 우리는 이러한 정보 처리에서의 인지적 재구조화 과정은 후퍼(Hopper)의 창발 문법 관점과는 사뭇 다른 것임을 확인할 필요가 있다(Hopper, 1998).

문법 교수의 접근법으로서의 문법화는 'grammaticization'이라고 부른 러더퍼드의 논의를 시작으로 생각할 수 있다. 러더퍼드는 문법 교수의 두 접근법을 구분하였다. 그것은 기계적인 것과 유기체적인 것이다. 기계적 접근은 '축적된 독립체' 개념, 즉 "복합적인 언어 독립체에 조금씩 더 지속적인 축적을 하는 것"에 따라 진행된다(Rutherford, 1987: 5). 그러한 관점은 언어 복잡성이 상호 진화하는 방식을 결정하는 특정한 내적 원리를 고려하지 않을 뿐더러, 사회적 의도와 요구가 어떻게 언어 자원과 상호작용하여 기능적이자 호혜적인 문법적 복잡성을 갖춘 다양한 종류의 담화 유형을 생산하는지에 대해서도 고려하지 않는다. 러더퍼드는 '의식-상승'이라고 명명한 문법 학습의 접근법을 주장하였는데, 이는 학습자가 지닌 중간언어와 담론적 실천에 대한 조사를 바탕으로 그들 자신만의 발달 문법을 구성하도록 유도함을 말한다. 여기에서는 "중간언어(interlanguage)의 실제적 변형"(위의 책: 38)을 검토하는 데 초점이 놓여 있다.*

이러한 방식으로 러더퍼드를 비롯하여 그와 유사한 접근[예를 들어, 라

....

* 중간언어는 어떤 언어를 학습하기 시작하여 완전히 학습하기 전 단계의 언어로 불완전한 언어라고 정의된다. 셀링커는 학습자의 실수나 오류는 학습 대상어인 제2언어 체계에 더욱 더 접근해 가는 과정의 중간에 위치한 학습자 나름의 언어 체계에 주목해야 함을 지적한다. 곧 중간언어는 의사소통 구실을 하는 규칙 체계로서 '전달 내용의 포기, 회피, 변경, 축소나 확대, 목표언어 규칙의 과일반화' 등의 소통 책략이 중간언어에 나타난다고 보았다[L. Selinker(1972), "Interlanguage", *IRAL(International Review of Applied Linguistics) in Language Teaching*].

슨-프리만(2003)의 grammaring]을 한 이들은, 크라센이 주장한 학습자의 수준을 약간 뛰어넘은 언어적 구조를 포함한, 이해 가능한 투입(comprehensible input)의 접근법("i+1")이나, 정보 처리 이론의 재구조화(restructuring)(맥러플린과 크라센이 실제로 만난 적이 없음에도 이 두 이론은 매우 유사하다—McLaughlin, 1987 참조)는 모두 실효성이 없음을 지적한다. 따라서 중요한 것은 명시적으로 문법 교육의 접근을 매우 체계적으로 하되 설명 혹은 축적된 독립체(반복 훈련)의 방법이어서는 안 되며, 학습자가 스스로 말하고자 하는 것과 말하고 있는 방법에 대한 의식의 상승을 유도하여, 궁극적으로는 더 효과적으로 표현할 수 있는 방법에 도달할 수 있게 해야 한다. 이러한 문법화 접근은 핏 코더가 말한 학습자의 "내장된 교수요목(built-in syllabus)"(Pit Corder, 1967) 관련 아이디어를 진지하게 교육과정 속으로 편입하는 시도라고 할 수 있다.

8. 행동유도성

초기 저서(van Lier, 1996)에서 필자는 '투입(input)'이라는 용어를 '참여(engagement)'로 바꿀 것을 제안한 바 있다. 그리고 제2언어에 해당하는 용어로서 '투입'은 '행동유도성(affordance)'으로 바꾸어야 함을 제안하였다. '투입'이라는 용어는 왜 이러한 문제를 수반하는가? 한편으로는 용어의 명명이 무슨 문제라도 되는가?

'투입'이라는 용어는 언어를 고정된 부호로 간주하는 관점에 연유하고, 여기에는 학습을 이 고정된 부호의 수용과 진행의 과정으로 본다는 의미가 담겨 있다. 이러한 관점은 다양한 논의에서 언급되는데, '텔레멘테이션'(Harris, 1996), '도관 은유'(Reddy, 1979), 또는 학습자를 컴퓨터와 같이 보고

데이터가 '투입된다(inputted)는 관점' 등이 이에 해당한다. 2장에서 이 관점이 지닌 몇몇 문제점을 논의했는데, 일부 교육학적 문제는 그러한 관점에서부터 도출되는 것임을 알 수 있다.

다양한 관점들, 가령 구성주의, 상호주의, 경험주의, 대화주의, 상황주의, 사회문화적 관점 등은 언어(혹은 다른 현상, 세속적이거나 정신적인)가 소비를 위한 기성품이라는 관점에 반대한다. 대신 우리가 언어를 해석하고 구성한다. 어떤 대화에서 하나의 단어 혹은 하나의 표현은 절대 같은 것을 두 가지로 의미하지 않는다. 사전적 의미는 언어의 사용과 반응을 제거한 의미를 파악하는 데는 유용할지도 모른다. 그러나 실제적이고 맥락적인 단어 혹은 표현의 사용은 비록 그것들이 공유된 의미의 대상일지라도 매 시간 새롭게 교섭되고 있다. 이는 바흐친을 통해서도 잘 알 수 있는데, 단어가 내포한 의미의 "반은 타인에 의해 구성되는"(Bakhtin, 1981: 345) 것이라는 구절은 이를 대변한다. 바흐친은 더 나아가 모든 언어는 대화적이고, 공유되지 않으면 존재하지 않음을 주장하였다. 비트겐슈타인은 이를 지지하였는데, "무엇인가를 의미한다는 것은 누군가에게 다가가는 것과 같다"(Wittgenstein, 1974: 157)라는 명제는 이와 깊게 관련되어 있다.

이렇게 볼 때, 이 세상의 의미를 구성하는 다른 자원들과 마찬가지로 언어는 이미 만들어진 것도 이미 주어진 것도 아니다. 바로 이 지점에서 행동유도성의 개념을 도입할 수 있다. 이를 위해 문학에서의 행동유도성과 관련된 구절을 인용하고자 하는데, 이는 행동유도성의 개념을 이해하는 발판을 마련해 줄 것이다. 그런 다음 이 개념의 창시자인 제임스 깁슨(James Gibson, 1979)을 통해 개념의 구조를 확인하고자 한다. 끝으로 이들 개념을 언어 사용과 언어 학습의 과정과 결부하여 논의해 볼 것이다.

9. 행동유도성이란 무엇인가

행동유도성은 동물과 그들이 처한 환경이 맺을 수 있는 관계의 가능성이다(Neisser, 1987: 21).

우리는 사회적 행동유도성의 관점에서 대화 참여자들이 구조적 형태를 생산하고 인식하는 과정을 고려하여 의미를 파악할 수 있다. 사회적 행동유도성은 즉시 어느 시점에 이 발화(저 발화가 아닌)를 만들 것이라는 알 수 있는 예상, 예측, 인지된 결과이다(Forrester, 1999: 88).

행동유도성은 환경에서 대상이 동물의 감각 운동 능력과 관련하여 가지는 상호작용의 기회이다(Varela, Thompson & Rosch, 1991: 203).

'언어적 세상'은 … 요구와 필요, 기회와 한계, 거부와 초대, 가능성과 억제로 가득 차 있다. 한마디로 말해서, 행동유도성이 풍부하다(Shotter & Newman, 1982: 34).

위의 인용에서 볼 수 있듯이, 관계(relations), 가능성(possibility), 기회(opportunity), 즉시성(immediacy), 그리고 상호작용(interaction)이라는 말은 행동유도성의 개념에서 중요하다. 행동유도성은 개인이 무엇인가를 하게 만드는 것이다. 어떤 것들은 명확히 그리고 직접적으로 특정한 상황에 있는 한 개인과의 관계성을 보여 준다. 예를 들어, 만일 개울을 건너고자 할 때, 물 위에 있는 평평한 돌은 물을 건너기 위해 밟을 수 있음을 가리킨다. 그러나 그것은 어린아이에게는 큰 의미를 주기 어려운데, 그 아이는 짧은 다리 탓에 물 위의 돌에 다리를 뻗을 수 없기 때문이다. 또 다른 경우로는 여행자가 지나간 후 햇살을 받아 따뜻하게 된 그 돌은, 작은 뱀이 일광욕을 할 수 있는 아주 훌륭한 바닥이라고 할 수 있다.

10. 지각과 행동에 대한 깁슨의 관점

깁슨은 행동유도성을 "[환경]이 동물에게 공급하는 것, 좋든 나쁘든 제공되거나 비치되는 것"(Gibson, 1979: 127, 강조는 원문)이라고 정의하였다. 행동유도성은 발견되거나 인지되는 것이며, 그 혹은 그녀가 처한 환경에 적응하는 행동으로 표출된다. 깁슨은 사회적(관계적) 자아를 통해 세계를 인지할 수 있다고 하였다. 이것은 우리가 무엇인가를 인지할 때, 그 대상이 우리와의 관련성을 지닌다는 사실을 의미한다. 초기 단계에서의 행동유도성은 직접적이고 즉시적으로 지각되는데, 이는 유기체가 곧 유기체이고, 동물은 곧 동물이며, 아이는 바로 그녀 혹은 그이기 때문이다. 어머니의 숨결은 아이에게 어떠한 설명이나 재현이 필요하지 않으며, 그저 직접적으로 영양분을 유도한다. 이와 관련하여 가장 의미 있는 것이 바로 어머니의 '목소리'인데, 목소리는 아이가 태어났을 때의 상호주관성에 관한 가장 깊은 수준의 암시다. 어머니의(사실 이와 관련해서는 아버지를 배제해서는 안 된다) 손가락은 움켜잡음을 유도하고, 이는 다시 물리적인 놀이를 유도하며, 더 나아가 발성을 유도하여, 궁극적으로는 대화를 유도한다.

행동유도성의 개념은 의미 잠재성(Halliday, 1978)과 깊게 관련되어 있다. 좀 더 정확하게 말하자면 이를 행동 잠재성(action potential)이라고 할 수 있는데, 행동 잠재성은 우리가 물리적이자 사회적인 세계와 상호작용할 때 '창발'한다. 의미가 창발하는 전제 조건은 다음 그림과 같이 지속적인 상호 강화의 순환적 고리에서 이루어지는 행동, 지각, 그리고 이해이다.

이와 같은 방식으로 볼 때, 의미는 우리가 자각하는 환경과의 역동적 관계 혹은 참여가 된다.

깁슨의 가장 중요한 그리고 가장 쟁점적인 결론은 행동유도성이 간접적이고 중재적이기보다는 직접적이고 즉시적으로 일어난다는 사실이다.

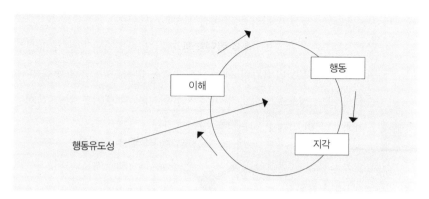

[그림 4.2] 행동유도성

깁슨은 인간이 특정한 기대나 정신적 재현 렌즈를 통하여 인간이 원하는 것만을 볼 수 있다고 주장하는 이들에 강하게 반대한다. 즉 우리가 마치 특정한 방식으로 대상을 프로그램화하여 보는 것과 같이, 이미 결정된 방식에 의해 제한된 세상을 보아서는 안 된다고 하였다. 그 대신 우리는 세상을 보다 창조적으로 지각할 수 있으며, 더 직접적으로 다양한 관계를 맺을 수 있다고 하였다.

　　지각이 직접적이라는 말 혹은 행동유도성이 즉시적이라는 말의 의미가 무엇이고, 왜 언어 학습에서 이를 주목할 필요가 있을까? 사실 인간보다는 동물에게 있어 직접적인 지각의 예를 논하기가 훨씬 쉬운데, 그럼에도 깁슨은 이들 둘을 명확하게 구분하는 것을 거부하였다. 확실하게도, 직접지각이 중요하다는 그의 주장은 초기 인지주의의 측면(특히 기억, 재현, 스키마)을 비판하였다.

　　오우양(Auyang)은 초기 행동주의자 혹은 게슈탈트 관점으로부터 동떨어진, 깁슨이 말한 행동유도성이론의 세 가지 큰 장점을 언급했다. 여기에서 이를 언어 학습과 관련지어 보면 다음과 같다.

1) 이는 고정된 시선의 관점을 유동적 시선의 관점으로 대체한다. 인간 발달과 이를 관련지어 보면, 행동유도성 관점은 활동적인 학습자가 환경 안에서의 그리고 환경과의 관계를 실행함을 상정한다. 언어 학습의 측면에서 보면 행동유도성은 참여와 사용의 밖에서 생기고 학습 기회는 참여와 사용의 결과로 나타나는 것이다.

2) 행동유도성은 환경적 요인의 풍부한 복잡성을 표면에 드러나도록 한다. 언어적 환경은, 학습자를 신체적·사회적·정신적으로 다양한 기호의 공간 주변을 움직이는 존재로 가정할 때, 즉각적으로 그 복잡성이 증대된다. 그러나 행동유도성은 학습자를 환경에 연결하는 것이기 때문에 학습되는 것을 결정하는 것은 복잡한 환경이 아니라 바로 활동이다. 그렇기에 간단한 학습 활동은 복잡한 환경에서도(적절한 안내가 제공되면) 수행될 수 있고, 그 환경은 촉진 과정의 잠재적 중심 자원이 된다.

3) 행동유도성은 지각 기관을 자극하는 임의적 충동의 가정을 바탕에 두지 않고, 단지 정신적 재현에 의해 해석된 후에 그 의미를 지닐 수 있다. 대신 이는 환경에 존재하는 변함없는 자원이 역동적으로 지각하는 유기체(혹은 학습자)를 직접적으로 이끌 수 있다고 가정한다. 언어 학습의 측면에서는 학습자가 주변의 언어에 대하여 직접적으로 지각하고 행동할 수 있는데, 이는 스키마나 재현과 같은 이전에 존재한 정신적 기구를 통하지 않고도 가능하다(Gibson, 2000: 62).

깁슨의 행동유도성과 직접 지각 이론에 대한 비판가들은 이러한 생태학적 접근이 개별 인간의 정신적 삶, 기억, 안정된 인지적 재현이나 다양한 요구 등에 해답을 주지 못한다고 한다.

이들에 따르면 기껏해야 행동유도성은 '예비-신호'와 같은 것인데, 이는 그저 기호-구성의 과정을 촉진하는 연료와 같을 뿐이라고 한다. 그런데 앞의 그림을 보면서 행동, 지각, 그리고 이해는 총체적인 순환을 거친다는 사실을 상기해 보자. 그것들은 언어적 의미와 상징적 의미가 창발되기 전에 수많은 반복을 거치고, 그런 다음 문화적 의미로 합쳐진다.

이 경우에 의미 구성은 처음에는 필수적인 '전제 조건'으로서, 후에는 필수적인 '구성 요소'로서 반드시 '행동유도성'과 '직접 지각'을 바탕으로 한다. 퍼스의 논의에서 살펴보았듯이 "삼차성은 이차성과 일차성으로부터 분리될 수 없는데, 상징물은 도상성이나 지표성이라는 융융 불인성된 시힝으로부터 창발된다"(Merrell, 1997a: 73)라는 점도 이와 같은 맥락이다. 앞의 3장에서 제시했듯이, 지표성은 언어로 가는 '통로'이다. 그러나 이를 위해서는 도상성, 곧 일차성이 준비되어야 한다. 여기에서의 일차성은 일차적 행동유도성이다. 이와 관련된 예를 아래와 같이 살펴보자.

필자가 프랑스에 머물고 있을 때 불어를 전혀 알지 못했다. 불어는 프랑스에 살면서 배울 수 있는 언어였지만, 그렇지 못했다. 필자는 실상 굳이 불어를 배워야 할 필요성을 느끼지 못했기 때문이다. 그 결과 후두 'r'음과 전설원순모음은 말하기는커녕 알아듣기조차 어려웠다. 하루는 필자가 지인의 사무실을 방문하였는데, 그곳 직원이 "asseyez-vous(앉으세요)"라고 말한 적이 있다. 무슨 의미인지 전혀 몰랐지만, 거기에 의자가 있었고, 그녀는 손을 뻗어서 그 의자를 가리키고 있었다. 의자는 그 자체로서 일상적 행동유도성을 제공했고(그 행동유도성은 '여기 와서 앉으세요'다), 그녀는 필자가 그 행동을 취할 수 있도록, 즉 그 의자에 앉을 수 있도록 허락하였다. 그래서 필자는 앉아서 "고맙습니다"라고 말할 수 있었다.

이와 같이 첫 번째 상황에서 "asseyez-vous"라는 말은 적어도 필자에게는 그 어떤 의미도 부여하지 못했지만, 그것이 맥락과 어우러졌을 때 '앉는 것'의 의미를 주었다. 의자는 직접적으로 내게 앉으라는 것을 유도하지만(다른 대상을 예로 들면, 화분에 심은 선인장과 토스터 오븐은 그렇지 않다), 사회적 맥락은 결코 자동적으로 앉는 것을 유도하지 않는다. 이는 사무실에서 직원이 발화한 '단어'와 '제스처'에 의해 유도된 것이다. 만일 제스처가 충분히 보편적이라면, 단어는, 비록 그것들이 이해할 수 없는 것일지라도 사회적 행동유도성이 될 것이며, 즉각적인 이른바 의자-앉기 행동유도성은 사회적으로 용인되어 사람들을 앉도록 한다. 이렇게 볼 때 즉각적이고 중재적인 행동유도성은 지각을 통한 언어와 행동의 연결 안에서 작용한다. 그리고 언어 학습에서 이러한 연결은 다채로운 언어 학습의 기회를 창발하는 데 결정적인 역할을 한다.

11. 문화적 인공물과 행동유도성의 다른 예

의자는 문화적 인공물이다. 망치, 스푼, 책, 그리고 초인종도 마찬가지다. 우리는 아마도 자연적 행동유도성인 물리적 대상과 사회문화적 행동유도성인 대상의 차이를 확인하고 싶을 것이다. 왜 그러한가? 인간이 생산한 인공물은 디자인에 사용의 의도성이 반영되어 있고, 그 디자인에는 역사적·사회적·문화적 정보가 담겨 있기 때문이다. 따라서 그것들은 인간 사회에 특별하고도 분명한 방식으로 행동유도성을 암시한다. 분명히 의자는 '앉을 수 있음'에 적합하게 디자인되어 있다. 버튼은 '누르기'에 맞게 디자인되어 있다. 다른 것들 또한 그러하다. 실제로 도널드 노먼(Donald Norman, *The Psychology of Everyday Things*, 1988)은 행동유도성의 이론을 사물의 디자인을 논의하기 위해 사용하였고, 이는 추후 컴퓨터 인터페이스의 디자인이나 웹 사이트의 디자인으로 확장되어 갔다. 인터넷에 있는 그의 논문(http://www.jnd.org/dn.mss/affordances-interactions.html)은 그 용어의 의미가 확산되면서 발생하는 몇 가지 문제를 논의하고 있다.

12. 행동유도성의 확장된 의미

위에서 살펴본 논의와 같이 최근 행동유도성의 개념은 깁슨이 논의한 본래의 의미를 뛰어넘어 새롭게 구성되는 다양한 하위 범주를 포함하는 방향으로 확장되어 갔다(E. J. Gibson, 1991 참소).

리드(Reed)는 자연적 행동유도성과 문화적 행동유도성을 구별하였는데, 문화적 행동유도성의 경우 "역사적으로 특정한 의미와 가치를 지니고 있다"(1988: 310)라는 점을 언급하였다.

쇼터와 뉴슨(Shotter & Newson, 1982; 앞의 논의 참조)에서는 행동유도성의 개념에 모든 종류의 언어적 '가능성과 제약'을 포함한다. 이들은 분명 더 높은 수준의 사회적 행동유도성인데, 이는 퍼스의 해석체를 포함하는 기호의 개념에 따르면 간접적이고 중재적으로 나타나는 것이 틀림없다.

포레스터(Forrester, 1999)는 여기에 더해 다른 논의를 펼쳤는데, 그것은 상호작용에서 발화를 이해하는 차원으로서 대화적 행동유도성(conversational affordances)의 발견이다. 이들은 발화-전환 신호, 맞장구, 억양 유형, 그리고 다양한 태도의 표지를 포함한다. 이와 유사하게, 맥아더와 바론은 신호의 준수, 다양한 종류의 정서적 지각, 인상 관리 등과 같은 다양한 종류의 '조율'을 포함하는 사회적 행동유도성(social affordances)의 개념을 언급하였다(McArthur & Baron, 1983).

이와 같이 행동유도성에 관한 논의의 확장은 행동유도성의 다양한 개념적 속성을 풍부하게 검토할 수 있도록 한다. 그 결과 깁슨이 말한 원래의 개념을 약화시켰는데, 이는 비교적 중요한 문제라고 하겠다. 그것은 언어 학습의 영역에 들어가기 위해 행동유도성의 개념을 확장하는 것이 가치있다는 판단을 하기 이전에, 우리는 개념의 정의적 특성을 지속적으로 인지해야 하기 때문이다. 행동유도성의 개념을 언어학적 용어로 아래와 같이 정리해 보고자 한다.

a) 행동유도성은 개인과 언어적 표현의 관계를 나타낸다(화행, 화제). 이것은 행동 잠재력이다. 이것은 나이서가 말했듯이(위 참조) 가능성의 표현이다.

b) 언어적 행동유도성은 언어적 표현으로 명시된다. 그 순간 그들과 관련된 행동유도성을 하나 혹은 그 이상 선택하려는 능동적인 대화자(혹은 발화자)가 사용할 수 있다.

c) 적합하게 선택된 행동유도성은 행위자가 더 높고 더 성공적인 상호작용의 수준으로 이끄는 행동을—그 혹은 그녀의 능력에 기대어—촉진한다.

요컨대 언어적 행동유도성, 자연적 혹은 문화적, 직접적 혹은 간접적으로 영향을 끼치는 속성을 지닌 언어적 행동유도성은 모두 언어 사용자가 내포한 언어 사용 가능성의 관계라고 할 수 있다. 곧 언어적 행동유도성은 더 나은 언어적 행동의 가능성을 만드는 데 작동하는 기제다. 이러한 행동유도성은 비고츠키의 개념인 미시발생론(훨씬 이후에 정립된 것임)과 연계됨을 알 수 있다.

한편 깁슨의 행동유도성과 직접 지각 이론은 환경의 어떤 측면이 인간 행동에 영향을 주는지에 대해서는 구체적으로 언급하지 않았다. 근본적으로 이러한 의문은 '진화'의 개념과 관련되어 있다. 유기체는 본질적으로 그들이 처한 환경적 특성과 연계되어 있다. 이러한 연계가 곧 행동유도성인데, 유기체 주변에는 이들 행동유도성이 '가득 차 있으며'(Grossberg, 1980의 '적응적 공명'이라는 개념을 참조), 유기체는 이를 직접 지각할 수 있다. 꽃은 벌과 관련되어 있고, 특정한 모양의 빈 조개는 그 크기에 맞는 소라게와 관련되어 있다. 이와 같은 진화 현상에서의 직접적인 관련성은 인간 사회에서도 그대로 적용된다. 평평하고 단단한 지면은 '걸어갈 수 있음'을, 조약돌은 '던질 수 있음'을 유도하는 것이다. 제작된 사물(문화적 인공물)의 경우, 사용의 의도는 그 자체로서의 인공물에 디자인되어 있으며, 그것은 그 목적을 암시한다(예를 들어, 망치, 손잡이, 신발 등). 이러한 디자인의 측면은 특별한 종류의 관련성을 수반하고, 이는 컴퓨터 인터페이스의 디자인이나 웹 디자인의 관습과 같은 특정한 분야의 학문으로 이끈다.

의사소통에서 언어 사용은 관련성 이론의 필요를 증가시킨다. 의사소통에서의 행동유도성은 무수히 많은 의미를 생산하는 기호 사슬과 연관되어 섞여 있다. 일차적 행동유도성(Forrester, 1999에서 언급되었던 대화적 행동유도성 따위)은 그들이 무엇을 '의미하는가'의 차원에서 직접적으로 가능하도록 지속되어 있는 것과는 반대로, 다른 기호들은 화자의 관점에서의 설계와 청자의 관점에서의 해석이 모두 필요하다.

앞에서 몇 차례 비슷하게 언급하였듯이, 만일 이미 만들어진 메시지가 한쪽에서 부호화되어 전달되고 다른 쪽에서 동일한 형태로 해석된다는 의사소통의 고정된 부호 이론을 거부한다면, 메시지 구성과 해석을 위한 구성주의적 이론이 필요할 것이다. 이러한 측면에서 매우 유명한 몇 가지 이론으로는 그라이스(Grice, 1975)의 협동의 원리(질, 양, 관계, 태도의 격률), 스퍼버와 윌슨(Sperber & Wilson, 1986)의 관련성 이론(theory of relevance), 그리고 켈러(Keller, 1998)의 합리성 법칙(principle of rationality) 등이 있다.

기본적으로 화자 혹은 행위자는 이해되기를 원하고, 대화자는 이해되고자 의도된 방향으로 발화나 행동을 이해하고자 시도한다. 참여 속에서 해석되는 과정의 집합이 있고, 이는 그러한 인식과의 연계, 사회적 지각과 목적, 물리적 반응을 포함하고 있다. 그것들은 퍼스주의의 그림(앞 장 참조)에서 위 혹은 아래와 관련된 다양한 기호적 궤적에 따라 중재된 기호와 다양한 종류의 계열성뿐만 아니라 직접적인, 즉 일차적인 행동유도성(암시적 태도, 정서, 자세 등)을 포함하고 있다.

다음에 제시된 다이어그램은 우리 삶에서 행동유도성이 갖는 필수적인 역할을 보여 준다. 이는 특히 관계성이 무엇인지 명시적으로 보여 주는데, 이와 관련하여 생물학자들은 '접속(coupling)'이라고 부른다(구조접속*과 사회 체계에 대해서는 Maturana & Varela, 1992 참조). 이러한 관계적 특성은 제3의 차원에서 창발되는데, 이는 지각 및 행동(행동유도성을 통한 것)과 행위자 및 환경 관계 사이에서 발생하는 상호작용의 결과이며, 그 결과가 바로 기호 현상(혹은 의미 구성)이다.[7]

환경은 의미 잠재성이 풍부한데 이는 곧 기호적 자원(예산)을 갖고 있다는 의미와 상통한다. 물론 이러한 점이 모든 교실, 교재, 혹은 교육학적 상호작용에 맞지 않을지도 모른다. 행위자(우리의 경우, 학습자)는 특정한 능력, 소질, 효과성, 적합성 등 심리학자, 생물학자, 인류학자들이 부르는 그 무엇을 갖고 있다(Greeno, 1994: 338 참조). 행동유도성은 학습자와 환경 안의 대

....

* '구조접속'이란 자기 관계적 총체인 '하나의 유기체'는 반드시 그와 관련 있는 '다른 유기체'와 이들을 둘러싼 '환경'의 영향을 받는다는 현상을 나타낸 말이다(Maturana & Varela, 1992).

7 생태학적 관점에서 관련성의 복합적인 개념을 살피는 다른 방법은 관련성이 환경에서의 행위자가 행하는 지각과 행동으로부터 나오는 것을 확인하는 것이다. 그러나 이러한 점은 인간만이 지니고 있는 반성적인 합리성의 요소를 간과한다는 단점이 있는데, 이는 자아와 정체성의 개념과 깊게 관련되어 있다. 이에 대해서는 다음 장에서 설명하고자 한다.

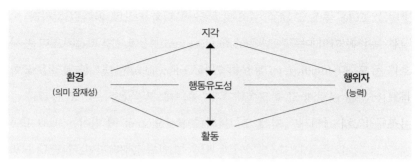

[그림 4.3] 맥락에서의 행동유도성

상 산 '어울림'을 제공하는 관계디. 행동유도성은 지가과 환동을 촉진시켜 의미—더 차별화된 지각뿐만 아니라, 더 고차원적인 활동과 더 나아간 행동 유도성 및 기호—를 발생시킨다.

13. 중재

중재(mediation)는 사회문화 이론에서 중심 개념이다. 비고츠키의 원전에 따르면 도구는 활동을 중재한다. 예컨대 만일 나무에서 사과를 따고 싶은데 사과가 너무 높은 곳에 달려 있어서 닿기 힘들다면, 막대기나 사다리가 중재할 것이다. 곧 이러한 관점에서 중재는 '도구의 사용'이다. 위에서 논의했듯이, 그 도구가 인간 혹은 문화적 인공물이나 환경에서 우연히 만난 사물이라고 할지라도 이는 다르지 않다.

주지하다시피 우리의 활동을 중재하는 한 가지 방안은 바로 언어 사용이다. 위에서 예로 든 사과의 경우, 아이는 어른 옆으로 가서 다음과 같이 요청할 수 있다. "아빠, 사과 하나만 주실래요?" 만일 그 아이가 요청을 위한 충분한 언어를 습득하지 못하고 있다면, 그녀는 어른을 보며 관심을 유발하고("Dah!" 혹은 "Papi"와 같이 말하며), 사과를 손으로 가리킬 것이다. 이러한 행동에 따라 어른은 반응할 수 있다. "오, 이 예쁘고 먹음직스러운 사과를 좋아하니? 어쩌지, 이것은 내 거야." 아니, 우리는 행복한 결말을 좋아하니 어른은 이렇게 말할 것이다. "오, 이 예쁘고 먹음직스러운 사과를 좋아하니? 그래 아빠가 여기 줄게." 이러한 방식으로 볼 때 언어는 중재 활동에 크게 기여하는 것은 사실이지만, 다른 요인들로부터도 크게 영향을 받는다. 이것이 바로 제스처와 같은 지표적 기호다.

이렇게 보면 언어는 제스처 혹은 다른 신체적 표현에 의해 중재된다고 할 수 있다(McCafferty, 2002; McNeil, 2000). 그리고 활동(특히 인지적 활동)은 언어에 의해 중재된다. 이것에 관한 좋은 예는 언어 학습에서의 개인적 발화의 사용(Ohta, 2001), 특히 정신적 연습으로 기능하는 내적 발화 현상(Guerrero, 1994)을 들 수 있다.

비고츠키의 관점(사회문화적 관점)에서 언어 학습은 교실을 포함한 학습 환경에서 적용할 수 있는 모든 기호 자원에 의해 중재된다. 이러한 자원들은 수동적으로 얻어지거나 '단지 거기에 있는 것'은 아닌데, 그 자원들은 교사와 다른 학습자들로부터의 안내를 받아 안으로 들어와 창조·공유·사용된다['전용된다(appropriated)', 바흐친의 개념에서 가져와 바버라 로고프(Barbara Rogoff, 1995)가 사용한 용어].

필자는 이와 관련하여 지난 1996년 논문에서 언어 학습의 가장 중요한 조건은 접근과 참여의 조화라고 말한 바 있다. 이 한 쌍의 용어는 대부분의 학습 이론에 적용될 만큼 일반적이지만, 다른 이론에서는 지엽적인 부분만을 다루고 있으므로, 우리는 그 핵심을 되짚어 볼 필요가 있다. 그 핵심은 무엇일까?

먼저 언어는 다양한 환경 속에 존재한다. 그러나 이것만으로는 충분하지 않다. 얼마 전에 라디오에서 마오리족의 언어를 구사하는 여성의 말을 5분

정도 들었다. 그때 단 한 단어도 들을 수가 없었다. 만일 오랫동안 매일 몇 시간 동안 마오리족의 언어를 듣는다면 과연 그 언어를 배울 수 있을까 하는 의문이 들었다. 즉, 단지 마오리족의 언어를 구사하는 환경 속에 노출되는 것만으로 언어의 발음과 운율에 대한 좋은 감각을 지닐 수 있을지 의문이다. 어쩌면 인상적인 발음을 조금 모방할 수 있을지도 모르겠지만, 유창하게 또 의미 있는 방법으로 마오리족의 언어를 구사할 수 있을지는 확신할 수 없다.

따라서 언어 학습을 위해서는 환경이 내포하고 있는 정보에 더욱 미시적으로 접근할 필요가 있다. 이러한 정보는 단지 우리에게 전송되어 오는 것만은 아니다. 우리는 의미 있는 활동에 침여히면서 그 깅고를 '선빼해야' 한다. 생태학적 기호학의 관점에 기대어 말한다면, 우리는 먼저 활동적이어야 하고, 그런 다음 우리의 활동에 유용한 언어 정보를 선택해야 한다. 우리는 정보를 사용하고 내면화할 수 있는 지원을 필요로 할 것이지만, 그저 정보를 부어 넣는 수동적인 그릇(몬테소리는 이를 '빈 양동이'라고 하였음—Montessori, 1917/1965)이 될 수는 없다. 대신 우리는 반드시 활동에 참여하여, 선택할 수 있는 정보를 능동적으로 획득해야 한다. 바로 이것이 접근과 참여가 지니는 진정한 의미라고 할 수 있다.

접근과 참여에는 지각과 활동(활동적 지각이라는 말이 더 타당할 수도 있고, 이를 '활동 속 지각'이라고도 할 수 있을 것이다)이 필요하다. 활동과 지각을 합칠 수 있는 핵심 요소 가운데 하나는 바로 주의집중인데, 이는 무언가를 수행하는 동안 환경으로부터 필요한 정보를 얻기 위해 필수적이다. 곧 주의집중은 지각을 활동과 조합하여 세상을 바라보는 안목을 향상시키도록 유도한다.

이와 관련하여 지난 1996년 저서와 1998년의 또 다른 논의에서도 밝혔듯이(물론 이것을 처음부터 주장한 것은 아니고 다른 많은 논의에서도 언급하고 있듯이), 주의집중의 단계에는 여러 종류가 존재하고 있다는 것을 간과

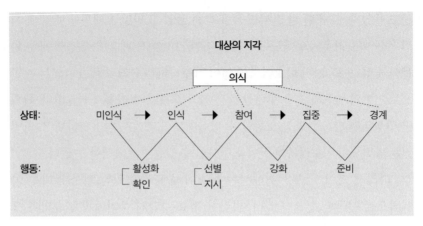

[그림 4.4] 주의집중의 정도

해서는 안 된다. 또한 이와 더불어 주의집중이 인식, 의식과 관련되어 있음을 확인해야 한다. 이를 바라보는 두 가지 방식이 있는데, 하나는 주의 집중 초점화의 강도나 수준과 연관 짓는 것이고, 다른 하나는 이를 인식과 의식의 종류로 관계를 맺는 것이다. 즉, 같은 현상을 보는 이러한 두 가지 방식은 두 개의 그림([그림 4.4]/[그림 4.5])으로 더욱 자세히 살펴볼 수 있다.

　여기에서 이 그림이 학습에서 어떤 의미를 지니는지 간략히 논의할 필요가 있다. 우리가 무언가를 전혀 인식하지 못한다면, 그 무언가로부터 정보를 얻지 못할 것은 분명하다. 만일 우리가 그것을 인식한다면, 우리의 인지적 과정은 활동을 통해 그 정보에 참여하면서 활성화될 것이다. 지속적으로 활동을 하고 그 활동이 환경과 상호작용을 한다면, 우리는 주의를 기울일 것들을 선정하고 특정한 부분이나 설명에 직접 초점을 맞출 수 있다. 또한 더욱 열정적으로 집중하며 다음 행동을 준비하는 수행 또한 연계 할 수 있다.

　두 번째 그림은 이전 것과는 전혀 다르다. 이전 그림은 기본적으로 지각과 행동의 결과로 참여의 '강도'가 증가하는 형태를 지니고 있다. 그런데

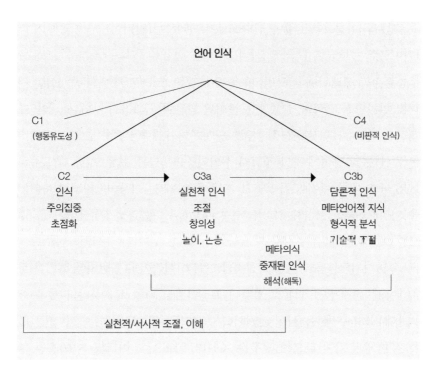

[그림 4.5] 인식의 수준

두 번째 그림에서는 인간 삶의 깊이에 따라 다른 '종류'의 참여를 확인할 수 있다.

　동물에 관한 예가 첫 번째 그림에 해당된다고 할 수 있는데, 이는 프라이스로부터 인용한 아래의 설명에서 확인할 수 있다.

　뛰기 위해 웅크리고 있는 고양이는 … 잡을 수 있는 많은 쥐의 움직임에 대비하고 있다. 우리는 여러 대안에 대한 준비가 동물(그리고 인간)이 가진 경계의 특징적인 측면 가운데 하나임을 알고 있다. 그러나 이것만이 전부는 아니다. 고양이는 실제로 이러한 대안들을 고려하여 적절한 방향으로 뛸 준비를 하고 있다 … 이론적이기 보다 실천적이고 경험적인 근거가 고양이의 장점이라고 할 수 있다(Price, 1969: 127, 129).

깁슨의 생태학에 따르면, 지각, 주의집중, 그리고 행동은 총체적인 하나로 말미암은 것이며, 그것들은 분리된 활동이나 과정이 아니다. 대신, 그것들은 각각 다른 것들을 형성하고 암시한다. [그림 4.4]와 [그림 4.5]에서 볼 수 있는 다양한 수준과 종류의 주의집중과 의식은 학습 지향 활동을 하는 중에 일어나는 것이 틀림없고, 그 활동은 개인, 그룹, 반 전체의 차원일 수 있다(Sullivan, 2000에서는 이러한 참여 모형에 대한 문화적 차이를 통찰할 수 있는 설명을 살펴볼 수 있다).

곧 [그림 4.4]에서는 주의집중의 단계가 학습자가 참여하는 특정한 활동이 여유에서부터 경계로, 주변에서 중심으로 다양하게 나타나 있다. 여기서 하나의 단계가 다른 것보다 더 좋은 학습을 이끈다고 할 수 없는데, 모든 단계는 각기 나름의 위상을 지닌다. 따라서 언어 학습은 가끔은 부수적이고 내포된 것처럼 보이며, 가끔은 더욱 높은 수준의 주의집중을 요구할지도 모른다. 이 모든 조건은—그리고 이들 사이의 다른 단계들 모두는—다양한 환경에서 학습을 이끌 수 있다.

이에 비해 [그림 4.5]는 더욱 자세한 설명이 필요하다. 언어 인식(language awareness)이라는 제목은 학습자가 언어 인식에 대한 측정에서 어떤 수준에 있음을 의미하는데, 다른 말로 학습자가 그저 언어를 명백한 방식으로 사용하는 것이라기보다 언어의 '지각적 경험'을 갖고 있음을 말한다. 아이들이 모국어를 학습할 때, 그들이 언어를 '언어'라고 인식할 때부터 논의할 만하다. 그것은 대체로 4, 5세 정도라고 생각되는데, 연구자들이 그렇게 밝혔지만, 적어도 이중 언어를 사용하는 아이들을 그보다 훨씬 일찍 인식하기 시작한다(Genesee, 2002).

제2언어 학습에서 학습자는 틀림없이 학습을 시작할 때부터 언어를 인식할 것이다. 그것은 그들이 언어를 '배워야 하는 대상'으로 여기고, 제2언어 발화를 행동이라기보다는 하나의 대상으로 볼 수밖에 없기 때문이다. 그러나 해리스는 어떠한 수준이나 맥락이든 모든 언어 사용에 대한 통합적 접근은 메타언어적 측면을 갖고 있다는 것을 강조했는데, 이것을 언어의 '성찰' (Harris, 1997: 258)이라고 한다. 이러한 지적에는 필자도 대략 동의한다. 필자는 1998년 논의에서 메타언어적 지식의 학문적 분류, 학교 교육에서 사용되는 기술적 언어, 언어에서의 분석과 성찰 등은 우연적이고 부분적으로 일어나는 것인데 반해, 언어의 인식(해리스가 말한 성찰)은 모든 언어 사용에서 일어나며, 통합의 국면에서 보인다고 하였다. 이것은 메타언어학에 대한 대부분의 기술과는 상이하다. 이를 바탕에 두고 다시 앞의 그림을 들여다보자.

1단계는 행동유도성이라고 한다. 우리가 본 것처럼, 행동유도성(더 정확하게 말한다면, 일차적 행동유도성)은 유기체와 환경에서의 몇 가지 재료 사이의 직접적(중재되지 않은) 관계성을 말한다. 이제 우리는 언어적 행동유도성이 무엇인지 혹은 무엇일 수 있는지 살펴보아야 한다. 첫 번째 요인은 바로 어머니의 목소리인데, 아기는 아마도 이를 직접적으로 지각할 것이다. 이 단계의 행동유도성은 퍼스의 일차성, 곧 직접적 감정, 자질(특성), 감정의 영역과 연결시킬 수 있다. 올리버 색스는 노르웨이에서 성난 황소로부터 공격을 받아 불운하게도 상처를 입은 후에 그의 찢어진 다리를 치유한 것(의학, 수술 혹은 운동에 의한 것이 아니라 음악에 의해 자극된 내적인 힘에 의한 것)을, " … 토착적이고 지배적이며 의지적인 '나'로부터 기인한, 풍부하게 살아 있는 감정과 행동"이라고 설명하며 이를 은총(grace)이라고 표현했다(Oliver Sacks, 1984). 에코는 이러한 최초의 기호 현상을 '목소리' (Eco, 2000)라고 불렀다. 목소리에 대한 최초 경험이 바로 주요 상호주관성의 실행이며, 다른 말로 부모와 아이 사이의 호혜적 유대다. 이것이 일차성(자질, 감정)이 이차성(반응, 응대, 대화성)과 만나는 지점이다.

이때 간과하지 말아야 할 한 가지 사실은 일차적 행동유도성이 이차성의 장면에 도달하자마자 사라지지 않는다는 점이다. 앞 장에서 논의하였듯이 이는 그대로 남아 있는데, 단어와 발화에서 의미를 구성하는(기호 현상을 생산하는) 재료의 하나로서 존재한다. 이는 더 혹은 덜 중요할지도 모르는데, 숨겨져 있든 드러나 있든, 그것은 거기에 존재하며, 만들어지는 모든 기호의 요소 가운데 하나가 되는 것이다. 이를 매우 자세히 설명하지 않아도 된다. 하지만 그렇다고 해서 이것이 중요하지 않다는 의미는 아니다.

쇼터는 언어적 행동유도성의 개념을 아래와 같이 표현한다.

한 아이가 젖꼭지를 '빨 수 있는 능력'이나 컵의 손잡이를 '잡을 수 있는 능력'을 인식하여, 그가 심각한 모성적 금기에 감추어진 도덕적 힘을 똑같이 직접적으로 이해한다면, 사람에 대해 고의적으로 나쁜 욕을 하는 것과 그저 … 장난에 그치는 것을 구별하기 시작할 것이다. 그는 이러한 사회적 장벽과 암초들, 그리고 높은 파도, 항구, 피난처와 지평선을 사람들의 차가운 침묵과 굳은 표정들, 고개 끄덕임, 윙크, 찡그림, 제스처, 자세, 그리고 미소로부터 지각한다(Shotter, 1984: 95; Reed, 1998: 319에서 인용).

이러한 행동유도성은 운율적 자질, 음성적 특성, 메시지에 수반되는 신체 언어 등과 관련되어 있다. 이들은 직접적으로, 다시 말해 중재의 필요 없이 소통되며, 의미 발생의 일부분이 된다. 실제로 동심원의 그림(2, 3장; van Lier, 1995 참조)과 관련지어 언급했듯이, 이러한 이해의 '외부 원'은 때때로 중의적 의미의 사례에서 결정적인 영향력을 미친다. 따라서 그것들을 결코 무관한 것으로 치부해서는 안 된다.

2단계는 언어적 특성을 인지하는, 주의집중을 위한 의도된 행동을 의미한다. 이는 일차적 행동유도성에 후속된 것으로, 의미 구성(기호 현상)의 새로운 행동으로 들어가는 것을 말한다. 또한 누군가가 우리의 주의를 끌기 위한 것들, 가령 마커스(Marcus)가 말한 "보세요!" 따위를 말한다. 이 단계의 지각은 딕 슈미트(Dick Schmidt)가 언급한 '차이 인지하기'(Schmidt & Frota, 1986)라고 불리는 것인데, 예를 들어 우리가 현재 사용하는 언어와는 다른 특정한 언어가 거기에서 사용되었음을 자각하면 우리는 이를 학습의 기회로 사용한다. 이는 아래 발췌하여 제시한(van Lier, 1998에서 가져옴) 필립(Phillip)의 예에 해당하는 경우다.

> Lea: Your mami slept on the bed.
> Phillip: My mami sleeped on the truck.
> Lea: Your mami slept on the roof.
> Phillip: My mami sleeped...slipt on the car.

위에서 볼 수 있듯이, 필립은 그가 말한 'sleeped'와 Lea가 말한 'slept'의 차이를 인지했을 것이다. 필립이 그의 중간언어를 리가 사용한 언어의 방향(둘 다 네 살임)으로 옮겨가는 데에는 두 가지의 전제 조건이 존재한다. 먼저 그는 리가 더욱 유창한 화자라고 틀림없이 생각했을 것인데, 실제로도 리는 모국어 화자인 반면 필립은 독일어-영어의 이중 언어자다. 그런데 또 다른 전제가 부여된다면, 이는 필요하지 않다. 만일 필립이 'slept'를 주변의 사용 환경에서 빈번하게 들을 수 있었다면 — 그의 sleeped와 다른 모든 사람들의 slsept 사이의 불일치를 자각하지 않고도 — 말이다. '경쟁 모델(competition model)'(MacWhinney, 1987)의 용어로 말하면 그의 언어를 'slept'로 이동시킬 충분한 단서 강도(cue strength)를 제공한다면 말이다. 이렇게 되면 필립은 심지어 리가 언어적으로 그를 앞서 있지 않더라도 직접적으로 'slept'를 사용할 수 있었다.

이러한 점은 매우 중요한 사항이다. 동등한 위치에 있는 동료와의 상호작용—학생들 사이에서든 교사들 사이에서든—은 종종 학습을 향상시키지 못한다. 결국 학습에는 자신보다 더 나은 학습자의 도움이나 판단이 필요하다. 물론 실제로 이러한 점이 모든 경우에 해당되지는 않는다. 특정 환경에서 목표 언어 사용(단서)의 충분한 예가 주어지기만 하면, 학습자들은 스스로 그러한 단서에 접근할 수 있고 소통 관계에서 적절하게 그들을 활용할 수 있다. 로고프가 지적하였듯이(Rogoff, 1993; Donato, 1994; Ohta, 2001: 87; 6장 참조), 동등한 수준의 학습자들 간의 상호작용은 학습의 매우 유효한 맥락으로 작용한다. 이와 같은 동등한 수준의 학습자 사이의 협력 학습과정은 피아제가 강조하였는데, 비고츠키의 경우에는 더 유능한 상대가 근접발달영역에 필요하다고 하였다. 로고프를 비롯한 다른 연구자들과 마찬가지로 필자는 피아제나 비고츠키 모두 타당하게 지적하였다고 본다. 다양한 유형의 학습과 학습의 과정은 이러한 두 조건 모두에서 일어난다. 그리고 이들이 융통성 있는 학습 커뮤니티에서, 적정하게 균형 잡힌 방법으로, 지역적인 문화적 실천을 고려하는 가운데에서 일어날 때 가치를 지닐 수 있다(Sullivan, 2000).

3단계에서는 실천적 인식과 동적인 조절 능력이 더해진다. 먼저 3a단계에서는 스토리텔링에서 언어유희를 창조하고 다른 것들을 모방하는 것 등과 같이 언어를 갖고 놀이하는 것의 요소와 언어적 표현의 조작이 실행된다. 그다음에는 특히 학교 교육의 결과로서 분석적인 조절의 학문적 수준, 더욱 기술적인 언어적 부호의 조작과 구조와 기능이 분리된 분석이 시행된다.

마지막으로, 4단계는 비판적 관점인데, 이는 언어의 사회적·정치적 측면에 대한 것이며, 구체적으로 권력의 사용과 남용, 공공 의견의 생산, 기만과 도덕적 행동 등에 관한 것이다(이들 중 몇몇은 2장에서 언급한 바 있다).

지금까지 확인한 것처럼 대체로 인식과 의식(다음 장에서 다시 다루고자 함)은 다른 맥락의 형태에서뿐만 아니라 다양한 강도의 수준에서 의사소통의 목적과 발달적 기술에 따라 일어날 것이다. 학습은 이들 모두의 단계와 종류의 전반에서 이루어지고, 학습 환경은 반드시 다양한 활동을 통해 그것들이 모두 전개될 수 있는 복합적인 기회를 제공해야 한다.

14. 할리데이의 언어 기반 학습 이론

이 장의 결론은 마이클 할리데이(Michael Halliday)가 1993년에 발표한 중요한 논문을 간략히 살펴보는 것으로 대신하고자 한다. 이 논문은 그의 언어와 교육에 관한 사회-기호학적 관점을 담고 있다. 할리데이는 모든 학습이 언어 학습이고 학습의 이론은 언어 발달을 더욱 집중적으로 다루어야 함을 강조하였다. 이를 바탕으로 여기에서는 지금까지 이 장에서 살펴본 창발과 행동유도성의 개념을 그의 논의와 관련지어 언급해 보고자 한다.

할리데이는 언어 발달에 대하여 어린아이부터 어른까지 한 단계씩 설명하고 있는데, 특히 학교 교육 시기가 매우 중요하다(그리고 길다)는 것을 언급한다. 이는 보통 학업 이전 혹은 추가 학습의 언어 발달에 집중하는 언어 습득 연구자들이 무시하는 언어 학습의 한 부분이다.

할리데이의 흥미로운 논의는 훨씬 더 자세하게 설명되어야만 한다. 하지만 여기에서는 우선 그의 제안을 포괄적으로 언급하고자 하는데, 특히 퍼스의 기호학과 깁슨의 생태학적 심리학과 일치하는(논자가 보기에는 상당히) 그의 설명을 비교하여 제시하고자 한다.

이에 할리데이의 언어(이론)가 지닌 21개의 항목을 나열할 것이고, 그 오른쪽 칸에 그것과 유사한 생태학적 연계성을 제시하고자 한다. 그런 다음 필요하다면, 가가에 대한 몇 가지 논의 내용을 추후 덧붙이고자 한다.

할리데이가 언급한 내용 가운데 몇몇은 퍼스의 기호학적 용어나 생태학적 개념으로 재구성할 것이다.

할리데이의 생각은 매우 야심차고 여러 이론을 아우른다. 다만 우리 논의의 목적을 고려할 때, 할리데이가 퍼스와 깁슨 혹은 비고츠키의 논의와 연관되지 않고 진행하였다는 점은 다소 아쉬움이 남는다. 기호학과 언어에 대한 생태학적 접근에 할리데이가 미친 영향력이 상당히 크지만, 용어와 개념을 조화시키기 위해서는 상당히 해석적인 작업이 필요하다 (Wells, 1999에서는 비고츠키와 할리데이의 작업에 대해 흥미롭고 유용한 비교를 하고 있음에도). 다음 표는 생태학적 관점에 다양한 기여를 한 요소들의 관계성을 확장할 수 있는, 몇몇 예비 제안을 보여 줄 것이다.

[표 4.1] 할리데이의 의미에 대한 언어 기반 이론

할리데이의 특징	기호-생태학적 해석
1. 상징적 행동('의미의 행동'): 기호 구성 시작하기.	퍼스 연구자들이 말하기로는, 아직 상징적이지는 않고, 도상적이거나 초기의 지표적인 상태다. 트레바튼의 초기 상호주관성과 같다.
2. 도상적(자연적) 상징들: 대상 자체적으로 의미가 파악되는 기호 구성하기.	명백히 도상적인, 직접적인 지각.
3. 상징적 행동 체계: 패러다임(조어, protolanguage)으로 기호 구성하기.	지표적 화행: "I want", "gimme", "hold me" 등.
4. 어휘 형태적 지층: 삼차원적 기호 체계(언어) 구성하기.	음운론-형태론-의미론. 중재: "언어로 무엇인가를 하기"가 시작된다.
5. 비-도상적(관습적) 기호들: 대상 자체적으로 의미가 파악될 수 없는 기호 구성하기.	명명과 지시(설명).
6. "트레일러(trailer)" 전략: 다가올 발달적 단계에 참여하기.	간주곡(intermezzo)과 유사하다: 아마 예기적 탐구로는 "경계면에 위치한 텍스트".
7. "마법 관문(Magic Gateway)" 전략: 새로운 활동 혹은 새로운 이해의 방식 찾기.	이는 이차적 상호주관성 혹은 삼원적 상호작용의 핵심 요인이다: 문법으로 이행한다.

8. 일반화(분류, 범주화): 범주(일반적 용어)와 범주의 범주 명명하기.	명명과 분류의 어휘적 과정의 발달. 이름 사이와 개념 사이를 구별한다.
9. "메타 기능(Metafunctional)" 원리: 경험적이고 대인관계적 의미[실용(행동)적이거나 탐구(학습)적인 단순 기능 발화로부터, 경험적인 것과 대인적인 것을 포함하는 다기능적 차원으로].	대화의 의미, 이야기에 대한 인식과 발달.
10. 의미 생성(semogenic) 전략: 의미 잠재성의 확장(차이의 정제, 새로운 영역의 이행, 연결된 다양한 의미의 해체 등).	비고츠키의 용어로는, 대인적인 관계를 내적인 관계로 연계하기.
11. 정보의 이해: 공유된 경험의 리허설에서 공유되지 않은 경험의 수어	여기에서의 초점은 구성이다: 생각을 논리적인 텍스트(담론)로 옮기는 것.
12. 대인적 관문: 대인적 맥락에서 처음으로 새로운 의미 발달하기.	비고츠키 허브: 대인적 의미가 개인 내부의 의미가 된다. 7번 항목 이후, 이는 두 번째 분수령이다. 언어는 인식을 '지배한다'. 정체성의 형성.
13. 체계와 과정의 변증법: 텍스트에서 언어를 구성하고, 언어에서 텍스트를 구성한다.	정형화되고 관습화된 행동을 기반으로 새로운 의미−구성 행동을 탐험하다.
14. 걸러 내고, 그는 영역에 "도전한다": 사안에서 벗어난 일은 거절하고 액세스할 수 있는 일에 몰두한다.	또 다른 간주곡(6번에서와 같이): 학습자는 언제든 무엇이 주제에 타당하고 타당하지 않은지 판단할 것이다.
15. 개연성—양적인 기초: 상대적으로 빈번한 사태 구성하기.	여기서 학술 언어의 발달이 시작된다.
16. 담론: 세 번째 메타 기능: 기호 현상의 병렬적 세계 구성하기.	이는 오독의 우려가 있다. 여기에서 텍스트의 세계(장르 인식)가 들어온다고 했지만, 병렬적 기호 현상은 문제가 있는 것으로 보인다. 아마 이는 메타의식일 것이다. 이와 관련하여 해리스가 지적한 문제를 참조할 수 있다.
17. 상보성(complementarities): 다양한 각도의 시각에서 경험을 구성하기.	위의 15번째 특징과 같은 맥락에서, 학술적 기능이 발달한다고 이해할 수 있다.
18. 추상화와 문식성: 추상적 의미를 이해하고, 이를 쓸 수 있다.	학술적 과정의 지속이며, 비고츠키의 용어에 따르면 고등 정신 기능(higher mental functions)의 구성이다.
19. 재구성과 회귀: 내용과 표현을 모두 재구성하는 동안 초기 기호학의 '순간'으로 돌아간다.	여기서 학습자는 자신들의 지식을 탈맥락적이고 추상적인 학술 용어로 다르게 제시해야 한다, 일상적인 용어와 학술적인 것이 다름을 알고 놀라다.

20. 문법적 은유(명사화, 기술화): 상식적 문법에서 대상과 기술적 위계를 지닌 문법으로의 이행.	이는 세 번째 '관문'이다: 이데올로기를 표현하고 행동에서 정체성을 분리함으로써 도덕적·윤리적 이슈를 중화하는 언어로 의미가 부호화되는 것을 자각한다.
21. 다관점적(synoptic) 혹은 역동적 상호 보완: 인간 경험의 두 기호학적 모델의 조화.	개인적 경험과 교육과 직업의 경험 사이의 관계성을 이해한다.

이때 위에서 설명한 표의 7, 12, 20번 항목에서 세 개의 관문을 제시하였다. 7번은 문법(혹은 서술)으로, 12번은 정체성으로, 20번은 이데올로기로 들어가는 관문이라고 할 수 있다. 더 나아가, 위의 순서를 포괄하여 더욱 넓은 발달 단계를 아래와 같이 제시할 수 있다.

1~6번 항목: 초기 상호주관성, 상호성, 지시적 언어, 지표성
7~11번 항목: 이차 상호주관성, 공동 관심, 협력-구성, 삼원적 상호작용,
　　　　　　술어적 언어
12~14번 항목: 자아의 언어적 구성, 목소리
15~19번 항목: 학술 언어 발달, 정체성의 재교섭
20~21번 항목: 비판적 담론 발달

무엇보다 학습과 발달은 선형적이지 않고 천천히 누적되고 크기나 음량이 증가하는 것과 유사하게 점진적으로 향상되는 과정을 거친다. 더 정확히 말하면, 그들은 새로운 단계가 이전 단계를 제한하지 않는 단계 이행(출입구)을 바탕으로, 일련의 변이와 행동과 인식의 창발적 배열을 포함한다.

15. 정리

이 장에서는 생태학적 학습의 두 가지 핵심 개념인 '창발과 행동유도
성'을 살펴보았다. 창발은 관계적인 하나의 유기체 혹은 요소가 스스로 더
욱 복잡하고 더욱 지능적인 체계 혹은 집합체로 구성되었음을 인식할 때
발생한다. 이들 체계는 변화하는 조건을 수용할 수 있지만, 반면에 그들
을 구성하는 더욱 단순한 형태는 그러한 수용적 능력이 없는 것으로 보인
다. 언어 학습에서 재구성(정보 처리에 관한 어휘)과 문법화는 창발의 개념
과 관련되어 있는데, 그렇나고 항상 이들이 생태학적 의미를 갖는 것은 아
니다. 후퍼(Hopper, 1998)의 창발 문법(emergent grammar)은 제2언어 문학
에서 확인할 수 있는 대부분의 재구성에 관한 관점과는 크게 달라 보이는
것이 틀림없는데, 그것은 그가 언어를 활동이라고 보았기 때문이며, 러더
퍼드(Rutherford, 1987)의 유기체적 문법(organic grammar)과 라슨-프리만
(Larsen-Freeman, 1991)의 문법하기(grammaring)와 같은 논의들이 후퍼의
관점과 유사하게 공유된 부분이 있다. 그러한 관점에 따르면 언어 학습은
독립된 전체의 축적이 아니라, 단순한 요소로부터 새롭고 더 복잡한 체계[8]
의 창발이다.

행동유도성은 본래 '환경'이 동물에게 공급하는 것을 말하는데, 좋든
나쁘든 제공되거나 비치되는 현상을 말한다(Gibson, 1979). 그것은 가능성
의 관계성이며, 협력적-지각을 할 수 있는 자아와 더불어 대상을 지각함으
로써 나타나는 결과다. 다시 말해서, 지각은 자신에게 관련된 것을 지각한

....

8   여기에서 '체계'라는 용어는 어떤 측면에서는 문법화의 속성을 띠고 있다고 할 수 있다. 그러나
     창발적 실천에 초점을 둔 후퍼뿐만 아니라, 이 체계라는 말은 회귀적 순환과 사용의 과정을 중시
     하는 용어임을 간과해서는 안 된다.

다는 의미다. 이러한 관점에서 보면, 행동과 이해는 하나의 역동적인 과정의 일부분이다.

　최근 행동유도성의 개념에 대한 확장과 관련된 제안들, 문화적 행동유도성, 사회적 행동유도성, 인지적 행동유도성 등이 다양한 방식으로 나타나고 있다. 이들이 간접적·중재적 의미를 지니고 있는 데 반해, 깁슨이 연구한 시지각에서의 행동유동성이라는 원래 방식은 직접적이다(우리는 이들을 일차적 행동유도성이라고 부를 수 있다).

　끝으로 이 장에서는 할리데이의 언어 학습에 관한 21가지 항목을 간략히 제시하여, 이 논의에서 언급한 생태 기호학적 틀에 이들 각각을 연계해 보았다.

자아와 언어 학습

05

자신을 알기 원한다면,

다른 사람들이 어떻게 하는지 보면 된다.

다른 사람들을 이해하고자 한다면,

자신의 마음을 들여다보면 된다.

— Johann von Schiller(1759~1805), *Tabulae Votivae*, 1797

1. 도입

자아와 정체성의 개념은 사회과학 분야에서 오랜 시간 파란만장한 역사를 통해 발전해 왔지만 응용언어학에서는 비교적 짧고 잠정적인 것에 불과했다. 철학자들은—특히 데카르트—자아(영혼, 정신)를 신체로부터 분리된 본질로 여겼다. 반면 유물론자들은 자아가 근본적으로 우리의 팽창된 상상의 산물에 지나지 않는다고 하면서 자아의 실체를 부정했다. 다른 이들은 자아를 실제적인 것으로 보기도 하였지만 이것은 우리 뇌의 어딘가에 위치해 있는 조절 지능의 형태라고 상정했다. 여기서 조절 지능이란 우리의 행동을 관리하고 우리에게 무슨 일이 일어나고 있는지를 평가하는 지능을 말한다. 이에 자아는 일종의 군주, 지배자, 혹은 통솔자로 간주되었다(물론 이 경우 통솔자가 보고하는 '나'는 누구인지를 물으면 우리는 무한 후퇴 상황에 처한다).

이번 장에서는 기호학적·생태학적 접근이 자아를 실질적인 독립체이자 대화체, 즉 사회적으로 구성된 것으로 본다는 사실을 논의하고자 한다. 버터워스는 "생태학적 접근의 경우 자아가 그 전형적인 형태로 인해 처음부터 객관적으로 존재한다"(Butterworth, 1999: 204)고 하였다. 이는 자아가 미리 준비된, 선천적인 능력을 가지고 있음을 의미하지는 않지만, 인간의 구성적 특성 때문에 세상에서의 모든 활동에서 외적 정보(환경에 관한)와 내적 정보(신체와 신체 활동에 관한)가 만들어진다는 뜻이다. 이것은 나이서(Neisser, 1988)가 일컫는 생태학적 자아(ecological self)의 근거를 형성하고, 다마지오(Damasio, 1999)가 말하는 원시 자아(proto-self)와 유사하다. 일부 연구자들에 따르면, 이 최초의 자아는 선천적인 사회적 구조를 가지고 있는데, 신생아에게 그것은 '가상의 타인(virtual other)'으로 존재한다. 또한 그것은 원시 대화(protoconversation)가 시작되면서 사회 인지를 위해 설계된 신경구조이며, 신생아에게서 입증된 사회적 상호작용의 초기 형태다(Bråten, 1998; Trevarthen, 1990, 1998). 생태학적 접근의 주요 특징은 신체와 정신 사이의 밀접한, 불가분의 관련성이다(이와 관련하여 '신체화된 마음'은 Varela, Thompson & Rosch, 1991; Giddens, 1991; Damasio, 1999[1]; Ruthroff, 2000 참조).

....

1   다마지오는 *뇌에서 재현된 것으로서의* 신체를, "포착하기 어려워지는 자아 의식의 전조"라고 하였다. 그가 덧붙이기를, "정체성과 개성을 아우르는 자아를 포함하는 내적 자아는 뇌의 앙상블에 바탕을 두고 있는데, 그러한 뇌는 지속적이고 *무의식적으로* 생존을 위해 신체가 유지하는 협역과 관계적인 안정성을 조절하는 역할을 한다"라고 하였다(Damasio, 1999: 22, 기울임체는 원문).

이를 위해 우선 자아와 언어가 어떻게 관련되어 있는지, 특히 기호학적·생태학적 자아를 수용하기 위한 언어 이론이 무엇인지를 살펴보고자 한다. 가장 중요한 조건은 언어가 단어와 문장 구조를 나타내는 연역적인 것이 아니라, 언어 활동을 실현하기 위한 자원들의 창발적인 집합이라는 점이다.

언어 사용은 정보를 다른 사람 혹은 세계 전반으로 전달하는, 단순하고 중립적인 일이 아니다. 우리가 무엇인가를 말할 때, 우리는 그것에 대한 정보 하나만을 제공하는 것이 아니라 동시에 두 가지 다른 중요한 정보도 역시 제공한다. 자신이 누구인지를 생각하면서, 청자 혹은 독자가 누구인지를 생각하는 것이다. 다시 말해 언어는 우리 자신에 대한 생각과 청자(혹은 독자)에 대한 생각을 동시에 담고 있다.

언어 사용은 행동의 형태이며, 행동은 세상과 관련된 형태―생물학에 바탕을 둔 용어로는 '구조적인' 혹은 '사회적으로 접속하는' 사례(Maturana & Varela, 1992 참조)―다. 따라서 담론은 맥락 속의 언어 사용이다. 발신자와 수신자 간 단선적인 전달이 아니라 상황화된 활동인 것이다. 이와 관련하여 바흐친의 다음 진술을 살펴볼 수 있다.

> 발화는 단순히 어떤 대상을 지칭하는 것이 아니라 … 그와 더불어 주제를 표현한다. 곧 언어 단위는 그 자체만으로는 표현력이 없다. … 구두 담화에서 구체적인 억양은 발화의 이러한 면을 나타낸다. 발화는 같은 대상에 대한 과거 발화와 대답으로 예상되는 미래 발화를 함께 다룬다. 마침내 발화는 항상 누군가에게 이야기된다(Todorov, 1984: 42).

당신은 아마도 문법책과 사전들의 가치에 대하여 질문할지도 모른다. 물론 그것들은 언어에 대하여 사실대로 우리에게 말해 주고 있지만, 세상의 활동에 대하여서도 그러한가? 잠시 이에 대해 알아보도록 하자.

사전은 무엇을 위한 것인가? 'table'이란 단어를 왜 찾아보려 하는가? 그런데 이미 지금 내가 자리에 앉아 있는 곳을 table이라고 명명한다는 사실을 알고 있다. 따라서 이와 같은 자명한 명명 이외에 그 단어가 사용될 수 있는 다른 방식들을 파악해 보아야 한다. 가령 'table of contents(목차)', 'water table(빗물막이)', 혹은 'to table a motion(의안을 상정하다)'과 같은 것들 말이다. 어떤 사람은 table이란 단어가 어디에서 유래했는지를 찾아보고 싶을지도 모른다(라틴어 tabula에서 유래했다). 그 단어의 의미를 몰라서 사전을 찾는 사람은 영어를 외국어로 배우는 사람이다. 그런 사람은 영어로 table이 스페인어로는 mesa와 같음을 확인하고 싶을 것이다.

문법책은 무엇을 말해 주는가? 냉소적인 사람들은 문법책이 언어의 시체를 해부한 것에 지나지 않는다고 말한다. 죽은 뼈들(문장들)이 마치 고생물학 박물관에 쌓여 있는 것처럼 문장은 배열되고 분류된다. 물론 이러한 언어 유해들로부터 배울 것이 있다. 특히 특정 언어가 살아 있는 서식지가 존재하지 않는다면, 더욱 그러하다. 그럼에도 언어 박물관(문법책의 별칭[2])이 언어를 사용하는 사람들의 실제 공동체로 오인되어서는 안 된다. 하지만 불행하게도 대학의 문법 학자들과 문법 교사들은 '끊임없는 수정'(Bourdieu, 다음 쪽의 인용)을 통하여 새로운 문법책을 지속적으로 편찬한다. 그들은 살아 있는 언어와의 조직적 연결을 방치하면서, 불가사의한 패러다임과 규칙들로 학생들의 기억을 시험한다. 또한 '실제' 언어를 포함하는 것이 바로 문법책이며 바깥세상에서 사용되는 것은 단순히 불완전한, 퇴보한 문법책의 다른 형태일 뿐이라는 인상을 만들어 내는 데 집중한다.

....

2   필자는 문법을 불쌍히 여기지만(그럼에도 필자는 자연사 박물관을 좋아한다), 반드시 언급하고 싶은 사실은 실제적 언어의 말뭉치에 바탕을 둔 새로운 문법 교재가 탄생하고 있다는 점이다.

결과적으로 학생들이 학교에서 외국어를 공부하는 데에 6년 혹은 8년을 소비하고, 그런 다음 그 언어가 사용되는 나라에 직접 갔을 때 그들은 깜짝 놀라게 된다! 한편 아이들이 그들의 모국어는 안다고 생각하고 학교에 갔을 때, 그들은 몇 년간의 힘든 노력으로 정복해야 하는 모든 학술 언어가 있다는 것을 알고 절망하고 만다.

> … 규범적인 언어는 끝없는 교정의 노력에 의해 유지되어야 하는 인공적인 언어이며, 이 교정의 작업은 교정을 목적으로 특별히 고안된 학회와 개인 화자 모두에게 부여된다. 규범적인 언어 용법을 수정하고 이를 체계적으로 정리하는 문법학자들과 무한한 교정을 거친 언어를 주입시키는 교사들을 통해서, 다른 분야와 마찬가지로 교육 제도도 그만의 상품과 서비스—교정에 필요한 인력과 기구와 같은—에 대한 필요성을 제공하는 경향이 있다(Bourdieu, 1991: 60-61).

사전과 문법책은 필요하다. 그 가치는 인정하지만 이들은 언어의 실제적 의미를 포함하고 있지 않다. 만약 당신이 X라는 언어에 대하여 가장 큰 문법책과 가장 큰 사전을 들고 "언어 X는 이 두 권의 큰 책에 들어 있다!"라고 말한다면, 당신은 회의적인 시선을 받을 수밖에 없다. 당신이 그 언어로 쓰인 아이들의 고전(『곰돌이 푸(Winnie the Pooh)』, 『막스와 모리츠(Max und Moritz)』, 혹은 『어린 왕자(Le Petit Prince)』)을 들고 있거나 혹은 포도주 한 잔이나 차 주전자가 놓인 카페 테이블에 앉아 있는 두 사람을 가리킨다면, 아마 위에서 당신이 말한 문장의 진실에 더 근접할 것이다(여기에서 당신은 '큰 책'이라는 단어를 '이야기하기 좋아하는 사람'으로 바꿔도 된다). 이는 '혹등고래'가 자연사 박물관의 고생물 전시실에 있는 뼈 집합(골격을 나타내기 위해 철사로 연결된)에 속해 있다고 하는 것보다는 그것은 바다에서 수영하는 동물이며 바다 세계의 무리 중 하나라는 말이 더 적합하다는 것과 같은 맥락이다.

요약하면 언어는 사용자와 관계없이 존재하는 '불변의 암호'(Harris, 1996)가 아니고 사용되기 이전에 미리 만들어진 것이 아니다. 언어는 사용될 때마다 다양한 사회문화적 관습이 결합되어 새로이 창조된다. 철학자 데이비드슨이 '통과 이론'이라고 밝힌 바와 같다(Davidson, 1986: 446). 언어는 언제나 건설 중이고 언제나 새롭게 창조되는 존재로서의 자아와 밀접하게 연결되어 있다고 할 수 있겠다.

2. 기호의 대화적 속성

3장에서 다루었듯이, 기호(sign)는 누군가에게 무엇을 상징하는 역할을 한다. 기호는 '기호(표상체)-대상체(기호적 대상)-해석체(의미)'라는 삼원론적 속성을 지닌다.

이제 기호의 생산자(퍼스의 용어로는 발화자)를 살펴보도록 하자. 누군가는 이해받기 위해서 혹은 어떤 행동을 수행하기 위해서 기호를 만든다. 해석자는 그 기호를 이해하는 것뿐만 아니라(더욱 정확하게 말해서, 기호의 의도를 이해하는 것) 그 기호의 생산자의 의도(앞 장의 관련성에 대한 논의 참조)를 이해 및 인지한다. 물론 모든 기호가 그 표현과 의도의 일치를 갖는 것은 아니다. 구름은 (잠재적인) 비의 징후(기호)이지만, 그것이 '누군가'에 의해서 만들어지거나 발화되는 것은 아니다. 눈사태의 소리, 길 위의 얼음 한 조각, 반짝이는 참나무 잎사귀, 흑거미 위의 빨간 반점, 전갈의 침, 과일의 달콤한 향기도 마찬가지다. 우리가 '자연적' 기호라고 부르는 이 모든 기호는 인간이나 동물 행위자에 의해 만들어진 것이 아니라, 우리 스스로 해석하는 방법을 학습하면서 터득한 결과라고 할 수 있다.

또한 행위자가 다양한 수준에서 관여하는 기호들도 있다. 방울뱀의 딸그락거리는 소리, 모래 위의 발자국, 스컹크의 냄새, 개가 으르렁거리는 소리 등은 이에 해당된다.

인간 기호의 영역도 있다. 명백히 '누군가'에 의해서 만들어졌지만, 그것이 누구인가와는 무관하다. 풍향계, 우체통, 일시 정지 표시와 같은 문화적(관습적으로 이해되는) 기호들이 여기에 해당된다.

다음으로, 의복, 자동차, 헤어스타일, 피어싱 눈썹, 흰 말뚝 울타리와 보안용 차양과 같은 기호들도 있다. 이들은 다분히 의도적이다. 하지만 얼굴 붉히기, 늘어진 어깨, 눈물, 화나서 실쭉거리기, 땀 흘리기 등과 같은 의도적이지 않은 기호들도 존재한다.

그런가 하면 깃발, 지폐에 그려진 독수리, 곰, 키위,* 애국가 등도 있다.

끄덕거림과 윙크, 손가락을 들어 욕하기, 그리고 모든 종류의 '신체 언어'도 있다.

우리는 이제 점점 언어에 근접하고 있으며, 당신은 이미 우리가 언어 속에 와 있다고 말할지도 모른다. 누군가는 무엇인가를 말하고, 기호의 개념은 다른 영역으로 변형된다.

언어 기호는 어떤 측면에서 보면 특별한 기호라고 할 수 있다. 이들은 동떨어져서 독립된 상태로 떠돌아다니지 않는다. 언어 기호들은 계획·제안되고 형성·발달한다. 언어 기호가 어떻게 기호 이론의 중요한 한 부분이 되었을까?

퍼스는 언어 기호를 따로 구분하지 않았는데, 적어도 언어 기호에 대해서만 이야기하지는 않았다. 대신에 그는 기호 현상의 유기적 과정으로서

....

* 뉴질랜드에 서식하는 새.

물리적·생산적·언어적 기호를 비롯하여 모든 종류의 기호를 다루었다. 아래 인용문으로 이를 살필 수 있다.

> 사고가 반드시 뇌와 연결된 것은 아니다. 그것은 꿀벌의 일 속에서, 맑은 수정 속에서, 순전히 물리적인 세상 도처에서 나타난다. 그리고 사물의 색깔, 모양 등과 마찬가지로 그것이 실제 거기에 존재한다는 것을 부인할 수 있는 사람은 아무도 없다. … 사고는 유기적 세계 속에 존재하며 그 안에서 발전한다. 하지만 그것을 구체화하는 사례 없이 일반화되지 않기에, 기호 없는 사고는 있을 수 없다(Peirce, 4.551; Johansen, 1993. 190에서 인용).

교육언어학자로서 우리는 특히 언어에 관심을 갖고 있기에 기호 현상의 언어학을 이해하는 데 주목해야 한다. 이를 통해 특히 사람들이 어떻게 서로를 이해하는지를 알아보아야 한다. 여기에서 이와 같은 역동성을 보여주는 다음 세 개의 예문을 살펴보도록 하자.

TEXT 1
   A. Well!
   B. ((침묵))

위에 제시된 발화 행위에서 무엇을 상상할 수 있을까? 우리는 무엇이든 상상할 수 있다. 승리의 표현일까? 아니면 절망, 격려, 초조함? 그렇다면 B는 왜 침묵하는 것일까? 이는 쉽게 알 수 없다. 다음의 또 다른 대화를 살펴보자.

TEXT 2

A: 페트로넬라, 당신은 필버트를 법적인 남편으로 받아들이겠습니까?

B: 네, 그러하겠습니다.

이 경우 우리는 결혼식이 진행되고 있음을 추측할 수 있다. 왜 그런가? 여기에 있는 단어들은 일반적으로 그러한 의식에 사용되기 때문이다. 곧 위 단어들이 결혼 의식에 속한다는 사실을 알고 있다. 이들은 관습적이고 특정 사용 맥락과 관련되어 있다. 이에 "음, 나는 페트로넬라와 필버트가 결혼식을 올리고 있는 중이라고 생각해"라고 자신 있게 말할 수 있다. 하지만 Text 1의 경우에 결코 그렇게 말할 수 없다. 'Well'은 어떤 상황에서든, 어떤 의미로든 가능하기 때문이다. 더욱이 B가 왜 침묵을 지켰는지에 대한 실마리도 찾을 수 없다.

이제 이에 대한 맥락의 설명이 필요한 듯하다. Text 1은 볼로시노프 (Volosinov, 1973; Merrell, 1997a: 28 참조)에서 인용한 것이다. 방 안에 두 사람이 있다. 한 사람이 'Well'이라고 말하고, 다른 한 사람은 아무런 말도 하지 않는다. 볼로시노프에 따르면, 적절한 해석을 위해서 몇 가지 맥락적 정보가 빠졌음을 지적한다.

a) 공유된 물리적 환경

b) 공유된 배경지식

c) 공유된 상황 정의

이것은 Text 1을 설명하는 데 도움을 준다. 하지만 Text 1과 페트로넬라 예시는 여전히 차이가 있다. 각각의 상황 모두 해석은 간단하고 이해할 만하지만, 맥락적 정보가 없기 때문에 Text 1은 이해할 수 없는 반면 페트로넬라의 대화는 완벽하게 이해할 수 있다는 점에서 둘은 다르다. 후자의 경우에, 사용된 언어는 맥락을 끌어내지만, 전자의 경우 우리(제3자)는 상상한 맥락을 대화 속에 가져와야 한다. 두 경우 모두 언어가 맥락과 연결되어 있지만 그 방식이 매우 다른 것이다. 이를 자세히 살펴보기 전에 볼로시노프로부터 Text 1에 대한 설명을 들어 보자.

> … 두 대화자는 창문을 쳐다보며, 눈이 내리는 것을 보았다. 두 사람은 이미 5월이며, 봄이 절정을 맞이하는 시기임을 알고 있었다. 결국 그 둘은 오랜 겨울에 싫증이 났다 … (Volosinov, 1973).

Text 1에서, 이 한 단어 안에는 '공통적으로 보이는', '공동으로 알고 있는', '만장일치로 평가되는' 요인들이 있고, 이 발화가 해석되려면 이 요인들에 직접적으로 의존해야 한다. 이는 결혼식의 예문과도 관련되어 있다. 그러나 함께 보고 알며 평가하는 요인들은 그 단어가 사용되는 예식에 의해 예측된다. 비록 발화된 단어들이 모든 결혼 예식에서 사용되는지는 몰라도, 그러한 예식 중 하나라는 것을 아는 상황은 그 단어들에 수행적 의미를 부여할 것이다. 예식은 그 단어를 이해할 수 있는 테두리 역할을 한다고 하겠다.

Text 1처럼 'Well'로 시작하기는 하지만 완전히 다른 상황을 살펴보자. 여기에서 더 많은 정보를 얻을 수 있는가? 만약 그렇다면 그 정보는 어디에서 오는가?

TEXT 3
'Well!' 젊은 남자가 말했다.
'Well!' 그녀가 말했다.
'Well, here we are.' 그가 말했다.

'Here we are,' 그녀가 말했다, 'Aren't we?'

'I should say we were,' 그가 말했다, 'Eeyop! Here we are.'

'Well!' 그녀가 말했다.

'Well!' 그가 말했다. 'Well.'(Brik, 1972)

위 예문은 의미를 파악할 수 있다. 우리는 사랑 이야기를 듣고 있다. 하지만 사랑이나 헌신 혹은 열정이나 양보를 명시적으로 표현한 단어는 없다. 그럼에도 어떻게 이를 알 수 있는가? 'Well', 'here we are', 'eeyop'과 같은 말들, 이들은 자체의 의미는 명확하지 않지만, 특정 맥락 속에서 충분한 의미를 지닌다. 그렇다면 무엇이 이 맥락 안에서 이들이 분명하고도 충분한 의미를 갖게 해 주는 것일까?

위 예문은 말리노프스키의 용어로 '친교적 소통'—사회적 관계를 강화하기 위해 혹은 개방된 소통 채널을 유지하기 위해 만들어진 대화—에 해당하는 적절한 예다. 공유된 상징적인 의미에서 정보 전달의 내용은 전혀 없다. 정치, 문학, 골프, 드라이클리닝, 정원에서의 퇴비 만들기 등도 전혀 언급되지 않았다. 하지만 감정적 정보의 거대한 강물이 큰 폭포가 되어 이두 사람 사이에 쏟아지고 있다. Text 1과는 대조적으로, 이는 Text 3에서 매우 명확하다. 왜 그런가?

그것은 기호들이 사용되는 맥락 안에서 다양한 행동유도성과 긴밀하게 연관되어 있기 때문이다. 행동유도성은 중립적이거나 객관적이지 않다. 누군가에 의해서 인지되든 그렇지 않든, 대상에는 바뀌지 않는 속성이 있다. 이 불변성은 누군가로 하여금 깨닫고 행동하게 한다. (이는 결코 주관적이지 않다.) 이것이 행동유도성이다. 위 세 예문은 모두 언어적 행동유도성이 맥락 속에 함축되어 있고, 해석을 위해서는 확장된 맥락 정보가 필요하다. 게다가 위 세 예문 모두 언어적 행동이 맥락을 형성하는 데 필수적이다. 2장에서 맥락에 대한 논의를 떠올려 보면 이를 더 잘 이해할 수 있다.

우리가 이러한 방식으로 기호를 생각해 본다면, 지각-행동유도성-행동의 맥락에서 의미가 생성되듯이, 언어를 포함한 고차원적인 모든 기호는 대화적이라고 할 수 있다. 이는 정신의 내적 대화자(바흐친과 비고츠키가 논의했듯이 사적 대화 혹은 내적 대화)와 더불어 생성·해석되며, 사회적 행위로 나아간다.

이제 Text 1에서 'Well!'이라는 발화를 다시 보도록 하자. 창문 옆에 서서 심술궂은 날씨를 응시하던 그 남자는 관습적인(상징적인) 언어 기호를 생성한다. 'Well!'이 그 상황 속 무엇인가를 지시하는 것을 알고 있는 청자에 의해서 해석될 수 있다. 그는 A를 쳐다보고, A가 창 밖의 날씨를 보고 있는 것을 보고 있으며, 그 또한 바깥 날씨를 보고 있다. 이러한 B를 A가 안다면, 둘의 대화성(dialogicity)은 완성된다. 이에 B는 well이나 'That sucks(정말 날씨가 안 좋군요)'와 같은 대답을 할 필요가 없다. 이것은 눈(snow)에 대한 공유된 인식(삼원적 상호작용), 봄이 늦게 오는 것에 대한 일반적인 지식(달력과 모스크바의 계절 등에 관한 공유된 배경지식), 사건을 보고 느끼는 감정에 대한 공유된 지식(상호성 혹은 상호주관성) 때문에 가능하다.

이들을 설명하는 또 다른 방법은 다음과 같다.

1. 눈은 자연적 행동유도성이며, A에게 실망, 초조함, 혐오의 근원으로 다가온다(도상성, 일차성).
2. 'Well!'이라고 말한 A의 언어적 발화는 이러한 감정을 B와 공유하려는 가능성을 가지고 있다. 동시에 B의 관심을 창밖에서 떨어지는 눈에 두려는 의도를 가지고 있다고 할 수 있다(지표성, 이차성).
3. B의 눈에 대한 응시는 기호 현상의 대화 과정을 완성한다.

'Well!'이라는 한 단어에 몇 가지의 행동유도성과 기호들이 관여하며, 그것들은 단계를 거쳐 의미가 부여된다는 점을 주목할 필요가 있다. 핀볼 게임기 안에 있는 은색 공처럼, 단어도 기호 환경 속에서 불을 밝히고 윙윙 거리는 소리를 내며 번쩍이고 종을 여러 번 울린다. 행동유도성과 기호들 중 일부는 방 안이나 창문 너머에 있고, 다른 일부는 A와 B의 공유된 상황 과 마음속에서 재현된다. 압축해서 말하자면 이 대화는 기호의 삼원적 특 성(기호, 대상체, 해석체)을 통하여 이해할 수 있는 것이다.

이는 의미가 어떻게 구성되는지를 보여 준다. 기호 현상이 중립적인 혹은 인지된 행동유도성으로 시작되는 동안, 그 모든 기호 현상은 기호가 되고, 그것이 또 기호가 되고, 또 다시 기호가 된다. 이처럼 기호 현상은 연 쇄하며, 전경과 배경을 이룬다. 또한 물리적이고 사회적이며 상징적인 환 경 안에서 의미 구성의 가능성을 확장한다. 발화자와 해석자는 그들 스스 로 기호, 대상체, 해석체가 되며, 삼원적 상호작용 속에서 기호를 구성하고 해체하며 재구성한다. 따라서 기호는 인간의 상호작용 밖에 존재하는 것이 아니라, 화자와 청자, 그리고 이들이 다루는 대상(물리적이거나 상징적인)의 상호작용적 활동으로 세상 속에서 존재한다.

이제 우리는 바흐친과 볼로시노프로 돌아가서 "언어 속 단어의 절반은 다른 누군가의 것이다"(Bakhtin, 1981: 239)라는 말을 떠올려 보자. 자연적 행동유도성을 지나면 모든 기호는 대화적 속성을 지니게 된다. 이는 기호 가 지표성과 상징성을 포함하기 때문이다. 심지어 자연적 행동유도성(앉을 수 있는 나무 그루터기와 걸을 수 있는 딱딱한 표면과 같은 것들)조차도 행위자 와 물리적 세계를 포함한 일종의 대화를 형성한다.

기호는 문화적 인공물이나 다른 사람에 대해서 상징하기 시작하면서, 사회적 혹은 문화적·역사적 측면에서 대화적으로 바뀐다. 이러한 기호의 관 점을 바탕에 두면 자연스럽게 자아에 대한 논의를 이어갈 수 있다.

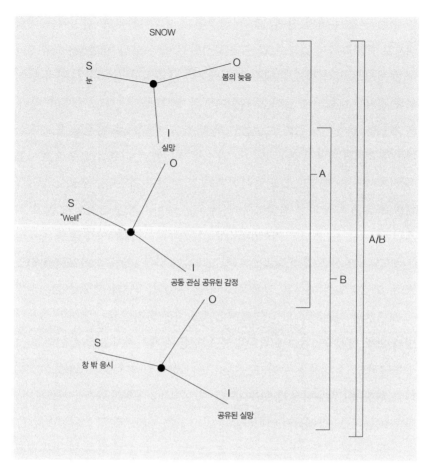

[그림 5.1] 'well'의 기호 배열

3. 자아의 발달

의식과 마찬가지로(다음 부분 참조), 자아는 우리가 태어날 때 이미 만들어지거나 충분히 발달된 것이 아니다. 많은 연구자(Bråten, 1992; Butterworth, 1999; Damasio, 1999; Neisser, 1988 참조)에 따르면, 자아가 발달하기 위한 구조는 어떤 면에서는 선천적이고 생태학적이며, 심지어는 대화적으로 구체화되어 있다고도 한다. 하지만 자아의 실제적 발달은 생후 1년에 걸쳐서 물리적 세계 속에서 상호작용한 결과로서 일어나며, 점차 언어와 관련되면서 발달해 간다. 심리학자들과 철학자들은 '정신, 정체성, 자아'의 개념을 정의하기 위해 오랫동안 애써 왔다. 한편으로 이들을 별도의 실체(신체 곁에 있거나 그 안에 있는)로 간주하기도 했고, 다른 한편으로는 이들을 단지 우리의 상상으로 만들어진 허구로 보기도 하였다. 자아에 대한 유력한 관점은 니체가 주장하였듯이, 자아는 주어지거나 고정되지 않고 각 개인에 의해 창조된다는 것이다(Poster, 1993: 66). 니체의 영향을 받은 푸코는 "우리는 자신을 예술 작품으로 창조해야만 한다"(앞의 책)라고 주장하였으며, 사르트르는 자아를 실제성(authenticity)의 개념과 관련지었는데 이는 보편성과 자기 창조의 측면에서 모호하기도 하다. 그는 "당신이 실제적이기 위해 실제적이려고 노력한다면, 당신은 실제적이지 못한 것이다"라고 말하면서도 "실제성은 주어지는 것이 아니라 쟁취해야 한다"(Sartre, 1957)라고 한다. 이것이 어떻게 이루어지는지(실제성을 원하지 않으면서 실제성을 얻는 것)는 결코 명확하지 않다.

모든 사람이 동의하는 설명을 하는 것은 어려워도, 모든 인간이 행동하고 상호작용하며 말하고 느끼고 생각하는 사람으로 자신을 지각한다는 것은 의심할 여지가 없다. 우리는 열 살 때 우리에게 있었던 어떤 일을 생각해 낼 수 있고(이를테면 우리가 호수 위 조그만 보트에 있었던 것), 그것이 다른 누군가가 아닌 '나'임을 알고 있으며, 강가에서부터 '나의' 어머니가 지켜보고 있었다는 사실 등을 안다. 사진을 보면서 그 안의 사람을 가리키며 "저건 나야"라고 말하는 것은 전혀 어렵지 않다.

우리는 어떻게 자아로서 우리의 삶을 경험하게 되는 것일까? 세계를 인식할 때 언제나 자신을 인지한다는 깁슨의 진술은 혁명적이다. 따라서 인식은 일방적이지 않고 상호작용적이다. 이는 행동유도성의 핵심 개념 요소인데, 무엇(물리적·사회적 혹은 상징적 개체)과 행동유도성의 관계를 형성하기 위해서 우리는 우리 자신과 관련하여 무엇인가를 보고 들어야만(일반적으로, 감지해야만) 하기 때문이다. 만약 그 무언가와 자신이 어떠한 관련성도 없다면, 사실상 그것을 보지 못한다. 막스 판 매넌(Max van Manen)의 다음 예를 살펴보도록 하자.

> 판 덴 베르흐(van den Berg)는 『인간과 세계』의 서문에서 말레이시아 정글의 원주민에 대한 일화를 이야기한다(van den Berg & Linschoten, 1953). 정글 원주민에게 거대한 현대 도시가 어떤 인상을 주는지를 알아보기 위해서, 그는 한 원주민을 대도시 싱가포르의 한가운데에 불쑥 데려다 놓았다. 그는 번잡한 거리 속을 원주민과 함께 걸으면서 그에게 대도시가 제공하는 것은 무엇이든지 관찰하도록 충분한 기회를 주고자 하였다. 여행이 끝나고 원주민에게 가장 놀라웠던 것이 무엇이었는지 묻자, 그의 대답은 누구나 예상한, 포장된 도로, 벽돌 집, 콘크리트 건물, 자동차, 전차나 기차와 같은 것들이 아니었다. 대신에, 그는 어떤 사람이 정말 많은 바나나를 가지고 다니던 모습에 굉장한 놀라움을 나타냈다. 그 원주민은 손수레 위에 바나나 더미를 쌓고 이동하던 노점상을 본 것이다(van Manen, 1990: 115-116).

자아는 마음의 창을 통해 세계를 받아들이는 분리된 관찰자가 아니라, 세계 속에서 자신의 공간을 설립하는 현재 진행형 프로젝트다. 전자의 경우, 자아는 마치 몸 안에서 바깥을 내다보는 난쟁이 같은 내부의 작은 사람일 것이다. 그러면 우리는 그 난쟁이에게 어디를 보라고 말해 주는 이가 누구인지 구체화해야 한다. 만약 그것이 '나'(자아)라면, 그다음 우리는 그 전에 있었던 바로 그곳으로 돌아와 다시 '나'에게 말해 주는 이를 물어야 할 것이며, 그것은 우리 자신 내부의 자아에 대한 끝없는 연속이라고 할 수 있다.

나이서(Neisser, 1988)에 따르면, 각각 독립적으로 발달하는 다섯 가지의 자기인식이 있지만 사람들은 이들을 주로 하나의 단일한 대상으로서 간주하고 만다. 앞에서 보았듯이, 우리는 태어날 때부터 자기인식이 중요하지만, 자아의 개념이 완전히 발달된 채 태어나는 게 아니기 때문에 성장하면서 자기인식 또한 발전한다. 나이서가 말한 것처럼 자기인식을 형성할 수 있게 하는, 자기를 식별하고 구체화하는 정보들은 무엇인가? 자아는 본질적으로 다섯 가지의 다른 자아로 이루어져 있다고 한다.

그것들은, 그것들의 기원과 발전적인 역사에 있어서, 우리가 그것들에 대해 아는 것에 있어서, 그것들이 처한 병적 측면에 있어서, 그것들이 인간의 사회적 경험에 기여하는 방식에 있어서 다르다(위의 책: 35).

나이서가 제안하는 다섯 자아는 다음과 같이 요약할 수 있다.

- '생태학적 자아'는 물리적 환경에 대하여 인지하는 자아다. '나'는 여기 이 장소에서 특정 활동을 하고 있는 사람이다.
- '대인관계적 자아'는 생태학적 자아와 마찬가지로 유아기 초기부터 나타나는데, 정서적으로 친밀한 관계와 의사소통에서 하는 종족 특유의 신호에 의해 구체화된다. '나'는 이러한 특정 인간관계 속에서 활동하는 사람이다.
- '확장된 자아'는 개인의 기억과 직감에 주로 바탕을 두고 있다. '나'는 특정한 경험을 가진 사람이고, 구체적이고 친숙한 일상적인 일에 규칙적으로 참여하는 사람이다.
- '사적인 자아'는 아이들이 자신의 경험 중 일부는 다른 사람들과 직접적

으로 공유되지 않는다는 것을 처음 알아차릴 때 나타난다. '나'는, 원칙적으로는, 이 독특하고 특별한 고통을 느낄 수 있는 유일한 사람이다.

- '개념적 자아' 혹은 '자아상'은 다른 모든 개념이 그러하듯이, 그것을 포함하는 여러 가설과 이론들의 관계에서부터 그 의미를 알아낼 수 있다. 그 이론들 중 어떤 것은 사회적 역할(남편, 교수, 미국인)과 관계가 있고, 또 어떤 것은 가설적인 내부 존재(영혼, 무의식적 마음, 정신적 에너지, 뇌, 간)를 가정하고 있으며, 또 일부는 사회적으로 중요한 차원의 차이(지능, 매력, 부)를 형성한다. 사람들이 그들 자신에 대해 믿는 것은 상당히 다양하지만 그 모든 것이 진실한 것은 아니다(Neisser, 1988: 36).

다음 장에 제시한 나이서의 조직도에서 자아는 다층적으로 표현된다. 그것은 다음에 설명하고자 한다. 나이서(Neisser, 1993; Neisser & Fivush, 1994; Neisser & Jopling, 1997)에서는 생태학적 자아와 대인관계적 자아를 더 큰 개념인 '인지된 자아'의 두 양상으로 보았다. 이들 두 자아는 자아에 결정적인 정보를 제공한다(Neisser, 1993: viii). 개념적 · 사적 자아와 기억된(확장된) 자아는 그것들이 지각에 의존할 뿐 아니라 사고의 대상으로서 능동적으로 수용한다는 점에서 다르다. 이것은 나이서의 자아 이론을 비고츠키의 사회문화적 관점―지각적 · 사회적으로 상호적(대인관계적인) 과정이 선행하며, 개념적 · 대인관계적 과정으로 성장한다―과 일치하게 만든다. 이러한 관점에서 비고츠키의 작업은 붙잡기, 몸짓으로 표현하기, 움직이기, 놀기 등을 수반하는 구체적인 형태의 활동과 도구로서의 발화에 특히 초점을 둔다.

이를 모국어와 외국어 습득 상황에서 살펴보도록 하자. 먼저 다섯 자아는 학습자의 목소리(voice)에 다양하게 기여한다. 이것은 앞 장에서 축구를 배우는 상황에서 설명한 부르디외의 "게임을 즐겨라(feel for the game)"와 사실상 유사하다. 필자가 이전의 책(van Lier, 1996)에서 주장했듯이, 학습자는 세 가지 조건이 부합할 때 자신의 목소리로 말한다. 언어와 학습에 대한 자각, 언어 사용과정과 학습과정의 자율성 및 자기 결정성, 그리고 말하는 행위의 실제성이 세 가지 조건이다. 물론 우리가 말할 때마다, 다른 사람의 말을 재현하기도 하지만(Bakhtin, 1981; Maybin, 1994), 이를 '전용'하여 자신의 발화로 구성해 간다(Rogoff, 1995). 다시 말해서 다른 사람의 목소리는 우리 자신의 말에 울려 퍼지지만, 우리는 그것을 자신의 목소리로 받아들여서 완성시킨다. 볼로시노프(Volosinov, 1973)에서 언급한 자신의 '악센트성(ac-centuality)'을 전용된 발화로 가져온다는 것도 이와 같은 진술이다.

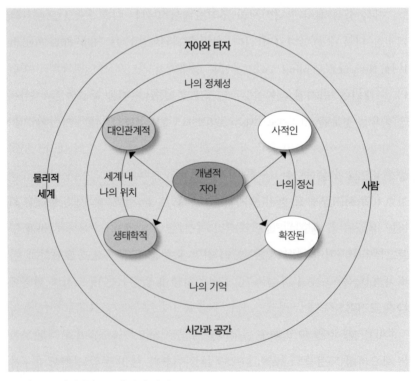

[그림 5.2] 나이서(1988)의 다섯 자아

아래의 표에서는 언어 학습의 요구나 과업을 나이서의 다섯 가지 자아와 결합하려는 시도를 살펴볼 수 있다.

[표 5.1] 언어 학습과 관련된 나이서의 자아

1. **생태학적 자아** 물리적 환경	시간과 공간. 직시소. 신체. 화행. 퍼스(Peirce)의 지표적 기호. 지시어. 대명사. 전치사. 이름. 범주화.
2. **대인관계적 자아** 정서적 관계와 의사소통	상호성, 상호 의존, 상호주관성. 친근관계. 차례 지키기. 리듬, 억양. 대화. 형식적 절차, 간격, 친교. 비추 시피써 기대.
3. **확장된 자아** 개인의 기억과 기대, 나만의 일 처리 방식	기억, 기억하기. 스토리텔링. 일기. 학습 기회 찾기. 전략, 계획.
4. **사적인 자아** 개인의 독특함, 개별성, 다른 사람과의 차이	내적·사적 언어. 자기 인식[가드너(Gardner)의 내적 지능]. 학습 스타일. 자기 표현.
5. **개념적 자아** 정체성, 역할과 지위, 나만의 '나에 대한 이론', 내 자신에 대한 신념	나의 기대, 투자, 동기. 권력에 대한 개념, 통제. 담론적 자아.

위 표의 오른쪽에 해당하는 것들은 언어 학습을 위한 주요한 '교육과정 시안'으로 볼 수 있다. 나이서는 모국어의 경우 다섯 자아(자아의 양상들, 총체적 관점을 선호한다면)가 다른 시기에 다른 경로를 따라 발달하며, 서로 섞이며 'I' 혹은 'me'라는 주제를 중심으로 해석된다고 가정한다(Susan Harter, 1993). 외국어 학습자의 경우에는, 우리가 과거에 혼합하여 만들던 어떤 자아의 모습이라도 한번에 흡수할 수 있다. 이때 다음과 같은 두 가지 고려 사항이 있다.

a) 제2언어 학습 과제를 개념적 자아(나이서의 다른 자아들은 개념적 자아의 그림자 뒤에 서 있다) 측면에서 접근할 필요가 있다. 나이서에 따르면 이 개념적 자아는 우리가 자신에 대해 믿고 있는 모든 것인데, 이것이 모두 진실인 것은 아니다(여기에서 '진실'의 의미가 무엇이든 간에). 개념적 정의는 틀림없이 영원히 건설되고 있을 것이며(비록 가끔씩 그것이 어딘가에 고착되는 것처럼 보일지라도), 스스로를 우리의 사회적 정체성이나 정체성의 범위로 보여 준다. 사실 어떤 연구자들은 '자아 형성(selving)'의 개념을 "개인의 경험 안에서 구성하고, 통합하고, 혹은 의미를 만드는 역동적이며 순환적인 과정"(Markus, Mullally & Kitayama, 1997: 14)이라고 말한다.

b) 자아는 사회-문화적인 요인들에 의해 매우 강하게 결정될 수 있으므로, '자아'가 문화나 민족성에 상관없이 모든 학습자에게 동일하게 구성된다고 가정할 수 없다. 우선 로슈(Rosch)에 따르면 아시아의 철학에서는 자아가 세계와는 분리된 것으로 존재한다고 여기지만, 대부분의 서양 철학에서는 그렇지 않다고 한다. 게다가 명상을 하는 사람들에게 '사적인 자아'와 같은 개념은 전혀 존재하지 않는다고 말한다(Markus, Mullally & Kitayama, 1997). 사실 이는 명상을 실천하고 있는 사람들도 결코 완벽하게 도달할 수 없는 목표다. 하지만 자아와 '자아 형성(selving)'이 다른 종교 혹은 다른 철학적 전통 속에서 매우 다른 방식으로 개념화될 것이라는 가능성을 염두에 둘 필요는 있다.

추론하자면, 사람은 어쩌면 '자아 형성(selving)'이라는 말 이외에도, 경험을 구성하는 사회적 과정을 위한 '공동체 형성(togethering)'과 '타자화(othering)'—가장 부정적인 측면에서 그것은 열등하거나 우월하고, 개선되어야 하며, 가짜이거나 멸시받고 있으며 억압되어 있다는 등의 고정된 관점에서 다른 사람들을 분류한다—와 같은 개념을 만들어 낼지도 모르는 일이다(Riggins, 1997 참조).

퍼스, 바흐친, 비고츠키, 비트겐슈타인을 비롯한 많은 이가 밝혔듯이, 만약 우리가 자아를 개인적인 것이 아닌 사회적 산물로 본다면, 다른 문화에 따른 다양한 자아의 개념들이 조화롭게 수렴될 수 있다. 마음과 자아 둘 다 신체의 일부로 속해 있지는 않다(물론 '신체화되어' 있기는 하지만 말이다). 이 둘은 의미 형성, 사회 활동, 관계, 접속, 만일의 사태, 습관과 추측이 신체의 안팎에 닻을 내리고 내·외부적으로 내보이는 복잡한 연결망이다. 사실 '내부'와 '외부'의 개념은 그리 명확한 의미를 가지고 있지 않다. 이는 롬 하레(Rom Harré, Harré & Gillett, 1994), 존 쇼터(John Shotter, 1993), 데릭 에드워즈(Derek Edwards, 1997)를 비롯한 다른 이들이 말하였듯이 자아, 마음, 태도, 동기 등은 담론적으로 구성되어 있으며, 다른 대상들과의 상호 관계 안에서 형성·발전·유지되기 때문이다.

모든 발화에는 음성이 필요하다. 다른 사람의 목소리가 또 다른 사람의 목소리에 영향을 주겠지만, 특히 대화나 권위 있는—즉, 인증되고 자율적인—목소리를 요구하는 다른 장르에서는 여전히 화자의 목소리와 연계성을 가져야 한다. 학생들이 학업을 통해 그러한 목소리를 가지기는 어렵다. 모든 학교 교과는(특정 과학 분야에 바탕을 둔) 고유의 담론적 실행, 즉 장르를 지니고 있다. '교과의 방식'으로 말하기(또는 쓰기)는 학생들이 그들 자신의 언어공동체 일원으로 스스로를 지각하는 것과 충돌할지도 모른다. 과학 실험을 제시하는 적절한 담론을 사용하는 것 혹은 X 나라의 원어민들이 하는 것처럼 외국어를 발음할 수 있는 것이 '좋은', 심지어 '멋있는' 수준이 되기 위해서는 얼마나 걸릴까? 그것은 쉬운 질문은 아니지만, 모든 학교 교사가 직면하는 것이기도 하다. 그것은 특정 관계 집단, 담화 공동체, 혹은 대립적 문화의 문제만은 아니며(비록 이러한 것들이 강력한 역할을 하지만), 근본적으로 학생들이 그렇게 발음하길 원하는지에 대한 딜레마다. 자기 스스로 그런 발음을 하도록 만들 수 있을까? 혹시 어울리지 않는 단어와 표현으로 진짜 바보처럼 발음하고 있지는 않은가?

일례로 멕시코 이주 농장 노동자를 만난 적이 있다. 필자는 그들의 시민권 신청을 위해서 영어를 가르치고 있었다. 기본적으로 그들은 100가지 질문의 대답을 외워야만 했다. 예를 들어 질문은, "미국 국기의 색깔에는 무엇이 있는가, 미국 대통령은 누구인가, 정부의 중심이 되는 세 가지 부처는 무엇인가?" 등과 같은 것들이다. 여기에 대한 대답은 간단하고 충분히 말할 수 있을 만큼 짧고 암기할 수 있는 것이다. 하지만 이와 더불어 그들이 영어를 일상생활에서도 사용할 수 있기를 원할 것이라는 이상적인 개념도 있었다. 이를테면 가족이나 일에 대한 이야기, 고국 멕시코와 그곳에서의 삶에 대한 이야기 등이 이에 해당한다. 하지만 그들은 종이 위에 무엇이 적혀 있든지 또 그것이 무엇을 의미하든지 간에 단지 100가지의 질문을 기계적으로 암기하였다.

어느 날 저녁 미구엘(Miguel)을 만났다. 우리는 한동안 그를 보지 못했었다. 그는 약간 의기소침해 보였다. "¿ Qué pasó, pues, Miguel?(무슨 일 있어, 미구엘?)" 그는 산호세에서 진행된 시민권 인터뷰에서 실패했다. 그는 다른 이들과 마찬가지로 100개의 답을 부지런히 연습했지만, 이민국에서는 그를 앉히더니 가족의 안부와 어디에서 일하는지 등을 물었고, 그는 불안감 때문에 할 말을 잊었기에 결국 한마디도 할 수 없었다. 그는 수사관을 쳐다보면서 놀라서 말이 안 나왔고 겁을 먹었다. 시민권 수업에서 몇 달 동안 그렇게 열심히 연습한 어떤 형태의 말도 할 수 없었던 것이다. 수사관이 그에게 한 번 더 기회를 주며 충성의 맹세를 말해 보라고 했을 때, 그는 미국인이 가슴에 손을 얹는 관습 대신 멕시코에서 하듯 그의 팔을 바깥쪽으로 뻗었다. 이에 수사관은 이 불운한 미구엘을 낙제시킬 수밖에 없다고 생각했을 것이다. 아마 그가 언어적 부적격자일 뿐 아니라 멕시코의 국수주의자 성향을 가졌다고 의심했을지도 모른다.

이런 일화를 들은 후에, 멕시코의 학생들은 영어 회화를 열심히 연습하기 시작했다. 그들은 미국이나 멕시코에 있는 가족, 학교에 다니는 아이들, 직장 문제, 운동 등에 대해서 이야기하려고 노력하였다. 이전에는 100개의 질문에 맞지 않아서 불필요하다고 여겼던 다른 주제에 대해서 필자와 다른 사람들에게 영어로 말하는 시도를 지속하였다. 영어로 잡담하는 것이 그 자체로 충분한 목표라든지, 나라의 좋은 시민이 되기 위한 일종의 시교라든지, 혹은 영어가 스페인어를 대체해야 함을 말하려고 하는 것이 아니다. 사실 어떤 이는 실생활 기술, 직업 기술, 육아 기술 등과 같이 좀 더 실질적이고 실용적인 교육과정 목표가 확립되기를 바랄 수도 있다. 하지만 시민권 인터뷰를 앞두고 있는 사람들은 그 시점에서 100개의 질문 목록 이외의 것들에 대해서는 관심을 가지지 않는다. 동시에 그 목록은 이민자들로 하여금 부지런히 공부할 수 있게 하는 수단인 반면, 한편으로는 목소리(voice)에 투자할 기회를 막는 거리감 있는 장치이기도 했다. 따라서 어떤 언어 프로그램이든지 그 장기적인 목표는 자신의 목소리를 찾는 것, 곧 자신의 정체성이나 '역할'(비고츠키의 용어, Kramsch, 2000: 151 참조)을 구성하고 입증하는 것이어야 한다. 이를 통해 새로운 언어와 자아를 연결할 수 있다. 곧 대화를 통해 가능한 것이다.

실용성에 기인한 동기, 즉 언어에 대한 필요성이나 유용성이 언어의 기능을 발달시키기 위한 유일한 원동력은 아니다. 보니 노튼 퍼스(Bonny Norton Peirce)는 캐나다에 이민 온 다섯 명의 여성에 대한 연구를 통해 언어 학습 맥락에서 중요한 몇 가지 조건을 밝혀냈다(Norton Peirce, 1995).

- 목표 언어 공동체로의 접근성
- 권력의 관계와 공평한 사회구조
- 사회적 정체성에 따라 구성되는 언어
- 말할 수 있는 기회와 권리
- 투자: 변화하는 사회와 학습자의 관계로서의 동기
- 문화적 혹은 언어적 자본(Bourdieu, 1991)

노튼 퍼스는 "언어 학습자가 발화를 할 때, 그들은 목표 언어 발화자와 정보를 교환하는 것뿐 아니라 그들이 누구인지, 사회와 어떻게 관계를 맺어야 하는지에 대한 감각을 구성하고 재편성한다"(Norton Peirce, 1995: 18)라고 하였다. 목표 언어 환경에서 학습자가 언제, 누구와 대화할지를 항상 선택할 수 있는 것은 아니다. 그것은 접근성, 투자, 참여, 말할 수 있는 권리를 필요로 하기 때문이다. 부르디외의 언어적이고 문화적인 자본―물질적, 상징적 재화에 대한 차별적인 접근을 가정한다―의 개념으로 말하자면, 발화와 학습의 투자는 '투자 수익'(위의 책: 17)과 관련되어 있다. 물론 이는 생각만큼 간단한 문제는 아니다. 이익에 대한 장기간의 기대는 단기간에 일어날 수 있는 실패, 패배, 조롱 등을 이겨낼 수 없을지도 모른다. 필자는 이전의 책(van Lier, 1996)에서 뉴욕에 살고 있는 이민 여성의 예를 든 적이 있다. 그녀는 영어에 대한 콤플렉스 때문에 영어의 학습과 사용에 실패했다. 대신 그녀의 여동생과 중남미 출신의 남자 친구에 의존하고 있었다. 영어를 아는 것이 유리하다는 것을 알고는 있었지만, 그녀는 자신을 학습할 정도로 영리하지도 않고 이를 위해 노력하기엔 너무 소심하다고 생각하고 있었다. 단일 언어만 사용하는 주류 학습자들은 특수한 언어 환경을 좀 더 자세히 살피지 않고 성공한 학습의 사례와 단순히 비교하면서 '실패'의 이유를 게으름 탓으로 단정 짓는 경우가 있다. 그러한 실패는 언뜻 보기에 개인의 잘못이라고 할 수도 있지만, 사실 부분적으로는 사회적 상황에 따라 초래된 것이라고 할 수 있다.

목표 언어를 사용하는 나라에서 이민자 혹은 방문 학생의 자격으로 제2언어를 학습하는 일이 자아나 사회적 정체성 측면에서 어떠한 영향을 받는지 살펴보는 작업은 사실 간단하다. 이민자는 개념적·사적·확장된 자아의 복잡한 개념을 갖고 현지에 도착하지만, 새로운 생태학적·대인관계적 자아와 마주하게 된다. 모국어 발달에서는 인지된(생태학적·대인관계적) 자아가 먼저 발달한 다음 다른 자아가 점차 발달된다. 하지만 이러한 새로운 환경에서는 인지된 자아와 형성되는 자아가 자연스럽게 결합되지 않는다. 문화 충격과 언어 충격(Agar, 1994), 충격에 따른 침묵, 인지된 외부 세계와 경험한 내부 세계 간의 투쟁 등과 같이 인지된 자아와 형성되는 자아는 매우 격렬하게 충돌한다. 이와 같은 외부와 내부의 충돌은 성공적인 제2언어 습득을 위해서 반드시 해결되어야만 한다(더 다양한 예는 Pavlenko & Lantolf, 2000 참조).

이와 달리 우리가 살고 있는 환경에서 다른 언어('외국어')를 배울 때에는 전혀 다른 문제가 부각된다. 사회적이고 심리적인 거리(Schumann, 1978에 제시된 본래 용어)가 외국어 환경에서 중요한 역할을 하지 않는다는 점은 일반적으로 가정되어 있다. 하지만 우리는 제2언어와 외국어 학습을 구별하는 전통적인 관행이 모든 상황에 일률적으로 적용된다고 생각해서는 안 된다. 예를 들어, 목표 언어 집단의 의사소통에 참여하는 것(앞서 언급한 퍼스의 처음 두 조건)은 제2언어 환경과 마찬가지로 외국어 학습을 촉진하거나 방해할 수 있다. 목표 언어 환경에 존재한다는 사실만으로 접근성과 참여(혹은 교류와 투자)를 보장하는 것도 아니고, 외국어 환경에 있다고 해서 접근과 참여가 불가능한 것도 아니다(우선 우리가 어디에 가든, 전 세계의 인터넷, 매체, 공동체에서 다양성이 증가하여 수많은 언어에 직접적으로 접근하는 것이 매우 용이하게 되었기 때문이다). 생태 환경이 다르기에 조건과 역량이 다르다. 이에 따라 언어 학습에 접근하고 교류하며 참여하는 수단이 다르지만, 근본적인 문제는 그대로 남아 있다. 외국어 환경에 대하여 몇몇 연구자가 제시하였듯이, 외국어를 학습할 때 자아와 정체성의 문제가 중요한 역할을 한다. 예를 들면, 오타(Ohta, 2001)는 미국 내 일본어 사용에 대한 연구를 진행하고 있다. 크람시(Kramsch, 2000)는 문학 수업을 바탕으로 외국어를 통해 자아가 어떻게 구성되는지 조사하고 있다. 베트남 이민자와 미국에서 자란 그의 아들에 관한 이야기를 요약하면서, 외국어 수업에 참여하는 학생들은 내레이터, 작가, 해설자와 같은 다양한 역할을 수행하면서도 '실제적' 자아를 노출하지는 않았다는 것이다. 이와 관련된 더욱 다양한 논의는 랜톨프(Lantolf, 2000)와 노튼(Norton, 2000)에서 찾아볼 수 있다.

4. 정신, 의식, 인지

··· 정신은 뇌 안에 있는 특정한 대상이 아니다. 의식과 정신은 사회적으로 결합된다. 그것이 정신 본연의 역학이다.
— Maturana & Verela, 1992: 234

비고츠키의 작업은 의식의 개념에 관한 폭넓은 연구로서 심리학적이면서 철학적인 연구다. 다음은 레온티예프가 비고츠키의 입장을 설명한 것이다.

의식은 처음부터 주어지지도 않고 선천적으로 만들어지지도 않는다. 의식은 사회의 산물이며 이것은 만들어진다. ··· 따라서 내면화의 과정은 외부 활동이, 이미 존재하는 내부의 '의식의 날개'로 전이되는 것이 아니다. 그것은 이 날개가 형성되는 과정이다(Leontiev, 1981: 56-57; Bakhurst & Sypnowich, 1995: 6에서 인용).

이와 같은 의미의 맥을 지닌 또 다른 진술은 툴민(Toulmin)의 아래 내용에서 알 수 있다.

어원학적으로 '의식(consciousness)'이라는 용어는 학문적 용어다. 단어 가운데에 있는 '-sci-' 라는 라틴 접사는 이를 증명한다. 하지만 접두사 con-은 무엇인가? 로마법에 있는 용어의 용법을 보면 그 답은 쉽게 찾을 수 있다. 함께 행동하는 둘 혹은 그 이상의 행위자들—공통의 의사를 형성하고 계획을 세우고 그들의 공동 행동을 취하는—은 결국 의식자들이다. 그들은 서로의 계획을 인지하면서 행동한다. 그들은 공동으로 이해하면서 행동한다(Stephen Toulmin, 1982: 64; Shotter, 1993: 16에서 인용).

정신이나 자아와 유사하게, 의식은 전통적으로 우리 몸 안에 포함된 어떤 것, 즉 개인의 소유물로 간주되어 왔다. 동양에서는 의식을 심장이나 위(胃)와 같은 장소에 있다고 생각하기도 하지만, 서양에서 의식은 분명히 뇌에 위치한다. 우리가 유물론의 입장을 취하면서 의식의 존재를 전적으로 부인하지 않는다면 말이다.

이제는, 위 진술에서 볼 수 있듯이, 의식을 사회적 산물로 보아야 한다. 비고츠키와 툴민의 방식을 비롯하여 역사적으로 많은 사상가도 이를 언급한 바 있다. 서양에서는 스피노자, 비코, 퍼스, 바흐친, 비트겐슈타인 등이 이에 해당한다. 이들은 사회적 구성주의와 같은 궤를 형성하고 있다. 미국,

아프리카, 오스트랄라시아,* 아시아 등에 속한 대부분의 나라에서는 개인의 정신과 의식이 세계로부터 분리된다는 점을 항상 반대해 왔다.

필자는 이전의 책(van Lier, 1998)에서 언어 학습이 사회와 의식의 상호 작용을 통해 일어난다고 한 바 있다. 만일 의식과 정신을 뇌 안에 존재하는 독립된 대상이 아니라 사회적 산물로 간주한다면, 언어가 잠재적으로 혹은 무의식적으로 습득된다는 진술은 전혀 맞지 않는다. 우리가 '학습'하는 동안 머릿속에서 무슨 일이 일어나는지 확실하게 알지는 못하지만, 그렇다고 해서 학습이 무의식적으로 일어난다는 사실은 타당하지 않다. 예를 들어, 테니스에서 서브를 할 때 팔꿈치 안에서 무슨 일이 일어나는지 모르기 때문에 테니스를 무의식적으로 배운다고 말할 수 없는 것과 같은 논리다.

정신과 의식은 세상에서의 사회적 활동의 결과로 발달되며, 학습은 세상에서의 더 복잡하고 효과적인 ('더 나은'은 물론 다소 감정적인 용어일 것이다) 활동을 통해서 구성된다.

흥미롭게도 비고츠키는 의식이 감성과 지성의 연합이기에 둘 중 하나가 없으면 의식이 일어나지 않는다고 하였다. 저명한 신경과학자 다마지오의 책 『사태에 대한 감각(The Feeling of What Happens)』(1999)은 이러한 주장에 힘을 더 실어 주었다. 곧 인지와 감정은 매우 밀접하게 관련되어 있다는 것이다.

인지적 활동은 물론 언어 발달에서 매우 중요하다. 언어의 인지적 역할을 간과하면 생태학적 접근도 의미가 없다. 다만 하레와 질레트가 "첫 번째 인지 혁명"(Harré & Gillett, 1994: 8)이라고 부르는 초기 인지주의자의 주장에는 반대해야 한다. 이 접근은 환경을 무시했고, 이는 촘스키의 보편

....

* 오세아니아의 서남부인 오스트레일리아·태즈메이니아·뉴질랜드 및 남태평양 제도를 통틀어 이르는 말.

문법에서 언어를 순수한 정신적 산물로서 인지하도록 했다.

나이서는 인지 연구가 두 가지 주제를 가지고 있는데, 이는 "안팎으로 엮어 가는 두 가지 중요한 주제를 가진 한 곡의 음악과 같다"(Neisser, 1992: 339)고 하였다. 나이서의 논의는 첫 번째와 두 번째 인지 혁명에 두루 걸쳐 있으면서 한쪽에서 다른 쪽으로의 이동을 보여 준다는 점에서 흥미롭다. 그렇기에 두 관점 모두 유지하면서, 어느 한쪽의 관점으로만 치우치는 것을 피한다. 그는 1967년에 인지심리학을 주제로 하는 첫 번째 중요한 교재를 썼지만, 1980년대 이후에는 생태학적 심리학에서 다양한 주제(이 장의 주요 주제인 자아에 대한 그의 이론과 같은)를 탐구해 오고 있다. 제롬 브루너(Jerome Bruner)는 이러한 인지 연구의 두 관점을 조사해 온 철학자이자 심리학 연구자라고 할 수 있다.

첫 번째 인지 혁명은 정보 처리, 정신의 재현, 스키마, 계산적 두뇌 처리이다. 여기에는 촘스키를 포함해서 브루너, 밀러, 프리브람(Pribram), 노먼(Norman, 최근에 행동유도성을 연구한 사람), 생크(Schank), 패퍼트(Papert), 민스키(Minsky) 등이 해당한다(Gardner, 1985 참조). 이들 중 상당수는 초기에(1960년대) 정신과 뇌의 주요한 상징은 컴퓨터라고 한 정신-뇌 컴퓨터 모델링에도 관여하였다. 실험은 주의, 기억, 처리 유형과 수준, 스키마 형성 등에 집중되었다. 그리고 교육의 주된 목적은 선행 조직자의 사용과 텍스트의 이해력을 향상시키도록 고안된 스키마-형성 전략의 주입에 있었다.

빌헬름 분트(Wilhelm Wundt) 시절 이래로 심리학에서 흔히 그래왔듯, 실험은 대부분 철저하게 통제된 실험실에서 진행되었다. 미국의 초기 생태 지향적 발달심리학자들 중 한 명인 브론펜브레너는 그와 같은 실험을 비난하였다.

현재 존재하는 발달심리학의 대부분은 짧은 기간 동안 이상한 어른들과 이상한 상황에서 아이들의 이상한 행동을 연구하는 과학이다(Bronfen-brenner, 1979: 19).

두 번째 인지 혁명은 비트겐슈타인의 후기 연구 가운데 특히 『철학적 탐구(Philosophical Investigations)』(1958)에 많은 영향을 받았다. 하지만 이 혁명은 우리가 언급한 비고츠키, 퍼스, 바흐친 없이는 일어나지 않았다. 하레와 질레트는 이 혁명의 주요 특징을 다음과 같이 정리하였다(Harré & Gillett, 1994: 27).

1) 많은 심리 현상은 담화의 특성 또는 그 기능으로서 해석되며, 이때 담화는 공적이거나 사적인 것이다. 공적으로 담화는 행동이며, 사적으로 담화는 사고다.
2) 사고를 구성한다는 입장에서, 상징적 체계의 개인적 사용은 인간 환경의 주요 특징인 대인관계적 담화 과정으로부터 유도된다.
3) 담화에서 감정, 의사 결정, 태도, 성격 표현 등과 같은 심리 현상의 표현은 행위자의 기술, 공동체 안에서의 도덕적 입장, 그리고 대화 상황에 따라 결정된다.

정리하면, 언어는 사회 활동과 인지의 상호작용 속에서 존재하며 행동의 인지적 측면과 사회적 측면을 중재한다.

5. 자아: 현재의 자아, 과거의 자아, 미래의 자아

지금까지 살펴본 것처럼 자아는 사회적으로 구성된다. 이는 정체성의 개념과도 밀접하게 관련되어 있다. 많은 심리학자는 자아와 정체성을 동일한 구성체로 여긴다(Giddens, 1991). 반면에 윌리는 자아를 일반적이고 보편적인 표현(인간의 독창적인 성질을 특징짓는 모든 것들)으로, 정체성을 개인 밖과 안에서 모두 나타나는 사회적 과정으로부터 구성되는 자기 개념으로 보았다(Wiley, 1994: 1). 이는 자아와 정체성을 일반성의 정도의 차이로 본 것이다.

자아와 정체성을 구분하는 또 다른 방법은, 자아를 한 개인의 개인사로서, 계통 발생의 관점에서 인류의 구성원으로서, 개체 발생의 관점에서 특정 개인으로서 여기는 것이다. 그리고 정체성은 이러한 개인이 세계에 자기 자신을 놓고, 그 세계에서 몇몇 인식 가능한 방법으로 행동하기 위해 자신을 투영한 것이라고 보았다. 따라서 정체성은 자아의 투영이자 투사다. 정체성은 내·외적으로 다양한 요소들을 포함하고 있기 때문에 한 개인이 속한 사회 환경과 밀접하게 관련되어 있다. 가족과 기관들을 포함하여 사회 그룹의 일원으로 개인적 정체성은 집단 정체성의 일부분이라고 할 수 있다. 곧 인종, 종교, 학급, 성별 등과 같은 특성 안에서 정체성은 중요한 역할을 한다. 정체성이 작용할 때, 그것은(그리고 개인은 사회적·정치적·제도적으로 규정된 몇 개의 정체성을 가질 수 있다) 정도의 차이는 있지만 개인의 자아 개념을 조절한다. 이와 같은 이유에서 정체성은 교섭되거나 경쟁되며, 어느 정도의 변화도 겪는다. 정체성은 안정적이거나 불안정할 수 있다. 또한 정체성은 파괴될 수도 있고 투쟁과 저항의 장소가 될 수도 있으며, 자아와 사회의 갈등을 조장할 수도 있다.

초기 실용주의자들인 퍼스, 제임스, 듀이, 미드에게는 자아가 대화적·사회적 산물이었다. 자아는 주변 사람들과의 대화에서 시작되었다. 이에 대하여 윌리는 "내적 삶은 대인관계적 대화의 연속이었다"(Wiley, 1994: 9)라고 하였다. 미국의 실용주의자와 러시아의 연구자들을 비롯한 다양한 연구자들—특히 비고츠키, 바흐친, 루리야, 레온티예프—등의 관점도 여기에 융합되어 있다. 자아, 정신, 언어, 그리고 의식에 대한 대화적 관점은 러시아와 미국에서 거의 동시에 나타났다. 물론 각기 독립적으로 발전되기는 하였다.

일반적으로 퍼스가 개인적 관점에서 기호 현상을 강조하였다고 추정되지만, 기호를 사회적 상호작용의 범주로 가져온 사람은 미드다. 하지만 윌리는 퍼스의 대화적 견해에 관한 몇 개의 구절을 인용하면서 그렇지 않다는 것을 보여 주기도 하였다(Wiley, 1994). 퍼스는 그의 기호 현상 도식의 중심에 언어를 놓지 않는다. 언어는 단지 하나의 요소에 불과하며 많은 시스템 중 하나일 뿐이다. 그럼에도 그가 언어에 대하여 말할 때, 이를 반드시 강한 생태학적·대화적 용어들로 표현하였다.

퍼스와 미드(둘 다 실용주의에 찬성하지만 서로 독립적으로)가 제기한 기호의 자아는 매우 다양한 기호 현상, 즉 의미 구성의 과정들로 이루어져 있다. 그러므로 이는 인간의 다양성과 다양하게 투영된 정체성을 설명하며, 곧 나이서의 다섯 가지의 자아—인지된(생태학적·대인관계적), 개념적, 확장된, 사적인 자아—에 의거한다.

퍼스는 기호의 자아에 대하여 'I'와 'you' 요소로 설명한다. 그것은 현재의 'I'와 머지않은 미래에 투영될 자아의 'you'다. 한편 미드는 기호의 자아를 현재의 'I'와 과거 자아의 'me'로 설명한다. 그러므로 퍼스와 미드는 자아에 대하여 각기 반대의 시간 방향으로 개념화한 것이다. 곧 퍼스는 현재-미래, 미드는 현재-과거로 개념화하였다.

퍼스가 말한 기호학의 삼원론적 과정, 즉 기호(표상체)-대상체-해석체는 역동적이면서 영구적인 움직임 속에 있다(Colapietro, 1989; Wiley, 1994). 우리가 보았듯이, 기호라는 단어는 두 가지 의미를 가지고 있다. 첫째는 삼원 요소 전체를 말하는 것이고, 둘째는 첫 번째 요소인 기호를 나타내는 것이다. 이는 다소 혼란스럽기 때문에 모호함을 피하기 위해 표상체라는 단어를 종종 사용한다(혹자는 소쉬르의 '기표'를 사용하기도 하지만, 이는 언어학적 용어에 국한된다). 표상체는 구어나 문어를 지칭할 수도 있는데, 그것 자체로 사고나 개념을 의미한다. 이에 따라 기호의 3요소는 '사고-대상체-해석체' (Wiley, 1994: 14)로 표현되기도 한다. 윌리는 이를 다음과 같이 설명한다.

> 기호[표상체]와 해석체는 대상체를 언급하는 대화적 관계에 놓여 있다. 게다가 어떤 경우에는 해석체가 그다음의 기호[표상체]가 되기도 한다 (Wiley, 1994: 14).

콜라피에트로는 퍼스와 미드의 대화적 자아의 개념을 결합하여 아래와 같은 세 가지 범주로 구분할 것을 제안하였다(Colapietro, 1989).

현재	과거	미래
I	**me**	**you**
기호	대상체	해석체

> 미래의 자아(you)를 획득하기 위해 과거의 자아(me)를 해석하는 현재의 자아(I)가 존재한다. 이처럼 자아는 항상 자기 해석의 과정 속에 놓여 있다 (Wiley, 1994: 14).

윌리는 여기에서 더 나아가 자아가 세 단계를 지니고 있다고 주장한다. 이들 세 단계는 언어 학습자가 자신만의 목소리를 발달시키기 위해서 상호 연결되어야 함을 주장한다. 이를 제시하면 아래와 같다.

1. 사고.
2. 체계적 복잡계로서의 기호, 예를 들면 인종, 학급, 성별 혹은 성적 정체

성, 자기 개념.

3. 현재-미래-과거 자아의 구조에 따른 기호 현상을 이해하는 포괄적 능력(Wiley, 1994: 15).

자아에 대한 실용주의자들의 개념은 민주적이고 자발적이며 평등주의적이다. 그래서 이러한 자아 개념은 19세기 후반의 사회적 다위니즘*—인종적 불평등, 정당화된 노예, 파시즘의 근원을 포함하는 가정들에 바탕을 둔—에 성공적으로 맞설 수 있었다(Wiley, 1994). 실용주의자들의 자아는, 주기적으로 미국의 시대정신으로 떠올라 때때로 실용주의와 똑같이 취급된 개인주의나 공리주의의 개념으로 혼동해서는 안 된다.

제임스가 공리주의 철학자 스튜어트 밀을 위대한 영웅으로 존경한 것은 사실이지만, 제임스의 실용주의와 퍼스, 미드, 듀이의 실용주의는 큰 차이가 있다. 사실 퍼스는 한때 그의 제자 제임스가 내린 실용주의에 대한 해석에 방해를 받아 자신의 이론을 '실용적주의(pragmaticism)'라고 고쳐 부르기도 하였다. 다만 이 명명은 인용되지 않을 정도로 가치가 없다(Apel, 1981: 82).

따라서 퍼스의 실용주의(넓은 범위에서 미드, 모리스, 듀이의 실용주의)를 제임스 혹은 다른 이들(이들 중 일부는 이후에 스튜어트 밀의 본래 철학을 많이 벗어난 투박한 공리주의와 실용주의를 결합했다)의 실용주의와 동일시해서는

....

* 이 용어는 찰스 다윈(Charles Darwin)이 1819년에 발간한 저서 『종의 기원(On the Origin of Species)』에서 확립한 원리를 사회에까지 적용하고자 한 학설을 지칭하는 것으로, 20세기 초에 사용되었다. 기본 원리는 도태 과정을 지배하고 있는 유전에 의해 각각의 변이가 전달되고 있다는 것이다. 다윈의 경우, 적자생존은 특정의 소질을 계승하는 자손이 얼마나 많이 남아 있는가의 문제다. 사회적 다윈주의에서는 이 과정이 최적자생존의 과정으로 나타나지만, 그 과정은 환경론에 바탕을 두고 있다. 즉, 최적자가 살아남는 것이다. 도태가 인간에게도 작용되는 증거는 많이 있지만, 다윈이 말하는 종에 상당하는 사회적 단위를 결정하는 것은 어려운 문제다[고영복(2000), 『사회학사전』, 사회문화연구소].

안 된다. 또한 퍼스의 실용주의를 개인주의(에인 랜드*의 개념과 같은)나 요즈음 대두되는 신보수주의와도 혼동해서도 안 된다.[3]

기업 시장, 국제적 헤게모니, 교육의 상품화 등에 '실용적인'(즉 공리주의적인) 접근을 하는 것은 퍼스의 실용주의 혹은 실용주의 철학의 원래 신조와 전혀 관계가 없다. 실용주의에 대한 퍼스의 개념은 기호의 대화적 속성에 의해, 해석체의 공동체가 생산해 낸 지식의 관점에 의해, 그리고 실제 세상, 인간의 이성, 또는 일상의 상식(그가 가끔씩 '비판적 일반 감각'이라고 부르는 것)에 바탕을 둔 기호 현상의 필요성에 의해 특징이 만들어진다.[4]

자아의 기호 구조는 모든 인간에게 동일하다. 인간 정체성은 맥락 의존적이어서 인종, 성별, 종교, 정치에 따라 다양한 문화적 해석을 초래한다. 정체성에는 사회적·제도적·정치적 고려와 권력이 적용된다. 따라서 유전적이라기보다는 환경적이며, 이에 따라 불평등한 정체성 개념이 형성될 수도 있다.

이러한 점은 교육 정책을 수립할 때 매우 중요하다. 만약 인간의 자아가 모든 경우에 동등하다면(미국 헌법이 주장하듯 '평등하게 창조된다면'), 그 차이는 오직 환경에 의해 만들어진다. 한 교실의 학생들은 다른 배경, 가령 시골, 도시, 인종, 성별, 경제적 수준 등이 서로 다르다. 그런데 우리는 높은

....

*   에인 랜드(Ayn Rand)는 러시아 태생의 미국 철학자이자 소설가다. 에인 랜드의 매력은 흑백논리라고 부를 수 있는 극단적이고 절대적인 신념을 갖고 있다는 데에 있다. 인간은 반드시 이성에 의해 존재하고 이성에 따르지 않은 행동은 비도덕적이라고 한 것이다. 특히 '박애'를 비도덕적 행위로 규정하면서 개인주의의 극단을 보여 주었다고 하겠다(네이버 해외 저자 사전: http://terms.naver.com/entry.nhn?docId=2267929&cid=44546&categoryId=44546).

3   다른 과학적이고 심리학적인 관점으로부터 촉발된 퍼스 연구로는 케트너(Ketner, 1995)를 들 수 있다. 그리고 역사적 관점에 기인한 것은 메난드(Menand, 2001)에서 살펴볼 수 있다.

4   이 지점에서 그의 생각은 비코의 그것과 굉장히 유사한데, 물론 정확하게 그 유사한 점을 언급하기는 어렵다. 그럼에도 확실히 비코와 퍼스는 데카르트의 이분법(육체와 정신의 구분)과 반사회적 합리성을 예리하게 비판하였다.

수준의 자아 개념을 가져야 한다고 강요한다.

아직도 전 세계의 학교에는 집단에 따라 차별적 기대의 풍조가 존재한다. 이러한 차별적 기대[매우 많은 경우에서 자기충족적 예언(self fulfilling prophecies)*으로서 기능한다]는 (공공연하게 혹은 은연중에) 어떤 집단이 다른 집단보다 더 낫거나 못하다는 암시를 준다. 따라서 명시적이거나 암묵적으로 차별의 관행을 제도화하고 만다. 교육의 열등 그룹이 겪는 불가피한 실패는 그들이 극복할 수 없는 (종종 설명할 수는 없지만, 인종적이거나 유전적인) 무능력의 탓이 된다. 생태학적 기호학의 관점은 이러한 유형화에 절대적으로 반대한다. 차별이 아닌 평등을 유지할 것을 주장한다.

주지하다시피 (사회적 다위니즘과 함께) 19세기 후반 이래 IQ의 차이는 생물학적 요인(인종, 성별 등) 때문에 생기는 것이라고 생각했다. 그리 오래되지 않은 이것의 악명 높은 사례는 리처드 헤른스타인(Richard Herrnstein)과 찰스 머레이(Charles Murray)의 『벨 커브(The Bell Curve)』(1994)인데, 여기서 그들은 IQ의 차이가 인종적 차이에서 기인한다고 주장했다. 그런데 기호의 자아에 대한 실용주의적 관점에 따르면 IQ의 차이는 생물학적 차이가 아니라, 사회적으로 생산된 정치적인 정체성 수준의 불평등 때문에 생긴다. 물론 이는 인종, 성별, 그리고 다른 요인들과 중복될 수도 있기에 오류를 범할 수도 있다. 이러한 유형화 혹은 범주화는 교육에 있어 지양되어야 한다. 교육자들은 이들을 상쇄하기 위해 노력해야 한다. '범주(category)의 어원이 '공개적으로 비난하라'라는 의미의 그리스 단어 'kategorein'임을 기억할 필요가 있다.

기호의 자아와 정체성의 개념은 학습과 같은 사회적 활동의 관점을 내

....

* 타인이 기대와 믿음을 가지면 결국 기대되는 방향으로 성취를 이룬다는 뜻으로, '피그말리온 효과'라고도 한다.

포하고 있다. 교실 안에서 그 실용적 적용을 통해 이를 확인할 수 있다.

　제2언어 혹은 외국어(여기에 외국어를 추가하고자 하는데, 이는 외국어 환경의 맥락이 다를 수 있기 때문이다.[5]) 학습에서 중요한 변수는 '목소리'다. 사람이 지니고 있는 목소리는 발화의 세 가지 측면을 반영한다. 그것은 '사고, 정체성, 자아'다. 이 세 가지 가운데 하나라도 없어지면 목소리는 힘을 잃는다. 이민자들 혹은 외국어 학습자들은 목표 언어의 환경에서 실제적 목소리(van Lier, 1996; Kramsch, 1998 참조)를 확립하기가 무척 어렵다. 그것은 사고와 정체성, 그리고 자아가 상충되기 때문이다. 자아는 나이서가 설명한 다섯 개의 자아에 눌러싸여 있는데, 낯선 환경과 인이 때문에 상충되는 정체성이 나타난다. 학습자들은 외국어로 말을 할 때 자신의 온전한 생각을 모두 표현할 수 없다고 한다. 좀 더 사실적으로 말하면, 스스로 외국어를 자연스럽게 발음할 수 없다는 것이다. 새로운 나라, 문화, 언어에서 자신에게 부여된 정체성은 그들 사고와 자아 사이의 벽을 형성한다. 그 결과 외국어로 발화하기 어렵게 되는 것이다. 에바 호프만(Eva Hoffman)은 이를 가리켜, "번역에서 길을 잃었다"(1989)라고 표현한 바 있다. 어쩌면 외국어 사용을 생존이나 실용적인 관심사들로 (앞서 언급한 이민자들의 100개 질문과 암기) 제한할지도 모른다. 이렇게 되면 사고와 자아, 그리고 모국어를 통해 지인에게 드러내었던 사적 정체성의 영역에 도달할 수 없을 것이다.

　만약 이것이 진정 사실이라면 교사와 학습자는 중대한 과제에 직면하였다고 볼 수 있다. 그 과제란 사고와 자아의 관계에서 새로운 언어를 인정하고, 새로운 정체성과 기존의 정체성을 양립하게 하는 것이다. 이를 위한 방법은 이미 존재하는 상충되는 정체성과 모순되는 담화를 부정하지 말고

5　만일 외국어가 특정 환경에서 공통적으로 사용될 수 없다면, 학습에서의 투자라는 개념은 꽤 달라질 것이다. 특히 발화의 일차성은 존재하지 않을 것이다.

오히려 이들을 역량 강화의 수단으로 새롭게 바라보는 것이다(bell hooks, 1989의 후속 연구인 Canagarajah, 1999). 노튼 퍼스는 캐나다의 이민 여성들을 통해 이러한 점을 보여 주기도 하였다(Norton Peirce, 1995; 2000). 우리는 사고와 정체성, 그리고 자아가 결합될 때 비로소 제2언어를 말할 수 있다. 그것은 새로운 문화와 언어에서 기존의 정체성과 함께 정착할 수 있는 정체성의 발달을 의미한다. 분명 새 언어에서는 실제성과 목소리를 위한 끊임없는 투쟁이 존재한다(Hoffman, 1989). 이 주제에 대해서는 이후 7장에서 다시 살펴볼 것이다.

6. 언어 사용과 목소리

이 장의 마지막 부분에서는 생태학적 접근이 비트겐슈타인(1958; 1974; 1980)[6]의 언어에 대한 관점과 어떻게 관련되어 있는지 살펴보고자 한다. 이를 위해 그의 최근 연구에서 발췌한 진술문을 인용해 보고자 한다.

언어를 가지고 있다는 것은 공동체의 일원임을 의미한다.

그렇다, 무엇인가를 의미하는 것은 누군가에게 다가가는 것과 같다(1974: 157).

이해한다는 것은 '어떻게 되어 가는지'를 아는 것이다. 이해가 특별한 과정들(정신적 과정들을 포함해서)로 실현된다는 점에서, 이해는 정신적인 과정

....

6   이와 관련된 상당히 많은 정보는 비트겐슈타인이 수년간 진행한 작업의 성과를 통해서 얻을 수 있다. 필자는 비트겐슈타인의 저서를 대부분 갖고는 있지만 불행하게도 이들을 한데 연계하는 일은 아직 하지 못하고 있다.

만을 뜻하지 않는다(1958: 61e).

그러므로 사고를 정신적 활동으로 보는 것은 오류다. 생각하는 것은 본질적으로 기호를 다루는 활동이다.

이러한 진술들은 언어가 그것이 사용되는 맥락으로부터 고립될 수 없다는 사실을 말해 준다. 언어는 단어와 문장의 집합체가 아니라 사회적 활동이다. 비트겐슈타인에게 언어의 의미는 바로 언어의 사용에 있는 것이다.

같은 맥락에서 데이비드슨의 주장 "언어와 같은 것은 없다"(Davidson, 1986: 446)를 떠올려 볼 수 있다. 흥미롭게노 촘스키는 네이비브슨의 네비 이론(우리가 마주하는 지식)과 통과 이론(발화를 이해하기 위해 사용하는 진행 중인 절차)을 구별하는 데 동의하였지만, 그는 이를 '능력-수행'의 구별과 유사한 것으로 보았다. 데이비드슨은 이를 결코 고려하고 있지는 않았다(Chomsky, 2000: 67ff.). 그러자 촘스키는 다시 통과 이론이 언어적 발화에 관심을 두고 있지 않다고 비판하였다. 이 논쟁은 길어질 것으로 예상된다.

이와 관련하여 필자는 1996년에 출간한 저서에서도 언급한 바 있는데, 통과 이론은 언어를 세상 속에서의 과정과 발전의 관점으로 보기 때문에 언어학적으로 큰 관심을 받았다. 2장에서도 이를 간략히 다루었는데, 통과 이론은 한 쌍의 문제를 다룬다. 그것은 곧, 의도된 방식으로 담화를 이해하는 데 필요한 것과 누군가 의도한 방식으로 담화가 이해되는 데 필요한 것을 말한다. 이러한 문제는 언어 발달과 교실의 언어 학습에서 매우 중요하다.[7]

언어의 대화적 특징은 자신과 타인이 항상 담화 속에서 말하는 행위를 하고 있음을 의미한다. 학술 언어에서는 이와 같은 개인적 측면이 억제되

....

7   앞 장에서의 논의를 참고할 수 있다.

는 경향이 있기 때문에 언어는 순수한 정보나 법칙이 된다. 대신 자신과 타인에 대한 관점이나 광범위한 문화적 가정 혹은 관점들이 예시, 방백, 회피, 주장, 수사학적 책략 등을 통해 매우 자주 드러난다. 이때 중등학교 학생들에게 더욱 중요한 것은, 학술 담화의 사용이 젊은 사람들에게 정체성의 전환을 요구할지도 모른다는 사실이다. 히스가 주장한 바를 참고하면 더욱 그러하다.

그러한 담론의 형태가 지닌 용이성은 그룹 내에서 설명, 해설, 서술의 장르에 따라 이야기를 나누고 이해하는 의미 있는 역할을 할 복합적인 기회를 통해 확보된다. 극적인 즉흥곡에서부터 그림, 사진에 이르기까지. 따라서 어떤 교육과정이든지 학생들이 어른들이나 또래의 조언을 통해 협동적인 과정으로 해석을 발달시킬 아주 많은 기회를 보장해야 한다. 이는 사회화 과정에서 중요한데, 그러한 기회들이 동료들이 사용하는 특정한 담화형태와 진행 중인 이론을 입증하는 역할 모델을 보여 주기 때문이다. 예술은 이들 기회에서 손쉽게 사용된다. 연극을 위한 대본을 공동으로 쓰는 것 혹은 주어진 대본에 대한 해석, 학급의 벽화 계획하기와 그리기, 학교의 뮤지컬 축제를 위한 선전과 프로그램 디자인에는 협동 이론 구축과 전략 개발이 필요하다(Heath, 2000: 125).

학습자들은 과거와 현재의 사회적 자아와 정체성을 꾸준히 정립하면서 제2언어에 접근한다. 새로운 언어 학습에는 다양한 측면의 자아가 재교섭되고 재현되는데, 이들은 종종 충돌하기도 한다. 이것은, 물론 적용 맥락의 차이는 있더라도, 제2언어와 외국어 학습에 모두 해당한다.

교사는 의미 있는 활동 속에 언어를 포함함으로써 학생들이 새로운 언어로 자기만의 '목소리(voice)'를 발달시키는 것을 장려할 수 있다(그리고 모국어 학습자들은 모국어의 학술 언어 사용에서 똑같이 할 필요가 있다). 지금 여기에 집중하는 것은 언어의 지시적 사용이 먼저 형성된다는 장점을 가져다준다. 그리고 이것은 학생들이 그 언어로 생태학적·대인관계적 개념을 발달시키며 이를 바탕으로 그들은 '초언어적·초문화적' 자아를 형성할 수 있게 된다[호미 바바(Homi Bhabha, 1992)의 연구에서 묘사된 크람시의 '세 번째 장소'(Kramsch, 1993)에 따를 때 그러하다]. 그러므로 비고츠키의 용어로, 도구와 기호로서의 언어 사용이라는 대인관계적 의미는 상징적 의미와 더욱 높은 수준의 사회인지적 과정을 향한 디딤돌이 될 수 있다.

7. 정리

언어와 자아에 대한 논의에서 우선 다루어야 하는 것은 언어가 고정된 부호가 아니라는 점이다(Harris, 1996). 만약 언어가 고정된 부호라면 언어는 자아와 정체성과는 거의 상관이 없을 것이다. 언어는 의미를 형성하는 과정이다(할리데이의 용어에서는 의미 잠재성, 기호학자의 용어로는 기호 현상). 지금까지 살펴보았듯이, 언어는 끊임없이 구성되고 재구성되는 과정일 뿐만 아니라 내적인 대화의 과정이다. 이 대화성은 주로 바흐친과 관련되어 있지만, 퍼스로부터 미드(그리고 듀이를 포함하여)에 이르는 실용학자들까지 세 가지의 기호 요소에 근거한 기호론적 과정을 제안한 바 있다. 여기에서 기호의 삼원성은(소쉬르의 기표-기의 쌍과는 다름) 그것이 화자-청자 맥락에서 만들어졌든 아니든 간에 모든 기호를 대화적 기호로 바꾼다.

자아와 그의 정체성이 언어 사용에서 기호론적 과정과 어떻게 연관되어 있는지, 그리고 해석에 필요한 맥락적 요건들이 무엇인지를 설명하기 위해서, 세 가지 텍스트를 사용해 보았다. 볼로시노프에 따르면 맥락적 정보의 출처에는 다음 내용이 포함된다.

a) 공유된 물리적 배경
b) 공유된 배경지식
c) 공유된 상황 정의

첫 번째 과정은 쓰기와 읽기에서 간접적으로 중재되고[예를 들어, 바흐친의 시공성(chronotope) 개념을 사용하는 소설에서], 일반적으로 발화의 시간적·공간적 위치는 의미 형성을 위해 필요한 맥락적 요건의 범위와 종류를 결정한다. 두 번째는 확정된 자질로서 미리 존재하는 것이 아니라 대화 속에서 여러 방법으로 형성되는 것이다. 그리고 세 번째는 상호주관성(Rommetveit, 1974)의 형성과 공동의 행동을 위한 공유된 맥락 체계, 즉 활동 공간을 포함한다.

자아는 세상에서 한 사람의 위치를 형성하는 지속적인 과업으로 묘사할 수 있다. 신경과학자 스타인 브로텐(Stein Bråten, 1998)이 주장했듯이 '가상의 타인'의 신경 구조가 새로 태어난 아이의 뇌 안에 존재하고 이를 콜윈 트레바튼이 지지했다고 하더라도(Trevarthen, 1990), 자아는 태어날 때부터 존재하는 것이 아니다[다마지오(Damasio, 1999)의 원시 자아는 제외]. 이러한 관점은 (그리고 실용주의자들의 주장은 이와 같은 입장을 취한다) 아이들이 대화성을 '가지고 태어났거나' 혹은 대화성을 위해 특별히 '생성되었다'라는 사실을 나타낸다.

나이서는 인간이 다음과 같은 다섯 가지의 자아를 가지고 있다고 제안한다. 생태학적 자아, 대인관계적 자아(인지된 자아를 함께 형성), 확장된 자아, 사적 자아, 그리고 개념적 자아. 이 자아들은 아이들이 특별한 사회 환경 안에서 성장함에 따라 점진적으로 발달한다.

그리고 정체성은 사회적 그룹, 제도, 특정한 정치적 환경과의 상호작용 속에서 자아의 투사이자 투영으로 규정할 수 있다. 정체성은 내·외적으로 형성되기 때문에 개인과 그룹에게 투쟁의 장소가 될 수도 있다. 이것은 노튼 퍼스(Norton Peirce, 1995)가 캐나다 이민 여성들이 새로운 언어를 사용하는 환경에 있었던 사례를 연구한 것에서 설명될 수 있다(말할 수 있는 기회와 권리, 문화적, 언어적 자본에의 투자, 권력과 통제의 관계 등을 포함하여). 그것은 또한 학생들이 작가, 내레이터, 해설가일 때 그들의 목소리를 탐색하는 교실 수업을 연구하였던 크람시(Kramsch, 2000)의 논의에 의해서도 설명된다.

현재 인지과학(Harré & Gillett, 1994에서는 '두 번째 인지 혁명'이라 불렀다)을 지지하는 많은 사람이 정신과 의식을 뇌에 존재하는 것으로 보는 관점을 넘어, 이 모든 구성물(언어, 자아, 정체성을 포함하여)을 담화와 생활 공간에서 최소한 부분적으로나마 사회적으로 형성된 것으로 간주한다는 주장은 주목할 만하다.

콜라피에트로(Colapietro, 1989), 윌리(Wiley, 1994)와 같은 최근의 '신실용주의자들'은 퍼스와 미드의 다른 입장을 조합하여 기호론적 자아를 주장해 오고 있으며, 이들은 과거의 자아(me)와 미래의 자아(you) 간의 끊임없는 대화 속에 있는 현재의 자아(I)를 결국 창조해 냈다.

윌리는 세 가지 측면의 자아를 제시하고, 이것들이 모두 반영되는 것으로서 사람의 목소리(voice)를 제안했다. 그것은 '사고, 정체성, 그리고 자아'다(Wiley, 1994: 15).

a) 사고.

b) 체계적 복잡계로서의 기호, 예를 들면 인종, 학급, 성별 혹은 성적 정체성, 자기 개념.

c) 현재-미래-과거 자아의 구조에 따른 기호 현상을 이해하는 포괄적 능력.

    자아에 대한 실용주의자들의 개념은 민주적이고 자발적이며 평등주의적인 것이기에 그것은 19세기 후반에 사회적 다위니즘—내재된 인종적 불평등, 정당화된 노예, 파시즘에 근원을 두는 가정들에 바탕을 둔—에 성공적으로 맞설 수 있었다. 자아에 관한 전반적인 기호 구조는 모든 인간에게 동일하다. 반면에 정체성은 맥락과 좀 더 밀접하게 관련하여 결정되며, 인종, 성별, 종교, 정치에서 다양한 문화적 해석을 수반한다.

    언어 학습 영역에서 자아와 정체성의 개념은 최근에 상당한 관심의 대상이기에 이 분야의 주요 연구자들과 논문의 일부를 살펴보았다. 정체성은 사회적 관계를 통해서 형성되는데, 이는 행위자가 그의 신체와 행동과 아울러 환경적인 측면(물리적, 사회적, 상징적)도 인지하기 때문이다. 정체성을 형성할 때 중요한 요소(자아의 투영과 투사)는 자아와 타인 모두에 의한 언어 사용이다. 사실, 정체성과 언어는 상호적으로 구성된다. 따라서 발화는 단순히 메시지의 방출이 아니라 언제나 자아를 표현하는 행위이고, 바흐친과 에코의 연구자들이 말하는 '목소리'의 사용인 것이다. 그러므로 언어 학습에서 '정체성의 창발, 형성, 발달'은 제도, 교사, 학습자들 사이의 상호작용에서 매우 중요한 역할을 한다는 사실을 간과해서는 안 될 것이다.

언어 학습의 경로

06

1. 도입

이 장에서는 언어 학습이 실제로 어떻게 일어나는지를 살펴보고자 한다. 주지하다시피 언어 학습은 의사소통과 상호작용하여 일어난다. 그러나 언어 학습이 정확히 어떻게 일어나는지 설명하는 일은 쉽지 않다. 여기에서는 언어 학습(모국어, 제2언어)의 생태학적 접근을 통해 실제 학습이 일어나는 경로를 탐색해 보고자 한다.

먼저 다소 어려운 개념으로, 비고츠키의 '내면화(internalization)'(Rogoff, 1995 등은 이를 appropriation이라 부르는 것을 선호한다; Vygotsky & Luria, 1994: 153에서는 interiorization으로 불렸다), 그리고 '비계' 학습의 다양한 방법(Bruner, 1983; Donato, 1994; van Lier, 1996), '예기' 혹은 "현재에서 미래를 일깨우기"(Flynn, 1991: 6), 그리고 '근접발달영역(ZPD)'(Vigotsky, 1978) 등을 이해해야 한다. 동시에 모국어 학습자와 제2언어 학습자가 어떻게 서로 연관되는지 생각해야 한다. 이 둘은 유사점이 많은 것처럼 보이지만 그

만큼의 차이점 또한 존재한다. 어떻게 이들을 모두 포착할 수 있을까? 이와 더불어 생태학적 관점에서 논의해야 하는 두 담론으로 '학술 언어의 발달', 그리고 '프로젝트 기반 학습'이 있다.

생태학적 관점에서는 언어학적 환경(주변 언어)에서 학습자에게 어떤 것이 의미 있는, 즉 "행동적으로 관련되는"(McArthur & Baron, 1983: 234) 것으로 지각될 때 정보가 습득된다고 한다. 이를 염두에 둔다면, 제2언어 학습을 위한 가장 적합한 교수·학습의 맥락이 무엇인지 파악하는 작업은 중요하다. 우리가 알고 있듯이, 대부분의 교실은 교사가 교탁 앞에 있고 그 뒤로 책상이 일렬로 배치된 형태를 갖추고 있다. 이와 같은 교실에서는 정보를 전달하고, 습득하고, 처리하기가 수월하다. 만일 활동, 지각, 그리고 정보 습득이 교실 중앙에서 함께 진행된다면, 학습 환경의 생태는 변해야 한다. 어쩌면 생태학적 교수에는 회사, 정보 센터, 개방된 활동 공간, 그리고 컨설팅을 위한 공간 배치 등이 적합할지도 모른다.

반면 책상이 일렬로 배치된, 비좁은 교실일지라도 만일 선생님과 학생이 좋은 관계를 유지할 수 있다면, 그 또한 훌륭한 교실 공동체로서 기능할 수 있다(Sullivan, 2000). 더욱이 '좋은' 교실 공간의 개념에 대해서는 문화적인 차이가 존재한다. 이에 따라 책상을 일렬로 배열하는 것에서 벗어나 새로운 변화를 주고자 할 때는 반드시 문화와 맥락적 요인에 따라 점검해야 한다.

2. 언어 학습에 대한 관점들

5장에서는 언어 학습에 관한 아우구스티누스의 관점을 인용하였다. 이는 기본적으로 적절한 이름으로 사물을 부르고, 어른들이 그 이름을 사용할 때 그대로 따라한다는 모방의 관점이다. 마찬가지로, 전통적인 학자들은 외국어 학습을 어떤 표지를 다른 표지로 대체하는 것으로 종종 간주한다. 하지만 학교나 학원에서 외국어 학습자들은 언어 학습이 언어의 표현과 이해라기보다는 수학이나 논리학처럼 복잡한 규칙과 구조의 습득이라는 관점에 더 공감할지도 모른다.

필자의 아들이 고등학생일 때 음악 시간에 만났던 재즈 음악가가 생각난다. 그때 필자는 아들을 복도에서 기다리면서 그의 말을 듣게 되었다. 그 음악가는(프로 재즈 연주가로 더 잘 알려짐) 몇 가지 마지막 조언으로 자신의 설명을 마치려던 참이었다. 그는 학생들이 음악을 단지 흘러가는 무엇, 창조적인 탐험처럼 생각해야 한다고 말했다. 덧붙여 학생들이 음악을 마치 '수학과 외국어처럼' 암기해야 하는 엄격한 규칙과 공식처럼 여기는 것 같다고 했다. 왜 외국어 학습이 그림, 음악, 축구보다는 수학과 같다고 여겨져야 하는가? 그것은 타당하지 않다. 앞 장에서 주장했듯이, 언어를 사용할 때는 목소리를 사용하는 것이 필요하며 이 관점에서 언어 사용에는 미적 요소가 존재한다. 이는 음악과 그림, 심지어 축구와 댄스 같은 신체적인 활동마저 목소리와 정체성이 함께 작용하는 것과 같은 방식이다.

이러한 맥락에서 제2언어와 외국어 학습에 대한 비고츠키의 관점은 흥미롭다. 그것은 모국어 발달에 관한 관점과 확실히 다른데, 아래 『사고와 언어(Thought and Language)』의 인용문에서 이를 확인할 수 있다.

학교에서의 외국어 학습과 모국어 발달에는 완전히 다른 두 과정이 작용한다는 사실은 이미 잘 알려져 있다. 외국어를 배우는 동안에, 우리는 모국어에서 익숙한 의미를 사용하여 단어들을 번역할 뿐이다. 따라서 외국어의 내·외적 특징과 마찬가지로 모국어에 대한 지식도 중요한 역할을 한다. 다만 이 모든 차이점에도 불구하고, 외국어와 모국어의 습득은 언어 발달이라는 과정의 개념으로 묶일 수 있다(Vygotsky, 1986: 159).

비고츠키는 모국어와 제2언어 발달 사이의 유사점과 차이점을 지적하고 있다. 이 주제에 대한 4장의 논의로 돌아가면, 필자는 엘리자베스 베이트가 제안한 "적을수록 많다"라는 명제에 동의하는데, 이는 아이의 모국어 발달은 특별한 언어 기관이 아닌, 제한된 인지 능력에 기인함을 말한다(Elisabeth Bate, et al., 1996: 349). 필자가 다른 곳(van Lier, 2000)에서도 언급했듯이, 모국어의 발달은 세 가지의 단계로 진행된다. 이것은 상호성(mutuality)(1차적 주관성), 지표성(indicality)(2차적 주관성, 삼원적 상호작용), 서술성(predicality), 즉 문법화(grammaticalization)다. 각 단계는 이전 단계의 질적 변화, 즉 비고츠키의 용어로 높은 수준으로의 인지 작용을 추구한다. 높은 수준의 인지 작용은 신체적·사회적 인지 대상의 변화를 수반한다. 첫 번째 단계는 상호성으로, 인식 대상은 나와 너의 관계에서 상대방에 해당한다. 이 둘의 결합은 보모와 아기의 직접적 상호 의존 관계를 의미한다. 두 번째 단계에서 보모와 아기는 제3의 대상에 함께 주의집중한다. 여기에서 중요한 점은 각자 상대방이 동일한 대상에 주의를 집중하고 있음을 인지한다는 사실이다. 곧 지표성의 단계에서는 지시, 명명, 지적의 특징이 드러난다. 마지막 단계에서는 지금, 여기뿐만 아니라 이를 벗어난 추상적인 대상에 대한 문법적인 사고가 작동하고, 이에 대해 말할 수 있다.

제2언어 학습의 상황에서, 학습자는 이 세 단계를 동시에 마주한다. 곧 상호성, 지표성, 서술성의 단계가 순차적이지 않고 한 번에 학습자에게 다가온다. 비고츠키는 모국어가 이 상황에서 학습자의 충격을 줄여 주는 역할을 한다고 한다. 낯선 제2언어 환경은 친숙한 모국어 구조의 여과막을 통과한다. 따라서 어쩌면 제2언어 학습에서 처음에는 모국어를 사용하다가 어느 시점부터는 이를 없애는 것이 제2언어 습득에 효과적이라고 생각할지도 모른다. 그러나 이는 타당하지 않다. 다음과 같은, 칸트의 고전적인 비유에서 그 이유를 찾을 수 있다.

공기의 저항을 느끼며 자유롭게 날아가는 비둘기 한 마리는 어쩌면 공기가 없는 공간에서 움직임이 훨씬 더 자유롭고 빠를 것이란 상상을 할지도 모른다(Kant, 1934: 29).

하지만 비둘기는 공기가 없다면, 땅으로 곤두박질하고 만다. 이와 마찬가지로 제2언어 발달 과정에서 모국어를 없애는 것은 제2언어의 발달을 지연시킬 수 있다. 모국어는 제2언어 습득을 위한 중재자 혹은 지원자의 역할을 수행하는 것이다.

이러한 사실은 2장(또한 van Lier, 1995 참조)의 동심원 형태의 다이어그램을 통해서도 알 수 있다. 언어적 행동에 대한 우리의 해석은 중요한 정보를 한 번에 얻기 위해 모든 층을 훑어 나가는 바코드 리더와 같다. 어떤 의미 충돌이나 모호함이 있을 경우에, 중심적인 해석의 법칙은 바깥층이 안쪽 층을 무효화하는 것처럼 보인다. 제2언어 학습 상황에서 이러한 해석의 순서는 흐트러지기 쉬운데, 이는 형식이 기능을 앞서고, 인지가 정의를 앞서며(이상하게도 삼차성이 일차성을 앞선다), 은유가 직설을 종종 앞서는 것(서구 학계의 데카르트적 성향에 기인하여)으로 나타난다.

비록 교육적·학문적 관점에서 이러한 점이 의미 구성의 타당한 방향으로 보일지라도, 생태학적 조사는 모국어의 경우 이와 반대임을 제시한다. 형식, 인지, 은유가 기능, 정서, 직설의 근간을 형성하지만, 모국어에서 이는 반대다.

생태학적 측면에서 제2언어 발달을 어떻게 개념화할 수 있을까? 모국어 발달과 어떻게 다르며, 또한 어떤 점에서 유사한가?

앞 장에서 살펴본 제2언어 발달에 관한 관점과 모국어 발달 이론을 비교해 볼 수 있다. 제2언어 학습에 관한 네 가지 관점을 살펴보면 다음과 같다([표 6.1]).[1]

[표 6.1] 학습의 네 가지 관점

언어	학습	조건	교수	모국어 역할	메타언어적 작업, 형태 초점(FonF)
유인	1. 선천적으로 특징화된 체계의 성장	• 노출 • 중요하지 않은 노출 언어의 특징	• 학습자에게 말하기	• 모국어와 무관 • '침수'	• 형태 초점(FonF 혹은 FonFs)에 집중하지 않음. • 긍정적 투입의 충분한 제공
투입	2. 이해할 수 있는 투입	• 이해 가능한 투입으로의 노출: i+1 • 낮은 징시 여과 • 구두 행위(발화)는 이해의 결과	• 학습자가 이해할 수 있는 언어로 말하기 • 긍정적인 분위기 촉진하기	• 이해를 돕기 위해 가끔 모국어 사용	• 형태 초점 [FonF(s)]만이 '모니터'로서의 메타언어적 지식에 대한 '학습'을 일으킴. • 부정적 투입의 주변 효과
의미 교섭	3. 의미교섭을 통해 투입 수정: '면대면' 협력	• 투입은 상호작용으로 이해할 수 있음. • 학습자는 향상된 투입 수용	• 의사소통 과제를 통해 교섭의 기회를 제공함. • 원어민 대화자 선호	• 모국어 사용은 의미교섭, 구조화 촉진	• 상호 수정을 통한 형태 초점 • 메타언어적 지식은 우연적임. • 재전송, 명료화를 통한 부정적 투입
행동 유도성	4. 생태학적 학습의 활동: '병렬적' 협력	• 활동은 다음 행동을 위한 언어 자료의 관련성과 가능성을 만듦(행동유도성). • 지각은 행동과 통합	• 의미 있는 활동의 접근을 제공하여 학습자가 참여할 수 있도록 격려함. • 비계, 인식의 상승 • 대표적인 언어 사용 가능	• 모국어는 참여를 수행하고 촉진하기 위해 사용함. • 중재자로서의 모국어	• 언어 초점(FonL) 혹은 기호 초점(FonS)이 언어 사용의 자연적 측면임. • 인식은 주의집중에 도움을 주기 위해 활용함. • 긍정적인 자원으로서의 메타언어적 지식

....

1 이 표에서 말하는 용어 'FonF'는 의미 기반 과제에서 하나의 형태에 주목하는 것을 의미한다 (Long, 1996 참조). 이와는 반대로 'FonFs'는 다양한 형태들에 주목하는 것을 의미하는데, 이는 전통적인 문법 기반의 관점과 일맥상통한다.

1) 유인(Trigger)

생득론자의 관점에서 보면(2장 참조) 언어는 가르치거나 배울 수 있는 것이 아니라 '정신 기관'처럼 '성장하는' 것이다. 과거에는 이 능력을 언어 습득 장치, 아이가 매우 쉽게 모국어를 습득하는 것을 설명해 주는 '검은 상자 구조'라고 불렀다. 모국어 습득에 선천적 능력이 뒤따른다는 몇 가지 근거가 있다(Lightfoot, 1982). 가장 중요한 근거는 아이의 언어 지식이 이용할 수 있는 정보로는 '충분히 결정되지 못한다'는 것이다. 아이는 (네다섯 살 정도까지는) 일상 언어 환경에서 경험할 수 있는 것보다 더 많은 것을 알고 있다. 예컨대 다섯 살 정도의 아이는 'Paint the barn red(차고를 빨갛게 칠해라)'와 'Paint the red barn(빨간 차고를 칠해라)'이 다르며, 'When did Peter say he hurt himself?(피터는 자기가 다쳤다는 것을 언제 말했니?)'와 'When did Peter say how he hurt himself?(피터는 자기가 어떻게 다쳤다고 언제 말했니?)'의 의미가 다르다는 것도 안다.[2]

선천적으로 뇌에는 풍부한 정신적 구조가 있고, 단지 언어가 사용되는 환경에 아이가 존재하는 것만으로도 언어 능력이 펼쳐질 것이라는 가정이 있다. 노출의 정확성은 중요하지 않으며, 어떤 종류의 문장을 사용하는지 혹은 구사하는 문장이 얼마나 정확한지 등은 문제되지 않는다. 따라서 투입의 정확성 문제는 상대적으로 사소하다고 할 수 있는데 왜냐하면 '투입'은 선천적 체계가 성장하는 데 필요한 '유인' 정도이기 때문이다. 스티븐 핀커(Steven Pinker)는 이를 '언어 본능(the Language Instinct)'(1994)이라 일컬으며 매우 강조했다. 그러나 '본능'이라는 용어는 학습이 시작되는 기제 혹은 신경 프로세스를 암시하기 때문에 잘못되었고, 그래서 폐기되어야 한다는 경고에 주의를 기울일 필요가 있다(Hebb, 1953: 46, Gibson, 1991:

....

2   이러한 예들은 '인간의 언어 제2부'라는 비디오 프로그램으로부터 가져왔다.

149에서 인용).

2) 투입(Input)

제2언어 이론과 실천에서 아이들의 초기 이중 언어 사용을 제외하면 대부분의 사람은 극단적인 생득론자들의 입장을 옹호하지 않는다. 심지어 모국어 습득 문제에 대해서는 생득론자들의 견해를 지지하는 이들조차 제2언어 습득에 대해서는 더욱 명백하게 학습자 중심의 입장을 취하는 경향이 있다. 제2언어 분야에서 생득주의 접근을 강력하게 옹호한 크라센(Krashen, 1985)은 현재 중간언어, 즉 제2언어에서 현재 능력의 수준보다 한 단계 높은 언어 형태를 학습자에게 투입할 때 학습자의 잠재의식 수준에서 언어 습득이 실현된다고 보았다. 잠재의식적인 습득을 촉진하는 조건은 학습자가 투입을 수용하게 만드는 낮은 '정의적 요인(affective filter)'을 포함한다(여기에는 내적 습득 장치도 물론 포함된다).

제2언어 습득에 관한 크라센의 이론적 입장은 대략 다섯 가지 가설로 구성되고, 다음과 같은 약어 'ANIMA'로 제시할 수 있다.

- 습득(Acquisition)은 학습과는 명백히 구별되어야만 한다.
- 자연적 순서(Natural order): 구조와 복잡성이라는 측면에서 언어 습득에는 자연적인 순서가 있으며, 이 순서는 문법적 교수 내용과 훈련으로 피할 수 없다.
- 투입(Input): 학습자는 i+1 단계의 이해할 수 있는 투입이 충분히 실현될 때 언어를 학습하게 된다. i+1이란 언어적으로 학습자의 현재 중간언어보다 한 단계 높은 수준의 투입을 말한다.
- 모니터(Monitor): 문법 규칙과 같은 언어적 자료들을 가르칠 수는 있다. 그러나 단지 모니터로서 쓸모 있을 뿐이다. 에세이를 쓴다거나 시험을

칠 때 충분한 시간을 두고 언어 사용을 의식적으로 수정하는 경우 말이다. 어떤 사람들은 다른 사람보다 모니터링을 더 잘하기도 하는데, 말하면서 자신의 언어를 실시간으로 모니터링하는 '슈퍼 모니터'도 있다.

• 정의적 요인(Affective filter): 학습 이해력은 낮고, 긴장감이나 불안감이 많은 상태에서는 언어를 습득하기가 매우 어렵다.

위의 가설들은 믿을 만하며 공감할 부분도 꽤 많다. 크라셴은 언어 습득에 투입이 필수적이라는 사실을 입증하기 위하여 실증적인 연구를 통해 근거를 다시 정리하는 데 시간을 투자하고 있다. 그러나 크라셴이 제기한 다섯 가지 가설은 각각의 주제에서 핵심을 놓치고 있는 것처럼 보인다. 따라서 좀 더 광범위한 시각에서 위 가설들이 생태학적 언어 학습을 이해하는 데 얼마나 긍정적으로 기여할 수 있을지 아래와 같이 살펴보도록 하자.

습득(Acquisition)

습득과 학습 사이의 대립은 크라셴이 가정하는 것보다는 덜 심하다. 여기에는 두 가지 이유가 있다. 첫째, 크라셴이 학습을 언급할 때에는 많은 외국어 수업에서 여전히 만연되고 있는 기계적 문법 및 반복 연습법의 종류들을 제시한다. 그리고 그 주장은 다음과 같은 결론을 만든다. 곧 나쁜 학습(의미 없는 반복 연습, 규칙 암기, 문장과 단어의 기계적 번역 등)은 언어 습득에서 무익하다. 학교에서 배운 많은 지식이 실제 삶의 맥락에서 유용하지도 않고 활성화되지도 않은 채 남아 있다는 화이트헤드(Whitehead, 1929)의 고전적 의견을 고려할 경우 크라셴의 주장에 동의할 수는 있다. 하지만 '학습'(계획적이고, 의식적이며, 목적 지향적인 학습)이 그 자체로 유용하지 않다고 말하는 것은 꽤 다른 문제다. 개인적으로 생각하기에 학습은 언제나 유용하고, 많은 경우에는 필수적이다.

둘째, 기계적 암기, 반복적 연습 등도 심지어 어느 시점에서는 결실을 거두기도 한다. 야구나 축구에서 공 던지기 연습이 정확성을 향상시키는 데 도움을 주는 것과 같다. 따라서 크라센의 '비접촉(no-interface)' 입장은 극단적이다. 반면에 매우 힘든 반복 연습이나 주입식 교육의 필요성을 강조하는 언어 학습의 관점들도 또한 극단적이다. 아마도 습득과 학습 사이의 '약한 접촉(weak-interface)'을 제안한 엘리스(Ellis, 1994)의 관점이 가장 합리적인 것으로 보인다. 그와 다른 학자들은 학습이 실제 상황에 유용한 기술들을 습득하는 데 도움을 줄 수 있다고 주장한다. 이는 언어 학습자로서 지금까지 겪은 경험에 비추어 보아도 확실하다.

전혀 다른 입장으로는 습득-학습의 전적인 구분을 거부하는 것이 있다. 창발주의자(emergentist) 혹은 문법화(grammaticalization)의 관점(4장 참조)에서 우연적인 학습(이해 가능한 투입 상황에서 습득)과 의도적으로 집중된 학습은 둘 다 언어 능력의 발현에 기여할 수 있다. 핵심(화이트헤드가 비활성화를 피하기 위해 언급한 방법)은, 우연적이지만 의미 있는 활동들과 계획적인 연습 활동들이 서로 연계되고 통합될 수 있도록 하는 것이다.

자연적 순서(Natural Order)

제2언어 학습에서 자연적인 순서와 언어 자료의 단계가 있다는 연구 결과는 상당히 많다. 이러한 순서와 단계(Ellis, 1994)는 1970년대 초반에 로저 브라운(Roger Brown)이 연구해 온 모국어 발달에 관한 측면과도 크게 다르지는 않다(Brown, 1973).[3] 이것은 임의적인 단계로는 언어 규칙을 쉽

....

3 독자들은 자연적 순서가 얼마나 엄격한지, 생태학적 관점과 어떻게 양립할 수 있는지에 대해 의문을 제기할 수도 있다. 여기에는 분명 제약이 있다. 구조와 표현의 복잡성이 각 준비성의 수준을 요구하기 때문이다. 그러나 그러한 순서의 엄격함과, 언어의 복잡성이 활동 참여와 상호작용하는 방법이 현시점에서 모두 잘 이해되는 것은 아니다(모국어 발달에 관한 몇 가지 연구는 El-

게 배울 수 없다는 의미라기보다는 관련 항목이나 필수적인 지식에서 논리적인 절차가 존재한다는 것을 뜻한다. 전통적인 문법 교수요목은 이러한 논리를 제대로 설명해 주지 못했기에 학생들이 배울 준비가 되지 않은 것들을 가르치는 데 많은 시간을 낭비해 왔다. 피네만과 그의 동료들은 '교수 능력과 처리 능력' 가설을 세운 후 연구하여 이러한 사실을 입증했다(Pienemann, 1998). 하지만 기계적인 방법으로 학습한 규칙들을 기억 속에 저장해서 나중에 제2언어를 익히는 것이 필요할 때 그 규칙이라 하더라도 불러올 수 있다. 따라서 필자는 예전에 암기한 독일어 동사의 어형 변화, 복수형, 그리고 전치사의 쓰임 등이 추후 독일어를 다시 쓸 때 도움이 되었다고 확신한다.

투입(Input)

이 책(2장과 4장 참조)과 다른 책(van Lier, 2000)에서 필자는 '투입'이란 단어에 몇 가지 문제가 있다고 주장했다. 이는 두뇌 속에서 처리되고 저장되는 언어 자료를 강조하는 컴퓨터적인 은유다. 투입은 사회적으로 능동적인 학습자와 언어가 교섭될 때(혹은 창발될 때)마다 의미가 재창조된다는 사실을 무시한다.

모니터(Monitor)

실제로 모니터링은 언어 사용에서 지속적이고 필수적인 요소다. 그것은 최소한도로 청중 설계, 메시지 설계, 그리고 발화의 상호적 설계에 대한 인지적 측면을 포함하기 때문이다(van Lier, 1996). 특히 사회적 정체성에 관한 인식은 무엇을 느끼고, 누구에게 무엇을 말하는지와 관련된 것으로

....

man, Bates, Johnson, Karmiloff-Smith, Parisi & Plunkett, 1996 참조).

서로 다른 것을 부단히 연결하는 것이다. 또한 메타언어적 요소는 단지 복잡하고 학구적인 부가 요소라기보다는 언어를 사용할 때 지속적으로 수반되는 요소라는 해리스의 제언을 상기할 필요가 있다(Harris, 1996; 1997). 명사로서 '모니터'는 언어가 발생하는 전, 중, 후의 흐름을 검사하는 뇌의 중앙 감시자를 뜻하는 단어라고 할 수 있다. 모니터링의 정신적·인지적·사회적 활동은 언어를 학습하고 사용하는 과정 바로 그 구조의 일부분이다.

정의적 요인(Affective Filter)

인지적·사회적 연구에서 정의적 측면은 매우 중요하다. 학습자는 학습을 수용하기 위해서 그만큼의 시간과 노력을 기울여야 한다. 심리학 및 신경과학 분야의 연구는 인지에서 감정적 요소가 뇌 기능을 자극하는 데 중요함을 보여 준다[편도체의 역할에 관한 슈만(Schumann, 1990)의 논의, 다마지오(Damasio, 1999), 정의적 요소의 역할에 관한 아널드(Arnold, 1999)의 최근 논의 참조]. 정의적 요인에 대한 크라센의 은유가 지닌 문제점 중 하나는, 이것이 '개방된' 것에서 '폐쇄된' 것이라는 단일한 차원의 한 가지 변수에만 주목하는 관점을 조장한다는 사실이다. 이러한 관점은 그저 앉아서 이해할 수 있는 투입을 수용하기만 하는, 수동적이고 비사회적인 학습자에게 잘 맞는다. 친절하고 다정한 교사는 학습자가 쉽게 이해할 수 있도록 내용을 지나치게 단순화해서 가르친다. 이해할 수 있는 내용만을 배우기 때문에 늘 기분 좋은 학습자들이 가득한 희극적인 교실 장면을 떠올릴 수 있다. 이는 마치 원예사가 돌아다니며 식물을 관리하는 배추밭 이미지와 다를 바 없다. 이는 '정서'와 '학습 활동'이라는 두 가지의 복잡성을 부인한 것이다. 복잡한 학습 활동에서 다양한 사회적·인지적 요소들은 불안, 호기심, 흥미, 기쁨, 두려움, 자신감 등과 서로 밀접하다. 감정의 개입이란 부분에 많은 기여를 한 연구가 바로 '내재적 동기'와 '자율성'이다(Deci & Flaste,

1995; Dornyei, 2001; Kohonen, Jaatinen, Kaikkonen & Lehtovaara, 2001; van Lier, 1996). 감정적 요소들은 '긍정적' 혹은 '부정적' 요소들로 쉽게 그리고 분명하게 나눌 수가 없다. 예를 들어, 학습이 스트레스가 많은 활동일 수 있지만 스트레스의 존재 여부와 학습이 획일적인 관계인 것은 아니다. 투자의 필요성과 학습 상황의 요구는 긴장을 이완시킬 뿐만 아니라 스트레스와 불안감도 불러일으키기 쉽다. "고통이 없으면 얻는 것도 없다"라는 옛말은 가끔은 사실이기도 하지만 또 가끔은 그렇지 않을지도 모른다.

3) 의미교섭(Negotiation of meaning)

투입에 관한 더 능동적이고 상호적인 관점은 의미 있는 상호작용에 참여하는 것이 언어를 더 잘 이해할 수 있도록 만든다고 보는 것이다. 도전적인 과제가 주어졌을 때 학습자들은 서로의 메시지를 이해하기 위해서 적극적으로 공부할 필요가 있고 그 과정에서 수용과 생산에서 개선해야 할 언어에 초점에 맞춘다. 이와 관련하여 아래와 같은 롱의 진술을 살펴볼 필요가 있다.

> 의미교섭, 특히 원어민 혹은 더 유창한 상대방에 의한 상호 조정을 유발하는 교섭 작업은 언어의 습득을 촉진한다. 왜냐하면 의미교섭은 투입, 선택적 주의집중, 학습자의 내적 능력, 그리고 생산적인 방법으로의 산출을 연계하기 때문이다(Long, 1996: 451-452).

상호작용을 근간으로 한 접근에서 중요한 특징은 '선택적 주의집중'이다. 의미 있는 과제에 참여한 학습자는 그 과제를 수행하기 위해 여러 언어적 특징을 선택하여 집중한다. 여기에서 학습자는 형태 초점(Focus on Form: FonF)에 주의를 기울일 수도 있고, 혹은 학습자의 주의가 중요하다고 생각되는 특정한 형태적 특징에 기울여질 수도 있다.

또 상호작용의 중요한 특징으로 '산출(output)'이 있다. 발화가 습득을 유발할 수는 없다는 크라센의 이론을 떠올려 보면 오직 습득만이 발화를 가져온다는 것을 알 수 있다. 이미 머릿속에 존재하지 않는 것은 그 어떤 것도 입 밖으로 나올(좀 더 정확한 용어로, 표현으로 형성될) 수 없다는 것이다. 이것은 능력에서 수행으로의 직선적인 연관성을 가정한다.

습득된 능력 ·············▶ 발화 수행

스웨인(Swain, 2000)의 논의에 따르면, 산출은 투입이 쉽사리 할 수 없는 방식으로 언어적 표현에 대한 학습자들의 인식 수준을 향상시키고, 의미 있는 문맥 안에서의 말하기 연습은 언어 발달에 많은 이점이 있다. 예를 들면, 다른 사람이 말하는 것을 들을 때 타당한 해석을 위해 통사적인 정확성이 항상 필요한 것은 아니다. 하지만 말을 할 때는 우리의 생각을 문법적이고 어휘적인 용어로 정확하게 표현하기 위해서 애쓸 필요가 있는데, 그렇지 않으면 우리는 오해를 받을 수 있기 때문이다. 생태학적 측면에서 유창성은 생성과 습득의 반복적 시도를 통해서 그리고 오랜 시간에 걸쳐 형성된 의미와 정확성과 함께 서서히 나타난다. 크라센의 입장에서 보면, 습득은 갑자기 일어난다. 그것은 발생하며, 그 후 사용할 수 있다. 실제로는 표현과 의미 공유를 위한 사회적 투쟁에 가깝다.

결국 이러한 관점에서는 비고츠키의 근접발달영역과 마찬가지로 이상적인 대화자는 원어민이거나 적어도 좀 더 유능한 사람이다. 이는 전문가-초보자 관계를 형성시켜, '전문가'가 '초보자'를 더 높은 단계의 언어 사용으로 안내할 수 있게 한다. 다음은 피카(Pica, 1992)에서 발췌한, 교섭적 상호작용의 전형적인 예다.

비원어민: 종이 가운데에 cross가 있는데요.

원어민: cross가 무엇을 의미하나요?

비원어민: traffic cross요.

원어민: 아, 사람들이 traffic light(신호등)에서 cross하는 곳 말이군요.

비원어민: 네.

원어민은 점검하고 인정하며 질문하고 설명한다. 비원어민은 원어민의 상호적 안내를 충실히 따라간다. 이 말은 학습자가 의미 형성에 열심히 기여하지 않는다는 말이 아니라 원어민의 지도를 상당 부분 따른다는 것이다. 원어민-비원어민의 상호작용은 그 자체로 완전하지 않은 학습자를 드러내기 때문에, 동등한 상황에서보다는 비원어민의 수행 능력을 약화시킬 수 있다(Liddicoat, 1997).

4) 행동유도성(Affordance)

4장에서는 '투입 은유'에 관한 몇 가지 논의를 제안하였다. 이는 활동과 인지를 강조하는 생태학에 관한 것이다. 더욱이 위에서 설명한 교섭적 상호작용과 상호 교정의 개념을 대체하는 것이 아니라 좀 더 넓은 맥락에 놓는 것이다. 예를 들어 아래에 제시하는 것처럼 동등한 학습자 간의 상호작용이 이로울 수 있다(van Lier & Matsuo, 2000). 이는 바버라 로고프(Barbara Rogoff)가 제언한 것과 유사한 문맥이다. 로고프는 학습에서의 근접발달영역을 '안내된 참여(guided participation)', '참여적 전용(participatory appropriation)', 그리고 '견습(apprenticeship)'의 세 가지 형태로 구분했다(1993). 이는 또래와의 능동적인 상호작용을 이상적인 학습 상황으로 본 피아제의 제안을 떠올린다. 역설적이게도, 개인의 인지 과정과 발달에 중점을 둔 것으로 평가되는 피아제가 이 점에서는 (전문가의 교육 아래서의 지도에 초점을 둔) 비고츠키보다도 더 사회적인 구성주의자인 셈이다. 피아제가 균형적 협력의 필요성을 강조한 반면, 비고츠키는 기술과 성숙의 불평등— 권력이나 권위의 차이를 이용하는 관계가 아니라—을 강조하였다. 로고프 는 서로 다른 상호작용의 구성들이 서로 다른 학습과정을 촉진한다고 지적 했다(Rogoff, 1993: 130). 로고프는 세 가지의 사회문화적 활동을 설명하고 있으며, 필자는 아래의 글상자로 요약했다.

견습, 이것은 '집단 활동'이 현대로 전문가-초보자 관계를 넘어선다 전문 화된 역할을 가진 집단 안에서의 작은 그룹. 대인관계의 참여와 배치 체 계. 이 안에서 사람들은 문화적으로 조직된 활동에 참여하고, 그 안에서 견습생은 더욱 책임감 있는 참여자가 된다(Rogoff, 1995: 143).

안내된 참여, 이것은 대인관계의 참여와 배치다. 사람들은 그들 자신과 다 른 사람들의 역할을 관리하며 상황을 구조화한다. 단순히 면대면뿐만 아 니라, 나란히 그리고 좀 더 멀리 떨어져 있을 수 있다.

참여적 전용, '내재화'(정보 처리 이론에서 나온 개념)가 아니라 상호 의존임. 그 과정은 "정적인 무엇인가가 외부에서부터 내부적으로 경계를 가로 질러 이동되는 내재화"(위의 책: 151)가 아니다. "참여적 전용의 동적인 접 근은 인지를 저장된 소유물의 모음(사고, 재현, 기억, 계획과 같은)으로서 정 의하는 것이 아니라, 사고하기, 재현하기, 기억하기, 계획하기를 저장된 사물의 소유로 환원될 수 없는 능동적인 과정들로 여긴다"(위의 책: 151).

생태학적 측면에서 활동과 인지는 핵심적이며, 롱이 말한 집중된 주의 를 포함한다. 활동 중심 상황에서 학습자는 그들이 하려고 한 것 혹은 주의를 기울이기 위해 세워진 커리큘럼을 수행하기 위해서 모든 도구를 자유롭게 사용한다. 이는 교사뿐 아니라 다른 학습자와의 상호작용 그리고 모국어와 다양한 종류의 언어적·메타언어적 지식을 포함한 유용할 만한 다양한 자원의 사용을 의미한다. 그러한 경우, 형태 초점(FonF)이 언어 초점(Focus on Language: FonL)으로 언급되는 것이 더 적절하다고 생각한다. 왜냐하면 단지 형태뿐만 아니라 언어의 모든 측면(음운론, 형태론, 의미론, 화용론, 담화론)과 의미를 내포하는 다른 체계들(동작, 인공물, 상징적 내용)이 주의를 집중시킬 수 있기 때문이다. 그래서 어쩌면 기호 초점(Fous on Semiosis: FonS)이라고 말해야 할지도 모른다.

3. 상호작용과 대화의 역할

이 절에서는 학습 과제가 발생하는 과정으로서 교섭과 상호작용의 개념을 설명하고자 한다. 특히 대화적 상호작용에 초점을 둘 것이며, 이는 교육학적 상호작용에 대한 관점을 설명하는 것과 같다. 먼저 비고츠키의 대화에 관한 설명을 인용해 보도록 하자.

대화에서 모든 문장(발화)은 동기에 의해 촉진된다. 요청하려는 욕망이나 요구, 대답을 위한 질문, 설명에 대한 당황스러움 등. 대화 참여자의 동기가 변할 때마다 매 순간 다른 발화가 일어난다. 그렇다고 동기가 의식적으로 통제될 필요는 없다. 동기는 늘 역동적이다(Vygotsky, 1962: 99).

굳이 성 요한을 언급하지 않더라도 언어 발달의 이야기는 다음과 같이 시작할 수 있다. "태초에 대화가 있었다."

인간 발달, 그리고 실재의 구성에서 대화가 중심을 이룬다는 사실은 많은 학자가 이미 언급해 왔다. 이와 관련된 몇 가지를 인용하면 다음과 같다.

> 인간 실재의 첫 번째는 대화적 개인이다(Harré, 1983: 58).

> 대화는 흐른다. 그것은 단어의 적용과 해석이다. 그 과정 속에서만 단어는 그 의미를 지닌다(Wittgenstein, 1967: 24e).

> 대화는, 이미 충분히 인정하듯이, 인간 교섭의 대표적인 형태다(MacIntyre, 1981: 197).

언어 학습이 어떻게 일어나는지 정확히 말하기는 어렵다. 수년간 어법과 단어의 기억, 다양한 사례의 모방, 자극과 반응, 그리고 내적 구조의 성숙 등은 각기 일정 부분에서 의의를 지니고 각광받아 왔지만, 그것들 중에서 어떤 것도 결정적이거나 혹은 확실한 정당성을 부여받지는 못한다. 가장 최근에 제기된 관점으로는 의사소통과 상호작용에 관한 이론이 주목받고 있지만, 이 역시 어떻게 언어 학습이 일어나는지 명확하게 설명해 주지는 못한다.

한편으로는 이와 같은 다양한 접근들이 언어 학습과정에 대한 막연한 힌트만 제공할 때, 생태학적 접근은 그와는 다른 정당성을 부여한다고 할 수도 있다. 이는 자칫 신중하지 못한 생각으로 귀결될 수도 있지만 생태학이 인간의 언어 활동을 면밀히 고찰하여 언어 학습의 근원을 찾는 데 도움을 주는 것은 분명하다.

하나의 관점은 세계와의 소통을 지향하는 개인 내부에 상호주관성이 형성된다는 것이다(모국어 교육과 제2언어 교육 모두 3장을 참고). 다수의 심리학자와 사회학 연구자, 그리고 생물학자는 이 가능성을 활발하게 논의해 왔다. 특히 생물학자인 마투라나와 바렐라는 세포 유기체의 구조접속 (structural coupling)을 언급한 바 있다[Maturana & Varela, 1992; 이는 존슨 (Johnson)이 점균류(slime mold) 개념으로 재조명했으며, 이와 관련하여 4장 참조]. 또한 5장에서 언급한 브로텐의 개념인 '가상의 타자(virtual other)'는 두뇌가 본연적으로 타자와 상호작용하려는 특정한 성향을 지니고 있다는 가설이다. 다음은 브로텐의 설명이다.

> 정신은 실제 타자에 의해 대체될 수 있는 선천적인 가상의 타자와 더불어 한 쌍의 자기 조직을 상정한다. 가상의 타자를 대체할 실제 타자는 직접적으로 체험된다. 이것은 정신의 발달이 어떻게 재창조되고 전이되는지를 다음 두 가지 영역에서 파악할 수 있게 하는데, 그것은 (i) 가상의 타자가 존재하는 개인 내적 영역과, (ii) 실제 타자가 존재하는 대인관계의 영역이다(Bråten, 1992: 94).

트레바튼(Trevarthen, 1990)은 가상의 타자에 대한 생각을 바탕으로 신생아의 '초기 대화'에 대한 논의를 전개하였다. 그는 신생아의 정신 속에 '암시된 타자(implicit other)'는 실제 타자(대표적인 예로, 엄마)와 소통하기 위해 만들어진다고 주장하였다. 이처럼 아이들은 생물학적으로 그리고 선천적으로 의사소통을 할 준비가 되어 있다.

아길레는 아래와 같이 인간 존재가 본래 사회적 상호작용을 할 준비가 되어 있다는 진화론적 관점을 제시한다.

> 하나의 가능태로서 친밀한 동시적 상호작용은 협력을 지향하는 자연 선택의 결과다(Argyle, 1991: 10).

이와 같이 친밀한 동시적 상호작용은 어른(특히 부모나 보모)과 아이들 사이에서 일어날 수 있는 것과 같이 두 학습자 사이에서도 일어날 수 있다. 다만 모국어 화자와 외국어 화자 사이, 그리고 교사와 학습자 사이에서는 일어나기가 쉽지 않을 듯하다. 피아제는 아이들이 행하는 어른과의 상호작용이 보통 어른들의 권위에 영향을 받기 때문에 인지적 재구조화가 어려울 수 있다고 본다(Granott, 1993: 185).

이와 관련하여 찰스 크룩(Charles Crook, 1994)은 동등한 관계가 특히 몇몇 학습의 종류에 효율적일 수 있다는 피아제의 논의를 언급하였다. 피아제(Piaget, 1928)는 전문적인 어른들 포함한 상호작용보니 동료의 함께 작업할 때 지적 자극이 다양하게 일어난다고 보았다(Crook, 1994: 138). 더 나아가 크룩은 아래와 같이 설명하고 있다.

[피아제는] 아이들과 어른들의 비대칭적 관계에 내재한 권위는 문제 해결을 요구하는 상황에서 역효과를 낼 수 있다고 주장한다. (권위 면에서) 비슷한 동료를 바탕으로 하는 논의는 더욱 유용하다. 이는 각자 자신의 생각이 지닌 위상에 대한 더욱 활발한 평가를 촉발할 것이다. 동료가 지닌 아이디어로부터 좀 더 타당한 대안을 향해 나아갈 수 있다. 갈등을 맞닥뜨린 두 생각과 같이 두 사람 사이에 형성되는 긴장감은 권위에 대한 존중이 아닌 논쟁과 반영을 해결하려는 시도로 이어진다(위의 책: 138).

크룩이 요약한 피아제의 입장은 개방적 과정인 '상호작용적 위치 설정(interactional positioning)'(상호작용 안에서 이러저러한 믿음, 자질, 정체성 등을 가진 개인으로서 자아를 제시하는 것) 개념과 연계될 수 있으며, 이는 바흐친(1981)과 민속지학적 방법론자(예를 들어 Garfinkel & Sacks, 1970)의 연구들에서도 익숙한 개념이다. 이와 관련하여 워샘은 아래와 같이 지적하고 있다.

상호작용적 위치 설정을 맥락 밖의 규칙을 통해 계산 가능한 무언가로 환원하는 것은 재맥락화의 무한한 가능성을 열어주지 않기에 분석가들은 더편안할지도 모른다. 그러나 그러한 접근은 본질적으로 개방된 기질이라는 발화를 통한 상호작용적 위치 설정의 특성을 담아낼 수 없다(Wortham, 2001: 43).

화자의 의미와 정체성은 이미 만들어진 것이 아니라 지속적으로 새롭게 교섭되고 재구성되며 매 순간에 '업데이트'된다. 대화의 원리에서 볼수 있는 학습의 중요성이 결코 평가절하되어서는 안 된다. 언어 사용의 대표적인 방식은 두 가지다. 특정한 방식으로 이해하도록 설계되는 것, 그리고 실제로 특정한 방식으로 해석되는 것이 그것이다(van Lier, 1996). 이러한 설계와 해석은 '수렴' 혹은 '확산'이라는 두 가지의 다른 방향성을 지닌다. 의사소통이란 바흐친의 의미(sense)대로 보자면 참여자들 간의 언어사용이 대화적으로 일치할 때, 즉 참여자들이 타자의 발화를 각자 이해할때에만 성공적이고 이때에만 의미(meaning)[4]가 창출된다. 이것은 결코 전통적인 의미에서 각자가 '동의'해야 하는 것이 아니라(곧 동의 없는 상호주관성이 분명 존재할 것이다), 각자 타자의 언어 사용을 동의하지 않거나 받아들일 수 없더라도 '수용할 수 있음(receivable)'을 인정해야 한다는 것을의미한다.

결론적으로 의미는 대화의 과정에서 창조되고 재현되며 공유된다. 언어 학습이 의미가 있고 개인의 정체성 형성과 긴밀히 관련된 것이라면 반드시 대화의 과정에 포함되어야 한다. 연습 문제, 문법 책, 연습과 시험 등

....

4   여기에서 말하는 '의미(meaning)'는 비트겐슈타인에 입각한 사회적 구성으로 간주된다. 이는
     또한 퍼스의 기호 현상에 대한 사회적 정의와 맥락이 같다.

이 화자의 행위, 자아의 발현, 정체성의 투영과 통합적으로 연계되지 않는다면 동떨어진 장치 그 이상의 의미를 지니지 못한다. 이 말은 결코 그것들이 쓸모없다는 뜻이 아니다. 오히려 이들이 의미 있는 언어 사용 프로젝트 속으로 들어갈 경우 더욱 심층적인 학습을 위한 유도제로서 작동할 것이다. 판 담(van Dam, 2002)이 밝혔듯이, 문법 연습은 의식적 대화(ritual dialogue)가 될 수 있다. 설리반(Sullivan, 2000)도 교사 중심 수업에서 문법 연습에 놀이를 더하면 언어 공동체를 형성하는 중요한 장치가 될 수 있다고 보았다(Butzkamm, 1980 참조).

4. 비고츠키의 근접발달영역

비고츠키는 학습과 발달 간의 상호작용을 살피기 위한 새로운 접근법으로서 근접발달영역(Zone of Proximal Development: ZPD)의 개념을 수립하였다. 구조와 목적에 관한 분명하고 간결한 논의가 『마인드 인 소사이어티(Mind In Society)』(1978: 84ff.)에 있다.[5] 가장 빈번히 인용되는 근접발달영역에 대한 정의는 다음과 같다.

이것은 독자적으로 문제를 해결하는 실제의 발달 수준과 어른의 도움이나 더 유능한 동료들과 협동하여 문제를 해결하는 잠재적 발달 수준 사이의 간극을 의미한다(1978: 86).

....

5   근접발달영역에 대해서『사고와 언어(Thought and Language)』(Vygotsky, 1962)에서도 논의 되고 있는데, 노리스 미닉(Norris Minick)이 번역한『사고와 발화(Thinking and Speech)』에서 근접발달영역을 상당히 자세하고 정확하게 논의하고 있다(Vygotsky, 1987: 209ff.).

대부분의 교육자가 이제는 이 개념에 익숙하겠지만, 혁신적인 본질을 결코 과소평가해서는 안 된다. 식물이 보살핌을 받듯이 발달 패턴도 양육되며 그다음에는 내적 성장이 알아서 할 것이라는 믿음은 교육학에서 당연히 받아들이는 개념이다. 기능과 능력은 좋은 조건에서 펼쳐질 수만 있다면, 향상될 것이다. 사실 이것은 피아제의 구성주의를 해석하는 일반적 방법이고, 촘스키의 선천주의적 관점과 크라센의 '투입 가설(input hypothesis)'(앞의 내용 참조)도 이에 따른 것이다. 이와 같은 관점에서는 자연적인 발달 과정에 가속을 하거나 그것을 바뀌게 하는 것은 자연성을 방해하는 것이다. 그것은 사실 해로우며 소용이 없다.

반면, 비고츠키는 이러한 "아동 발달이 식물이나 야채의 성장과 같은 특성을 지니고 있음"을 강하게 부정하였다(Vygotsky & Luria, 1994: 99). 그는 교육(그리고 학습)은 반드시 발달에 선행되어야 함을 거듭 주장하였다. 『사고와 발화(Thinking and Speech)』에서 다음과 같이 설명하고 있다.

> 교육은 '발달'에 선행될 때에만 유용하다. 그러할 때 근접발달영역에서 성숙의 단계에 있는 일련의 총체적 기능을 촉진시키거나 일깨우게 한다 (1987: 212).

웰스가 근접발달영역에 대한 유용한 논의를 제시했듯이(Wells, 1999, 특히 10장 참조), 비고츠키는 근접발달영역의 개념을 '평가'와 '교육'이라는 두 가지 다른 맥락으로 소개하고 있다. 즉, 평가의 측면에서는 아이들 스스로 공부할 때 그들의 정신 능력을 측정하는 것과 특별한 종류의 도움을 받을 때의 능력 간의 차이를 조사하였다. 비고츠키는 후자의 조건이 현재에서든 미래에서든 아이들의 능력에 대한 더 나은 예측 변수임을 입증하였다. 교육의 측면에서는 의식적인 인식과 자발적인 집중이 근접발달영역에서 나오며(어른들과의 협력), 결국 비고츠키는 이것들이 일상의 개념을 더욱 고차적인(과학적 또는 학문적) 개념으로 바뀌어 주는 핵심이라고 주장했다 (Vygotsky, 1987: 220).

비고츠키의 연구가 1960년대에 널리 다뤄진 이래로 수년, 수십 년 넘게 근접발달영역에 관한 수많은 논의가 있었다. 여러 이유 중의 하나는, 위에 언급한 상당히 간결하고 계획적인 논의와는 달리 비고츠키는 근접발달영역을 결코 실제 교실 수업의 맥락에서 상세히 논하지 않았기 때문이다. 근접발달영역에 대한 언급은 그의 삶에서 다소 늦게 나왔고, 결국 그의 죽음으로 근접발달영역은 충분히 개발되지 못했다(궁극적으로 활동 이론으로 이끌어진다―8장 참조).

근접발달영역에서 중심적으로 다루는 두 개념, 즉 '비계(scaffolding)'와 '예기(prolepsis)'에 대해 논의한 후 발달과 제안의 몇 가지 측면을 살펴보겠다. 그런 다음 더 일반적인 용어인 '근접맥락(proximal context)'(Bronfenbrenner, 1993에 의해 계승됨)으로 점차 나아갈 것인데, 이 근접맥락은 전문가-초보자의 쌍에만 초점을 두는 것이 아니라 더 큰 규모의 학습 생태를 지칭한다.

5. 비계

학습에서의 비계(scaffolding)는 다소 논쟁적인 개념이다. 데이비드 우드(David Wood)에 따르면, 비계는 상황적·협력적·상호작용적인 개별 지도 행위로서 "비계 연구는 홀로 행동하는 것이 더 나은 것이 아니라는 근접발달영역의 존재를 가정한다"(1988: 96)라는 것이다. 이러한 관점에 따라, 비계는 상황 교수법과 유사하며 근접맥락(Bronfenbrenner, 1993)이나 근접발달영역(Vygotsky, 1978)에서 필요한 것을 대신한다.

일반적으로 비계는 행위를 도와준다. 건물을 지을 때 비계의 역할은 비계 없이 할 수 없는 작업을 할 수 있도록 만든다. 비계는 상황에 따라 설치된다. 즉, 비계가 더는 필요 없다고 여겨지면 해체된다. 그런데 이러한 은유로는 한계가 있다(결국엔 모든 은유가 그러하다). 비계의 개념은 더욱 엄격하고 고정적이지만, 교육에서 비계의 개념은 더욱 역동적이며 융통성이 있다. 곧 비계는 교육적 행위를 허용하는 구조로서 교육 목표에 효과적이고 빠르게 도달할 수 있을 때 유용하다. 다만 이 의미에서 벗어나서는 안 된다.

1975년 브루너(Bruner)와 셔우드(Sherwood)가 학습에서 비계의 은유에 대한 초기 언급을 하였다.[6] 브루너의 비계 개념은 여섯 명의 아기(0.7~1.5세)와 그들의 엄마가 함께하는 놀이를 10개월 동안 조사하여 도출한 것이다. 연구자들은 가장 규칙적인 놀이 가운데 하나인 까꿍놀이(peek-aboo)에 특히 집중하였다.

이 놀이는 초기 접촉, 공동 관심, 사라짐, 나타남, 그리고 재개된 인식으로 구성되어 있다. 이 놀이의 필수적인 특징이나 '문법'은, 아기의 관심을 계속 끄는 엄마의 목소리, 엄마의 얼굴을 알아보려는 아기의 시도에 대한 엄마의 반응 등과 같은 선택적인 특징과 함께 일어난다. 이 놀이의 '규칙에 얽매이지 않는' 부분이 엄마가 아이에게 '비계'를 제공하는 하나의 사례가 된다(Bruner & Sherwood, 1975: 280).

시간이 지나면서 놀이는 규칙적이거나 관습적인 것으로 바뀌지만 또한 규칙에 얽매이지 않는 요소들에 대한 변이를 고려하게 된다. 아이들이 점차 더 많은 행동을 함에 따라 놀이에서의 역할은 조금씩 이동하기 시작하고 더

....

6 비록 이보다 훨씬 이전에 듀이가 인지 발달의 맥락에서 동일한 은유를 사용했고, 비트겐슈타인이 자신의 저서 곳곳에서 언어가 생각을 위한 비계임을 밝혔지만 말이다.

욱 자기주도적으로 되면서 결국 발신자와 수신자의 역할이 바뀌게 된다.

초기의 비계에 대한 논의에서 흥미로운 것은 비계가 강제적 규칙의 놀이가 있는 곳보다 변화가 있는 데서 일어난다는 것이다. 규칙이 끝나는 곳은 놀이가 변화하는 곳이며, 여기에서 새로운 의미가 시작된다. 다시 말해서 즉흥성(improvisation)은 학습에서 자율성을 촉진시킨다.

지난 20년 동안, 비계에 대한 은유는 교육 공동체에서 상당히 흥미 있는 논쟁거리였다. 초기에는 피아제의 연구에 맞춰졌지만, 곧 비고츠키의 근접발달영역의 개념과 긴밀하게 연결되었다.[7]

비계가 엄마(또는 보모)와 아기의 맥락에서는 무엇을 의미하는지 꽤 명백한 반면에, 교육 환경에서는 의미, 실천, 정의의 측면에서 다양하게 확장된다.

누군가는 비계의 구성이 1980년대에 두 부류로 분열되었다고 할지도 모른다. 한 부류는 '상호작용적 비계'라고 불리는 것이다. 이것에 대한 정확한 표현은 스콜론(Scollon, 1976)이 묘사한 '수직적 구성'인데, 이는 어른과 아이가 일련의 발화 교환을 함께 구성하는 과정을 의미한다. 어른은 아이가 발화를 채워 나갈 수 있도록 도움을 주는데, 곧 다음 단어나 구를 제시해 주거나 아이가 발화를 진행하거나 끝마칠 수 있도록 하는 것이다. 기록할 때, 발화의 통사구조는 수평적이라기보다는 수직적으로 이루어져 있기에 '수직적으로 구성된' 대화라고 부른다.

상호작용적 비계는 제2언어 습득을 연구한 몇몇 사람이 탐구하였다 (Sato, 1988; Larsen-Freeman & Long, 1991: 131 참조). 브루너는 이러한 형

········

7   이러한 점에 대해 논란의 여지가 없지는 않다. 실제 많은 사람이 근접발달영역의 과정을 위한 비계에 대하여 너무도 많은 예측성과 엄격한 구조화가 있다고 생각하고 있다. 그러나 비고츠키는 교육에 대해 관습적이고 규칙적인 것에 반대하지 않는다. 부차적으로 비계가 위에서 지적한 방식으로 구조화된다면, 근접발달의 정신을 정당화할 수 있는 창의성과 창발성을 위해 충분한 공간이 되어줄 것이다.

태의 비계를 '일방향 톱니바퀴 형상(ratchet-like)'이라고 불렀다(Cazden, 1992: 103).[8] 혹자는 이를 또한 '상호 부트스트래핑(mutual bootstrapping)'이라고 하였는데, 각각의 대화자가 이전 대화자에게 영향을 받기 때문이다. 최근에 사회문화 이론을 따르는 연구자들은 상호작용적 관점으로부터 비계를 연구하고 있다. 대표적인 사례로서 도나토의 공동 비계(collective scaffolding)에 대한 연구(Donato, 1994)를 들 수 있다. 이 연구에서는 한 집단 안에서 공부하는 학습자들이 어떻게 지식을 함께 구성할 수 있는지를 설명한다. 상호작용적 비계의 주요한 전제 조건은 상호작용적 기여 간의 균형이다. 이러한 이유로 그것은 동등한 위상, 권력, 지식을 갖춘 대화자 사이에서 매우 쉽게 관찰된다. 그러나 스콜론에서 설명하듯이(Scollon, 1976), 그것은 엄마와 아기처럼 분명히 불평등한 지위에서 상호작용하면서 일어나기도 한다. 따라서 상호작용에서의 균형은 특별한 종류의 불평등한 참여자들에게도 일어날 수 있다.

상호작용적 비계는 상호작용의 미시적 수준, 즉 미시발생의 수준에서 일어난다. 이러한 비계는 그 자체로 예측할 수도 미리 알 수도 없다. 그러나 까꿍놀이에서처럼, 미시-상호작용(micro-interaction)은 대개 더 큰 문화적(그리고 역사, 기관, 교육과정 등) 구조에서 발생한다. 따라서 미시 발생은 이것이 펼쳐질 수 있는 더욱 큰 구조에서 용이해진다. 교육학적으로 말하자면 이 교육학적 행위의 미시 수준은 행동 반사, 교육 행위, 마음 챙김(van Manen, 1991; Langer, 1989)으로 설명될 수 있다. 그러한 점진적인 교육학적 행위에는 '타당하고 적절한' 반응과 중재가 필요하며, 교사들이 경험하는 가장 복합적이고 부담이 큰 결정으로부터 드러나야만 한다. 그것들은 더욱

....

8   일방향 톱니바퀴(ratchet)는 한 방향으로만 조금씩 움직이는 장치다. 이는 시계, 도르래, 드라이버와 렌치 등과 같은 물건에 사용된다.

큰 규모로 계획되고 제도화된 교육과정 구조 안에서 일어나겠지만 예측될 수도 통제될 수도 없다.

존 듀이(John Dewey)가 오래전에 지적한 것처럼, 경험이 풍부한 교사는 다음과 같이 말할 수 있다.

> 두세 가지 일을 동시에 수행하는 데 필요한 기술―수업 시간에 한 학생이 암기하는 것을 들으면서 전체를 살필 수 있는 기술, 근무를 하면서도 일간·주간·월간 일정을 염두에 두는 기술―을 갖고 있다(Dewey, 1904: 318).

따라서 우리가 교육학적 환경에서 비계의 개념을 세울 때, 교육학적 행위의 다양한 수준에 대해 처음부터 고려해야 하고, 이들 활동이 일시적인 것인지 아니면 장기간에 걸친 것인지를 판단하여 이들 다양한 수준을 통합하는 것이 중심 과업이 되어야 한다(van Lier, 1996). 까꿍놀이와 같은 교육학적 놀이는 예측할 수 없고 다양한 측면뿐만 아니라 규칙이나 제약도 많다. 비계는 이 가운데 전자에서 특히 나타날 수 있으며, 그때 학습의 기회가 발현된다. 이러한 사실은 교사가 염두에 두어야 한다. 왜냐하면 비계는 가끔 이양/전이가 어떻게 이루어지는지에 대한 명백한 설명 없이, 이미 준비된 교수 행위의 형태로 나타나기 때문이다. 그러나 전자 없이 교육에서 비계라는 말을 쓸 수 없다.

따라서 상호작용의 수직적 구성으로서의 비계와 "놀이 같은 관습"(Cazden, 1992: 106)으로서의 비계를 구별할 수 있다. 성공적인 비계를 위해서는 다음과 같은 두 가지 작업이 필요하다.

a) 계획, 준비, 비계구조의 운영(필요에 따라 세워지고 해체됨)
b) 비계에서의 상호작용적 작업. 이 작업에서는 학습자가 비계의 밖으로 나

갈 준비가 되어 있는지 관찰하는 것이 중요하며, 만일 이것이 일어날 때에는(이양/전이가 진행될 때) 재빨리 비계를 느슨하게 조절해야 한다.

비계에 관한 두 부류, 즉, 상호작용적 관점과 구조적 관점은 하나의 교육학적 메타-전략의 측면으로서 간주할 수 있을 것이다. 사실, 비계에 관한 세 가지 수준이나 층위를 제안할 수 있다(van Lier, 1996; Gibbons, 2002 참조).

a) 과업 과정, 프로젝트, 순화적인 교실 관행을 계획하는 것(거시).
b) 일련의 행위, 움직임에 관해서 각각의 행위를 계획하는 것(중간).
c) 점진적인 상호작용의 실제 과정(미시).

이제 이들 세 가지의 교육학적 과정과 실천에 대해 다음 절에서 더욱 구체적으로 살펴보도록 하자.

6. 교육학적 비계의 특성

비계를 교육 환경에 적용하는 방법은 매우 다양하다. 아마 그러한 방법들 가운데 첫 번째는 브루너와 그의 동료들이 소개한 것으로 위에서 언급된 까꿍놀이에 관한 후속 연구다. 이에 따라 우드, 브루너와 로스는 비계의 필수적인 특성을 아래와 같이 정리한 바 있다(Wood, Bruner & Ross, 1976; Donato, 1994: 41 참조).

1) 과제에서 흥미를 끌어내기
2) 자유로움의 정도를 줄이기(과제를 단순화하기)

3) 지속적으로 목표를 추구하기

4) 생산된 결과와 이상적 해결 방안 사이의 불일치에 대한 중요한 특성을 확인하기

5) 문제 해결 과정에서 발생할 수 있는 좌절과 위험을 조절하기

6) 수행하는 활동의 이상적인 형태를 보이기

읽기 교육 맥락에서, 클레이와 카즈덴은 다음과 같이 우드, 브루너와 로스(Wood, Bruner & Ross, 1976)가 처음으로 제안한 교육적 비계의 개념을 적용하였다(Clay & Cazden, 1992: 120-121).

1) 주제 설정하기

2) 접근성 높이기

3) 상호작용의 용이성 유지하기

4) 아이가 구성적 활동에 참여하도록 촉진하기

5) 새로운 지식으로 공부하기

6) 교정 반응을 부분적으로 수용하기

이러한 다양한 절차와 권유를 특정 환경, 가령 언어 학습 상황에 맞추어 비교하고 조합하며 연결할 수도 있을 것이다. 그러나 위 두 목록을 비교해 보면 적어도 하나의 주요 충돌 지점이 발생한다. 그것은 '과제 단순화하기'와 '접근성 높이기'다. 그러나 반드시 충돌이 발생하는 것은 아니다. 누군가는 '과제를 단순화하여 접근성을 높이기'를 제안할 수도 있으며, 이는 특정한 맥락—가령 처음으로 케이크를 굽는다든가, 제2언어로 이야기를 한다든가 하는 것—등에서는 비교적 적합할지도 모르기 때문이다. 그럼에도 '과제 단순화하기'는 다양한 맥락의 사회화와 관련된 연구와 더불

어 대다수 구성주의자의 교육학적 버전에서 권유되는 것에 역행하는 것이다(Kramsch, 2002). 따라서 구성주의 교육학자들(듀이, 피아제 또는 비고츠키로부터 파생된 다양한 접근을 시도하는 학자들)은 일반적으로 과제는 '단순화(simplified)'되어서는 안 되며, 오히려 '상세화(amplified)'되어야 한다고 주장한다. 비계는 고정된 텍스트나 활동에 다가가야 한다. 예를 들면 교육적 국면에서 영어 학습자가 고등학교를 졸업하고 대학에 진학하기 위하여 제2언어 수업에 도전해야 할 때, 사용해야 하는 해당 언어와 내용을 단순화하는 것이 역효과를 낳을지도 모른다. 오히려 그러한 수업에 도전하는 것은 내용이 지속되는 동안 그 내용의 접근성을 향상시키고 학업에 자극을 주게 한다(Walqui, 2000). 이와 유사하게 '합법적 주변 참여'가 일어나는 환경에서는 복합적인 문화적 사건과 행동들이 아이들의 성장에 도움을 준다기보다는 부가적이고, 안내되고, 모니터링되는 방식으로 허용될 뿐이다(Lave & Wenger, 1991).

필자는 언어 수업의 비계가 아래와 같은 조건을 갖는다고 주장한 바 있다(van Lier, 1996).

1) **지속성**(continuity)

(과제는 변이를 반복하며 서로 연결된다. 가령 프로젝트의 일부분처럼)

2) **맥락 지원**(contextual support)

(탐구는 안전하고 도움을 주는 환경을 통해 고무된다. 의미와 목표에 대한 접근은 다양한 방법으로 촉진된다.)

3) **상호주관성**(intersubjectivity)

(상호적 참여, 독려, 위협적이지 않은 참여)

4) **상황성**(contingency)

(과제 수행 과정은 학습자의 활동에 의존한다. 기여도는 각자에게 부여된다.)

5) **이양, 전이**(handover, takeover)

(학습자의 기술과 자신감이 상승하도록 학습자의 역할 늘리기, 즉 학습자가 행위의 증대된 부분을 인수할 준비를 갖추고 있는지 주의 깊게 관찰하기)

6) **몰입**(flow)

(기술과 도전은 균형을 맞추어야 한다. 참여자는 과제에 초점을 맞추며, 참여자는 서로 '조화'되어야 한다.)

지금까지 설명한 비계는 즉시적이고 대화적인 측면이 강하다. 이와 다른 관점에서 쿠스 위닙스(Koos Winnips)는 교육용 소프트웨어의 실계에 비계를 사용하였다. 그림은 아래와 같다.

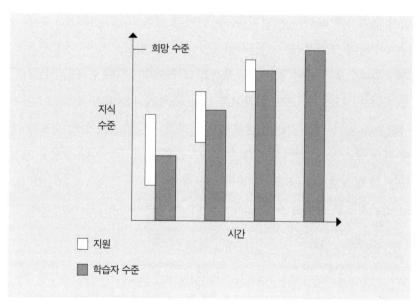

[그림 6.1] 비계와 점진적 중단(Winnips, 2001)

[그림 6.1]은 학습 자료의 하이퍼링크 단위로 교육 매체의 설계 과정

에 필요한 기능 발달의 비계를 보여 주고 있다(Winnips, 2001).

위닙스의 연구에서, 이양[이를 '점진적 중단(fading)'이라고 불렀다]은 컴퓨터 기반 학습 자료의 설계와 관련된다. 이 설계는 지원의 점진적 철회를 포함하고 있기 때문에 비계의 개념에 적합하다. 필자의 논의에서는 '전이(takeover)' 개념을 덧붙여 역동적이고 협력적이며 대화적인 과정의 본질을 나타내고 학습자의 행위성과 자율성을 강조하고자 했다.

7. 예기

지금까지 살펴보았듯이 비계는 학습에서 중심적 개념이고, 근접맥락에서 참여자를 도와주는 것이다. 두 번째의 핵심 개념은 예기(prolepsis)다.* 이 장의 도입부에서 언급하였듯이, 예기는 앞으로 일이 어떻게 되리라는 짐작으로서 어떤 현상이나 사건을 맞닥뜨리기 전에 예측한다는 의미를 지니는 것으로, 전조(前兆)라고도 한다. 소설가들은 마치 독자들이 이미 사건들을 알고 있는 것처럼 정보를 누락하거나 다가오는 일에 힌트를 줄 때 항상 예기를 수행한다. 예기는 작가(혹은 화자)가 장면이나 상황을 완성하는 데 필요한 정보를 줄 때 독자(또는 청자)가 수동적으로 받아들이기보다 창조적으로 해석할 수 있도록 이끈다. 예기는 바흐친(Bakhtin, 1981)에

....

* 이를 '예상(豫想)'이라고도 한다. 그리고 '회상(回想)'과 짝을 이루어 많이 쓴다. 곧 '회상과 예상'은 쥬네트가 이야기와 담화 사이의 불일치를 말하기 위해 고안한 시간 교란의 두 가지 방법이다. 소급 제시란 이야기 현재의 순간에 과거에 일어났던 일을 제시하는 것이고, 사전 제시는 장차 일어날 사건을 현재 시점에서 미리 알려 주는 것이다. 이것은 영화에서의 회상과 예시라는 말로 가장 잘 설명되는데, 채트먼 같은 서사론자는 특별하게 회상(flashback)과 예시(flashforward)라는 용어를 소급 제시와 사전 제시의 한 예로 말하고 있기도 하다[한국문학평가론가협회(2006), 『문학비평용어사전』, 국학자료원].

서 활발히 논의되었고, 롬메트베이트(Rommetveit, 1974), 로고프와 가드너(Rogoff & Gardener, 1984), 손(Thorne, 2000a) 등에서 교육학적 방향으로 훨씬 더 발달되었다.

롬메트베이트는 "맞아, 우리는 영화를 보러 갔었어, 나는 영화를 매우 좋아했지만, 메리 앤은 그렇지 않았지"라고 동료에게 말한 한 남자의 예를 제시했다. 그 남자는 그의 대화 상대자가 메리 앤이 화자의 아내임을 알아차릴 수 있을 것이라 믿었고(주어진 상황에 의해서), 그 때문에 대화 상대자는 화자와 그의 가족과 이름을 부르는 친밀한 관계가 된다. 이에 롬메트베이트는 "정자는 암묵적으로 확장된 지금 - 이곳의 내부서도 민들이킨다"라고 하였다(Rommetveit, 1974: 88).

필자는 1996년에 발간한 저서에서 예기를 생략(ellipsis)과 비교하여 아래와 같이 설명했다.

생략은 문장이나 글 안에서 정보가 필요하지 않다고 판단되기 때문에 삭제되는 것이며, 청자(혹은 독자)는 빠진 부분을 채우기 위해 지원을 받아야 한다. 그러나 생략을 사용하는 화자(혹은 저자)는 청자의 해석 과정을 명쾌하게 확인해 주거나 용이하게 해 주지 않으며, 공유된 상호주관적 공간으로 청자를 끌어들이지도 않는다. 위에서 설명했듯이, 롬메트베이트(1974)는 예기의 개념을 제안할 때, 화자가 모든 부분을 자세하게 설명하지 않는 대신 공유된 기반을 확장할 수 있는 단서를 청자에게 제공한다고 생각했다. 따라서 예기의 담론은 이해의 간극을 깨닫고 능력이 부족한 사람을 자신보다 더 유능한 사람과 공유하도록 이끌어 주는 것이라고 할 수 있다. 생략은 무시할 수 있는 것(기껏해야 무관심한 것)인 반면, 예기는 항상 초대 지향적이며 포용적인 것이라 할 수 있다(van Lier, 1996: 182).

이제 문학에서 말하는 예기의 또 다른 개념을 살펴보고 언어 교육에서 그 중요성을 탐색해 보도록 하자.

플린(Flynn, 1991)은 예기를 "현재에서 미래를 떠올리게 하는 것"이라고 하였고, 그 반대인 환기(analepsis)는 "현재에서 과거를 떠올리게 하는 것…"이라고 하였다. 따라서 예기는 무엇이 일어날 것인지에 관한 것으로, 청중이 예상하고 긴장하고 집중할 수 있도록 해 준다. 교육학자들이 어떻게 예기와 환기를 그들의 교육학적 담론에 적용하는지를 살펴보는 것은 흥미롭다. 예기의 경우 새로운 도전을 향해 나아가는 반면 환기의 경우 기존에 알고 있던 사실, 가령 예전 경험과 공유된 역사 등과 새로운 사실을 연계하는 데 활용할 수 있다. 교육학적으로 예기와 환기는 상호 촉진하는 대상이라고 할 수 있다.

한 단계 더 나아가, 예기란 믿게 만드는 게임처럼 보이는데, 그 게임에서 교육자는 학습자가 실제로 아는 것보다 더 많이 알고 학습자들이 실제로 보여 준 것 이상의 능력을 갖고 있는 것처럼 행동한다. 데이비드 바크허스트(David Bakhurst)는 "정신은 성숙한 심리학적 능력을 발달의 이전 단계에 투영시킨다. 즉, 아이의 행동에서 아직 드러나지 않은 더 높은 수준의 정신적 기능을 본다"고 지적했다. 비고츠키에게 영향을 받은 언급에서는 더 나아가 "아이들이 아직 가지지 않은 능력을 마치 갖추고 있는 것처럼 다루는 것이 이 능력 발달의 필수적인 조건이다"(Bakhurst, 1991:67)라고 말했다.

심지어 비고츠키의 전기 작가인 알렉스 코줄린(Alex Kozulin, 1990)은 예기를 언어 발달의 바탕으로서 '의도 부여하기(attributing intent)'의 한 형태라고 하였다. 이것은 학습과 발달 사이에서 일어나는 역동성에서 매우 핵심적이다. 그는 이러한 생각을 뒷받침하기 위하여 아래와 같은 새비지 럼보(Savage-Rumbaugh)의 진술을 인용하였다.

침팬지가 야생에서 왜 언어를 발달시키지 못했는가? 답은 소통 의도를 부여할 수 있는 사육사의 부재에 있다(1990: 155).

더욱이 예기에 대한 몇몇 사실로 볼 때, 예기는 아주 중요한 개념이며 확실히 비계와 같은 중요성을 지닌 주춧돌이라고 할 수 있다.

예기(혹은 예기의 담론)에 관한 몇 가지 핵심적인 특성이 있다.

- 발화(화자에 의해)는 예상을 유도하여 (청자의) 참여적 이해를 이끈다(Rommetveit, 1974: 00).

- 새로운 정보는 이미 알려진 사실을 둥지 삼아 '태어난다'. 따라서 (청자는) 이미 세워진 사회적 현실을 이용한다(위의 책: 91).

- 배경지식은 '가정되는 것'이 아니라 '창조되는 것'이다(van Lier, 1996: 161).

- 예기는 '사건을 생략하고 학습자를 더 큰 공유 공간으로 초대한다'. 거기에서는 최소한의 단서만 주어지고(위의 책: 161) 학습자가 의미를 완성한다.

아래 제시된 로고프와 가드너(Rogoff & Gardner)의 연구인 엄마-아이의 상호작용에 대한 일부분은 예기의 훌륭한 예라고 할 수 있다:

1) 엄마: 이거 재밌겠는데. (일어서서 장바구니에 담긴 물건을 살핀다.) 됐다. 우리는 방금 집에 도착했어, 그렇지?

2) 아이: 예.

3) 엄마: 그래서 우리는 특정한 장소에 모든 것을 놓을 거야. 그래야 모두가 이것들이 어디에 있는지를 알게 돼. 좋아, 우선 이것부터 놓

자. (선반 1을 가리킨다.) 좋아, 소풍 간다고 하고(선반 1을 다시 가리킨다) 소풍 갈 때 필요한 것이 무엇인지 생각해 보자(Rogoff & Gardener, 1984: 99).

앞의 1)에서 엄마는 다가올 홍미로운 것에 대한 기대감을 만든다. 그녀는 우연히 즉시 이를 환기의 예로 활용하였는데, 이는 그것들이 방금 어디에서부터 왔다는 말을 통해 알 수 있으며, 이로써 환기와 예기는 상보적인 교육 활동이라는 점을 거듭 확인할 수 있다. 3)에서 엄마는 가상의 공간(소풍)을 만들고 아이가 그러한 사건들이 어떻게 계획되는지 파악할 수 있도록 그 공간으로 들어오게끔 초대한다.

따라서 예기 교육은 교사가 가정한(혹은 가장한) 맥락에 학습자를 놓게 하여 학습자가 그들이 실제로 아는 것보다 더 많이 알게 해 준다. 그러나 학문적 담론에서는 흔한 생략과는 반대로, 예기의 조건은 학습자가 주제 안으로 들어올 때에만 만들어진다. 따라서 이 개념은 근접발달영역(또는 근접맥락) 및 레이브와 벵거의 '합법적 주변 참여'(Lave & Wenger, 1991)와 매우 밀접하다.

8. 근접발달영역, 제2언어와 외국어 학습

필자는 근접발달영역(ZPD)을 잘못된 방식으로 혹은 불충분하게 해석하는 위험성을 논의한 바 있다(van Lier, 1996: 192). 근접발달영역은 교수의 보조 형태이거나 과제의 난이도 심화를 위한 중재라고 단정지을 수 없다. 또한 학습자가 갖고 있는 지식의 전 단계 투입만을 의미하지 않는다(다음 참조). 텃지(Tudge)가 지적하였듯이, 비고츠키의 전체 이론으로부터 근접발달영역의 개념만 분리하는, 말하자면 사용의 맥락에서 도구만 분리하려는 경향이 있다(1990: 156). 이러한 경향은 학습 구성의 이면에 존재하는 의미를 잃어버리기 때문에 학습 구성의 단순화를 불러온다.

제2언어와 외국어 학습에서, 근접발달영역은 시간이 지날수록 크라센의 투입 가설(Input Hypothesis), 곧 'i+1'과 동일시되고 있다. 앞에서 살펴보았듯이, 투입 가설은 언어 발달의 현 상태보다 조금 더 나은 수준을 적절하게 투입하면 언어 습득이 진행된다는 것이다. 근접발달영역과 투입 가설은 표면적으로 양립할 수 있는 것처럼 보이지만, 실제로는 각각의 관점이 지향하는 바에 따라 논의 과정과 역동성에서 심각한 차이가 있다. 던과 랜톨프는 한 리뷰 논문(Dunn & Lantolf, 1998)에서 이들 차이를 검토한 후 이 두 관점은 '비교할 수 없다'고 결론을 내린 바 있다. 이 두 가지 이론 또는 관점은 하나가 다른 하나로 전이될 수 없기에 용어나 개념 정의를 공유하지 못한다. 즉, 이들 두 접근은 마치 서로 다른 언어로 말하는 것과 같다. 이러한 점은 던과 랜톨프의 보고서(1998)를 요약해서 제시하고 있는 아래 [표 6.2]를 통해 확인할 수 있다.

[표 6.2] 근접발달영역(ZPD)과 i+1 비교

비교 영역	i+1	ZPD
분석 단위	i+1에서 이해할 수 있는 투입, 언어 구조	행동, 활동
학습 결과 학습 목표	다음 단계의 언어 구조 또는 항목	더욱 복잡한 활동, 고등정신 기능, 자기 조절
과정	잠재적 과정(내면적 과정)	내면화/전용, 전이
학습자	수동적 외톨이	의식적이고 활동적인 사회적 참여자
안내 은유	내장된 컴퓨터, 처리자	역동적인 생태계의 유기체
언어 모형	정보 제공, 정보 이동	협력적 의미 구성, 대화적
교사	입력을 제공하고 여과를 낮게 유지	학생의 활동을 안내, 비계, 접근 지원

앞 표의 왼쪽에는 투입-산출과 2장에서 논의한 정보-처리 관점인 i+1을 제시하였다. 그리고 오른쪽에는 근접발달영역을 제시하였는데, 이는 사회문화적, 생태학적, 혹은 언어 사회화의 내용과 깊게 관련되어 있다. 이를 스파드의 학습에 관한 두 가지 은유인 '습득'과 '참여'로 해석해 보면(Sfard, 1998), 왼쪽은 '습득'을, 오른쪽은 '참여'를 강조하는 성격을 지닌다고 하겠다.

이에 대하여 각 담론의 분석 단위를 비교해 보면, 투입 이론은 미리 결정된 언어 요소, 고정된 부호의 일부인 구조를 다룬다. 이것은 대개 이미 뇌에 존재하고 있는 것이며, i+1를 수용함으로써 활성화될 뿐이다. 반면 근접발달영역은 행동(상황을 고려하는 활동인 협력적 행위)을 분석 단위로 삼는다. i+1에서 학습의 목표는 다음 단계의 언어 구조에 대한 습득(숙달)인 반면, 근접발달영역의 경우는 더욱 복합적인 활동, 고등정신기능, 학문적 담론의 발달, 자기 주도성의 신장 등을 목표로 둔다.

i+1 관점에서 습득 과정은 잠재적이다. 곧 뇌에서 무의식적인 습득 과정이 일어나는 것으로, 투입과 습득은 선형적인 인과관계를 이룬다. 이와는 달리 근접발달영역에서는 의식의 발달이 내면화와 전용의 과정에 핵심적인 부분이다. 그 과정은 대인관계적 실천을 더 높은 수준의 개인적·사회적 실천을 가능하게 할 내적 정신능력으로 변화시키는 것이다.

i+1 상태에서 학습자는 수동적인 '외톨이', 기껏해야 '수용자'가 될지도 모른다. 그것은 협력 작업, 공동체적 실천, 문화적 참여 등을 고려하지 않기 때문이다. 반면 근접발달영역은 학습자 활동에 의해 창조되며, 그들은 조금 더 뛰어난 동료 혹은 교사로부터 안내와 지원을 받는다. 사실 학습자가 온전히 활동에 참여하지 않고서는 근접발달의 영역을 어떻게 구성할 수 있을지 가늠하기 어렵다. 더 나아가 근접발달영역은 한 개인의 정신으로 내면화되기 이전에 사회적 측면에서 먼저 발달한다. 앞서 언급했듯이, 이러한 내

면화는 외적인 사실을 내적으로 복제하는 '재생산(reproduction)'이 아니라 그 과정에서 질적 변화가 일어나는 '전이(transformation)'를 의미한다.

i+1은 학습자를 특정한 투입을 그대로 수행하는 컴퓨터와 같은 처리자로 상정한다. 근접발달영역은 학습자를 역동적인 '생태계의 유기체'로 보는데, 생태계란 사회적·문화적·역사적 생애 공간(Lewin, 1943)이자 체험적 공간(Merlau-Ponty, 1962; Kransch, 2000: 11)이다. 학습자는 이러한 생태계에 참여하고(처음에는 지엽적으로, Lave & Wenger, 1991), 이것은 학습에 사회적 본성을 부여한다. "이로써 (그들은) 그들의 주변 사람들과 같은 지적인 삶으로 성장한다"(Vygotsky, 1978: 88).

교육에서 i+1은 전달적 관점을, 근접발달영역은 전이적 관점[9]을 취하는데, 전자는 고립된 개인 언어를 사용하는 반면, 후자는 창발적이고 협력적, 대화적인 언어를 공유한다. 결과적으로 i+1에서의 교사는, 비록 긍정적인 정서적 환경을 보장하긴 하지만 지식의 제공자 역할만을 수행하므로 지식이 그대로 학습자의 뇌로 투입되고 만다. 반면 근접맥락에 존재하는 교사는 가르치는 행위가 조력 활동, 가령 학습자—주도 활동을 다양한 방식(위에서 논의하였듯이 주로 비계, 예기, 환기 등의 과정)으로 안내하고 지원하며 촉진하는 활동임을 안다. 그 결과 학습자는 교과서나 시험에 등장하는 표준 언어 사용에 매몰되지 않고 그들의 모국어를 통해 자신의 목소리를 낼 수 있는 권리를 갖게 된다(Gomes de Matos, 2002; Cook, 2002).

일련의 비교를 바탕으로 볼 때, 근접발달영역은 이 논의의 본질적인 이론 체계로부터 격리될 수 없다. 근접발달영역이 강력한 이론적 사실에

....

9   여기에서 '전이'는 두 가지의 의미를 갖고 있다. 첫째, 앞서 말했듯이 내면화 과정에서 일어나는 사회적·정신적인 기능의 전이다. 둘째, 교육과정에서의 전이인데, 이는 학습이 교육 자료로부터 오는 것(입력)이 아니라 학습자의 개인적이자 공동체적 활동으로부터 촉발된다는 뜻이다.

근거하지 않을 경우, 이것은 학습자가 얼마나 수동적이든 활동이 얼마나 기계적이든 관계 없이, 그저 교사가 진행하는 지도 활동의 잡동사니가 될 수도 있기 때문이다.

그런데 이러한 지적만이 근접발달영역 논의의 전부가 아니다. 주지하다시피 근접발달영역에 대한 비고츠키의 언급은 개략적이다. 따라서 후속 세대의 교육자들은 본래 이론을 그대로 따를 것이 아니라, 더욱 확장적인 논의를 형성해 가야 한다. 이와 관련하여 필자(van Lier, 1996)는 아래와 같은 논의를 제안한 바 있다.

근접발달영역의 본래 개념, 전문가와 초보자 혹은 어른과 아이(교사와 학습자는 물론) 사이의 발달 개념을 확장하는 연구는 비고츠키의 학습자 발달에 관한 사회문화 이론을 총체적으로 살피는 것과 같다. 교실을 하나의 생태계(브로펜브레너의 맥락 이론에서는 미시 체계—Bronfenbrenner, 1979)로 본다면, 전문가-초보자의 관계가 참여자 구조의 유일한 현상이 아니다. 만일 전통적인 일렬 책상 배열을 깨버린다면, 전혀 다른 학습 공간을 상상할 수 있다(Rogoff, 1995 참조). 작업 공간, 모둠형 책상, 논의 장소, 개인 열람실, 공용 발표장 등을 생각해 볼 수 있다. 날씨가 좋고 모기가 많지 않다면, 야외 나무 벤치도 여기에 포함할 수 있다.

이와 같이 확장된 교실에서, 근접발달영역은 다양한 '근접과정(proximal process)'(Bronfenbrenner, 1993)이 발달하는 학습 공간이 될 수 있다. 다음의 그림(van Lier, 1996에서 가져옴)[10]은 비고츠키의 초기 근접발달영역

....

10 이 그림의 가운데는 '자기 조절'로 고정되어 있다. 그런데 이것은 개인주의적 공간을 의미하는 것이 아니라, 사회적 활동을 포함하는 공간을 의미한다. 곧 조절의 주체, 능력, 장소 등이 관통하는 통로다. 한편 자기 조절과 공동 조절 사이의 경계는 분명하지 않으며, 유동적이다. 자기 조절 과정은 불변의 중심이 아니라, 다양한 사회적 과정과 환경적 조건 간의 상호작용에 따라 끊임없이 확장, 축소, 소멸, 분산되는 것이다.

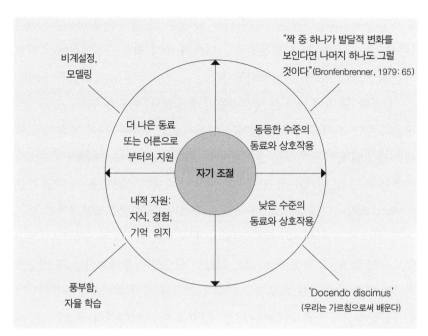

[그림 6.2] 확장된 근접발달영역(ZPD)

에 대한 논의를 확장한 것으로, 전문가-초보자(일반적으로 어른-아이) 관계

가 아닌 네 가지 관계를 살펴볼 수 있다.

학습의 중심적인 참여 구조에는 더 낮거나 낮은 수준을 가진 파트너

관계가 있을 것이다. 더 나은 참여자(교사, 부모 혹은 동료)는 그렇지 못한 참

여자에게 모델링, 비계, 그리고 다른 교육적 활동을 제공하여 그들을 이끈

다. 그러나 다른 여러 논의가 주장하고 있듯이, 동등한 수준의 또래들도(특

정 문제에 대한 답이나 특정 과제에 대한 해결 방안을 갖고 있는 더 큰 그룹의 참

여자가 아닌) 협력하여 상호 발전을 꾀할 수 있다(Donato, 1994; Glachan &

Light, 1982; Wegerif & Scrimshaw, 1997; Swain & Lapkin, 2000). 앞서 살펴

보았듯이, 이것은 피아제의 관점에 해당하는데 학습자는 교사나 다른 전문

가보다 동등한 수준의 또래들과 수평적인 관계를 맺을 때 더 많이 학습할

수 있다는 사실과 밀접하게 관련되어 있다. 이와 관련하여 브론펜브레너는, 새로운 지식은 그룹 구성원들 사이에서 구성되며, 근접맥락에서 협력적인 활동으로 공유됨을 언급하였다.

그림의 두 번째 영역은 학습자들이 동료에게 '전문가' 혹은 '교사'처럼 행동하는 것을 가리킨다. 학습자는 능동적으로 성취 수준이 낮은 동료에게 어려운 내용이나 기능을 설명하여 자신의 지식을 더욱 명확히 확인하고 이해할 수 있다. 이러한 동료 교수의 형태에 대하여 스웨인은 '추동된 산출(pushed output)'*(Swain, 2000)이라고 불렀다. 공동 근접발달영역을 만들면서, 가르치는 학습자와 배우는 학습자는 서로 협력하여 자신의 생각을 명료하게 할 수 있다. 물론 때로는 그들이 실수를 경험하겠지만 그 과정을 거치면서 상호 이해를 도모하고 명확한 지식을 얻게 된다. 이와 관련하여 훔볼트는 150년 전에 인간이 자신의 생각을 다른 이들에게 설명함으로써 생각을 명료하게 정리할 수 있음을 언급하였다.

결국 모든 근접맥락에서는, 만일 학습자가 자신의 한계를 깨닫고 언어 자원과 환경을 결집하려고만 한다면, 근접발달영역을 확장할 수 있는 기회가 제공된다(Swain, 2000). 또한 학습자가 학문적으로 성숙할 때, 그들은 자신만의 시간을 보내며 독자적인 연구를 진행할 것이다. 이때에도 그들은 사회화 과정과 유사하게 과거 자신이 경험한 근접발달영역에서의 교수를 떠올리며 스스로 '가상의 교사'가 될 수 있다. 그들은 주의집중하며 연구 맥락의 유도성을 바탕으로 내적 대화를 시도한다. 비고츠키는 이에 대하여 아래와 같이 언급한다.

....

* 제2언어 환경에서 원어민 혹은 자신보다 언어적 수준이 높은 발화를 제시하여 조금 더 나은 수준의 발화를 끌어내는 것을 말한다.

아이가 학교 교실에서 경험한 근접발달영역에 근거하여 집에서 공부를 한다면, 비록 아이 옆에 교사가 없을지라도 스스로 공부를 지속할 것이다 (Vygotsky, 1987: 216).

이처럼 근접발달영역을 확장적으로 보는 작업은 매우 유효하다. 전문가와 초보자 사이의 불평등한 관계에 주목하는 것뿐만 아니라, 다면적인 활동 공간에 공존하는 학습자의 평등한 관계에서도 근접발달영역이 효과적으로 존재할 수 있음을 인식해야 한다.

9. 프로젝트 기반 학습

지금까지 학습은 근접맥락(Bronfenbrenner, 1993) 안에서 협력과 적절한 안내에 의해 진행되는 다양한 활동의 결과임을 확인하였다. 학습자는 다양한 그룹에 참여하는 경험을 통해 더욱 성장할 수 있다. 물론 어떤 학습자는 능숙한 학습자와 공부하는 것이, 다른 학습자는 비슷한 수준의 학습자와 공부하는 것이 효과적일 수 있다. 중요한 점은 우리가 서로 가르치고 배우는 과정에서 많은 지식을 배운다는 사실이다. 결국 우리 내부의 자원, 즉 '풍부함(resourcefulness)'은 복합적 학습 능력을 발휘하는 데 다양하게 활용된다.

'기호초점(FonS)'의 관점에서 보면, 교실과 사회 환경에는 의미 구성을 위한 다양한 자원이 존재한다. 학습자가 그러한 근접영역에서 참여할 때, 다양한 종류의 행동유도성(직접적, 사회적, 문화적, 대화적, 인지적)은 의미 구성 과정으로 통합될 수 있다.

이러한 학습의 접근법을 '프로젝트 기반' 혹은 '활동 기반' 접근이라고 한다. 이를 위해서는 정확한 안내, 다양한 선택과 확장 등을 포함한 주의 깊은 활동의 설계가 필요하다. 사실 이 접근법은 그리 새롭지 않은데, 화이트헤드, 듀이, 몬테소리, 그리고 비고츠키를 비롯한 많은 교육학자와 철학자가 이를 주장한 바 있다. 그러나 시간이 흘러감에 따라 교육 의제를 두고 진보적 권력과 보수적 권력이 다투면서 활동 기반 접근법은 흥망성쇠를 겪었다(Cubam, 1993).

현재(2003년 미국) 교육적 화두의 중심에는 시험 성적과 책무성의 압박이 놓여 있다. 시험을 위해 가르치는 것이 교수·학습의 지배적인 형태로 자리 잡았다. 시험은 결코 지식의 질을 향상시켜 주지 못한다(시험은 지식의 양적 증대에만 초점이 맞춰 있다).

그러나 언제나 대안의 목소리는 울려 퍼지기 마련이다. 그러한 접근법에는 앵커드 교수법(Bransford et al., 1990),* 협력학습법(Slavin, 1983), 경험학습법(Kohonen et al., 2001), 반응교수법(Bowers & Flinders, 1990), 그리고 호혜적 교수법(Palincsar, David & Brown, 1992) 등이 있다. 이들은 모두 활동, 맥락, 실제성, 학습 자율성 등에 중점을 둔다.

필자는 캘리포니아 몬트레이에서 제2언어 학습자에게 다양한 방식의 프로젝트 기반 학습을 적용해 보았다. 몇몇 수업에서는 학습자가 자신이 선택한 주제를 바탕으로 웹 사이트를 설계한다. 다른 수업에서는 다큐멘터리 영화의 제작 방법에 대한 수업을 듣고, 또 다른 수업에서는 공동체 기반

....

* 학교에서 배운 지식이 실제 생활에서 유용하게 사용되지 않는 문제점을 극복하기 위한 대안으로 출발한 교수법의 일종이다. 앵커(anchor)는 지식 구성의 의미망 역할을 하는 심리적인 닻이자 문제를 해결할 수 있도록 해 주는 연결고리다. 교재, 사진, 오디오, 비디오 등 다양한 매체가 이에 해당할 수 있다. 학습자로 하여금 그 앵커 속에 있는 문제 상황의 중요한 요소를 찾으면서 문제를 해결하도록 하기 때문에 실제 생활에 의미 있고 유용한 지식을 학습하는 데 도움이 된다 [국립특수교육원(2009), 『특수교육학 용어사전』, 하우].

연구를 수행하였다. 앞에서 언급했듯이, 프로젝트에는 완벽하게 설계되고 풍부하게 계획된 교육과정은 물론 학습자의 자율성을 점진적으로 늘려 주는 활동 또한 필요하다. 막상 수업을 시작해 보니 그들은 컴퓨터를 다루는 기술과 여러 전문 용어를 배워야 했다. 활동을 하면서 컴퓨터 기술과 용어를 동시에 숙달할 수 있게 하는 활동이 설계되었다. 물론 이러한 활동을 부여하는 작업은 쉽지 않았으며, 특히 정교하게 구조화된 자료와 이를 활용한 활동이 있어야 했다. 이런 점에서 무질서한 교실에서는 프로젝트 기반 학습(일반적으로 활동 기반 학습)이 결코 어떠한 성과도 거둘 수 없다. 동기 부여가 잘 되어 있고 체계가 잘 잡혀 있으며 적극적으로 반응하는 학습자 만큼이나 높은 수준의 교실 운영 또한 필요한 것이다.

외국어 (학습) 맥락에서 교사는 작업하기 싫어할지도 모르는데, 이는 학습자들이 같은 모국어로 말하기에 (일정 수준 이상의 외국어 성취 수준에) 도달하기가 쉽지 않으며, (외국어 학습에 필요한) 교실 안팎의 자료들이 쉽게 준비되지 않기 때문이다. 물론 일부 사례에서는 그러할 수도 있겠지만, 풍부한 자료에 접근할 수 있는 프로젝트 기반 학습은 오직 외국어만을 사용하는 환경이 아닐지라도 충분히 적용할 수 있다. 그것은 인터넷 환경만 구축되어 있다면, 대부분의 자료에 무제한적으로 접근할 수 있기 때문이다. 곧 목표 언어를 말하는 사람들이 주위에 없더라도, 직접 교실을 방문하거나 녹화를 하지 않더라도, 다양한 자료와 장치의 도움을 받을 수 있는 것이다. 잡화점이나 마켓에서 산 잡지, 포장지와 상자에 더하여 비디오, 영화, 라디오 자료들도 있다. 풍부한 자료가 제공된 환경에서 교사와 학생은 프로젝트를 위한 기호학 인프라를 구축할 수 있게 된다.

10. 학술 언어: 언어의 규범적인 측면

앞에서 수차례 언급했듯이(2장 참조), 모국어에서든 제2언어에서든 학습 대상으로서 구분되는 두 가지 언어가 있다. 하나는 아이들이 대략 5세 전후까지 사용하는 자연 언어(natural language)이고, 다른 하나는 규범 언어(normative language)이다. 규범 언어는 아이들이 성장하여 학교에 가고 사회에 진출하기 위해 몇 년 동안 열정적으로 배워야 하는 학술 담론 등을 포함하는, 관습적이고 문화적인 언어다. 여기에서는 규범 언어의 학술적인 특성만 언급하지는 않고자 하는데, 그것은 규범 언어는 문자사회 이전에도 존재했고 배움의 노력을 기울여야 하는 문자 사회의 학업 부족 집단에서도 존재하기 때문이다. 학업의 세계로 나아가는 것은 사회화의 한 과정으로, 군인, 기술자, 농부, 심지어는 갱단의 일원이 되는 과정도 유사한 원리를 지닌다.

많은 논의에서 볼 수 있는 자연 언어와 규범 언어의 구분은 비고츠키의 '자연성'과 '과학성'의 구분과 비교할 수 있다. 이것은 '도구에 의한 중재'(지시적 언어 사용과 인위적 인공물)로부터 '상징에 의한 중재'(서술적 언어 사용과 추상적 개념)로의 발달과 유사하다.

한편 이들 구분에 대한 논의와 별개로 비고츠키는 '일반 심리학 법칙'을 아래와 같이 제시하였다.

발화는 초기에 의사소통적·사회적 기능과 같은 의사소통과 상호 이해 수단으로 발달된다. 내적 발화(가령 인간의 사고에 의한 발화)는 그 이후 발현되는데, 학령기 사고 형성을 위한 바탕이 된다. 발화가 의사소통 수단으로, 집단적 사회 행위의 기능으로, 사고의 형태로, 개인적 심리 기능으로 변하는 경로는 고등정신기능의 발달을 지배하는 몇 가지 법칙에 따른다. 이 법칙은 다음과 같이 표현된다. 심리 기능은 아이의 성장 과정에서 두 번 일어나는데, 첫 번째는 아이가 사회적 환경에 적응하는 집단 행위의 기능, 두 번째는 단어의 세밀하고 정확한 의미를 탐색하는 심리 활동의 내면화 로서의 개인적 행위 기능이다. 이와 똑같은 방식으로, 발화는 의사소통의 수단에서 사고로 전이되는데, 이때의 사고는 판단을 입증할 수 있는 방법 을 의미한다. 이것은 보통 취학 전 아동에게서 나타나는데, 구체적으로 아이가 자신의 주장을 하도록 자극할 필요성이 제기된 직후부터 자신이 속한 집단에서 처음으로 논쟁이 생길 때까지다. ⋯ 주장에 대한 논리적 반응의 필요성은 논쟁과 같은 집단적 활동에 기인한다(Vygotsky, 1993: 129).

이것은 일반적인 의사소통의 언어 발달과 학술 언어(academic language) 발달의 차이에 대한 내용이다.

모국어 수업과 마찬가지로 외국어의 경우에도 교육의 '학술' 맥락 안에서 실행되는 경향이 있다. 그런데 의사소통적이고 언어 경험적인 접근법은 때때로 의도적으로 학술적인 부분을 배제하기 때문에 많은 학부모와 성인 학습자에게 너무 유치하고 느슨하다고 비판을 받기도 한다. 그것은 그러한 접근법들이 놀이와 같은 활동과 사소한 텍스트에 초점을 두고 있기 때문이다.

따라서 자연 언어와 학술 언어는 많은 교육적 맥락에서 대립하고 있다. 이를 해소하기 위해서는 비고츠키가 위에서 언급한 두 개의 심리적 기능인 사회적 기능과 개인적 기능을 모두 주목해야 한다. 내면화 혹은 전용의 과정은 여기에서 강조된다. 학술적인 성장에서 학습자는 자신의 언어적 생산물을 개념화하고 논증하기 위해 그 전에 교사, 동료들과 이야기를 나누고 다양한 주제에 관한 대화에 참여할 수 있어야 한다. 따라서 문식성에 대한 다양한 접근이 필요하다. 말하기, 설명하기, 몸짓으로 표현하기(상상하기, 그리기, 칠하기, 그리고 영화 만들기) 등은 학술 언어에 필요한 규범과 별로 상관이 없거나 별개로 다룬다. 그러나 이들은 학술 언어 발달의 전제 조건이다.[11] 좁은 관점의 시험 기반 문화는 학술적 성취를 달성하는 바로 그 수단을 제한한다(시간이 부족하지만 시험 준비는 필수적이기에). 물론 단기적으로는 학습자들이 좋은 점수를 얻을지도 모르지만, 장기적으로 그들은 전문적 삶에 직면하기 위한 준비를 하지 못하게 되고 만다.

11. 정리

이 장에서는 상호작용적 학습의 핵심적인 내용을 정리하였다.
이를 위해 먼저 언어 학습에 관한 네 가지 관점을 비교하였다.

- 유인(trigger)
- 투입(input)
- 의미교섭(negotiation)
- 행동유도성(affordance)

이들 관점을 비교하면서 우리의 교육 현장에서 교수와 학습이 어떻게 이루어져야 하는지 살펴보았다.

그런 다음에 크라셴의 다섯 가지 가설을 살펴보았는데, 이는 제2언어 교육에 총체적 언어 지도만큼이나 큰 영향을 미친 것이었다. 이 가설에는 타당한 사실도 많지만, 잘못된 결론에 도달할 수 있는 사실도 많다. 다섯

....

11 히스(Heath, 2000: 126)에서는 시각 예술이나 드라마의 요소인 구성, 지도, 계획, 그리고 묘사가 학술적 담론의 발달을 위한 도구라고 언급하였다. 더 나아가 "그러한 활동을 연습하는 것"은 학교에서의 설명적·해석적·논쟁적 글쓰기 능력을 신장하는 데 필요하다는 점을 지적하였다.

가지 가설은 아래와 같다.

1) 전혀 다른 과정인 '습득' 대 '학습'

2) 지도의 영향을 받지 않는 습득의 자연적 순서

3) 이상적인 투입 수준인 i+1, 현재 능력보다 조금 더 나아간 것

4) 명시적 문법 학습 결과로서의 모니터링

5) 습득을 촉진하거나 저해하는 정의적 요인

다음으로 과업에서의 의미의 교섭을 살펴보면서 선택적인 주의집중이 학습자가 의사소통 문제를 인식함에 따라 촉진됨을 확인하였다. 그러나 과업 기반 접근은 일반적인 대화를 평가 절하하는 경향이 있기에, 학습 과정으로서의 대화가 지닌 가치를 밝히기 위한 사례를 확보하려고 하였다. 필자와 공동 연구자의 최근 연구(Nakahama, Tyler & van Lier, 2001)에서는 쌍방 의사소통에서 수준 차이가 있는 과업과 일반적인 대화에서 학습자의 수행 능력이 어떻게 다른지 체계적으로 분석해 보았다. 그 결과 모든 측면에서 대화적 맥락이 과업의 그것보다 더욱 복잡한 상호작용과 복합적인 언어 사용을 만든다는 것을 확인할 수 있었다. 따라서 잠재적으로 강력한 학습 도구로서 일상 대화를 더욱 면밀하게 활용해야 함을 주장하였다.

또한 학습자는 다양한 유형의 안내를 받아야 한다는 점을 논의하였다. 이러한 안내는 사회문화적인 혹은 생태학적 맥락에서 말하는 비계와 같다. 비계는 아주 많은 형태가 논의되어 왔다. 그러나 브루너와 그의 동료들이 제안한 본래의 형태를 살펴보면, 비계는 놀이나 과업의 의도되거나 의례적인 부분에서 발현되지 않고, 계획된 것과 예측 불가능한 것 사이의 간극에서, 즉 무언가 새롭고 기대하지 않았던 현상이 일어날 때 발현된다. 이것은 우리가 비계를 이해하고 있는 고정관념의 전환을 가져온다. 비계는 계획된

교육적 활동이 멈출 때 발생한다. 새롭고도 수준 높은 능력은 이전에 시도되지 않았던 행동이 행해질 때 함양된다.

이와 같은 사실은 교사와 학습자에게 각기 독립되어 있지만 긴밀하게 상호 연결된 두 가지의 과업 구성 원리를 제공한다.

- 첫째, 과업의 구조는 안내된 행동을 촉진하도록 만들어야 하는데, 새로운 행동은 반드시 안전하고 친근한 맥락에서 일어나기 때문이다.
- 둘째, 교사와 학습자가 함께 일탈, 확장, 정교화, 임기응변의 기회를 주의 깊게 지켜봐야 한다. 그러한 기회가 있는 동안 이양/전이를 효과적으로 수행할 때, 잘 알려져 있긴 하지만 학습자에게는 처음 시도되는 행동에 의해서 새로운 능력이 함양된다.

다시 말해서, 비계는 오직 근접맥락, 비고츠키의 용어로는 근접발달영역에서만 일어난다는 것이다. 그리고 이러한 근접맥락은 전문가-초심자 사이뿐만 아니라 동등한 위치의 동료 사이, 다소 능력이 떨어지는 동료 사이, 그리고 자기 조절이 작동하는 한 개인의 내부에 이르기까지 확장적으로 존재한다. 따라서 근접맥락에는 다양한 유형의 대화자가 가득 차 있음을 주장하였다.

근접맥락에서 파악해야 하는 또 다른 중요한 개념은 예기다. 이는 우리가 혹은 학습자가 함양했으면 하는 능력을 학습자 스스로 이미 잠재적으로 갖고 있음을 가정(가장)한다는 뜻이다. 이러한 가정과 함께 우리는 학습자가 점진적으로 나아가고 성장할 수 있도록 그들을 초대하는 구조나 공간을 만들어야 한다.

이 장은 프로젝트 기반의 학습과 학술 언어 발달을 살펴보면서 끝을 맺는다. 이것은 (약 5세까지 누구나 발달하는) '자연 언어'와 (학교, 공동체, 문화적 관습 등에서 의식적인 노력을 통해 학습되어야 하는 언어의 측면인) '규범 언어'의 사이에는 큰 차이가 존재한다는 사실을 암시한다.

성공적인 교수는 학술적 발달에서 자연 언어 능력을 활용하도록 하는 것이다. 학습자가 사회적 정체성과 충돌 없이 학업적 정체성을 발달시키려고 한다면, 개념적 자아와 기호적 자아 사이의 모순을 만들지 않으려면, 자연 언어와 학술 언어를 연계하는 작업이 필요하다.

그럼에도 정체성 간에는 다양한 모순이 존재하고, 그래서 정체성은 다양한 방식으로 변화하고 발달한다. 카나가라자(Canagarajah, 1999)에 따르면, 충돌하고 경쟁하는 정체성은 그 자체로서 교육과정의 일부분이 되며, 투쟁하는 목소리는 교육과정의 본질적인 부분이 된다.

비판적 생태언어학

07

— 교육, 정책, 공론과 언어적 인권

… '언어의 생태학'이라는 용어는 언어학자가 언어와 언어 사용자의 상호
작용을 이해하기 위해 다양한 사회과학자들과 협력할 수 있는 광범위한
관심사를 다룬다. 혹자는 생태학이 기술 과학이 아니라 환경에 관한 다양
한 측면의 적용에 관한 학문이라고 할지도 모른다. 이 용어는 언어 보전이
나 창조에 대한 비전문가의 일반적인 관심과 흥미를 불러일으키기도 한
다. 생태학은 정적이지 않고 역동적인데, 이는 예언적이며 심지어는 치료
적이기까지 하다. 예를 들어, '소수' 언어의 역할이 무엇이고 무엇이어야만
하는가? 그 밖에 인류에게 '더 나은', '더 풍부한', 그리고 '더 유익한' 언어
가 어떻게 형성되는가?(Haugen, 1972, Fill & Mühlausler, 2001: 60에서 인용).

1. 도입

지난 몇 세기 동안, 과학은 데카르트 시대에 교회와 분리되면서 발달

하였다. 그리고 19세기에는 상업적 이윤을 추구하려는 노력에 힘입어 더욱 세분화되고 특화된 전문적 연구에 몰두하는 실증주의 단계로 발전하였다. 언어학은 소쉬르의 근대 언어학의 설립과 함께 과학으로 정립되었고(2장 참조), 심리학은 분트의 실험적 접근으로 과학의 지위를 얻게 되었다.

리드(Reed, 1996)는 19세기 이래 심리학의 네 가지 위기를 언급하였다. 첫 번째 시기는 분트의 실험적 내관심리학의 실패로 시작했다. 이러한 실패는 물리학, 화학, 의학과 같은 '정확한' 과학을 토대로 심리학의 과학적 위상을 주장하는 분트의 실험 프로그램으로 이어졌다. 두 번째 위기는 분트의 프로그램이 실패하면서 비롯되었는데, 잇슨 피 파블로프 같은 초기 행동주의자들과 게슈탈트 심리학, 비고츠키의 사회적·문화적·역사적 접근, 피아제의 유전적 인식론 등과 같은 다양한 접근이 충돌하였다. 조작주의자와 논리 실증주의자들은 급진적 강경책을 펴는 행동주의자들로서 1950년대와 그 이후까지 심리학의 주류를 이끌었다. 정신에 대한 측정과 주의 깊게 통제된 실험은 인간 행동의 자극-반응-강화 모델을 구축했다. 1950년대 후반에는 거대한 폭발(세 번째 위기)이 일어났는데, 이는 인과 결정론적 실험실 기반 모델에 대한 신뢰의 상실로 이어졌다. 이에 따라 초기 인지주의자들은 실증주의적 행동주의 모델을 거부했다. 대신 정보 이론과 스키마 이론, 스크립트 이론, 기억과 집중에 관한 학문, 정보 처리, 정신 표상, 그리고 뇌 기능의 모듈 등에 초점을 둔 인공 지능의 컴퓨터 기반 모델을 지향했다.

네 번째, 현재의 위기는 정신과 신체, 세상을 분리하고 세상의 활동(사회적 활동 포함)을 무시하는 뇌 기반(brain resident) 모델에 대한 불만족으로 인해 나타났다. 이 시기는 1980년대 이후로 포스트모더니즘, 상대주의, 연결주의 컴퓨터 모델, 맥락의 정신적 기능에 대한 수많은 접근법 등으로 논의 범위가 확장되었다.

리드(1996)는 심리학이 인과의 과학이 아닌 가치의 과학, 메커니즘의 과학이 아닌 의미의 과학, 즉 인간 삶에 관한 자연과학이 되어야 한다고 주장한다. 이것은 과학이 중립적이고 가치로부터 자유로워야 한다는 입장에 반대한다. 그러한 과학은 지식을 위한 지식 혹은 상업적 이익을 위한 생산품과 발명품의 발달을 이끈다. 과학적이고 기술적인 진보가 공공의 이익에 도움이 되더라도 이것이 실용화되기 위해서는 상업적으로 가치가 있어야 한다. 이러한 입장에서 재활용, 풍력 에너지, 배기가스 없는 자동차, 깨끗하고 효율적인 운송 수단, 바다와 숲 주거지의 보호 등과 같은 빛을 잃은 성공은 이를 보여 준다.

리드가 주장한 네 가지의 심리학적 위기와 변혁을 제시하면 아래 표와 같다.

[표 7.1] 심리학적 위기와 네 가지 변혁

	문제	반응	변혁
1	생리심리학과 해석심리학의 충돌	과학적 심리학의 등장(Wundt)	과학적 혁명
2	행동주의의 과학적 접근과 게슈탈트 심리학 간의 충돌, 그리고 비고츠키의 도전	조작주의자와 논리적 실증주의자(Skinner, Tolman)	행동주의 지배
3	1950년대의 폭발(Hull, Tolman, Skinner): 근본적 질문에 대답할 수 없는 행동주의	정보이론, 사이버네틱스, 인공지능	인지 혁명: 신뢰를 상실한 행동주의
4	인지주의는 사회적이고 환경적인 요인을 무시한다. 충돌은 분열, 과도한 환원주의, 급진적 포스트모더니즘, 과장된 모델링(연결주의)을 초래한다.	인간 생명의 자연과학으로서 심리학	생태학적 혁명, '가치와 의미의 과학'(Reed)

이러한 순환적 변혁 체제는 전체를 보여 주지 못한다. 이것은 쿤(Kuhn, 1970)에 제시된 과학 혁명의 내용을 상기시키지만, 모든 패러다임과 지향의 지속적인 경쟁적 본질을 보여 주지 못한다. 우리는 변혁의 소강 상태에

서 쿤이 말한 '정상과학'의 시대를 확인할 수 있다. 그 시기에는 일반적으로 수용할 수 있는 기본적 가정들에서 기초적인(반대 없는) 많은 가설이 파생되었다. 그러나 모든 패러다임은 안팎에서 경쟁한다. 이러한 맥락으로 20세기 전반을 지배하던 실증주의의 영역 밖에서 활동한 비고츠키, 듀이, 미드, 레빈 등을 언급한 바 있다. 다만 그들의 작업은 생태학이라고 명명할 만큼 확산되지는 못하였다. 상대성, 창발, 정형화, 가치의 개념은 그들의 논의에 내포되어 있다. 이론과 실제, 개인과 사회, 주체와 대상에 대한 역동적인 상호작용을 검증하였다. 맥락은 항상 연구의 중심에 놓였다.

이들 논의는 한 세기의 심리학의 역사에 대한 관점이다. 여기에다 같은 시기의 언어에 대한 관점을 추가해 보자. 첫 번째는 생태언어학이라는 용어를 명확하게 언급한, 언어의 변화와 역사에 관한 트림(Trim, 1959)이다. 다음으로 하우겐(Haugen, 1972)은 언어 변화, 언어 접촉 등에 주목한 생태언어학의 논의다. 이는 칼 뵈겔린(Carl Voegelin), 플로렌스 뵈겔린(Florence Voegelin), 노얼 쉬츠(Noel Schutz)가 1967년에 쓴 초기 논문에서 인용되었다. 그들은 인류 언어학자들로서 이와 같이 생태학적 관점이 현장 연구에 나타나는 것은 자연스럽다(베이트슨의 후기 작업에서도 이를 발견할 수 있다.).

현재 수많은 언어학자는 자신의 작업이 생태학적이라고 규정한다. 마카이(Makkai, 1993), 할리데이(Halliday, 2001), 해리스(Harris, 1996), 혼버거(Hornberger, 2002) 등이 여기에 해당한다. 이들 대부분은 언어 접촉, 언어 변이, 그리고 이와 관련된 이슈를 다루기 위해 생태학을 거시적 의미에서 은유적인 것으로 사용하였다. 이는 이 장의 서두에 하우겐의 글을 인용하여 제시하는 것과 같은 방식이라 하겠다.

구조주의 언어학 시대(1960년대까지)에 언어학과 인류학은 밀접한 관계를 맺고 있었다. 뵈겔린, 하우겐, 사피어와 워프를 비롯한 여러 연구자들의 작업[최근 작업 중에는 린 힌튼(Leanne Hinton)과 케네스 헤일(Kenneth

Hale)의 토종 아메리카 언어의 유지와 회복에 대한 연구가 있다—Hinton & Hale, 2001]에서 이러한 사실은 증명된다. 이처럼 '언어와 환경의 관계', 그리고 '언어들 간의 관계'가 언어학적 이론에서 중요한 역할을 했다는 사실을 충분히 확인할 수 있다. 이는 영국에서도 확인되었는데, 인류학자인 말리노프스키의 영향이 할리데이의 후기 작업과 퍼스(Firth)의 논의에 강력하게 작용한 것이다(3장 참조).

그 시기의 언어학자들은 구조주의자였으며, 행동주의에 강하게 영향을 받았지만, 다른 연구의 영역과도 연계되어 있었다. 특히 인류학은 그 자체로 강한 구조주의적 성향을 갖는다. 이들의 긴밀한 관계는 언어학과 행동주의에 대한 촘스키(Chomsky, 1959)의 강한 공격으로 일단락되었는데, 이를 행동주의에 반대한 초기 인지 혁명의 시작으로 본다. 촘스키는 개인과 사회 간에 높은 벽을 만들어, 처음에는 수행으로부터 능력을 분리하였고(수행을 언어의 이론과 무관하다고 보았다), 이후에는 이와 유사하지만 더욱 뚜렷하게 I-언어와 E-언어*를 구분하였다(Chomsky, 1986, 2000). 이러한 촘스키의 반(反)환경적 입장에 반대하는 논의는 1960년대 초기 사회언어학 연구가 시작된 이래 활성화되었다(예를 들면 Gumperz & Hymes, 1972). 의사소통 능력, 언어 습득과 사용에서 맥락의 영향에 대한 폭넓은 개념화를 시도한 학자들은 델 하임즈(Dell Hymes), 윌리엄 라보프,(William Labov), 수전 어빈-트립(Susan Ervin-Tripp), 그리고 존 검퍼즈(John Gumperz)로 대표된다.

촘스키의 새로운 언어학은 인류학과 다른 사회과학에 거의 영향을 끼치지 못했다. 오히려 언어 능력이 뇌에 존재한다는 언어학자를 비롯한 인

....

* I-언어와 E-언어는 언어의 인지적 영역과 정의적 영역에 각각 해당하는 말이라고 할 수 있다. 촘스키는 철저하게 내적 인지에 국한된 언어의 발달을 주장하였다.

지과학자들(Gardner, 1995 참조)과 사회언어학자, 사회학자, 인류학자, 그리고 맥락을 강조하는 여러 분야의 학자들 사이에서 논쟁을 불러일으켰다. 몇몇 이론 언어학자, 특히 할리데이와 해리스(틀림없이 다른 사람들도)는 이와 같은 양자택일의 놀이에 참여하지 않았다. 대신 할리데이는 '사회-기호학' 관점을, 해리스는 언어학의 '통합론' 관점을 수립하였다.[1]

2. 생태학적 관점의 창발

생태학의 개념을 다룰 때 이 개념이 상업이나 정치학에서는 하찮게 보일지 몰라도, 적어도 통합을 위하여 인간의 마음을 두드리고, 그럼으로써 사람들은 총체적인 자연 세계를 신성시하게 되고 그 세계에서 살아간다 (Bateson, 1979: 27).

이 장의 도입부에서 심리학과 언어학은 인접 학문으로서, 최근에는 생태학적 관점을 포함하고 있다고 밝혔다. 심리학에서 생태학적 관점을 명시적으로 언급한 초기 개척자 에곤 브룬슈비크(Egon Brunswik, 1943)와 로저 바커(Roger Barker, 1978)다. 조직심리학에서 쿠르트 레빈(Kurt Lewin, 1943)의 연구 또한 생태학적이라 불린다.

생태학적 접근의 주요 특징은 맥락화[또는 그리노(Greeno, 1977)가 '상

....

1   할리데이와 해리스는 자신을 사회언어학자라기보다는 언어학자라고 하였다. 실제로 할리데이는 사회언어학이라는 용어는 필요하지 않다고 하였는데, 이것은 모든 언어학이 사회적으로 정의되기 때문이다. 해리스 역시 이에 동의한다. 그런데 저자는 이것이 이야기의 전부가 아님을 덧붙인다. 다른 언어학자들은 촘스키의 보편 문법보다 더 큰 언어를 다루고 있으며, 이에 관한 특징적 집단은 인지언어학자라고 불렀다(Lakoff, 1987; Langacker, 1987).

황적'이라고 부르는 것]에 있다. 이는 맥락을 조사할 때 발생하는 것이 무엇이든지 연구의 일부로 다루기 때문에 비판적 관점(critical perspective)[2]이 될 수밖에 없다. 이러한 비판적 관점은 전적으로 생태학적 관점이라 할 수 있으며, 브룬슈비크와 깁슨, 그리고 가장 최근에 나이서의 인지에 관한 에모리 심포지엄(Emory Symposia on Cognition)에서도 찾아볼 수 있다.

비판적 관점에서는 연구와 실험에서의 '생태학적 타당도(ecological validity: EV)'를 명확히 보여 준다. 생태학적 타당도는 심리학적 중요성에서 출발하였고, 이 용어는 1930년대에 미국으로 이주한 두 명의 독일 심리학자(이미 위에서 언급함)인 브룬슈비크와 레빈의 연구에서 비롯된다(Cole, in Wilson & Keil, 1999). 브론펜브레너(Bronfenbrenner, 1979: 28)에서 인용하였듯이 브룬슈비크는 생태학적 타당도를 아래와 같이 정의한다.

연구가 생태학적으로 타당하려면 그것이 자연적인 환경에서 진행되어야 하고 일상에서의 대상과 행동을 포함해야 한다.

브룬슈비크는 심리학을 실험실 밖과 인간 행동이 일어나는 규칙적 맥락에서 다루고자 했다. 그러나 레빈은 생태학적 타당도의 또 다른 개념을 발전시켰는데, 이는 생태학적 타당도가 "한 사람과 그에게 존재하는 심리학적 환경"을 뜻하는 개인의 '생애 공간(life space)'에 바탕을 두고 있다는 것이다(Lewin, 1943: 306). 레빈은 브룬슈비크가 실험실을 자신의 주변으로 옮겨놓고 실험실이 아닌 환경에서 발생하게 하는 것에 불과하다고 주장

....

2   형용사 '비판적인(critical)'은 쉽게 쓰이지만 쉽게 정의되지는 않는다. 필자는 그것을 명백하고 합리적이고 도덕적·윤리적 입장에서 현상(Reed, 1996의 용어로 가치론)을 다루고 해석하고 기록하는 접근(과학적이든 아니든)으로서 한정하고자 한다. 필연적으로, 비판적 접근은 개입·변화 지향적임이 틀림없다.

했다. 브룬슈비크는 자신의 입장에서, 레빈이 반복적이고 보편적인 관찰을 할 수 없게 만드는 '생애 공간'에 억류되어 있다고 생각했다(Cole, Hood & McDermott, 1997).

브룬슈비크와 레빈 사이의 생태학적 타당도에 대한 두 관점의 딜레마는 언어 교육에서 연구와 평가의 문제와 관련된다. 브룬슈비크의 생태학적 타당도에 대한 인상적인 연구를 다음의 예에서 살필 수 있다. 조사자는 이스라엘의 대학에서 캠퍼스를 오가는 많은 대학생에게 오늘이 무슨 요일인지를 질문하고, 초시계로 그들의 반응 속도를 측정했다. 그들의 반응 속도는 안식일(Sabbath)을 기준으로 나타났는데, 즉 실제 요일이 안식일로부터 멀수록 반응 속도는 느려진다는 것이다. 이러한 절차가 브룬슈비크 관점에서는 완벽하게 타당할 것이다. 그러나 레빈은 일상생활에서 특정 상황이 일어날 때마다 요일에 대한 질문을 받거나 질문을 하는 사람들을 관찰하는 연구이어야 한다고 주장한다. 브룬슈비크의 약점은 질문(초시계를 가진 사람이 질문한다)과 개인의 행동이 맥락에서 자연스럽게 연결되지 못한다는 것이다. 오늘이 무슨 요일인지 질문을 받는 실제 상황에서 사무실에 있는 누군가는 주변 동료를 부를 수 있고, 시계를 응시할 수도 있으며, 책상에서 일람표 등을 볼 수도 있다. 어떤 사람이 "금요일처럼 느껴지지만 고작 월요일이군"이라는 농담 등을 할 수도 있다. 반면 브룬슈비크의 실험 참가자는 눈앞의 초시계 때문에 순간 당황할 수가 있다. 따라서 브룬슈비크의 "오늘이 무슨 요일인지를 기억하는 것"은 레빈의 맥락 연구와는 꽤 다른 과정이라고 할 수 있다(Cole, Hood & McDermott, 1997: 55).

브론펜브레너 역시 레빈과 같은 입장에서 브룬슈비크의 관점을 '단순하며 과학적으로 말이 안 되는 것'(Bronfenbrenner, 1979: 28)이라고 규정했다. 브론펜브레너는 생태학적 타당도를 '현상학적 타당도' 또는 '연구 상황에서 참가자와 조사자의 견해 사이의 상응 관계'(위의 책: 33)라고 했다.

생태학적 타당도는 과학적 조사에서 참가자가 경험하는 환경을 조사자가 추측하거나 가정할 수 있는 정도를 의미한다(Bronfenbrenner, 1979: 29).

5장에서 언급하였듯이, 브론펜브레너는 교육 연구에서 실험실 조사를 강력하게 비판하였고 상황적이며 맥락적인 접근을 주장하였다.

또 다른 생태학적 이론에 영향을 준 것은 베이트슨의 연구에서 찾아볼 수 있다. 그는 종종 인류학자로 구분되기는 하지만(뉴기니아에 있는 Iatmul 족에 관한 그의 초기 연구를 담고 있는 *Naven*, 1936 참조), 그는 동물 의사소통에 대한 연구뿐만 아니라 놀이, 정신분열증, 알코올 중독 등을 연구한 학자로, 심리학과 생물학에서도 중요한 인물이었다. 베이트슨은 생태학적 이론에서 중요한 두 권의 저서를 냈다. *Steps to an Ecology of mind*(1973), *Mind and Nature: A Necessary Unity*(1979)가 그것이다. 베이트슨이 비판하는 것들 중의 하나는 '본능'과 같은 개념을 설명하는 원칙들이다. 그는 이러한 종류를 설명하는 원칙은 없으며, 단지 그들이 다루고자 하는 질문을 구걸하는 것일 뿐이라고 지적하였다(2장 참조).

3. 자연과 교육에서의 심층생태학

인류의 모든 관심에 대하여, 단지 목록을 만들어서 하는 주제 강의가 아니라, 대학생 또래의 학생들에게 솔직하게 말해 주는 것이 교육자의 의무다. "그것이 그들로부터 신뢰를 얻는 방식이고 또한 그들에게 큰 소리로 말하도록 용기를 주는 방식이기도 하다." 그리고 모든 주제는 정돈된 협소한 곳에 있는 것이 아니라 하나의 큰 주제로부터 계속 이어지고 분리될 수 없다는 것을 인식해야 한다. 그 주제는 곧 삶 자체다.
— Kurt Vonnegut, Jr. Hocus Pocus, 1990, 18장

1장에서 심층생태학과 표층생태학 간의 구분을 간단히 다루었다. 두 가지를 비판적 관점인 '지구 중심적' 입장과 환경에서 잘못된 것을 고치려는 기계/공학적 관점인 '인간 중심적' 입장으로 정의하였다. 또한 심층생태학은 마음과 몸을 이분법으로 나눈 데카르트의 과학 모델과 단절되어 있으며, 이용되거나 개발될 자원으로 세계를 보는 관점과도 단절되어 있다. 데카르트는 지구와 생물을 메커니즘으로써 연구하기 시작했다. "나는 지구와 보이는 모든 세계를 마치 기계인 것처럼 설명하였다"(Descartes, 1644; Abrams, 1996: 234에서 인용). 기계적 은유는 여전히 언어와 인지 연구를 상당히 지배하고 있다. 따라서 최근 연구에서 촘스키는 "생성 문법은 사용되는 메커니즘을 발견하는 것이며, 그것이 어떠한 방법을 통해 일상생활에서 창조적으로 사용되는지에 대한 연구에 기여할 것"이라며 자신의 오래된 관점을 반복하였다(Chomsky, 2000: 17). 그러나 '메커니즘'이라는 단어의 사용은 아브람스가 설명한 것처럼 단지 17세기에 과학과 교회의 연합(또는 적어도 공존)을 가능하도록 하기 위해 설정한 것이다(Abrams, 1996: 238). 하지만 생태학적 관점, 즉 깁슨(Gibson, 1979)과 메를로-퐁티(Merleau-Ponty, 1962)의 지각 이론에 포함된 이 관점은 세계를 상호작용하는 참가자로서 간주해야 한다고 주장한다. "지각은 항상 감지하는 것에 대한 적극적인 참여이며 대상에 대한 상호작용적인 참여다"(Abrams, 1996: 240). 이러한 상호적인 참여와 기계적 은유를 조화시키기는 어렵다.

심층생태학과 표층생태학의 구분은 노르웨이의 철학자인 아르네 네스(Arne Naess)에서 비롯되었다. 그는 생태학을 "…무기물과 유기물로 이루어진 주변의 것들과 서로 상호작용하는 유기체의 생존 조건을 학제 간 연구하는 것"이라고 정의했다(Naess, 1989: 36). 그는 더 나아가 생태철학(ecosophy = ecology + philosophy)이라는 용어를 도입하였는데, 이 용어는 "생태권(ecosphere)에서 생존 조건에 의해 영감을 받은 철학적 세계관 또는 체계"(Naess, 1989: 38)를 의미한다.

네스는 심층생태학 운동의 '강령(platform)' 여덟 가지를 제시하였는데 (다음의 글상자 참조), 이에 대해 언어 학습 측면에서 비판적 생태학과 비교 하고자 한다.

심층생태학 운동 강령

1. 지구에서 인간과 인간 외의 생물은 번영할 수 있는 고유한 가치가 있다. 비인간 생명 형태의 가치는 인간의 얄팍한 목적에 대한 유용성과는 무관하다.
2. 생명 형태의 풍요로움과 다양성은 그 자체로 가치가 있으며, 지구에 있는 인간과 비인간 생명의 번영에 기여한다.
3. 인간은 생명의 욕구를 충족하는 경우가 아닌 한 그 풍요로움과 다양성을 줄일 권리가 없다.
4. 현재 인간의 비인간 세계에 대한 간섭은 과도하며, 그 상황은 급속히 악화되고 있다.
5. 인간 생명과 문화의 번영은 인구의 실제적인 감소와 상응한다. 비인간 생명의 번영에는 그러한 감소가 필요하다.
6. 더 나아지기 위해 생존 조건의 중요한 변화는 정책에서의 변화다. 이는 기본적으로 경제적·기술적·이념적 구조에 영향을 준다.
7. 이념적인 변화는 수준 높은 삶을 유지하는 것이 아니라 삶의 질을 인정 하는 데에 있다(고유한 가치가 지켜지는 환경에서 사는 것).
8. 앞서 말한 점을 지지하는 사람들은 필요한 변화를 행하는 데 직·간접 적으로 참여할 의무가 있다.

(Naess, 1989: 29)

네스의 심층생태학 선언문과 언어학자들의 노력을 비교하는 것은 의미가 있다. 언어학 분야에 비판생태학적 관점을 세우고자 했던 관점에서 테라링구아(Terralingua, 언어학과 생물학적 다양성에 대한 비영리 단체)는 최근(1995)에 설립된 비정부 기구로서 혹자는 심층생태학 운동에 대응되는 언어적 양상에 대한 연구 단체라고도 부른다. 이 단체의 설립 원칙은 아래의 글상자에 제시되어 있다.

테라링구아: 기본 원칙에 대한 서술

1. 언어의 다양성과 그 변이 형태는 세계의 문화적 다양성에서 필수적인 것이다.
2. 생물학적 다양성과 문화적 다양성(언어적 다양성이 주로 구성하는)은 관련될 뿐만 아니라 종종 분리될 수 없으며, 아마도 공진화(coevolution)를 통해 인과적으로 연결된다.
3. 생물학적 다양성처럼 언어적 다양성(주로 토착 언어로 나타남)에서도 언어와 지식 모두를 잃게 되는 위험이 빠른 속도로 증가하고 있다. 그런데 이 지식은 환경과 지속 가능한 자원 사용을 포함한다.
4. 언어적·문화적·생물학적 다양성의 계속된 상실은 인간과 지구에 위험한 결과를 초래할 것이다.
5. 그러므로 토착민의 영토, 언어, 문화의 운명은 생물다양성과 언어와 문화의 다양성을 유지하는 데 결정적인 요소이다.

(Maffi, 2009: 19)

몇몇 언어학자와 인류학자에 따르면 생물다양성(강우량과 연계된)과 언어적 다양성 간에 직접적 연관이 있다고 한다(Glausiusz, 2001). 곧 강우량

이 많은 지역일수록 생명의 다양성도 풍부하고, 그곳에 거주하는 사람들은 더욱 폭넓은 언어의 다양성을 갖게 된다고 한다. 반대로 매우 건조한 지역은 더 적은 언어를 가진다. 가령, 이것은 아마존 강 유역의 민족과 남아메리카의 안데스 고산 지대를 비교하는 것과 같다. 아마존 유역에는 다양한 이집단(그들 대부분은 '개발'로 인해 멸종 위기에 처해 있다)들은 다른 언어를 사용하며 거주하고 있고 다언어주의(셋 또는 그 이상의 언어로 말함)를 반영하고 있다. 대조적으로 안데스 고지의 언어는 기본적으로 에콰도르와 관련된 케추아어(Quechua)와 아이마라어(Aymara)이다(물론 둘 다 스페인에 의해 식민지화됨). 다양한 방언 중에서 케추아어는 콜롬비아부터 칠레와 북아르헨티나에 이르는 안데스를 따라 널리 사용된다.

이는 분명히 사실이지만, 이것이 언어학적 다양성에 대한 이점을 자동적으로 지지해 주지는 못한다. 일반적으로 아마존 인디언들이 케추아어와 아이마라어를 사용하는 안데스의 화자보다 더 나은 것은 아니다(여러 이유로 그것은 언어와 무관하다). 다양성의 이익은 설명되어야 하는 것이지 전제되어야 하는 것이 아니다. 설명되어야 할 것은 동질성보다 다양성이 우월하다는 것인데, 이는 과학적 타당성에서는 실제 그러하지 못했다.

자연 생태계에 대한 연구는 생태계에 더 많은 다양성이 존재할수록 생태계가 더욱 건강해진다는 관점을 지지하지 않는다(Allen & Hoekstra, 1992). 오히려 중요한 요소는 바로 '균형'이다. 그러나 자연 생태계에서의 진실이 언어 생태계에서의 진실이 될 수 없다는 점을 거듭 주장하고자 한다. 우리는 학교에서 토착어 사용 금지, 지배 언어의 식민화 등과 같은 다양한 수단에 의한 언어적 다양성의 '감소'라는 파괴적 영향을 여러 번 봐왔다(Mühlhäusler, 1996).

언어학적 다양성의 보전과 교육적 정책은 상응해야 한다. 토베 스쿠트나브-캉가스(Tove Skutnabb-Kangas, 2000)는 언어적 인권을 주창하였는데,

그 내용은 다음의 글상자와 같다.

개인 수준에서 보장되어야 할 언어적 인권의 보편적 선언

모국어(THE MOTHER TONGUE: MTS)

모든 사람은 자신의 모국어(제1언어)로 정체성을 지니며, 이러한 정체성은 타인에 의해 수용되고 존중받을 수 있다.

모든 사람은 모국어를 말하기로(생리학적으로 가능할 때), 그리고 쓰기로 완벽히 배울 수 있다. 이는 소수자들이 자신의 모국어를 매개로 교육받을 수 있다는 점을 전제한다.

모든 사람은 대부분의 공적인 상황(학교를 포함)에서 모국어를 사용할 수 있다.

다른 언어들

거주하는 나라에서 모국어가 공식 언어가 아닌 모든 사람은 모국어와 공식 언어(자신의 선택에 따라)의 이중 언어 사용자가 될 수 있다(모국어가 두 개면 삼중 언어).

언어 간의 관계

모국어의 변화는 자발적이어야야지 강제적이어서는 안 된다. 이것은 대안과 장기적인 선택의 결과에 대한 충분히 믿을 만한 지식을 전제로 한다.

교육으로부터의 이익

자신의 모국어와는 무관하게, 모든 사람은 교육으로부터 이익을 얻을 수 있다.

이 선언은 분명히 이상적이지만, 좀처럼 세계의 여러 국가와 교육 체제에서 시행되지 못하고 있다. 여기에서의 여러 권리는 그 사회에서 태어나 위신 있는 언어로 교육받은 엘리트 계층의 민족 언어 화자들만이 누리는 것처럼 보인다. 현재의 여러 국가에서는 단일 언어주의를 중심에 두고 있고, 특정한 경력이나 직업을 위해서 혹은 여행에서의 필요 때문에 교육적으로 습득된 이중 언어주의를 인정하고 있다. 여기에 해당되지 않는 예로는 유럽의 아주 작은 국가나 아프리카와 아시아의 작은 국가(네덜란드, 덴마크, 가능하게는 남아프리카, 싱가포르, 인도[3])를 들 수 있는데, 이 나라들에서는 전통적으로 다언어주의가 사회에 확산되어 있다. 대부분의 장소에서, 공식적이며 민족적인 언어, 대다수가 사용하는 언어에서는 고등교육과 경력이 되는 '획득된 이중 언어'를 제외하면 사실상 단일 언어주의를 권장한다. 이러한 점에서, 혹자는 이주한 아이가 자라는 동안에는 자신의 모국어(home language)를 완전히 잊고, 고등학교나 그 이상의 교육에서 모국어를 외국어로서 다시 배우라고 충고할 것이다. 주요 언어와 나란히 모국어를 사용하고 발달시킨다는 것은 왠지 바람직하지 않은 것 같고, 체제를 전복하며 사회의 근본을 파괴하는 것 같다. 뿌리 깊은 인종 차별주의와 그 이면에 깔려 있는 외국인 혐오증이 없다면 (아무리 그들이 부인한다 해도) 합리적인 사람들이 어떻게 그러한 관점을 굳건하게 고수해 왔는지 이해할 수 없다.

소수 토착민에게는 전통적으로 그들의 언어적 인권이 잘 보장되지 않았다(대부분의 경우에 언어 인권에 앞서 인권 자체에서도 마찬가지다). 하나의 사례로 쿠르드족이 많이 언급되는데, 그 민족은 터키, 이란, 이라크, 시리아에

----

3   여기에서는 '가능하게는'이라고 말하고 싶다. 다수의 다중 언어 사용 국가에서는 강력한 사회적·경제적·종교적 언어의 계층화가 존재하기에, 어쩌면 다중 언어 사용 국가의 단일어 사용 집단이라고 명명하는 것이 더욱 타당할지도 모른다.

분포되어 있다. 이 네 나라는 대부분 쿠르드족의 언어를 허용하지 않았다 (Hassanpour, 2000: 34). 『크리스천 사이언스 모니터(Christian Science Monitor)』(http://www.csmonitor.com/2003/0114/p01s03-wome.html, 2003. 1. 14. 검색)의 최근 보도에서는 터키의 라디오에서 쿠르드어의 사용이 허용되었지만 엄격한 제한이 있다고 한다. 이처럼 여러 소수 토착 언어는 억압을 받고 있다. 모로코와 북아프리카의 나라들에서 사용되는 베르베르어(http://lexicorient.com/cgi-bin/eo-direct-frame.pl?http://i-cias.com/e.o/berber.htm), 일본의 아이누어(http://www.jlgc.org/ jlgcnews/025/ainu.htm) 등이 여기에 속한다. 한 통계에 따르면 1996년 기준으로 일본에는 15명의 아이누어 화자가 남아 있었다고 한다(http://www.ethnologue.com/). 미국에서는 수많은 원주민 언어가 이미 사라졌거나 사라질 위기에 처해 있다. 몇 안 되는 언어만 겨우 명맥을 유지하고 있을 뿐이다. 계속 억압을 받고 있는 다른 언어들로는 라틴아메리카의 언어(스페인어와 포르투갈어는 제외)와 영국의 켈트어가 있다. 비록 웨일즈어는 아일랜드어나 스코틀랜드 게일어보다 더 강한 생존력을 지니고 있는 것으로 보인다. 현재 여러 방면에서 소수 토착민과 그들의 언어를 회복하고 보호하기 위한 다양한 시도가 이루어지고 있다. 이를 테면 볼리비아의 과라니어, 케추아어, 아이마라어가 여기에 해당된다. 스페인의 바스크어(http://www.euskadi.net/ euskara/ indice_c.htm)나 카탈로니아어, 미국의 토종 아메리카어 등도 해당된다(Hinton & Hale, 2001). 이러한 재부흥의 노력은 성공이 확실치 않다. 그것은 좋은 의도를 가진 외부 집단의 프로그램보다는 공동체가 스스로 노력해 나갈 때 더욱 성공적일 수 있다. 흥미롭게도 인터넷은 소수자들이 공동체 정신을 창조하고 언어적 정보를 공유하고 사전을 만들거나 이야기와 신화를 수집하여, 전반적으로 소수자의 목소리를 듣게 하는 데 최상의 방법이 된다(세계 언어에 대한 정보의 개요는 http://www.ethnologue.com/에서 확인할 수 있다).

한편으로 일부 소수 언어, 예를 들면 핀란드의 스웨덴어와 네덜란드의 프리슬란트어는 상당히 보호를 잘 받고 있다. 물론 이 경우에는 인종차별이 거의 없고, 소수자들은 오랫동안 경제적 성공과 높은 지위를 누려왔다.

최근 수십 년간 이주자 자녀들의 교육 이슈는 꾸준히 논의되어 왔고 논쟁 또한 많았다. 북유럽의 경우 1960년대 호황기에 값싼 노동력이 다수 유입되었는데, 이들은 대부분 남유럽이나 북아프리카 출신이었다. 이주해 온 노동자들(완곡한 어법으로 '초대된 노동자'라고도 한다)은 가족과 함께 건너 왔고 많은 자녀가 학교에 입학하였다. 그런데 그 당시의 학교는 많은 수의 외국 언어 사용자를 가르칠 준비가 되어 있지 않았기에 수십 년 동안 이에 대한 다양한 시도들이 이어졌다. 최근 유럽 여섯 국가에 대한 조사 결과를 바탕으로 브로더(Broeder)와 엑스트라(Extra)는 이들 각 국가에서 실시하고 있는 이주 아동의 언어 교육 방법을 논의하였다. 이를 아래의 글상자에서 간략히 살펴볼 수 있다.

유럽 여섯 국가의 소수 이주민 언어 교육

벨기에

소수 이주민 언어 교육(Immigrant Minority Language Instruction: IMLI)은 유용하지만 '뚜렷한 방향성의 부재'로 어려움을 겪었다(p. 2). 플랑드르 지역에서 소수자 학생들의 약 20퍼센트의가 IMLI를 받았고, 당시의 최대 20퍼센트(지지 모델) 또는 최대 50퍼센트(이중 문화 모델, 브뤼셀에서만 적용됨)가 교육을 받았다.

IMLI는 정부의 개입 없이 종종 정규 수업 시간 외에 진행된다. 제2언어 몰입 교육으로서 네덜란드어를 가르치는 1년짜리 프로그램에 대한 유용한 정보는 없다. 그 대신 필요한 때마다 제2언어인 네덜란드어로 진행하

는 특별한 과제가 부과되는데, 그것은 문화 간 교육과 발달적이고 교육적인 문제를 극복하는 목적을 가진 작업에 보충적인 역할을 한다. 시간 제한이 언급되지는 않는다.

독일

제2언어로서의 독일어는 소위 준비 단계의 수업이 권장되는데, 주류로 편입되기 이전의 최대 1년에서 2년에 해당한다. 다양한 지역에서 IMLI는 여러 언어로 제공되며, 종종 해당 국가의 대사관으로부터 도움을 받고, 대개 한 주에 5시간으로 제한된다. 여기에는 많은 변이가 존재한다. 때때로 IMLI 언어는 다른 외국어를 대신할 수도 있다. 성적표에는 IMLI의 성적이 기입된다. 모국어 교육에 초점을 두는 탈중심화로 기우는 경향이 있지만, 그것은 여전히 보충적인 것으로 여겨진다.

프랑스

정부 부처는 대개 IMLI를 통합과 학업 성취에 도움이 되는 것으로 생각한다. 소수 이주자 학생들은 자신의 공동체 언어와 문화를 더 잘 익힌다면 더 성공할 수 있다. 중등학교에는 IMLI이 없다(그러나 종종 그들은 '외국어'로서 자신의 언어를 받아들인다). 그러나 초등학교에서는 다양한 형태로 1시간 30분에서 3시간 정도의 교육이 진행된다. 초등학교 전 과정 또는 졸업 전 4년 동안이 그러하다. 프랑스의 지역교육시스템(CNED)에서는 만일 학교에서 IMLI를 제공하지 않으면 비서구 유럽어로 시험을 볼 수 있도록 허용한다. 그들은 자신의 모국어로 시험에 통과한 후 평균 학점을 받는다.

영국

국가 교육과정에서 구속이 있다. 이주 집단은 스스로 IMLI를 받을 책임이 있다(많지는 않다). ESL(English as a second Language, 제2언어로서의 영어)과 문화 간 교육이 강조된다. 가끔 이중 언어 보조자가 확보되어 있다. ESL 기금에 1년이란 제한은 없다(2장에서 말함). 지역 당국은 그들에게 필요한 기금을 제시하거나 신청하며, 그 필요성도 입증해야 한다.

네덜란드

1992년의 보고서(Ceders in de tuin)에 따르면, 소수이주자학생 교육위원회는 소수 이주자 언어가 문젯거리나 결함이 아니며, 잠재적 지식과 힘의 근원이라고 주장하였다. 대체로 소수 이주자 학생들 중 65퍼센트(1993년 수치)가 초등학교에서 IMLI를 받고 있다. 중등학교에서, 1994~1995년(여기에 퍼센트는 없음)에 8,204명의 학생이 교육을 받았다. 학교는 법적으로 초등학교의 수업 시간에 최대 2.5시간, 방과 후에 최대 2.5시간을 더 포함할 수 있다. 어떤 언어를 쓰는 8명의 학생이 있다면, 정부는 그곳에 IMLI를 지원해 주어야 한다. 학교들은 공동으로 출자하고 교사와 기금을 공유한다. 중등학교에서 IMLI는 선택 과목이 된다. 제2언어로서의 네덜란드어 교육에는 1년이란 제한이 없다. 지역적 필요에 따라 무엇이든 결정할 수 있다.

스웨덴

법적으로 이주자는 스웨덴어를 제2언어로 공부할 의무가 있고 그들 자신의 언어를 공부할 권리가 있다. 문화와 이중 언어 측면에서의 논쟁과 목표가 강조되었다. 어떤 언어에 대하여 5명 또는 그 이상의 학생들이 있으면 학교는 IMLI를 제공해야 한다. 제2언어로서의 스웨덴어 교육에는 1년이란 제약이 없으며, 전체 K-12 학교 체제에 두루 제공되었다.

(Broeder & Extra, 1997)

미국에서는 이주자 교육 문제가 그 자체로서 커다란 하나의 사건이 된다. 1970년대에는 이중 언어 교육을 유지하려고 하였다. 즉, 학생의 모국어 발달을 보호하려고 한 것이었다. 그러나 1980년대(레이건 대통령 시대)부터는 이주자 교육에서 '유지'라는 용어는 타당하지 못한 것으로 간주되었고,

모든 공식 출간물과 의회 문서에서 빠지게 되었다. 공식적인 명명은 '과도기적' 이중 언어 교육이었고, 모국어는 학생들이 영어-매개로 하는 정규 수업에서 주류가 될 때까지 한정된 기간에만 사용되고 용인되었다. 이러한 '제한된 기간'은 다소 혼란스러운 개념인데(물론 지금도 그러하지만) 누군가에게는 긴 것같이 느껴지지만 다른 이에게는 너무나 짧은 시간이기 때문이다.

비효율적인 이중 언어 교육의 사례는 이중 언어 교육에 반대하는 정치적 공격에서 무기의 역할을 하였다. 영어(또는 합법적인 외국어)가 아닌 다른 언어에 지불되는 돈은 세금 낭비로 간주되었고, 잘못 운영된 프로그램은 이중 언어 교육에 반대하는 정치적 집단에 빌미를 제공하는 셈이 되었다. 비록 훌륭한 이중 언어 프로그램이 우월한 결과를 제공한다는 연구를 제시하여도 정치가와 반대자들이 그 결과를 무시할 수 있는 좋지 않은 프로그램도 충분히 있었다(미국의 이중 언어 교육에 대한 개관과 역사는 Crawford, 1999를 참조; 네덜란드에서 진행된 흥미 있는 연구는 Verhoeven, 1990을 참조).

불행히도 교육의 전통주의와 보수주의로 정치가들이 선회하면서, 단일 영어 로비를 통한 효율적인 마케팅과 상당한 재정 자원으로 '이중 언어'라는 단어는 받아들일 수 없는 것이 되었고, '몰입교육(immersion)' 또는 '이중몰입교육(dual immersion)'이라는 단어로 대체되었다. '다중문화주의'도 역시 용인될 수 없는 단어였다. 더 나아가서, 일부 정치가들은 그 영역이 정치학과 미디어에서의 비판적 사고, 다양성, 언어 사용의 비판적 검토와 같은 '비판적 교육학'이라는 위험한 사상을 옹호하는 체제 전복적 요소로 가득 차 있다는 이유로 '문식성(literacy)'이라는 단어에 대해서도 문제를 제기하였다. 분명히 학생들은 생각해서는 안 되고(한 가지 이상의 언어는 커녕!) 그저 시험에 통과하면 된다.

이중 언어 교육 프로그램에서 골칫거리였던 심각한 문제들(많은 문제가 있었음) 중 하나는 제2언어로서의 영어(ESL)를 가르치기 위한 전문적인 접근 방법이 부족하다는 점이다. 전통적인 교사 교육 프로그램에는 적합한 ESL 요소가 없다. 게다가 ESL 교사는 오랫동안 서열이 매우 낮았고, 심지어 학교 체계에서 소외되어 왔다. 그들은 수시로 여기저기에서 시간제 일을 하면서 최저생계비로 생활을 꾸려가고, 이 학교 저 학교를 다니며 빌린 교실에서 가르쳐야 했다. 최근에는 어느 정도 개선되었는데, 그 예로 캘리포니아에서는 CLAD(Cross-Cultural Language and Academic Development)라는 전문화 프로그램을 통해 제2언어 교육의 기본으로서 교사를 전문적으로 훈련하였으며, 이 프로그램을 지난 십 년 동안 운영해 왔다. 오늘날 이 프로그램의 소박한 성공 사례는 줄어들고 있는데, 이는 캘리포니아 주에서 ESL을 위한 어떠한 전문 훈련도 진행하고 있지 않기 때문이다(바로 지금 2003년 초에). 그 대신에 그것을 정규 과목 준비 과정에다 '통합하기'로 결정하였다. 실제로, 이러한 변화는 학교 체계에서 이주자 학생들을 위한 일체의 특별 지원을 없애려는 보수적인 의제와 긴밀히 연결되어 있다. 전문 프로그램을 이끌었고 20세기 전반기의 '분리 평등' 실천에 반대하며 성공적으로 싸웠던 초기의 논쟁들(Lau v. Nichols, 1974; Brown v. Board of Education, 1954)은 잊혔다. 가장 최근에는 시험 주도적 책무성이 더해져, 모든 '불필요한' 교육적 활동(의미 있는 ESL, 현장 학습, 음악, 연극과 같은 활동)을 학교 일정에서 배제하고, 교실에는 반복 학습과 비활동만을 남겨 놓았다.

전통적으로 이주자의 토착 언어에서 이주한 나라의 언어로 이동하는 것은 삼대에 걸쳐 진행되었다. 스티븐 메이(Stephen May)에 따르면 다음과 같다.

1) 초기의 언어 접촉이 역사적으로 연관된 언어를 소수 지위로 만든다.
2) 원래의 언어가 유지되고 있지만 새 언어 또한 요구되는 이중언어주의가 나타난다.

3) 옛 언어의 사용 수준이 열악한데, 대개 소수민족 내부 의사소통에 한정되어 쓰인다.

4) 점차로 불안정한 이중언어주의는 결국에 새로운 언어의 단일언어주의가 된다(May, 2001: 145).

그러나 최근에 여러 국가에서 많은 이주자는 주류사회와 교육적 실천으로부터 압력을 받아 언어 이동이 한 세대에서 일어나게 된다. 부모들은 기본적으로 모국어 내에서 단일 언어를 사용하지만, 아이들은 사실상 고등학교에 들어갈 무렵에는 목표 언어로 단일 언어를 사용하게 된다. 이는 가족 간에 의사소통 체계가 무너지고 안정적인 문화 유형을 세우거나 유지하기 어렵게 만드는 상황으로 이어진다[리처드 로드리게스(Richard Rodriguez)의 자서전 『기억에 대한 갈망(Hunger of Memory)』(1981)에서 이러한 예를 살펴볼 수 있다].

그러나 현재 미국이나 그 밖의 다른 곳에서는 수입된 언어가 그 나라의 국가 정신과 결속을 희석시킨다는 주장을 강하게 제시하고 있다. 미국의 정치가들은 영어를 국가 화합을 유지하는 "the common glue(표준어 접착제)"로 언급하는 것을 즐긴다[예로, 1990년대 중반 대통령 선거운동 과정에서 밥 돌 상원의원이 사용]. 주민들과 정치인들은 이주한 가족이 놀라운 속도로 그들의 고유 언어를 잃는 것과 그로 인한 치명적인 사회적·교육적 결과를 크게 걱정하지 않는다. 다만 만일 영어를 보호하기 위한 노력을 하지 않는다면, 이주자들이 국가 분열을 야기할지도 모른다는 점에 더욱 신경 쓰고 있다. 역설적으로, 오늘날 '테러와의 전쟁'의 분위기에서 미국 당국은 아랍어, 페르시아어, 다리어, 한국어 등과 같은 흔하지 않은 전략적 언어의 믿을 만한 사용자(미국 시민)를 찾으려고 애쓰고 있다. 현재는 보안의 목적 때문에 소위 '계승어(heritage language)'로 불리는 것(즉, 이주한 소수자의 본래 언어)의 보전에 상당한 관심을 두고 있다.

제임스 크로퍼드(James Crawford)는 언어 문제를 더욱 합리적으로 다룬 가장 활동적인 사람으로서, 미국에서의 외국어에 대한 갈등적 접근을 아래의 글 상자에서 제시하고 있다.

이중 언어의 교육과 지난 십 년 동안의 단일 영어 운동을 연구한 이후, 교육자와 연구자가 제시한 언어에 대한 과학적 현실과 언어에 대한 대중적인 태도 사이의 커다란 차이에 여전히 놀라움을 금치 못한다. 특히 역설적인 것은 오늘날 미국에서 영어의 지배가 다른 언어의 침략으로 위협받고 있다는 주장이다. 대다수의 앵글로 미국인들은 민족분리주의자의 영향 때문에 그리고 이중 언어 교육, 이중 언어 투표, 이중 언어 사회복지사업처럼 이곳에서 영어를 배우지 않고 살아갈 수 있도록 하는 정부 프로그램 때문에 소수 언어 사용자가 동화되기를 거부하고 있다고 우려한다. 1980년대 초기부터 그러한 두려움은 영어를 주와 연방 수준에서 공식적인 언어로 선언하도록 자극했다. 그것의 옹호자들은, 그러한 법적 움직임이 없었다면 미국의 국민 단결은 언어 다양성이 지속적으로 증가하고 영어의 헤게모니가 지속적으로 감소됨에 따라 약화되었을 것이라고 경고한다. 여론 조사와 이제 영어는 '법적인 보호', 즉 영어를 정부 기능의 유일한 매개로 지정하는 입법화가 필요하다고 주장하는 의회의 새로운 공화주의 리더십이 반영되면서 이러한 인식은 널리 퍼졌다.

그러나 객관적 증거는 정반대를 보여 준다. 이 나라에서는 영어가 아닌 소수 언어가 위협받고 있다. 1980년대 초기로 돌아가서 인구 통계학자 캘빈 펠트만(Calvin Veltman, 1983)은 미국에서 수행된 것 중 가장 방대한 규모의 언어 동화 분석을 완료했다. 그는 이주라는 보충적 효과가 없다면, 나바호족은 있을 수 있는 예외로 하고, 영어 외의 모든 언어는 점차 그 나라에서 사라질 것이라고 결론지었다. 그리고 펠트만이 예선전에서 탈락

할 것으로 보았던 나바호족과 다른 토종 아메리카 언어가 20년 후면 빠르게 쇠퇴할 것이라고 보고하게 된 것을 유감스럽게 생각한다.

제임스 크로퍼드

(http://www.ncbe.gwu.edu/miscpubs/stabilize/ii-policy/hypotheses.htm)

대부분 교육이 제도적으로 나타날때 다양성과 변이의 성향보다는 동질성과 통합성의 성향으로 진행된다.[4] 그것을 바꾸려고 최근에 실행하고 있는 조사와 시도는 항상 체제 변혁의 조짐이 있으며, 사회 질서의 본질을 비꾸려는 시도로 간주된다. 부르디외의 '재생산(reproduction)'에 대한 연구는, 교육과 다른 기관들이 그들 자신의 영구 보존을 위한 필요성을 만들어 내는 성향을 지닌다는 점을 명확히 보여 준다(Bourdieu, 1977). 더욱이 부르디외는 문화와 언어에 대한 접근이 평등하게 이뤄지지 않는다는 것을 보여 주기 위해 문화적, 언어적 자본이라는 개념(Bourdieu, 1991)을 사용하였다.

재생산과 자본의 개념과 관련된 극적인 사례를 몇 년 전 오클랜드의 에보닉스(Ebonics)*에서 확인할 수 있다. 이 사례를 간략히 설명하면, 교육적 동질화의 힘이라 하겠다. 에보닉스는 기본적으로 아프리카계 미국인의 영어에 대한 다른말이며 일반적으로 영어의 방언적인 변종으로 간주되었

....

4   이와 같은 현상은 민족 국가에서도 확인할 수 있는데, 단일 언어, 단일 문화, 단일-윤리를 지니고 있다면, 종종 '더 건강한' 것으로 간주된다. 이와 같은 가정은 역사적 정밀 조사와 양립할 수 없지만, 지배 집단에 의해 옹호되는 당연한 억견(doxa)으로 존재한다.

*   흑인을 뜻하는 Ebony와 음성학을 뜻하는 Phonics가 합쳐진 말이다. 미국에서 흑인들이 사용하는 영어를 가리키는 말로, 원래는 모든 흑인이 쓰는 언어를 가리키는 말이었다. 그러나 흑인 영어를 미국의 표준영어와 구분짓고자 하는 세력들에 의해, 지금은 미국 내 흑인들의 사투리를 가리키는 말로 쓰인다. 에보닉스라는 단어는 1996년에 오크랜드 교육위원회가 흑인 영어의 사용을 반대하면서 이 단어가 널리 알려졌다(위키피디아, http://ko.wikipedia.org/wiki/%EC%97%90%EB%B3%B4%EB%8B%89%EC%8A%A4, 2014. 8. 20. 검색).

다. 그러나 가끔 일부 사람들은 이러한 다양성에 대해 '언어'의 지위를 주장했고, 이는 일부 백인 시민을 몹시 화나게 만들었다. 오클랜드에서는 그 해결책으로 에보닉스를 하나의 언어로 선언하였고 그 결과 에보닉스는 이중 언어 교육 기금의 자격까지 얻었다. 단지 그것은 2차 방언이었기에 어떠한 기금도 받지 못하고 무시된 상황이었던 것이다. 이러한 시도는 많은 국민의 분노를 일으켰고, 오클랜드 시의회는 재빨리 철회하였지만 판도라의 상자는 이미 열렸다. 학교에서 영어 대신에 에보닉스를 가르친다는 것은 상상도 할 수 없는 일이었다(물론 누군가가 주장하지는 않았지만, 한 아이의 고유 언어 혹은 방언을 용인하고 존중하는 것과 이를 가르치는 것은 분명 유사한 것인데도 가르친다는 것은 지배 언어인 영어를 공격하는 것이 된다).

다음은 오클랜드의 에보닉스 해결책으로 인하여 미국 전역에 급작스런 논란이 일던 1997년 초, TV 뉴스에서 방영한 초등학교 교실 대화의 일부다. 이것이 TV로 방송되었고, 장소, 시간, 교사, 아이들 모두 밝혀지지 않았기 때문에 이것에 대해 토론하는 것은 윤리적이라고 생각한다. 시청자로서 말할 수 있는 것은 교사와 아이들이 미국 흑인이었다는 것이고, 그것으로 충분하다. 어떤 경우든지 목적은 교사, 아이들 또는 수업을 비판하는 것이 아니라 교실 대화와 (재생산과 언어적 자본에 대한 부르디외의 개념을 포함하고 있는) 더 넓은 사회를 연결하는 사례로서 다루는 것이다.

T: 여러분, 좋은 아침이에요. 일상의 잘못된 표현을 교정해 봐요.

(칠판에 적는다.)

"The sun have gave the earth

heat for millions of years."

earth란 단어는 어떤 종류의 언어인가요, Alejandre?

A: 표준 영어입니다.

T: 표준 영어이지요. 하지만 earf라고 말한다면, 어떤 종류의 영어인가요, Nancy?

N: 비표준 영어입니다.

T: 비표준 영어, 맞아요.

이 사례는 뉴스를 통해 불안해하는(어떤 경우는 격분한) 대중을 안심시키려는 경우의 하나로서, 실제로 학교에서는 에보닉스를 가르치지 않고 오히려 아이들에게 표준 영어를 가르치는 것을 도와주는 데 사용하고 있음을 보여 준다. 그 이유는 아이의 능숙한 언어를 폄하하거나 금지하는 것은 교육적으로 문제가 있기 때문이다. 아이들을 교육할 때 이전의 경험 위에 다른 것을 쌓듯이 이것 위에 쌓는 것이 더 낫다.

그러나 그것이 어떤 이유로, 어떤 교육적 정당성을 가지고, 어떻게 사용되는지를 들으려는 인내심이 없는 비평가들은 '수업에서 에보닉스를 사용하는 것'을 '에보닉스를 교육하는 것'과 동일한 것으로 해석한다(스페인어와 같은 다른 언어의 사용도 마찬가지다). 앞의 사례에서 에보닉스의 사용은 다소 특별하다. 그것은 교정 연습의 맥락에서 비표준 영어로서 간주된다. 따라서 에보닉스와 미국 영어(적어도 이론상으로 이들을 동등한 언어, 즉 둘 다 방언이라고 할 수 있다)가 있는 것이 아니라 비표준 영어와 표준 영어가 있는 것이다. 이러한 메시지는, 적어도 학교에서 사용하는 언어는 비표준 영어가 아닌 표준 영어이며 비표준 영어는 교정되어야 하는 것임을 뜻한다. 교사가 명시적으로 비표준 영어가 표준 영어보다 열등한 것이라고 언급하지 않더라도 "일상의 잘못된 표현을 수정할 것입니다"라는 연습 맥락은 표준 영어가 비표준 영어보다 향상된 수준이라는 것을 의미한다.

하나의 언어와 또 다른 언어를 사용할 때, 예컨대 프랑스어와 한국어를 사용할 때, 예컨대 프랑스어를 '교정'함으로써 한국어를 성취할 수 없다는 것에 주목해야 한다. 오로지 할 수 있는 것은 하나를 다른 하나로 번역하는 것이다. 그러나 비표준 언어의 경우, 또는 '방언'으로 지정된 어떤 것의 경우, 교정은 더욱 낮은 언어의 수준을 개선할 수 있고 그것을 표준으로 끌어올릴 수 있다. 또한 비표준어가 표준어에 대하여 갖는 것 혹은 갖지 못하는 것에 대하여 두 언어를 비교하는 것도 가능하다. 즉, 많은 신문에 나온 '에보닉스 용어 사전'은 에보닉스에서 "BE 동사는 활용되지 않고 생략된다" 그리고 "어미 S는 첨가되거나 생략된다"라고 설명한다. '올바른 영어'라는 우월한 관점에서 에보닉스가 정의되는 것이다. 그 화자는 표준 영어로 무언가를 하기도 하고 못하기도 하며, 표준 영어에서 벗어난 표현을 할 때도 있다. 이러한 효과를 더욱 분명히 알게 해 주는 것은, 영국 신문에서 미국 영어를 "단어의 가운데에 오는 NT가 N으로 발음되는데, 가령 'interested'는 'innerested'로 발음된다"처럼 정의하는 것을 상상하는 것이다. "'Latter'와 'Ladder'는 동일한 소리가 난다." "'News'와 'Tuesday'는 'Noos'와 'Toosday'로 발음된다." 이런 식의 상상은 미국 영어가 영국 영어보다 열등한 것이라는 이미지를 쉽게 만들 수 있다. 영국 영어는 표준이 되므로 미국 영어를 비표준 용어로 정의하게 된다. 한 방언이나 다른 것을 표준어의 지위로 올려놓으려는 노력(곧 그것에 '언어'의 위상, 즉 '공식적' 또는 '국가적 언어'를 부여하고 그것이 월등한 구조, 순수성, 체계성을 지닌다고 주장하는 것)은 의심할 여지없이 몇 세기 동안 지속되었다. 영어의 다른 버전과 동일한 정도의 체계성을 가지는 흑인 영어 BEV(흑인 토착 영어로 우리가 위에서 언급한 에보닉스와 유사한)의 특별한 사례는 라보프와 다른 학자들(Labov, 1972)이 많이 연구하였다.

이제 교실로 돌아가 보자. 교사와 학생들이 하는 행위는 세상 밖에서 표준어와 비표준어에 대해 말하는 것과 무관하지 않다. 만약 그들이 꽤나 특이한 것, 예를 들어 미국 흑인 영어나 에보닉스로 시를 쓰라고 한다면 무언가가 일어날 것이다. 브론펜브레너의 내포된 생태계 모델에 따르면 (1979, 다음 장을 참조), 이는 가정과 학교 사이에서 일어난다(예로, 어떤 부모들은 불평할 것이다). 학교 내에서는 교장과 다른 교사가 반대하는 일이 일어날 수 있다. 다음으로는, 아마도 지역 관리, 부모 단체, 지역 TV 방송국, 지역 라디오 토크쇼로부터 압력을 받는 교육구(school district)가 거세게 항의할 것이다. 따라서 교실 언어는 사회에서 언어가 정의되는 방식에 의해 정의된다. 그 결과들 중의 하나는 방언의 열등성과 연관되며 그 방언을 사용하는 화자도 열등하게 다루는 관점이 지속된다는 것이다. 또 다른 하나는 학문적으로나 전문적으로 성공하려는 사람들은 방언을 무시하고 표준어를 받아들여야만 한다(이중방언주의는 대부분의 국가에서 잘 이해되지도 잘 받아들여지지도 않는다)는 것이다. 아이들에게는, 비록 친절하고 상냥한 방식일지라도, 방언은 잘못된 것이라는 메시지가 초기부터 집요하게 존재한다. 그런데 그 메시지는 교실 밖에서 크게 들려오고, 교실 안에서 강화된다. 즉시 아이들은 두 개의 충실함, 즉 교육 목적에 대한 충실함과 가정과 이웃을 사랑하는 충실함이 충돌하는 것을 경험하게 된다. 이러한 충돌의 결과는 전혀 이해되지 못한다.

교사와 아이들을 위해 언어 의식에 관한 수업을 만든다면, 어떤 일이 일어날지를 추측해 보는 것은 흥미롭다(만약 지역 미디어와 정치가가 그들 스스로 교육받을 수 있다고 여긴다면 그들을 초대해도 좋다). 여기에서 우리는 모든 언어학자가 분명히 받아들이는 것처럼, 모든 방언은 언어학적으로 동등하고 표준어는 그것이 단지 표준이기 때문에 저절로 '더 나은 것'이 아니라고 말할 것이다. 즉 아이들이 자신의 방언이나 언어를 유지하고, 연구하고, 즐기고, 집에서 사용하고, 친구들과 말하며, 다른 방언이나 표준 미국 영어와 동등한 언어로 체계적인 비교를 하고(그러나 편협한 판단이 아닌), 능숙한 이중 방언 화자나 이중 언어 화자가 되기 위해 노력할 수 있도록 권장해야 한다고 말할 것이다. 모든 사람이 다른 환경에서 다르게 말한다는 것, 특정 지역의 화자들은 다른 지역의 사람들을 언제나 '우스운 강세'로 말한다고 생각한다는 것 등을 말할 것이다.

4. 언어 정책과 언어 계획

앞 절에서 언어 교육의 거시적인 관점과 미시적인 관점을 살펴보았고, 이제는 거시적 관점과 미시적 관점이 어떻게 연관되는지에 관한 몇몇 개념을 파악하고자 한다. 이러한 관계를 이해하는 것[예를 들면, 다음 장에서 살필 브론펜브레너(1979)의 내포된 생태계 관점을 참조]은 교육 목적을 실현하기 위한 언어 정책을 일관성 있게 실행하는 데 필요하다.

전통적으로 하나의 국가와 그 언어는 통일성을 이루어 왔다. 따라서 한국과 한국어는 하나의 전체를 이루지만 다른 여러 나라도 이와 동일하다고 말할 수는 없다. 전통적으로 단일 언어 사회로 간주되는 일본도 한국어, 필리핀어, 그리고 그 밖의 다른 언어를 사용하는 소수 이주 민족이 상당할 뿐만 아니라 아이누족을 포함하고 있다.

스위스, 벨기에, 스페인, 그리고 캐나다는 건국 초기부터 다양한 언어 화자를 포함하고 있는 국가다. 몇몇 경우에 한 국가 안의 다른 언어들은 내전이나 다른 갈등 상황에서 반대편이 된다. 벨기에서 프랑스어와 플라망어를 둘러싼 다툼은 잘 알려진 사례다. 하지만 그러한 모든 경우에서, 다툼과 갈등이 언어 차이 때문에 일어났다고 보는 것은 무리다(그것은 어리석은 설명이다). 이러한 설명은 국기의 색이 다르기 때문에 전쟁이 일어난다는 말과 동일하다. 실제로는 경제적 불평등, 정치적 탄압, 종교적 편협성, 인종 차별, 그 밖의 다른 이유로 인해 전쟁과 갈등이 일어난 것이다. 언어는 종종 이러한 다툼에서 도구로 쓰일 뿐이다.

　언어 정책과 정책의 수립 및 실행에 관련된 계획들은 대부분 국가 정부의 공통된 측면이다. 언어 정책은 교육에서 언어와 관련한 것뿐만 아니라 넓게는 사회 문제에도 적용된다. 언어 계획의 가장 극적인 사례는, 한 국가가 독립을 하고 모든 공식적인 제도를 위한 사회 기반 시설을 발달시키고자 할 때 일어난다. 예를 들면, 세르보크로아티아어로 불리던 것이 이제는 두 언어가 되었다. 즉, 세르비아어와 크로아티아어(보스니아어와 몬테네그로어를 추가하면 네 개의 언어가 된다)가 되었다. 유사하게 포스트 프랑코 시대에 스페인은 학교에서 카탈로니아어를 가르치는 것을 관리하는 법률과 카탈로니아어를 자율적 언어로서(스페인의 방언이 아니라) 발전시키기 위한 법률을 제정하여 카탈로니아어를 카탈로니아의 공식적 언어로 격상했다. 탈인종차별 정책 이후 남아프리카 공화국에서는, 영어와 아프리칸스어에다 아홉 개의 아프리카 언어를 공식 언어로 추가했다. 벨기에에서는 다른 쪽의 언어를 외국어(제2언어가 아닌)로 가르치고 있음에도 네덜란드어를 사용하는 학교에서는 프랑스어로 배울 수 있는 내용이 없고, 프랑스어를 사용하는 학교에서 네덜란드어로 배울 수 있는 내용이 없다. 프랑스어든지 네덜란드어든지 이들 언어를 가르칠 수 있는 내용 기반의 외국어 교육이 벨기에에서는 불법적인 방법인지 흥미로운 의문이 든다.

　다중 언어 정책이 점차 일반화되면서, 사실상 단일 언어 정책보다 더 일반적인 것이 되었다. 국가에서 단일 국가-단일 언어 모델은 더는 표준이 아니다. 이에 대한 예로는 남아프리카 공화국(11개의 국가 언어)과 볼리비아(스페인어와 케추아어, 아이마라어, 과라니어, 그리고 새로운 국가적 교육 개혁 운동에서 모든 주목을 받고 있는 많은 소수민족 언어)가 있다. 그러한 정책에는 복잡한 다중 언어의 교육 구조가 필요하며, 여기에는 둘 또는 그 이상의 언어를 사용할 줄 아는 능력이 포함된다. 위에서 언급했듯이 남아프리카 공화국은 탈인종차별 정책을 시행한 이후 헌법에 식민지시대의 언어인 영어와 아프리칸스어에 더해 아홉 개의 아프리카어를 포함했다. 또한 이 헌법에서는 시민의 권리로서 공식 언어들(코이어, 나마어와 산어, 사인어—이들 언어는 '공식적' 지위를 얻고 있지는 못함) 중 하나를 사용할 수 있으며, 학교 교육을 받을 수 있다는 구체적인 내용을 포함하고 있다. 그러나 '실행 가능성'이라는 통고가 포함되어 있고, 이것이 허점(일부 언어의 지위 상승을 가로막는)이 될지는 두고 볼 일이다. 확실히, 다른 경우에서와 마찬가지로 헌법의 수립과 실행에서 논란이 없는 것은 아니다(Alexander, 2002; Makoni, 2003).

낸시 혼버거(Nancy Hornberger)는 다중 언어 정책과 관련된 언어 생태학의 주제를 세 가지로 제시하고 있다(2002).

1. 언어 진화: 언어는 다른 언어와 어울려 생태계에서 생동하고 진화한다.
2. 언어 환경: 언어는 그들의 사회적·정치적·경제적·문화적 환경과 상호 작용한다.
3. 언어 위협: 언어는 생태계에서 다른 언어들에 비하여 불충분한 환경적 지원이 있을 때 위협을 받게 된다.

이것은 하우겐의 연구에서 중요한 주제였고, 또한 태평양 연안 지역을 대상으로 한 뮐호이슬러의 최근 연구(Mühlhäusler, 1996)에서도 그러하였다. 관심의 대상은 위협받는 언어이고, 그 위협은 진화적인 요인 및 환경적인 요인 모두와 연관된다. 문제를 일으킨 원인이 되는 집단은 이른바 '언어 살인자'라고 불리는데, 영어, 스페인어, 중국어와 다른 언어들이 이에 포함된다. 이들 언어는 지배적인 경제적·정치적 권력으로 그들의 영향하에 있는 지역의 다른 언어들을 끊임없이 위협했다. 언어 생태학의 은유는 언어적 인권 문제에 직접적으로 초점을 맞출 수 있는 이점이 있고, 교육 기관과 국가 기관에서 소수자 언어에 관심을 갖도록 해 준다.

한 사례로, 혼버거는 '이중 언어 능력'의 개념을 발달, 내용, 매체, 맥락과 같은 일련의 내포된 관계를 통해 연구하였다. 하나 이상의 언어 능력의 발달은 그 언어가 사회에서 사용되는 복합적 언어 환경과 관련되어 있는데, 이는 언어와 교육과정 사이의 권력 관계에 따라 영향을 받는다. 혼버거가 언급한 전통적 불평등은 아래에 제시되어 있다. 언어 사용, 특히 문식성을 포함하는 언어 사용은 항상 권력으로 마무리되는 듯하다.

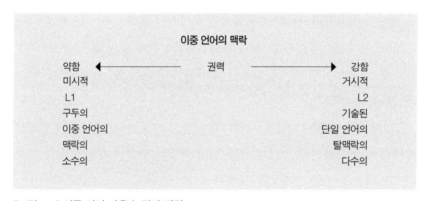

[그림 7.1] 이중 언어 사용 능력과 권력

연구(Genesee, 2002)가 보여 주듯이, 아동의 관점에서 이중 언어주의와 이중 언어 능력은 인지적으로도 사회적으로도 문제가 아니다(아동의 교육에 관여하는 어른들에게는 문제일 수도 있지만). 의사소통은 실제로 항상 다양한 양상을 보이는데, 곧 이것은 보이거나 들리는 언어 이상을 포함한다. 그러한 다양한 양상의 관점에서, 아이의 언어는 다른 언어들, 즉 문어와 구어를 포함하여 또 다른 양상의 출현을 지원하는 역할을 한다. 더 나아가 실제 활동에서 다른 양상의 사용은 아이의 언어 발달에 도움을 준다.

5. 문화, 마음, 가치

문화라는 단어는 아주 폭넓게 해석되고 정의된다. 1952년에 저명한 미국의 문화인류학자인 크로버와 클럭혼은 문화의 '개념과 정의'를 검토하는 내용으로 제법 분량이 되는 책을 저술하였다(Kroeber & Kluckhohn, 1952). 이 책에서는 문제를 해결하지 못했는데, 그 당시에 설명한 문화에 대한 개념과 정의가 훨씬 더 확산되어 왔기 때문이다. 게다가 일반적인 관습에서는 '높고', '낮은' 문화를 대문자 'C'와 소문자 'c'로 변별하였는데, 많은 작가는 그러한 엘리트적이고 속물적인 구분을 달갑게 여기지 않았다. 그 당시 언어학자와 문화인류학자가 참석한 회의에서 흔한 농담 가운데 하나는 "당신은 누가 언어학자이고, 누가 문화인류학자인지 말할 수 있겠소?"라는 물음에 "문화인류학자는 문화라는 단어를 사용하지 않는 사람이다"라고 대답하는 것이었다.

그러나 문화라는 단어는 사라지지 않을 것이며, 이것은 교육과 일상생활에서 널리 유용하게 쓰일 것이다. 잡다한 것이 뒤섞인 개념일 수도 있으나 그럼에도 이 모든 것을 받아들여야 한다.

그렇다면 문화라는 용어를 어떻게 정의할 수 있을까? 아마도 가장 간단한 정의는 한 워크숍에서 들었던, 다음의 내용이다(불행히도 그 날짜나 장소, 이름이 기억나지 않는다).

문화는 우리가 우리 주변에서 무엇인가를 수행하는 방식이다.

이 정의는 특정 장소에 대한 것을 암시하고('우리 주변에서'), 집단적인 사람의 범위를 암시하며('우리'), 그 장소에서 집단에 의해 공동으로 받아들인 어떤 행동 규범('방식')을 암시한다. 따라서 이 정의는 비구성원에게 가장 중심적인 문제를 다루고 있다. 또한 이 모호성은 구성원이 되기 위해 필요한 지식과 기술을 얻는 것, 또는 적어도 심각할 정도의 오해와 문제가 일어나지 않을 정도로 구성원을 '이해'하는 것이 얼마나 어려운지를 매우 강조하고 있다. 아무도 당신에게 어떻게 행해지는지를 정확히 말해 주지 않는다. 왜냐하면 문화의 양식과 수행 절차는 암묵적이기 때문이다. 즉, 그것들은 의식적으로 일어나서 의식 너머에서 논의되는 것이 아니다. 따라서 외부인으로서 당신은 '암호를 해독해야' 하고, 이러한 문화적 방식으로 성장해야 할 뿐이다. 그리고 이것들 중 얼마나 많은 것을 지식 체계나 행동 양식으로 명확하게 배울 수 있을지도 분명하지 않다.

또한 크람시(Kramsch, 1998)와 바이람(Byram, 1997)이 해 왔던 것처럼 좀 더 비판적인 의미에서 문화를 바라볼 수 있다. 다음의 주제들에서 비판적 관점의 문제가 발생한다.

- 사실(Fact): 실재하는 일련의 사실로서의 문화, 즉 축적된 지식 기반
- 경계(Boundary): 국가의, 민족의, 또는 집단의 경계로 한정되는 문화: '프랑스' 문화, '라틴' 문화, '대중' 문화 등
- 능력(Competence): 특정 맥락에서 적절하게 행동하고 말하기 위한 다양한 기술로서의 문화
- 의사소통(Communication): 문화적으로 또는 문화 간에 의사소통할 수 있는 능력으로서의 문화
- 조우(Encounter): 우발적인 대화(Bakhtin, 1981)의 특징을 지닌, "열린 풍경에서 우연한 만남"으로서의 문화(Tornberg, 2000: 248)

여기서 제시되어 있는 분류는 상호 배타적인 것이 아니다. 이들은 모두 문화라는 색칠된 그림에서 떨어져 나간 모호하고 형체가 없는 그림과

같다. 그러나 그들 중 하나를 가장 핵심적으로 선택하는 것은 교수·학습에 중요한 결과를 가져다준다. 마지막인 조우(반드시 생태학적 관점에서)를 선택하는 것은 앞에 제시된 모든 분류들이 정보, 연구, 비평의 초점으로서 관련된다는 것을 의미한다. 예를 들어 '사실'과 '경계'와 같은 개념들은 그 자체만 고려될 때는 동종성, 항상성, 동의성을 제시하지만 좀 더 비판적이고 생태학적 관점에서는 다양성, 변화, 경쟁과 같은 개념들도 고려된다.

클리포드는 "문화란 경쟁적이고 일시적이며 창발적이다"(Clifford, 1986: 19)라고 주장했고, 이는 4장에서 지적했듯이 언어에 대해서도 동일하게 고려될 수 있다. 이러한 관점에서 문화와 언어에 대해서 쓰이거나 말해지는 것들은 모두 창발적·일시적·경쟁적 현상의 일부가 된다. 실제로 문화와 언어는 모두 '담론적으로 구성된 것'으로, 사회적 맥락에서 발생되며 토론되면서 형태를 갖추게 된다. 이들은 '과정'이지 사실과 규칙의 보관소만은 아니다.

베이트슨(Bateson, 1979)은 연구와 이론화 작업에서 '분류'와 '과정'을 구분했다. 분류적 사고는 사물을 범주화하고 구분하는 사고의 초기 단계다. 과정적 사고는 더 어렵고 발전적인 사고다. 실제로, 분류와 과정의 요소는 학습을 포함한 모든 사회-인지적인 활동에 관여한다. 그러나 분류는 과정적 사고를 위한 도구이지 그것의 대안은 아니라고 한 베이트슨의 지적은 상당히 의미가 있다.

학생들이 새로운 언어를 배울 때, 새로운 문화의 과정은 당연히 학습에서 필수적인 부분이다. 그러나 크람시(Kramsch, 1993)에서 주장했듯이, 이것은 두 번째 문화를 첫 번째에 더하고 언어를 바꿀 때마다 문화적 입장도 바꾸는 것이 아니다. 오히려 이중 언어적이고 이중 문화적인 (또는 다중 언어적이고 다중 문화적이고 다른 문화 간의) 사람은 새로운 정체성을 만들 차별화된 일련의 지위를 형성(고프먼의 용어로 'framing'과 'footing'이 되는 과정—Goffman, 1981)하기 위해서 다양한 문화적 정보를 끌어와 자신에게 유리한 것을 발달시킨다. 크람시는 이러한 새로운 지위를 '세 번째 장소'라고 언급하였다(Kramsch, 1993).

따라서 문화를 배우는 것은 지식 항목의 목록(중요한 날짜, 축제, 음식, 전형적 관습들 등)과 같은 수많은 사실의 모음집이 아니라, 후퍼(Hopper, 1998; 4장 참조)가 창발 문법의 과정으로 간주한 것과 동일한 방식인, 관찰되고 공유되는 관습을 끌어오는 능력을 배우는 것과 훨씬 더 유사하다.

'세 번째 장소'는 이러한 의미들이 현재의 맥락에서 어떠한 역할을 하느지를 헤아리면서, 나든 맥락과 인접 맥락, 그리고 다른 장소와 시간으로부터 관련된 기억을 끌어오는 의미 구성 능력을 포함한다. 이러한 다성(多聲)적이고 다양한 요소의 위태로운 묘기(Bakhtin, 1981)에서 자신에 관한 신념 체계인 '개념적 자아'를 재구조화할 것이다(Neisser, 1988: 5장 참조).

또 다른 언어와 마주치기 전에는 자신의 언어를 이해할 수 없다. 문화에서도 마찬가지지만, 우리는 문화를 변화무쌍한 구조로 정의한다. 마주치기 전까지 우리는 물속의 물고기처럼, 보이지 않는 에테르 같은 요소에 잠겨 있다. 그러나 일단 그와 같은 요소 밖으로 나가면, 그것이 무엇이며 그것의 안팎에 있는 '우리'가 누구인지 알기 시작한다. 우리를 불안하게 하는 이러한 경험은, 우리의 가치와 실천을 더욱 깊이 이해할 수 있게 해 주며, 더욱 비판적으로 설명할 있도록 해 준다.

주시하다시피 마음은 본질적으로 사회적 구성체다. 이것은 신체적 경계와 대화하는 세계 사이에 존재하는 삶의 공간이다. 우리의 뇌는 때때로 주요 조절 공간으로 여겨지기도 하지만(모든 문화적 전통에서 그런 것은 아니다!) 마음이 뇌 안에 있는 것은 아니다. 이것은 마음 역시 문화적 구성체임을 의미한다. 마음은 세상에 신체화되고 투영된다. 이에 대해 베이트슨(1973)은 '마음의 생태학'이라 말했다. 생각하는 것, 생각하는 대상, 생각하는 방식은 우리가 움직이고 살아가고 행동하는 세계와 긴밀히 연결되어 있다. 이러한 의미에서 사피어-워프 가설은 매우 정확하지만 결정적인 것은 아니며 단지 반향을 일으키는 정도일 뿐이다. 몸과 마음, 언어 사용, 행동은 모두 주변의 친숙한 세계와 관련되어 있다.

마지막 세계는 가치에 관한 것이다. 어떤 이론이나 연구도 가치 중립적일 수 없다는 것은 계속 말해 왔다. 대개 기존의 이론적 가정을 바탕으로 관찰하고 연구한다. 모든 언어 사용에서도 마찬가지다. 모든 의미를 빼앗지 않는 이상 가치 중립적이거나 가치가 없는 언어 사용이란 없다. 언어를 사용한다는 것은 무언가를 하고 싶다는 것이고, 무언가가 이루어지기를 원하는 것이며, 무언가를 표현하기 위한 것이다. 이러한 발화 행동은 맥락에서 대화자의 해석 방식에 따라 이루어지고(실제든 상상이든), 분명히 화자는 의도한 식으로 해석되기를 바란다. 2장의 동심원 그림에 따르면, 어떠한 화행에 대한 감정적 투자는 바깥의 동심원에서 부호화되는데, 이것은 말해지고 있는 것이 무엇인지에 대한 의미를 정확하게 전달한다. 물론 무표정한 얼굴로 그것을 숨길 수도 있다. 그러나 그것은 그 자체로 습득된 기술이지 쉽게 얼굴이 붉어지거나 우는 사람들에게는 유용하지 않다. 그러한 가치 평가의 기호는 단어와 신체의 경계면에서 일어난다.

필자는 감정, 신념, 가치를 단지 신체적 표현(제스처, 표현 또는 생물학적 현상)으로만 한정하고 싶지 않으며, 논리학, 통사론, 수사학에 의해 드러나는 '사고'와도 비교하고 싶지 않다. 이러한 모든 현상은 서로 간에 훨씬 더 긴밀하고 밀접하게 관련되어 있고, 알고 있고 심지어 인정하고 있는 것보다 훨씬 더 주변의 삶과 긴밀하게 연결되어 있다. 의사소통의 언어적 측면만을 내세우는 것은 그것이 내재된 시·공간적 본질을 무시하는 것을 의미하며 발화, 세계, 목소리 사이의 단절을 의미한다.

가치, 덕[플라톤의 대화법 『메논(The Meno)』에서 논했던], 신념, 사고는 갑자기 생겨나거나 파충류 뇌(뇌간)의 층위에서 나온 것이 아니라, 자신과 자신의 정체성과 주변 세계를 연결해 주는 것이다. 뜻밖의 조우로서 문화 학습을 보는 비판적 생태학의 관점에서, 도덕적이고 정치적인 측면은 이러한 과정의 구성 요소인 것이다. 따라서 학습자를, 발화와 문장을 향상시킬 수 있는 대상이 아니라 그들 자신의 권리를 가진 화자(Kramsch, 1998)로서 고려해야 한다. 이것은 학습자의 정체성, 가치와 질문들이 교실 대화에서 중심적 요소가 된다는 것을 의미한다.

6. 기술의 비판적 사용

기술(컴퓨터, 비디오, 휴대전화)이 교육 환경을 바꾸어 왔음은 의심할 여지가 없다. 이 변화가 얼마나 심각하고 그 본질이 무엇인지 아직은 불확실하다. 일부에서는 컴퓨터의 등장이 교육의 파멸이라고 말하고, 다른 일부에서는 교육의 구원이라고 말한다. 두 관점 모두 타당한 증거를 갖고 있기에 이들 모두에 관심을 가져야 한다. 두 관점이 모두 옳다면, 기술의 사용은 두 가지 방향으로 나뉜다. 어떠한 환경에서는 유익하고 다른 경우에서는 해로울 수 있다는 것이다.

이것은 많은 교사의 관점이기도 하다. 필자가 교사들에게 기술이 그들의 전문적인 삶을 얼마나 바꾸었다고 생각하는지를 물으면 기술이 그 삶을 더 흥미롭게 만들기도 하고 더 절망하게 만들기도 한다고 답한다. 그것은 시간을 절약하게 하지만 또한 시간을 낭비하게 한다. 그것은 학생들을 흥미롭게 만들지만 학생들을 산만하게 만든다. 찰스 디킨스(Charles Dickens)의 『두 도시 이야기』의 도입 부분과도 유사하다.

교육적 기술의 영역은 아직 성숙하지 못하고 최근의 것이어서 궁극적

효과에 관한 견고하고 빠른 예측이 어렵다. 컴퓨터를 사용한 학습 효과에 대한 연구는 매우 혼재되어 있고 모호한 결과만을 보여 준다(Kirkpatrick & Cuban, 1998). 하지만 한 가지 확실히 예측할 수 있는 것은 기술은 사라지지 않을 것이라는 점이다. 모두가 기술을 어느 정도 수준으로 다룰 수 있어야 하며, 신기술을 반대하는 것은 선택 사안이 아니다. 그러므로 합리적인 입장은 무비판적으로 기술을 포용하거나 거부하는 것이 아니라, 교수·학습 수준을 높이는 방법으로서 그것을 통합하는 방안을 신중히 생각하는 것이다. 이 시점에서 과연 어떠한 방안을 세울 수 있을까?

계속 반복되는 주제는 소위 '정보 격차'라고 불리는 것으로, 각각의 모든 단계에서, 즉 국가마다, 지역마다, 사회적·경제적 계층마다, 학교마다, 가정마다, 그리고 학생마다 기술에 대한 접근이 불평등하다는 것이다. 이를 해결하는 가장 확실한 방법은 더 적게 가진 자들에게 더 많은 기술(예를 들면 컴퓨터와 인터넷 연결)을 제공하는 것이다. 이는 분명히 중요하지만 가장 중요한 문제는 아니다. 중요한 문제는 기술이 적용되면서, 교실과 학생의 삶에서 실제로 일어나는 것을 철저하고 비판적으로 살펴야 한다는 점이다. 필자(또는 다른 사람들)가 지적했듯이(van Lier, 2003), 모든 교육의 단계에 질적으로 차별적인 접근 기회가 만연해 있다. 단편적인 예로, 사용되는 소프트웨어 또는 활동의 유형에서 그러하다. 대체로, 부유한 학교(물론 더 부유한 동네에 있는)의 학생들은 가난한 동네에 있는 학교의 학생들보다 훨씬 더 정교한 소프트웨어를 사용하고 활동한다. 전자의 경우 학생들은 웹 디자인 또는 디지털 영화 제작에 참여하지만, 후자의 경우 학생들은 미리 설치된 반복 연습 프로그램을 사용할 것이다.

컴퓨터(그리고 다른 기술) 사용은, 잘 구성된 활동 기반의 교육과정으로 통합될 때 지적 자극과 사회적 보상이 될 수 있다. 그러한 맥락에서, 전통적인 교사나 전통적인 정보로 운영되는 교실보다는 주변에 컴퓨터가 있고 기술이 강화된 교실에서 더 많이 말하고 토론하고 웃을 수 있을 것이다 (Crook, 1994 참조).

마찬가지로, 교육과정이 잘 짜여 있다면 컴퓨터를 '통해' 지금 존재하지 않는 사람들과 상호작용하는 것은 지적이고 사회적이며 보람있는 경험이 될 수 있다(Lam & Kramsch, 2003). 오늘날 어린 학생들은 휴대 전화 문자를 통해서 친구들과 일상적 대화를 나누고, 대부분 부모와 교사(소위 '따분한 대상')와 대화할 때에만 이메일을 사용한다. 그들의 의사소통 실행과 선호 방법이 앞으로 교육 프로그램을 제작할 때 고려되어야 한다.

많은 교육자는 지금까지, 교육에서 차시하는 기술의 역할을 회의적으로 보았다. 실리콘 밸리 주변의 고등학교를 대상으로 한 연구에서 래리 큐번(Larry Cuban)은 컴퓨터가 '과도하게 팔렸으나 충분히 이용되지 않았음'을 알아냈다(Cuban, 2001). 필자는 여기에다 컴퓨터가 매우 잘못 사용되었음을 덧붙이고 싶다. 일련의 출판물(Postman, 1993)에서 닐 포스트맨(Neal Postman, 1993)은 기술 혁명에 대한 기업적 측면과 사업적 측면에 질문을 던졌는데, 컴퓨터와 인터넷 연결에 더 많은 비용이 지불될수록 현장 학습부터 예술, 체육에 이르기까지 전반적으로 가치 있는 교육 경험을 위한 시간이 줄어든다는 것을 언급했다. 쳇 바워스(chet Bowers)는 교육에서의 컴퓨터 확산에 따른 교육학적 결과는 상업화의 문화를 악화시키는 것이라고 주장했다. 상업화의 문화에서는 정보를 지식과 동일시하는 사고방식, 기술은 환경을 통제하는 도구라는 개념, 인간 발달을 사회적 과정이라기보다는 개인적 과정으로 보는 관점으로 교육을 이해한다(Bowers, 2000).

기술은 소외감과 불평등을 극복하는 도구로도 본래 문화를 파괴하는 도구로도 간주될 수 있다(Warschauer, 1998). 필자가 1980년대 페루의 안데스에서 일할 때, 일부 라디오 방송국은 시골과 메시지를 소통하고 만남과 모임을 요청하고 지역 음악을 들려주는 데 이용되었다(그 가운데 Puno

의 Bahai 종교 집단의 라디오가 유명하다). 동시에 다른 라디오 방송국은 대도시로부터의 대중음악, 소식, 여론을 전달하였다. 달리 말하면, 양날의 검이라고 할 수 있겠다. 컴퓨터는 의심할 여지없이 그러한 이중적 가능성을 지닌다. 소외된 지역 사회에서는 그들 자신의 웹 사이트와 리스트서브(listserv)*를 이용하여 언어를 부활시키고 멀리 있는 구성원을 위한 만남의 장소를 제공할 수도 있다. 최근에 필자는 고향인 네덜란드 남부의 작은 본토 마을에 웹 사이트가 활성화되어 있다는 것과 지역의 역사, 방언, 사건 등에 관한 모든 것이 웹 사이트에서 논의되고 있다는 것을 알고 놀라웠다. 인정하건대, 개발도상국에 대한 얘기는 아니지만, 마크 바르샤우어(Mark Warschauer)가 지적했듯이, 전 세계에서 위기에 처한 대부분의 언어 집단은 지역 운동을 추진하는 것뿐만 아니라 전통적인 이야기를 모으고 공유하며 그들의 언어와 관습을 보전하기 위해 인터넷의 힘을 이용하고 있다는 점이다.

이러한 예들은 여러 작은 긍정적인 발전과 함께 일어나는 양상이다. 긍정적인 방향으로 기술을 이끌어 가는 것은 지역 이용자—교사, 지역 사회의 리더, 학생—에게 달린 것이다. 이러한 점에서 리더십은 기업인이나 정치가로부터 나올 것 같지는 않다. 불행하게도 사심 없는 예지력과 지혜가 그들의 영역에서는 많이 부족하다.

7. 비판적인 언어 연구들

이 장에서는 주로 앨러스테어 페니쿡(Alastair Pennycook, 2001; 근간)

....

* 특정 그룹 전원에게 메시지를 전자우편으로 자동 전송하는 시스템을 가리킨다.

에 의해 발전된 비판적 응용언어학을 논의할 것이며, 비판적 교육학, 비판적 담화분석, 비판적 언어 인식에 대해서도 어느 정도 논의할 것이다. 이들 모두와 다른 것들(비판적 여성주의, 비판 철학, 비판 문학 등)은 매우 유사하다.

'비판적(critical)'이라는 단어는 한정된 틀 안의 좁은 범위에서 벗어나 생각한다는 것을 의미한다. 이 책의 앞 부분에서 언어학으로부터 아이디어를 가져와 그것을 교육이나 다른 작업의 영역(가령 공장, 법정, 의사의 진료실 등)에 적용하는 개념으로 응용언어학을 이해하는 시각을 거부한 바 있다. 이는 응용언어학자를 단지 이론적 지식의 소비자나 장사꾼으로 만들거나 언어학과 언어 사용의 실제 세계를 이어 주는 일종의 중개사로 만드는 것이다. 대신에 필자는 교육언어학이라는 용어를 제안하였는데, 이는 언어 지도가 이론 생산물, 즉 교육적 실천 이론의 생산물이어야 함을 가리킨다. 이러한 이론은 언어학과 교육적 이론을 적용하는 것만으로 자동으로 도출되지 않는다. 이들 이론은 그 자체가 실제적인 실천과는 매우 동떨어져 있다.

비판적 응용언어학보다 더 일관된 용어인 비판적 언어 연구는 필수적인 원리나 전제의 범위를 포함하는 의제를 지닌다. 장황한 설명은 하지 않겠지만, 가장 중요한 것은 이 연구가 이상주의, 도덕적 헌신, 윤리적 목적의 형태이어야 한다는 것이다. 여기에서는 종교적 열의나 성스러울 정도의 완벽함을 말하고자 하는 것은 아니며, 언어 – 교육 활동의 목표로서 우리가 알고 있는 것을 확실하고 분명하게 표현하려는 것이다. 이 목표가 표현해야 하는 것은 권한 있는 어떤 정치적, 철학적 취향이 아니다. 예를 들면 몇몇 이념적 대립, 마르크스주의자나 자본주의자, 인본주의자나 공리주의자, 불가지론자나 종교론자 등을 언급하기 위해 그것이 있어야 할 이유는 없다. 비판적 교육자로서 할 수 있는 것은 원칙을 세워 놓고, 있는 그대로, 이것을 취할지 또는 버릴지를 말하는 것이다. 비판적 언어 교육은 개종시키거나 주입시키는 것이 아니어야 하는데, 그럴 때 기본적으로 비판적인 것이 중단되기 때문이다. 그러면 이것은 단지 독단적인 신념이 되고, 그 신념은 사고와 행동을 조절하게 되어 역설적으로 비판적 특성을 잃고 만다. 비판적 언어 교육은 학생들이 특정 관점을 거부하고, 논쟁하고 무시할 권한을 가져야 하고, 성적이나 졸업 기회에서 심각한 결과가 생기지 않고 그렇게 할 수 있어야 한다는 것을 의미한다.

결국 주입의 개념에서 벗어나면 비판적 연구에서 남는 것은 무엇일까? 어떻게 수업에서 온순한 태도와 열성적인 태도를 조절할 수 있는가? 다음의 두 가지로 간단히 답할 수 있을 것이다.

- 스스로 생각하기
- 스스로 말하기

이것의 의미는 말 그대로이다. 학생들은 자신의 지위를 향상하고 자신이 선택한 방향으로 나아가도록 자신의 사고방식을 발달시켜야 한다. 동시에 그들은 자신이 속한 사회문화적 집단에서 참여자로서 충분히 함께 해야만 한다. 더 나아가 자신의 말을 생각과 연결하는 방법을 배워야 하며, 자기 자신, 정체성, 자신이 속한 사회와 연결하는 말하기 방법을 배워야 한다. 이것은 목표 언어로 그들 자신의 (사회적으로 위치 지어진) 권위적인 목소리를 개발해야 함을 의미한다.

이것은 학생들이 언어 사용에 포함되어 있는 권력의 과시, 조작, 제도적 기만에 대해 비판적으로 살펴볼 수 있도록 학습해야 함을 의미한다. 그러나 이것이 교사로서 하나의 해석만을 인정할 수 있다는 것을 의미하지 않는다. 한편으로는 지나치게 한정된 프로젝트인 "특정한 형태의 정치학에 대한 집착"을 피하고, 다른 한편으로는 "모든 정치적 관점은 똑같거나 혹은 훨씬 더 제한적이다"라는 것을 수용하는 것이다(Pennycook, 근간: 25). 우리가 할 수 있는 최상의 방법은 누군가 주장하고 있는 언어 학습과 실행에 대해 비판적 관점을 분명하게 표현하는 것이다. 이것은 한 측면이고, 다른 측면에서는 이러한 비판적 접근을 교사가 활동하는 교실에서 어떻게 적용할 것인지를 고민해야 한다.

교실에서 어떻게 비판적 수업을 운용할 수 있을까? 물론 교사들은 학생들이 자신이 하라는 대로 생각하기를 원할 것이다. 그러나 교사들은 학생들이 이미 매우 논증적이고 깊이 있는 의견과 신념을 지니고 있다는 것을 깨달아야 한다. 그럴 경우, 자신의 관점을 학생들에게 강요하는 것을 주저하게 될지도 모른다. 또한 학생들의 비판적 사고 과정피 행동의 실과로 학생들은 결국 교사와 다르게 생각하게 되고, 이것은 그들이 스스로 생각하는 것을 학습했다는 것을 뜻한다. 아마도 교사들의 목표는, 개인적으로 그 생각을 좋아하지 않을지라도, 학생들이 목표 언어로 분명하고 효과적으로 자신의 생각을 표현하는 것이어야 한다. 그렇다면 지금, 비판적 교실의 관점에 대해 이것이 의미하는 것이 무엇인가?

페니쿡은 언어 지도에서의 비판적 수업을 정의하는 세 가지 특징을 잘 구별해 주고 있다(앞의 책: 7).

- 흥미의 범주 또는 영역
- 자기 성찰적 자세(자신의 가정에 대한 의문 제기)
- 변형의 교육학(교육적 변화)

이들 각각을 차례대로 교육적 연구의 단일 맥락—이민자(주로 캘리포니아의 살리나스에서 일하는 멕시코 농부) 환경에서 일하는 현직 교사의 사례—의 관점에 따라 살펴보자.

흥미의 범주 또는 영역

이것은 실무자마다, 학급마다 다양할 수 있다. 예를 들면, 필자가 방과 후 프로그램에서 성인 교사와 함께 일할 때, 성인 이민자들—노동자, 부모, 전문직 종사자—이 매일 직면하는 모든 문제가 교육과정의 부분이 된다. 이것은 분명히 차별, 착취, 문화적 충돌을 포함할 것이다. 더욱 긍정적인 면에서 이것은 또한 삶의 기술, 사회적이고 직업적인 권리, 의료 서비스, 가계의 경영, 자녀의 교육, 부모 봉양 등에 관한 이중 언어 능력을 포함할 수 있다. 하지만 더 재미있는 요소들, 노래하기부터 축구 게임까지 등도 포함할 수 있다.

자기 성찰적 자세

어떠한 교육적 프로그램(여기에서는 재직자 과정)을 진행하는 동안 모든 참여자는 그들의 작업을 되돌아보아야 한다. 교사를 교육하는 사람, 교사와 학습자도 모두 비슷하다. 교사들의 요구가 고려되어 있는가? 고안된 활동과 단원들이 교사들이 행하는 맥락에서 실제적인가? 교사들은 학생들의 장래와 기대가 무엇인지를 충분히 조사하는가? 학생들은 배우는 내용에 투자하고 있는가, 그들이 배우는 영어는 그들에게 의미가 있는가, 만일 그러하다면, 어떤 면에서 그러한가?

변형의 교육학

성인을 위한 제2언어로서의 영어(ESL) 수업을 설계하는 것은 어려울 수 있다. 대부분이 직장을 마치고 수업을 듣기 때문에 수강 인원은 항상 바뀔 것이며, 학급 내 숙련도 차이의 폭도 매우 넓을 것이다. 학생들은 가끔 수업에 들어오며(아마도 처음, 그리고 몇 주가 지난 후에 한 번), 자신의 수준과 맞아 보이는 연습문제지를 받을 것이다. 만일 연습문제가 너무 쉬우면 좀 더 어려운 것을 받게 되고, 너무 어려우면 좀 더 쉬운 것을 받게 될 것이다. 그러한 학급에서 교육학을 변형한다는 것은 동료-지도 그룹이나 미니 프로젝트를 만드는 것을 포함한다. 이를 통해 새로운 구성원이 언제라도 들어와서 처음에는 합법적 주변 참여 역할을 수행할 수 있고(Lave & Wenger, 1991), 준비가 되면 좀 더 능동적인 참여자가 될 수 있다. 따라서 개별 연습 문제 기반 시스템은 외부 인원이나 예측할 수 없는 인원을 효과적으로 다룰 수 있는 협력적 프로젝트 기반 환경으로 변형될 수 있다.

비판적 교실 작업이 핵심 요소는 '지각', '자율성', '실세싱'이나(van Lier, 1996). 언어, 언어 사용(공동체 및 그 밖의 다른 곳), 학습, 동기와 목표, 성공과 실패에 대한 인식을 고양시키는 것이 필수적이다. 교실 밖(공동체 프로젝트, 현장 연구 등)에서 이러한 인식을 확립하는 것은 두 가지 측면에서 분명한 이점이 있다. 첫째, 학습의 과정을 교실 밖(그리고 교실 간)에서도 지속 가능하도록 한다. 둘째, 학교와 공동체 사이의 차이를 줄여 준다. 결국 학습자는 자신의 공동체와 협업을 통해 학습을 수행해야 한다. 안내와 조력이 필요하겠지만 동시에 자기 스스로 자신의 언어 사용과 행위에 책임질 수 있도록 자율성을 발전시켜야 한다. 이 방법만이 자신의 언어 사용을 수업 시간 외에 그리고 과정을 끝마친 후에도 확장시킬 수 있도록(가령, 평생 학습에 참여하는 것) 자신감을 부여할 것이다.

셋째, 학생들은 목표 언어로 자신의 목소리와 정체성을 개발해야 한다. 말을 하거나 글을 쓸 때, 자아와 언어를 연결하고 정체성을 드러내며 자신의 생각을 효과적으로 표현할 수 있어야 한다. 오직 이 방법만이 그들의 언어 사용을 실제적으로 만드는 길이다.

넷째, 그리고 마지막으로 앵글로 중심 세계(홀리데이는 이를 'BANA'라고 표현했다. Britain, Austrailia, North America의 약어다—Holliday, 1994)로부터의 언어교수법, 교사, 교재에 대한 식민지적 태도가 여전히 남아 있다. 이는 서구적 맥락에서 '작동'하는 근대적 방법론이 다른 나라에서도 작동할 수 있다는 것과 이 방법론들이 모두 다른 나라로 이동될 수 있다는 것을 가정한다. 그러나 에이드리언 홀리데이(Adrian Holliday)가 지적했듯이, 이것은 아마도 '조직 거부(tissue rejection)', 곧 제도적 또는 문화적으로 양립할 수 없는 실천이라는 결과로 이어질지도 모른다. 대신에, 지역의 전문 지식을 갖춘 지역적 방법론이 개발되어야 한다. 그 전문 지식은 지역 교육사, 제도적 관습 및 국가적·민족적 정체성에 대한 뿌리 깊은 문제를 다루게 된다. 최근에 홀리데이(Holliday, 1994), 페니쿡(Pennycook, 1995), 콜먼(Coleman, 1996), 카나가라자(Canagaraja, 2001) 등의 연구에서 지역적으로 합당한 방법론과 교실의 실천에 더 많은 관심을 가져야 한다고 지적하였다.

8. 정리

필자는 생태학적 접근이 어떠한 면에서 비판적 접근인지를 다루면서 비판적인 접근(과학적이든 그렇지 않든)을, 특정한 사태를 다루고 해석하고 기록할 때 분명하고 명시적이며 합리적이고 도덕적이며 윤리적인 태도의 적용으로 정의한다. 그러므로 이것은 개입과 변화를 지향한다.

이를 위해 생태학적 관점과 비판적 관점이 심리학과 언어학의 분야에서 어떻게 생겨났는지를 보여 주기 위해 두 분야의 역사적 발달 단계를 전반적으로 살펴보았다. 브룬슈비크, 레빈, 브론펜브레너의 연구에서 '생태학적 타당도'의 개념을 자세히 고찰하였다.

'심층생태학'의 개념으로 돌아가서, 노르웨이의 철학자 네스가 제안한 심층생태학의 기본 원리를 정리하였고, 테라링구아('언어와 생물 다양성에 대한 비영리 단체')가 세운 몇 가지 원칙과 비교해 보았다. 생태학적 이론은 더 다양할수록 항상 더 좋은 것을 의미하는 것이 아님을 강조했으며, 이 이론에서 가장 중요한 것은 '균형'임을 밝혔다. 이 관점에서 식민지화, 언어적 지배, 이주자 언어의 금지에 따른 사회적·언어적 다양성의 감소는 언어 생태계의 파괴를 암시한다.

이에 따라 언어적 인권의 개념을 논의하였고 스쿠트나브-캉가스가 제시한 선언을 인용하였다. 현재 위기에 처한 많은 언어와 그들의 문화와 관습 또한 인용했다. 관련된 문제는 모국어 혹은 이주한 아이들에 대한 교육과 교육에서 모국어가 수행하는 역할이다. 실제로, 모국어는 선 세계의 교육 환경에서 매우 열악하게 다뤄지고 있다. 최근에 캘리포니아 주는 학교에서 사실상 모든 모국어의 사용을 금지하면서 시대의 흐름에 역행하고 있다. 아이들이 모국어를 사용하면 매를 맞는 시대는 지났지만 오늘날 캘리포니아에서 교사가 학생의 모국어를 사용하면 고발당할 수 있고, 심지어 직업을 잃을 수도 있다. 원시주의의 모습은 바뀌었을지 몰라도 그 본질은 여전히 우리 곁에 함께 있다.

여러 유럽 국가에서 이루어지고 있는 소수 이주민 언어 교육에 관한 브로더와 엑스트라의 보고서(Broeder & Extra, 1997)를 간략히 언급했다. 이중 언어 교육은 매우 경쟁력 있는 실천이며, 항상 크나큰 정치적 관심거리였다. 최근 여러 곳에서 이중 언어 교육에 반발하고 있으며, 시험을 치르고 편협하게 수업을 평가하는 분위기에서 아이의 모국어를 위한 공간은 거의 없는 실정이다.

요즈음, 이주자 가족은 예전보다 모국어에서 목표 언어로 훨씬 더 빨리 이동한다. 삼대에 걸쳐서 일어나던 것이 겨우 한 세대에서 이루어지고 있다. 사회적 웰빙과 안정성에, 즉 젊은 사람들이 안정적으로 정체성을 형성하는 데 어떤 도움이 되는지 잘 모르겠지만 결과는 끔찍하다. 미국에서 강요된 영어 단일주의의 부정적 결과를 강조하기 위해 크로퍼드의 웹 사이트를 인용하였다. 또한 학교에서의 언어 사용에 대한 정치적 차원을 강조하기 위해 오클랜드 학교에서의 에보닉스 사례를 다뤘다.

언어 계획과 언어 정책에 대해서도 간략하게 지적했다. 여기에는 공식적이고 민족적인 언어의 개념과 다중 언어 정책이 해당되는데, 혼버거가 설명했듯이(Hornberger, 2002) 이러한 정책은 이중 언어 능력이나 다중 언어 능력의 교육학을 이끌게 한다.

다음으로 문화에 관해 살펴보았다. 문화에는 다양한 개념과 정의가 존재한다. 문화의 개념을 일상생활에서 사람들이 참여하는 실천이라는 의미에 초점을 두었다. 톰버그는 문화란 "열린 풍경에서 우연한 만남"(Tomberg, 2000: 284)이라고 말했다. 더 나아가 클리포드는 "문화는 경쟁적이고 일시적이며 창발적이다"(Clifford, 1986: 19)라고 하였는데, 이것은 문화가 담론적으로 구성되었음을 지적한 것이다.

실천적 관점에서 문화, 마음, 가치의 개념을 함께 묶고자 했다. 우리가 학습자를 자신의 권리를 지닌 화자로서 다룬다면, 언어 사용은 세 가지 모두에 바탕을 둔다(Kramsch, 1998).

물론 오늘날 기술은 피할 수 없는 교육의 일부로서, 재앙일 뿐만 아니라 축복일 수도 있다. 교사들은 사회적 보상과 지적인 자극이 될 수 있도록 기술을 교육과정에 통합할 수 있어야 한다. 강조하는 바는 패키지 수업(course package)이 아니라 '열린 소프트웨어(open software)'로 불리는 것, 즉 창의성을 자극하고 프로젝트 작업을 고무하는 워드 프로세스, 프레젠테이션과 멀티미디어 디자인 프로그램이어야 한다는 것이다. 기술로 인한 교육의 상업화를 막는 것이 중요하며 비싸고 정교한 장치가 창의성을 키우는 역할을 하든 못하든, 풍부한 교육적 경험에 초점을 두어야 한다.

마지막 절에서는 비판적 언어 연구를 살폈는데, 여기에는 두 가지 기본적인 규칙이 있다. 스스로 생각하기와 스스로 말하기다. 주입을 목적에 두거나 개종시키는 어떠한 비판적 접근도 거부하는데, 그 이유는 그것은 단지 독단적인 신념이 될 수 있기 때문이다. 페니쿡은 의제를 밀어붙이고 모든 정치적 관점을 수용하는 것 사이에서 균형을 잡는 것은 어렵다고 지적하였다(Pennycook, 근간). 여기서 우리는 에드워드 리드(Edware Reed)의 용어로 자신만의 "가치의 과학"(Reed, 1996)을 지켜 나가야 한다.

생태학적 연구

08

1. 도입

지금까지 7개의 장에서 생태학적 관점에 관한 서로 다른 논제들을 살펴보았다. 언어, 기호학, 창발, 자아 등을 고찰하는 과정에서 생태학적 접근이 언어 교육을 가르치고 연구하는 다른 방법보다 이론적이고 실천적인 방안임을 주장하였다. 그러나 생태학적 견해에 관심을 두는 것만으로, 어떻게 연구와 실천에서 생태학적 방법으로 접근할 수 있겠는가?

앞 장에서는 비판적 생태학적 접근의 선구적인 방법으로 생태학적 타당도를 살펴보았다. 이 장에서는 더욱 폭넓은 관점에서 생태학적 연구의 본질을 살펴보고자 한다. 중심 영역은 다음과 같다.

- 생태학적 연구는 맥락적이거나 상황적이며, 환경 내의 관계성에 주목한다.
- 생태학적 연구는 시간적·공간적 차원을 지닌다.

- 생태학적 연구는 (적어도 잠재적으로는) 개입주의자의 성격을 지닌다. 즉, 변화 지향적이고 비판적이다.
- 생태학적 연구는 생태학적이고 현상학적으로 타당하다. 특히 연구자와 참가자의 상황 정의가 일치한다는 점에서 그러하다.

이들 각각의 기준은 또 다른 요건과 선택의 범위를 수반한다. 예를 들어, 맥락적 연구는 맥락이 의미하는 것이 무엇인지 결정해야 한다. 이것은 결코 쉬운 작업이 아니다. 이는 맥락에 대한 무수한 정의가 존재하기 때문이다(2장 참조). 이에 관한 몇 가지 방법을 보여 주고자 한다. 특히 '브론펜브레너의 내포된 생태계(nested ecosystems)', '엥에스트룀의 활동 이론(activity theory)', 그리고 '체클랜드의 체계 연구(systems practice)'를 주목한다.

생태학적 연구는 공간 요인(문제가 되고 있는 장소의 물리적·사회적·상징적 제한)과 시간 요인(과거, 미래, 그리고 과거와 미래의 차원을 포함하고 있는 현재)을 고려한다. 이러한 종류의 연구는 민족지학과 같은, 장기간에 걸친 기술적이고 해석적인 연구와도 일정하게 관련되어 있다. 대부분의 민족지학에 관한 연구는 오랜 시간, 때로는 평생에 걸쳐 수행되기도 한다(Malinowski, 1967; Geertz, 1973; van Maanen, 1988). 때로는 자연적인 인간의 완전한 주기를 따르는 것이 타당하지만 이는 정의하기가 다소 어려울 수도 있다. 예를 들면, 학교 교육의 기본 주기는 한 학년인가? 한 학기인가? 아니면 하나의 수업인가? 그러한 주기 개념을 확장하는 것은 주기 자체가 아닌 다른 힘에 의해 결정되기 때문에 임의적이다(사회생태학적 연구는 Lemke, 2002 참조). 생태학적 연구는 어떤 현상의 자연적 기간을 결정하는 것을 목표로 삼아야 하며, 기간을 대한 참여자의 지각과 구성을 포함하는 조사에 바탕을 둔 것이어야 한다(이는 달력에 의해 설정된 시간 경계와 일치하지 않을 수도 있다). 자연적인 주기의 예로는 농업의 건기와 우기, 경작, 파종, 재배, 수확의 시기 등을 들 수 있다. 이러한 자연적인 주기는 농촌 사람들의 문화, 의식 그리고 사회적 관습에 깊이 침투했다. 그러나 페루 안데스에서 필자가 진행한 과거 연구에서는 농업 주기가 학교 일정과 일치하지 않으며, 이로 인해 학교와 농촌 모두 심각한 혼란을 겪고 있다. 학교는 농촌에서 학생들의 일손이 필요할 때 시작되었으며, 학교의 휴일 역시 가족들의 요구와 부합되지도 않았다. 학사 일정은 농촌의 가족에 대한 필요성을 고려하지 않은 채, 행정 편의를 위해 중앙 정부에서 수립하였기 때문이다.

민족지학과 더불어 교육 연구의 일반적인 방법은 사례 연구다. 여기서 제한된 사례(개인 또는 학급과 같은 소그룹)는 작업과 발달의 특징을 파악하는 데 비교적 오랜 시간이 걸린다. 앞에서 살펴본 시간 주기와 마찬가지로 사례 연구의 '경계'(시간적이고 공간적인)를 설정하는 게 쉽지 않다. 실제로, 사례 연구 방법론의 권위 있는 보고서인 마일즈와 휴버먼은 이러한 경계는 본질적으로 "다소 모호하다"(Miles & Huberman, 1994: 25)라고 한 바 있다.

생물 생태학 연구에서 선호되는 생태계는 연못 혹은 작은 섬과 같이 분명한 경계를 가지고 있다. 그러한 환경에서는 "유기체와 이것이 접촉하는 다른 유기체 간의 총체적인 관계"[헤켈(Haeckel, 1866)의 생태학 정의 인용]를 추적하여 기록하는 작업이 조금은 용이하다. 바다 혹은 열대 우림과 같이 혼합되거나 개방된 생태계에서 그러한 작업을 하는 것은 좀 더 어렵다. 한편 하나의 생태계에서 에너지는 매우 다양한 방법으로 체계에 들어왔다 나간다. 연못에서조차 물고기가 알을 낳고 동물들이 씨앗을 옮기며(오리의 발에 붙어 있을 수 있음), 비가 내리고, 물이 증발하며, 모기가 부화하여 인간을 괴롭히기 위하여 날아간다.

연못에서와 마찬가지로 언어 교실에서도 이러한 경계 문제가 있다. 학습자들은 교실에서 한 시간 정도 머무르지만, 그 전에 그들은 다른 곳에 있었으며, 한 시간 이후에는 또 다른 장소로 옮겨갈 것이다. 다른 곳에서의 그들의 행동은 당연히 교실에서 일어나는 일에 영향을 미치고, 이는 자연히 교사에게도 영향을 미친다. 필자의 지난 연구(van Lier, 1988; 더욱 자세한 내용은 2장 참조)를 비롯한 교실 연구는 교실을 제한된 체계로 다루고 있으며, 다른 맥락과의 관계에 대한 고려 없이 교실 안에서의 언어와 언어를 둘러싼 상호작용을 연구하고 있다. 물론 기존의 연구는 미시사회언어학 연구(민족지학) 혹은 대화분석의 측면에서 일정 부분 가치를 지닐 것이다. 그러나 추가적인 초점은 교실 안과 밖에 존재하는 여러 맥락과의 연계다. 앞으로 살펴본 몇 가지 연구 모델 가운데 특히 브론펜브레너의 '내포된 생태계'(Bronfenbrenner, 1979)는 이와 깊게 관련되어 있다.

한편 개입주의적 연구를 보통 '현장 연구'라고 부른다. 현장 연구는 앞 장에서 언급한 심리학자 레빈이 창시하였다. 레빈은 이론이 이론가들에게만 남겨지기에는 너무 중요하다고 생각했다. 따라서 그는 부르디외(Bourdieu, 1977)와 관련된 용어인 '실천 이론'의 지지자였다. 현장 연구는 문제 지향적이고 변화를 도입하는 것인데, 실행은 관찰되고 연구되며 보고된다. 현장 연구의 대상은 표층적인 것에서부터 심층적인 것에 이르기까지 다층적이고, 이는 1장과 7장에서 언급한 표층생태학, 그리고 심층생태학과 유사하다. 표층적 형태는 눈앞에 보이는 문제점을 고치는 데 초점을 맞추고 있는 반면, 심층적 형태는 현실의 특정 부분에 대한 변형과 같은 결정적이고 심도 있는 변화를 추구한다.

마지막으로 언급된 기준인, 생태학적 혹은 현상학적 타당성은 민족지학에서의 에믹(에틱과 반대되는) 관점*과 유사하다. 에믹은 연구에서 사용한 분석적인 개념과 구성 요소가 참가자들이 그 환경에서 사용한 것들과 양립

....

*   인류학에서 '객관적'과 '주관적'이라는 표현이 주는 혼란을 피하고자 사용한 용어가 '에틱(etic)'

할 것을 요구한다. 그러므로 브론펜브레너가 언급한 '현상학적 요구'와 유사하다(앞 장 참조). 반면 에틱 관점은 연구의 주제가 왜곡될 위험이 있더라도 미리 설정된 범주와 체계를 연구되는 환경에 적용하는 것을 말한다. 에틱 도구와 에믹 감각은 맥락화된 연구에서 병행하는 것이 이상적이다.

생태학적 관점과 양립할 수 있는 유사한 연구 형태에는, '내러티브 연구, 자서전적 방법론, 담화분석, 대화분석' 등이 있다. 처음에 언급한 네 가지 기본적 기준이 관찰되는 한 그것은 생태학적 연구라고 부를 수 있다. 한편 질적·양적인 분석 방법은 연구의 문제의식과 관련성에 따라서 모두 사용할 수 있다.

2. 복잡성, 혼돈, 그리고 생태학

지난 10여 년에 걸쳐 교육언어학(그리고 이론언어학)과 혼돈 또는 복잡성 이론의 상관 관계에 관한 몇몇 보고서와 논문이 발표되었다. 로저 바워스(Roger Bowers, 1990), 에지(Edge, 1993), 라슨-프리만(Larsen-Freeman, 1997, 2002), 판 리르(van Lier, 1998) 등이 관련 있다.

다음에 제시할 것은 생태학적 교육언어학에서 복잡성과 혼돈이라는 관점이 필요한 이유다. 대부분의 독자가 이들 사이의 인과 관계와 그 이해

....

과 '에믹(emic)'이다. 에틱은 '관찰자의 판단이 결정적인 관점'을, 에믹은 '관찰 대상자의 생각이 결정적인 관점'이라고 할 수 있다[M. Harris(1979), *Cultural Materialism*, Random House]. 사회언어학은 초기부터 언어 사용자들이 소속 공동체의 언어 규범과 행동양식으로서 역할관계를 인식하는 것에 주목하면서 그 관계를 연구자의 관점에서 에틱하게(etically) 열거하는 것만이 아니라 언어 사용자의 관점에서 에믹하게(emically) 설명하는 것도 필요함을 주장했다[J. A. Fishman(1972), *Sociolinguistics: A brief introduction*, Newbury House Publishers; 조태린 (2009), 「국어생활사 연구의 사회언어학적 요소」, 『문법 교육』 10, 한국문법교육학회].

정도에 대하여 의문을 제기할지라도 그것은 수용할 수 있는 수준일 것이다. 여러 가지 측면에서 이 문제에 접근해 보자.

혼돈과 질서라는 개념은 철학과 과학에서 오랜 역사를 지녀 왔다. 그러나 수학적 모델과 컴퓨터 프로그램이 그 오래된 발상에 실체를 부여하기까지 예측 가능성, 인과 관계, 그리고 증명을 위한 연구는 뒷전에 머물러 있었다. 혼돈 이론(chaos theory)은 1980년대에 제임스 글릭(James Gleick)의 『카오스(Chaos)』(1998)와 (영화로도 제작된) 『쥬라기 공원(Jurassic Park)』(Crichton, 1991)이 출간되면서 대중의 의식을 강타했다. 그 후로 이 주제에

복잡성(Complexity)

- '학습 행위'는 절대 자동적으로 또는 필연적으로 '교수 행위'에 수반되지 않는다.
- 교수는 학습을 발생시키지 않는다.
- 학습에는 여러 가지 원인과 이유가 있다. 이들 중 일부는 예측할 수 있지만, 우연인 것도 있다.
- 학습은 언제 어디서나 일어난다. 수업과 수업의 사이에서도, 욕조에서도 학습은 발생한다.
- 스티븐 제이 굴드(Stephen Jay Gould)가 말하듯(1993), 신은 디테일에 있다. 또한 악마도 디테일에 있다. 우리는 세부 사항을 정확하게 만들어야 한다.
- 원인은 복잡한 체계(system)를 설명하지 않는다. 아는 것과 이해하는 것은 같지 않다.
- 어떤 '작은' 변화가 매우 큰 결과를 가져오기도 하며, 전혀 그렇지 않기도 한다. '큰' 변화의 경우도 마찬가지다.

관하여 일반적이고 과학적인 성과가(교육언어학과 이론언어학 포함) 다수 나타났다.

복잡성 이론(Complexity theory)은 ['복잡성'이 더욱 포괄적인 의미를 지니고 있기에 '혼돈(chaos)' 대신 '복잡성(complexity)'이라는 용어를 사용함] 여러 가지 비유를 통해 이해할 수 있다. 유명한 비유 중의 하나가 아마존 우림에서 나비가 날개를 퍼덕거리면 한 달 후 뉴욕에 태풍이 일어난다는 나비 효과다. 또 다른 비유로는 물이 불규칙하게 나오는 수도꼭지를 들 수 있다. 처음에는 물이 조금씩 떨어지다가 양이 점차 많아지면, 어느 순간에는 떨어지는 모양이 갑자기 일(一)자로 바뀌게 된다. 어지럽고 혼돈스러운 대상이 내부 혹은 외부에서 비롯된 작은 변화 때문에 정형화되는 것이다. 복잡성에 관한 용어로 말하면, 복잡한 체계에 갑작스러운 변형을 일으키는 다양한 '유인(attractor)'들이 있다. 복잡적응계(complex adaptive systems), 비선형 체계(non-linear systems), 자기조직 체계(self-organizing systems) 등 다양한 용어로도 불리는 복잡성 체계는 단순하거나 직선적인 인과의 방식으로 기능하지 않는다.

오늘 나비 한 마리의 날갯짓은 대기 상태에 아주 작은 변화를 일으킨다. 일정 기간이 지나면서 대기는 지금껏 존재한 상태와는 다르게 변화한다. 한 달이 지나 인도네시아 해안을 황폐하게 만든 토네이도가 일어나지 않을 수도 있고, 혹은 일어나지 않을 토네이도가 일어날 수도 있다(Stewart, 1989: 141).

그렇다면 복잡성 이론은 제2언어 습득(SLA)과 어떻게 관계를 맺는 것일까? 위에서 살펴보았던 수도꼭지의 물이나 나비의 날갯짓 등과 같은 다양한 복잡성 체계가 언어 학습과 어떠한 상관이 있을까?

제2언어 습득에서, (2장에서 논의한 바와 같이) 환원주의적 속성을 지니는 전통적인 연구는 투입과 산출의 간단한 인과 관계를 가정한다. 예컨대 단어를 습득하는 특정한 방법의 효과를 알고 싶을 때 학생들에게 한 단어의 사례들을 투입한 뒤 며칠이 지나 학생들의 산출에서 그 단어의 사례들을 찾는다. 만일 학생들에게서 이를 발견하게 되면, 학습이 일어났다고 (혹은 이론적 논의에 근거하면, 습득되었다고) 간주한다. 그런데 발견하지 못할 경우 이 연구는 어떤 결론도 내릴 수 없게 된다. 이러한 연구는 뉴턴 물리학과 유사한 방식인 원인-결과의 모델을 따른 것이다. 이것은 몇 가지의 정보를 제공하지만, 맞춰지고 있는 퍼즐의 그림은 사용하지 않고 각각의 개별적인 조각의 모양만으로 전체 퍼즐을 맞추는 것과 같다(전체 퍼즐 조각을 뒤집어 놓은 것과 같은 형국이다).

언어 학습은 모국어든 제2언어든, 교실에서든 혹은 더욱 넓은 공간에서든, 다양한 요인에 의해 영향을 받는 복잡한 과정이다(혹은 이를 학습자의 관점에서 본다면, 하나의 '프로젝트'라고 할 수 있다). 따라서 언어 학습은 원인(방법, 과업, 예시, 훈련 등)과 결과(암기된 단어나 구조, 담론에서 목표로 설정된 대상의 지속적인 사용, 시험에서의 정답 등)와 같은 단순한 선형 관계로 환원될 수 없다.

복잡한 절차에 대한 이해는 결코 선형성에 바탕을 둔 원인과 결과에 대한 탐구가 아니다. (앞에서 굴드가 강조한 것처럼) 언어 학습의 총체적인 행위를 주목하면서 동시에 세부적인 특성도 살펴야 한다. 마이클 크라이튼(Michael Crichton)은『쥬라기 공원』(1991)에서 혼돈과 복잡성의 과학적 사고와 대비되는 전통 과학의 선형적 사고를 '얄팍한 지성(thintelligent)'이라고 하였다. 베이트슨(Bateson, 1979)과 카프라(Capra, 1996)를 비롯한 다른 연구자들도 인과 관계의 메커니즘이나 고정된 구조보다는 과정을 연구해야 한다고 역설했다. 참고로 앞 장에서 언급했듯이, 베이트슨(1979)은 두 가지 사고를 구별했다. 다소 간결하고 사전적인 사고 방법인 '분류'와 좀 더 정교하고 복잡한 사고 형태로서의 '과정'이 그것이다. 카프라(Capra, 1996: 158-161)에서도 이와 유사하게 (문맥의 구성 요소로서의) '패턴' 또는 '구조'와 (패턴과 구조를 형성하는 활동으로서의) '과정'을 구별했다. 이 책에서는 패턴이 구조 속으로 '침전되면', 그러한 구조들이 과정을 이어 주고 안내하며 그 범위를 한정하여 패턴의 관계를 안정화하는 (긍정적이거나 부정적인) 제약을 제공한다는 사실을 덧붙이고자 한다. 이를 도식으로 나타내면 다음과 같다.

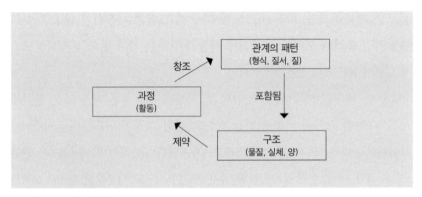

[그림 8.1] 과정, 패턴, 구조

혼돈 및 복잡성에 관한 사고 방법은 언어 학습에 대한 이론과 실천에 풍부한 결론을 제공한다. 필자는 363쪽의 글상자에서 몇몇 힌트를 제공했다. 예를 들어 원인 탐색의 한계나 세부 사항에 대한 집중이 지니는 중요성이 이와 관련 깊다(판 매넌은 '교육학적 순간'이라고 표현했다 —van Manen, 1991). 이를 설명해 주는 라슨-프리만(Larsen-Freeman, 1997)의 선구적인 논문은 언어 학습 분야에서 혼돈 및 복잡성에 관하여 잠재적이나마 크게 기여했다(참고로 여기에서는 라슨-프리만의 서론과 기술에 대하여 이 연구에서의 생태학적 관점을 바탕으로 재해석·보완하고자 한다).

① 경계와 이분법의 모호함

독자는 이 책에서 무수한 이분법을 보았을 것이다(또한 어디에서나 보았으리라고도 확신한다). 선천 대 후천, 능력 대 수행, 랑그 대 파롤, 거시 대 미시 등, 이분법의 목록은 계속된다. 혼돈 및 복잡성은 이분법이 아닌 '상호 보완성(상호작용성)'을 보도록 격려한다. 상보적 관점들 간의 상호작용은 생태학적 연구의 중심으로서 특정한 극단적인 입장에 기대지 않게 한다.

② 성급하게 결론을 도출하거나 반론을 거부하는 자세에 대한 경고

환원주의적 연구는 이분법의 한쪽을 주장하고 나른 한쪽을 강력히 거부한다. "복잡한 문제에 대한 단순한 해결"(Larsen-Freeman, 1997)이 매력적이기도 하지만 때때로 극단적인 태도를 취하게 하기도 한다. 오직 알기 쉬운 입력만이 습득으로 이어진다는 크라센(Krashen, 1985)과 언어를 본능으로 보는 핀커(Pinker, 1994) 등이 여기에 해당한다. 그러나 이러한 관점은 다른 관점들과 양립할 수 없다. 양립하지 못한다는 사실 그 자체가 실제를 좀 더 잘 들여다보게 하는 창문이라고 여기는 편이 오히려 더 타당할 수 있다(Natsoulas, 1993).

③ 언어 학습 현상에 대한 새로운 접근

비록 전문가들이 명쾌하게 말하지는 못하겠지만, 연구와 교육과정 그리고 시험은 선형적인 발달, 조금씩 증가하는 진전과 점진적인 숙련의 정규 과정으로 설명된다. 언어 학습 경험에서의 침체와 성장, 그리고 그 과정에서 퇴보가 발견될지라도 큰 문제는 아니다. 퇴보의 한 예로, 아이들이 불규칙 과거를 사용하다가 규칙 과거를 배우게 되면 과거 시제 규칙에서 오류(went-goed 등)를 범하기도 한다. 이 사례는 흥미롭긴 하지만, 현상을 빈약하게 실증적으로 묘사한 것 뿐이다. 정형화와 점증적 성장이라는 가정을 버

린다면, 혼돈 및 복잡성 이론은 새로운 가설을 제시할 수 있으며, 이는 교육 과정과 교육 내용의 설계에 상당히 유익한 효과를 가져올 수 있을 것이다.

④ 창발 현상에 대한 재조명

언어 지도 학습에 대한 전통적인 관점은 학습 대상이 제시되고, 수행되며 궁극적으로 자유롭게 생산되는 단계에 관한 것이다. 하나의 학습 대상은 수용·유통·저장·과정을 거쳐서 활용할 수 있게 된다. 이러한 과정은 마치 기계적인 생산 공법과 유사하다. 맛있는 맥주를 만들기 위해서 맥아와 홉을 함께 넣고 발효시킨 후 발효된 액체를 여과하고 저장하는 것과 매우 유사한 것이다.

혼돈 및 복잡성은 모든 복잡한 체계는 본질적으로 불안정성을 지니고 있다고 가정한다(프리고진은 "평형 상태와 극단적인 반대 상태"라고 말했다— Prigogine & Stengers, 1984 참조). 기본적으로 학습자의 중간 언어는 불안정한 목표 언어를 포함한 불안정한 언어 환경에서 불안정한 언어 상황에 놓여 있다고 할 수 있다.

⑤ 원인-결과 기반 이론에 대한 반론

인과 관계는 언어 학습의 이론화에 중요한 역할을 해 왔다. 그러나 선형적 인과 관계는 과정, 패턴과 구조의 복잡성에 비해 사소하고 상대적으로 흥미롭지 않다.

⑥ 세부 사항의 중요성에 대한 강조

혼돈 및 복잡성은 아주 사소한 변화가 매우 거대한 결과를 가져다줄 수 있다는 것을 알려 준다. 언어를 가르치고 배우는 과정에서 어떤 학습자가 특정한 모음변이(예를 들어 4장에서 확인한 sleeped-slept)를 인지하는 사소한 사건이 학습자의 중간 언어에 지대한 영향을 미칠 만한 재구조화, 즉 새로운 패턴의 배열을 가능하게 할 수 도 있다.

㉣ 총체적 관점을 유지하는 핵심 요소를 탐색함으로써 환원주의자에게 경고
수소+산수=물(H_2O)이라는, 비고츠키가 언급한 물의 분자 관점에 대한 사례를 상기해 보자. 물의 화학적 구성 요소를 바탕으로 불을 끄는 물의 힘을 설명하는 것은 불가능하다. 전체는 결코 부분에 근거하여 설명될 수 없다. 따라서 세부적인 부분에 대한 분석 작업은 지속적으로 전체에 연계되어야 하다 부분을 전체에 투영할 때에만 일정한 의미를 지닌다.

언어를 중심으로 살펴보면 형태소, 단어, 눈동작, 어휘 기억과 지연, 오류와 교정, 문법성 판단 등 모든 언어 단위를 연구에 사용해 왔다. 이들이 언어 학습에 흥미로운 정보를 제공한다는 사실은 맞지만, 학습과정의 복잡성에 연계되고 학습에 참여하는 개별 학습자의 요인을 고려하지 않는다면 큰 의미를 지니기 어렵다.

3. 혼돈, 복잡성, 그리고 생태학에 대한 몇 가지 사례

"당신은 길을 잃어본 적이 있습니까?" 그가 물었다.
"모든 길은 지구에 있으니 사람은 결코 길을 잃을 수가 없소"라고 철학자가
대답했다.
—James Stephens, *The Crock of Gold*, 1912

이 절에서는 (무제한적인) 사고를 위한 양분을 제공하고 생태학적 연구

의 경계를 확장하기 위해서 혼돈 및 복잡성과 생태학의 특성을 설명하는 다양한 인용문을 살펴보고자 한다.

1) 진실과 증거에 대하여

진실은 은유의 유동적인 군단이다(Nietzsche, 1954).

나는 진실이 고유한 감동을 낳는다는 것, 나의 이야기가 정확성에 대한 내적 증거를 통해 설득력을 가질 것이라는 점에 큰 위안을 받는다(Samuel Butler, *Erewhon*, 1872).

위의 인용문들은 진실이란 고정되어 있지 않고 과학적 실험에 의해 증명되지 않는다는 사실을 말한다. 실험은 진실이 아닌 증거를 찾는 것으로 진행된다. 진실은 말, 이야기, 지혜에 속한다. 증명은 인과적인 역학에 속한다. 진실은 들리고, 증명은 보인다(다음 내용 참조).

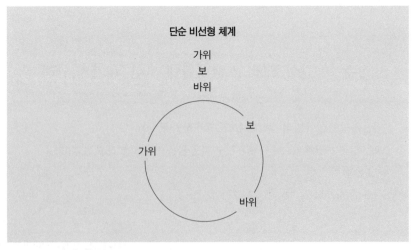

[그림 8.2] 가위, 보, 바위

독자들에게 친숙한 '가위, 바위, 보' 게임에서 두 손가락은 '가위'를 나타내고 평평한 손은 '보'를 나타내고 주먹은 '바위'를 나타낸다. 가위는 보를 자르고 보는 바위를 감싸며 바위는 가위를 깬다. 이것은 위계가 아니다.

가위 〉 보 〉 바위 〉 가위 〉 보 〉 바위…

이 게임에서는 그 어떤 것도 '원인'이 되지 않는다. 단지 관계의 다양성을 보여 줄 뿐이다. 얼마나 많은 인간 체계, 관심, 행동 유형, 발달 단계 등이 서혀저 인과 유형인가? 이와 다른 비선형적인 유형은 얼마나 많은가! 카프라(Capra, 1996)는 현실 세계에 위계란 없으며, 오직 네트워크만 존재한다고 지적했다. 위계는 물질적인 세계를 조직하기 위한 시도, 권력–통제 지향적인 사회의 구조나 기관에서만 존재하는 것이다(성경에 따르면 첫 번째 계급은 하늘의 천사다).[1]

2) 인과성

간단한 예를 하나 들어 보자. 돌멩이가 창문을 쳐서 창문이 깨진다. 이 사건을 아래와 같이 여러 방식으로 서술할 수 있다. 이들 각각을 언어 학습에 관한 논의에 대응시킬 수 있다.

a) 돌멩이가 창문을 쳐서 유리가 깨졌다.
　　　　… 이해할 수 있는 입력을 받았기 때문에 학생이 배웠다.

....

1　사회적인 동물들은 위계를 발달시킨다. 예를 들어, 닭이 모이를 쪼아 먹는 순서나 개미, 개코 원숭이, 고릴라, 그리고 쥐 등에서 나타나는 위계적 서열이 그러하다. 이때 중요한 것은 위계란 사회적 구성체의 일부분이지 결코 대상의 물리적, 생물학적 속성이 아니라는 점이다.

b) 유리가 깨지기 쉬워서 깨졌다.

··· 정의적 요인이 낮아서 학생이 배웠다.

c) 코디가 돌멩이를 던지면서 빈둥거리며 돌아다녀서 유리가 깨졌다.

··· 학생이 참여할 수 있는 흥미로운 활동이 많아서 배웠다.

d) 코디의 엄마가 코디를 방치했기에 때문에 그는 항상 빈둥거리며 돌아다닌다.

··· 등등

여기서 사건의 원인(돌멩이가 유리를 쳤다; 학습자가 이해할 수 있는 입력을 받았다)을 안다고 해서 특정 사건을 완전하게 설명해 주는 것은 아니라는 사실을 알 수 있다.

3) 확률과 혼돈

동전을 하나 주워서 던질 준비를 해 보자. 동전을 던지기 전에 당신은 어떤 일을 예상하는가? 그리고 어떤 일을 예상할 수 없는가?

- 나는 동전의 앞면이 앞으로 나올 것이라는 50퍼센트의 가능성을 예상할 수 있다.
- 나는 동전이 얼마나 많이 튀어 나갈지, 어떻게 구를지, 어디에 떨어질지 예상할 수 없다.
- 나는 단지 동전을 던졌다. 뒷면 또는 앞면을 위로 해서 떨어진 것은 알지만 어디에서도 찾을 수 없다. 그 작은 것이 어디로 갔는가?

예측 가능한 것과 불가능한 것의 조합을 생각하는 것은 흥미롭다. 이러한 사실은 언어 학습에도 적용된다. 예를 들면, 언어 학습은 꽤 규칙적이고 예측 가능한 발달 단계를 거치게 될 것이지만 그 단계는 전체적으로 혹은 부분적으로 예측할 수 없는 경로에서 일어날 수 있다. 학습자들은 매일 정규 발달 단계에 따른 수업을 받고 있지만 오늘 수업 시간동안 무슨 일이 일어날지를 결코 예측할 수 없다.

4) 예측 가능성과 질서

사람들이 찾아내려는 구조의 질서는 그들에게 내세운 혼돈의 양에 항상 비례한다(Tom Robbins, *Skinny legs and all*, p. 403).

정신 이상자들은 프랑스인들처럼 논리와 질서에 무섭도록 집착한다(Henry Miller, *Black Spring*, 1963).

사람들은 질서를 숭배하고 혼돈을 매도하는 것처럼 보인다. 그러나 위 인용문이 보여 주듯이―모두 농담의 일종이겠지만―둘 사이에는 상호 의존성과 역동성이 존재한다. 우리의 수업은 질서정연하고 조직적이며 예측할 수 있는 방향으로 나아가는 경향이 있고, 선생님과 학생 모두 어느 정도까지는 그러한 방법을 원한다. 그러나 좋은 수업이란 원래 계획된 내용과 즉석에서 발현된 내용이 균형을 이루어야 한다(van Lier, 1996). 이 책의 6장에서 비계가 작동하는 근접발달영역은 본질적으로 예측할 수 없다고 논의한 것도 이와 같은 맥락이다. 예측 불가능성은 질서를 지향하며, 예측 가능성은 변화를 지향한다. 우리는 모두 내면에 질서와 무질서를 동시에 갖고 있으며, 이들을 용인하는 수준도 다르다. 프랑스인들과 그 밖의 다른 사람들이 하는 것처럼 언어 수업에는 질서와 무질서 사이의 장난스러운 대결이 필요할 수도 있다.

5) 일반화

일반화의 힘은 … 말 못 하는 짐승들과 달리 사람들에게 오류를 범하는 특별함을 부여한다(George Elliot, *Middlemarch*).

모든 과학적 실수 중 가장 흔한 것은 일반화의 오류다(Konrad Lorenz, 1990).

필자를 포함한 대부분의 교육 연구가는 연구의 타당성과 성공의 궁극적인 기준이 '일반화의 가능성'이라고 믿으며 자랐다. 그러나 그 후 필자는 위의 두 인용 구절과 마찬가지로 일반화가 실제로는 과대평가된 기준이라는 결론에 도달하게 되었다. 사실 일반화에 대한 집착이 비뚤어진 생각으로 이끈다는 엘리엇과 로렌츠(Elliott & Lorenz)의 견해는 타당하다. 인간과 행동 기반 과학에서 훨씬 더 중요한 것은 특수화다. 특수화란 하나의 과학적인 행위가 또 다른 맥락에서 어떤 타당성을 가지고 있는지 판단하는 능력을 말한다.

4. 미시와 거시

사회과학 연구에서 기본적인 이슈 중 하나는 사회 현상에 대하여 미시적 혹은 거시적 접근을 할 것인지 아니면 둘을 통합하는 시도를 할 것인지에 관한 문제다. 영국의 사회학자 앤서니 기든스(Anthony Giddens)는 미시 사회학과 거시 사회학 연구 간의 빈번한 충돌을 "가짜 전쟁"(Giddens, 1984: 139)이라고 불렀다. 그는 특히 두 관점 사이에서 "노동의 분배"를 하지 말라고 경고했다. 미시적 관점은 "자유로운 행위자"의 활동에 집중하고, 거시적 관점은 자유로운 주체성에 작동하는 제약들에 집중한다(위의 책: 139). 우리가 해결해야 하는 근본적인 문제는 결정론적이고 주관적인 거시적 관점(하향식에 틀림없는)과 객관적이지만 무비판적이고 기술적인 트집 잡기 사이의 간극에 빠지지 않고 교육 연구를 어떻게 형성해 나갈지에 관한 의문이다. 때때로 미시적 관점을 견지하는 연구자가 거시적 구조를 등한시하여 비판을 받기도 하고 거시적 관점을 취하는 연구자가 사회적인 상호작용 현상을 무시하여 비판을 받기도 하지만 어느 하나를 선호한다고 해서 잘못되었다고 할 수는 없다. 그러한 비판과 공격들은 기든스가 말한 '가짜(phony)'로 간주될 수 있다. 아래에 제시한 조너선 터너(Jonathan Turner)의 수장은 미시적 접근과 거시적 접근 사이의 관계를 균형적으로 서술한 것이다.

> 미시 사회학과 거시 사회학은 별개의 분석연구이고, 각각은 그 자체로 유효하다. 미시 사회학은 사회적 상호작용의 특성을 설명하는 데 반해 거시 사회학은 개인들이 모인 집단의 특성에 대해 연구한다. 미시 사회학은 거시적인 역동성을 고려하지 않고 거시 사회학은 개인의 상호작용을 고려하지 않는다. 더욱 성숙한 미시 이론과 거시 이론이 개발될 때까지 이러한 구분을 유지하는 것은 타당하다(Turner, 1988: 14).

생태학적 연구 모델(과 일반적으로는 맥락화된 모델)들은 모두 미시와 거시의 격차를 줄이려고 노력한다. 1장에서 살펴본 생태학에서의 범위를 예로 들면, 중심적인 범위에 대한 연구는 반드시 상위 범위와 하위 범위의 조사를 바탕에 두어야 한다는 사실이 이와 관련되어 있다(Lemke, 2002 참조).

6장에서는 로고프의 '참여'에 관한 세 가지 차원을 개인적 차원에서의 '참여적 전용(participatory appropriation)', 사람과 사람의 차원에서 '안내된 참여(guided participation)', 공동체 차원에서의 '견습(apprenticeship)'

등을 살펴보았다(Rogoff, 1995). 이들 차원을 생태학적 범위로 논의한다면, 인과 관계는 하나의 범위에서 다른 범위로 이동될 수 없고(Lemke, 2002: 92 각주 참조), 오히려 여러 경계에서 다양한 종류의 순환적인 상호 관계가 존재한다[이와 관련하여 렘케(Lemke)는 사회-기호학적 과정과 사회-생태학적 과정을 언급하였다]. 로고프가 언급한 세 차원은 레온티예프의 활동 모델의 세 가지 측면인 작동(operations), 행동(actions), 그리고 활동(activity)에 각기 대응된다(Leontiev, 1981). 이들 각각은 더 나아가 아래의 개념들과도 연계될 수 있다. (1) 모듈(module)―포더(Fodor, 1998)에서 언급된 인지적 수준으로 사회-인지적 과정, 또는 미시발생(microgenesis)으로 볼 수 있다. (2) 영역(domain)―협력적 활동이나 공동 구성 또는 언어 놀이로서의 영역(Wittgenstein, 1958 참조). (3) 장(field)―부르디외(Bourdieu, 1991)의 개념으로, 생애 공간(Lewin, 1943), 생활 공간(Merleau-Ponty, 1962), 시공성(Bakhtin, 1981), 그리고 생활 형태(Wittenstein, 1958)와 같은 맥락이다. 이들은 수많은 맥락 관련 용어로서 표를 통해 제시하면 다음과 같다. 비록 이들의 개념이 깔끔하게 들어맞지는 않겠지만 독자들은 이들을 더 쉽게 재배치, 비교, 추가 또는 제외될 수 있다.

[표 8.1] 비교 가능한 맥락의 층위

작동	미시발생 모듈(Fodor)	전용(Bakhtin, Rogoff)	기호 현상(Peirce)
행동	영역 공동 구성	안내된 참여(Rogoff)	언어 놀이(Wittgenstein)
활동 (위 세 가지: Leontiev)	장(Bourdieu)	견습(Rogoff) 행동 공동체(Wenger)	생애 공간(Lewin), 생활 공간(Merleau-Ponty), 시공성(Bakhtin)

위의 논의들은 레온티예프의 세 가지 분류에 적확하게 맞지는 않을 수

있지만, 시간적·공간적인 파이가 다양한 방식으로 조각날 수도 있고 조각
나지 않은 채로 남겨질 수도 있다. 이처럼 우리의 행동이 펼쳐지는 세계는
다양한 방법으로 교차하고 순환하는, 다차원적이고 다층적이고 다중적 현
상임을 주지해야 한다. 우리는 이러한 전체 세계에서 기껏해야 극히 일부
만을 잠시 볼 수 있을 뿐이다.

5. 생태학적 연구 모델

이후에는 체계적인 방법으로 맥락 연구를 시도하는 세 가지 모델을 살
펴보고자 한다. 앞에서 논의한 것처럼 생태학적 연구는 맥락화된 연구이기
때문에 중심 개념인 맥락의 복잡성은 논리적 체계를 갖출 필요가 있다.

그러한 체제는 맥락을 구성 요소로 나누거나 분류할 뿐만 아니라, 맥
락의 요소들이 어떻게 관련되어 있는지, 그리고 맥락이 연구와 조사의 대
상에 어떻게 관련되어 있는지 보여 주어야 한다.

맥락의 개념에 대해서는 앞에서 몇 차례 논의한 바 있다. 생태학에서
는 맥락이 중요하기 때문에 이는 그다지 놀라운 사실은 아니다. 이와 관
련하여 '버킷 이론'에 대한 드루와 헤리티지의 비판 내용을 인용했고(2장;
Drew & Heritage, 1992 참조), 매우 주관적으로 이것저것 따지는 접근 방법
에 대해 반대했다. '맥락'은 참가자 개개인과 관련된 것이다. 그러나 한편으
로는 참가자들이 공동 활동을 진행하는 가운데 그들이 인지하지 못하는 상
태에서도 맥락은 작용한다. 엄격한 민속방법론적 연구에서는 상호작용 상
황에서 보이거나 들리지 않는 맥락 정보나 자세한 사항은 무시해야 한다.
이는 칭찬할 만하며 또한 방법론적으로 방어적인 자세다. 그러나 교육 연
구(혹은 실천 연구)에서는 그러한 사치를 늘 인정할 수 있는 것은 아니다. 요

컨대 맥락을 다루는 작업은 결코 쉽지 않다.

이 글에서 논의한 세 가지 맥락 연구 모델은 교육 환경에 적용할 수 있는 것이기에 주목했다. 그 외에도 몇 가지 더 제안할 수 있다. 이른바 현실주의자의 관점으로서 거시와 미시를 연결하는 레이어(Layer, 1990)의 사회학적 관점, 실천 이론에 속하는 부르디외(Bourdieu, 1984; 1988)의 연구 유형도 여기에 포함된다. 그리고 기든스(Giddens, 1984)의 구조화 이론과 바스카(Bhaskar, 1989)의 비판적 현실주의는 생태학적 원리가 적용된 사례에 관한 연구다. 마지막으로 최근 교육학 분야에 도입된 앤 레슬리 브라운(Ann Leslie Brown, 1992)과 앨런 콜린스(Allan Collins, 1992)의 '설계 기반 연구(design-based research)'는 이론과 실천의 통합, 교육적 설계와 공학적 관점의 통합을 주요 목적으로 삼고 있다.

이상의 연구들은 맥락에 관한 수많은 원리와 절차를 공유하고 있다. 이 연구들은 교육적 맥락을 복합적이고 난잡한 체계로, 학습을 창발적인 것으로, 연구를 주기적인 활동으로 이해하고 개념화한다. 그런데 흥미로운 점은 이들 연구 모델들과 체제들이 서로의 존재를 인식하지 못한다는 사실이다. 유사한 문제에 대하여 서로 취할 것이 있는데도 서로 인식하지 못하고 있다는 사실이 다소 안타깝다.

생태학적 관점은 아직 맥락적 방법론의 목록에 추가된 것은 아니다. 지금까지 살펴보았듯이 생태학은 유일한 방법론이나 이론이 아니다. 생태학은 일종의 세계관이자 관점에 가깝기 때문에 다양한 연구와 실천을 유도할 수 있다. 이제 살펴볼 세 가지의 모델은 생태학적 작업 방식에 의존한 교육적 실현 가능태다. 이들 각각을 구체적으로 살펴보기 전에 먼저 증명(proof)과 진실(truth)에 대한 철학적 개념을 살펴보아야 한다.

6. 증명과 진실에 대한 견해

우리는 이해가 최종적으로 자연 언어에 근거해야 한다는 것을 알고 있다. 우리는 자연 언어로만 현실과 확실하게 접촉할 수 있기 때문이다(Heisenberg, 1965: 112).

생태학적 연구는 복잡한 환경에 대한 이해를 목표로 하며, 증명에 대한 탐구와 인과적 관련성이 복합적인 환경을 이해하는 데 가장 적합하고 확실한 방법인 것은 아니다. 갈릴레오에서 네사드드, 그리고 현재에 이르기까지 증명과 과학적 설명은 자연과학과 관련된 연구에서 시각 지향적 유형의 지배적 영향력을 반영하는 경향이 있다. 다음과 같은 데카르트의 주장은 경청할 필요가 있다. "실로 우리는 눈을 사용하는 방법과 비교되는, 정신적 직관을 사용하는 법을 배워야 한다."(Descartes, *Rules for the direction of the mind*, Rule ix; Hacking, 1975: 31에서 인용.)

'보여 줘!(show me!)'가 '말해 줘!(tell me!)'보다 확실히 효소력이 더 크다. 전자는 의심과 온건함을 암시한다. 이것은 미주리 주의 모토이기도 하다. 그러나 '말해줘!'의 모토를 가진 주는 없다. 후자는 다소 순진한 청자가 답을 갈망하는 것처럼 들린다. 그러나 인간사에서 진실과 이해는 고대부터 발화, 이야기, 그리고 대화 등을 통해 전해져 왔다. 진실은 청각적이고 증명은 시각적이다.[2] 스피노자의 아래 진술을 참고해 볼 수 있다.

진실과 거짓의 처음 의미는 이야기에서 유래한 것으로 보인다. 이야기는

....

2 벨만(Bellman) 역시 이를 알고 있었는데, 그가 그의 동료를 설득할 때에 "내가 세 번 말한 것이 곧 진실이다"라고 하였다[Lewis Carroll, *The Hunting of the Snark*(*Alice*의 다수의 편집본과 몇몇의 온라인 버전에서 확인할 수 있다) 참조].

그것이 실제로 일어났던 사실과 관련되어 있을 때 진실이라고 불렸고, 그 것이 실제로 일어나지 않았던 사실과 관련되어 있을 때 거짓이라고 불렸 다(Spinoza, *Thoughts on metaphysics*, I, vi.3; Hacking, 1975: 7에서 인용).

언어의 기원은 청각에 있다. 이론 언어학에서 (기술된) 문장들은 결코 언어 수업 바깥의 실제 생활에서는 들을 수 없다. 들을 수 있다 하더라도 의미가 통하지 않는다. 언어의 청각적 도상성을 구성하는 느낌, 감각 등의 일차성은 시각적이거나 다른 감각적 양상과 뒤섞여 아이들에게 긍정적인 영향을 준다. 언어에서 직접적인 지각은 비록 이것이 언어 자체와 다른 언 어, 역사적·문화적 의미에 의해 언제나 중재되긴 하지만, 소통과 상호 관 계의 근원으로 곧바로 나아간다. 맥락 연구와 연계시키자면 말하기와 듣기 가 우선적으로 필요하며 과학적인 보고나 증명만큼이나 스토리텔링 또한 타당하다. 클리포드 기어츠(Clifford Geertz, 1973)의 상세한 민족지학적 묘 사부터 어빙 고프먼(Erving Goffman, 1981)의 세심한 기록물까지 잘 구성 된 기호학적 이야기는 세련된 통계학적 자료만큼이나 효과적이며 설득력 이 강하다.[3]

사회과학에서의 증명, 즉 원인과 결과 사이의 명백한 연결이 착각이라 는 점은 더는 숨길 필요가 없다. 물론 가능성과 개연성이 존재하겠지만 과 학적 증명은 몽상이다. 교육 현상학에 관한 막스 판 매넌의 연구는 개연성 연구에서 일화가 매우 중요한 역할을 할 수 있다는 사실을 보여 준다. 이는 아래에서 제시한 바와 같이 일반화에 목적을 둔 것이 아니라 다양한 다른 역할을 할 수 있기 때문이다(van Manen, 1990: 118-119).

....

3   민족지학과 기호학적 쓰기의 질적 타당성을 판단하는 몇 가지 가이드라인은 Clifford & Marcus, 1986을 참고할 수 있다.

1) 일화는 추상적이고 이론적 사고에 대한 구체적인 균형추를 형성한다.

2) 일화는 삶과 이론적인 문제가 어떻게 연결되는지를 드러내는 데 소극적인 학자들이 삶을 이론으로부터 분리하는 담론을 펴는 것에 비판적이다.

3) 일화는 기술되지 않았던 특정 교육과 교리를 설명할 수 있다(예를 들면 플라톤의 소크라스테스와의 대화).

4) 일화는 지혜의 구체적인 묘사, 예민한 통찰력, 그리고 우리가 공유하고 있는 진실과 마주칠 수 있다.

5) 특정한 사건이나 사고에 관한 일회기 편협적인 특성의 의미를 획득할 수 있다.

해럴드 로젠(Harold Rosen) 역시 교육 연구에서 이야기의 중요성을 언급하였는데 이야기는 반응을 자아내고 우리 자신을 반성하게 하며, 우리의 실천을 끌어내고 궁극적으로 현상에 대하여 해석하고 판단할 수 있는 힘을 길러 준다는 것이다(Rosen, 1986: 224). 이는 교육 연구에서 매우 중요하면서도 가치 있는 목표다.

현재(2003년 초반) 미국은 다시 '기본적'(대규모의 무작위적이며 통계적인) 연구를 강조하는 추세다. 연구자들은 연구 기금을 확보하기 위해 경쟁해야 하기 때문에 정부의 선호도가 큰 영향을 미친다. 만일 정부의 입장이 실험적이고 통계적인 연구를 선호한다면, 내러티브와 같은 맥락화된 많은 질적 연구는 기금을 확보하지 못할 것이다. 결과적으로 생태학적 연구와 이와 관련되어 서사적·담론적 방법, 해석학적 접근을 적용한 다른 맥락 연구의 형태는 교육 환경에서 다시 한번 사라질 위기에 처할 것이다.

생태학적 연구는 기존의 적법하다고 여기는 연구들과 투쟁해야 한다. 앞서 몇 차례 언급했듯이 사회과학적 연구는 전통적으로 물리학 연구를 모방하려 했다. 거의 모든 물리학자가 인정하듯이 물리학적 연구 방법은 인간 발달과 행동 연구에는 부적절하지만, 수치적 정확성에 대한 희망은 교육 연구자들과 교육 정책 결정자들에게 거부하기 어려울 정도로 매력적이다. 이렇게 볼 때, 그간의 연구 방법에 대항하여 인내하고 점진적으로 연구를 수행하는 것은 생태학적(맥락적이고 해석적인) 연구에서 매우 필수적이라고 할 수 있다.

7. 발달 연구에 관한 브론펜브레너의 생물 생태학적 모델

생태학적 연구는 실험실 연구(그러나 아래와 이전 장들의 브론펜브레너의 비판론 참조)를 포함한 어떤 특별한 연구의 형태 또는 연구 방법을 배제하지 않는다. 다만 생태학적 연구는 상황을 포함한 다층적인 맥락에 관한 탐색을 전제로 하고, 따라서 다양한 연구 결과를 낳는다. 맥락 연구에서 중요한 것은 모든 연구가 생태학적 퍼즐의 한 조각으로 보여야 한다는 것이다. 다시 말해 맥락 연구란 그 조각이 전체 퍼즐에서 어디에 어떻게 맞춰지는지를 보기 위한 노력으로 이해되어야 한다.

앞 장에서 보았듯이 브론펜브레너는 실험실에서 진행되는 심리학적 연구는 생태학적 타당성이 부족하다고 하였다(Bronfenbrenner, 1979). 대신 브론펜브레너는 PPCT[Process, Person, Context, Time, 때로는 Outcome(결과)을 뜻하는 O가 추가됨]라는 연구 방법을 제시하였다(Bronfenbrenner, 1993). 짧게 요약하면 다음과 같다.

과정(process)

항상 결과보다 과정을 연구하기가 더 어렵다. 심지어 과정은 종속적인 변수인 결과에 의해 측정되기도 한다. 예를 들어, 상호 조정에 따른 듣기의 이해과정이 이해도 테스트에 의해 측정되는 것이다. 가장 순수한 형태의 과정 연구는 과정에서의 향상 정도를 판단하는 것이며 이를 지향해야 한다. 그래서 학습과정은 그 과정에서 어떤 점이 개선되었는지를 판단하는 데 초점을 둔다.

사람(person)

사람을, 연구되는 특징이나 기능을 빼면 따분하고 획일적인 대상으로서가 아니라 사람으로 보아야 한다. 특히 학습자의 경우 그들이 각자 다르다는 사실을 진지하게 고려해 보면, 학습자를 진정으로 이해하기 위해서는 오랜 시간이 소요된다. 무엇보다 사람은 수동적인 수용자이어서는 안 되고, 가능한 한 활동적인 공동 연구자여야 한다.

맥락(context)

지금까지 살펴본 것처럼 맥락은 매우 복잡한 개념이다(Duranti & Goodwin, 1992 참조). 맥락은 잠재적으로 전 세계를 포함한다. 물론 특정한 환경에 있는 참가자들에게는 전 세계가 서로 연관된 것은 아니다. 부분적으로 우리가 살아가는 상황에 바탕을 둔 특정한 행동유도성을 적용할 수 있다. 이에 사람들의 행동과 사용 언어의 연관성, 그들이 처해 있는 환경을 연구해야 한다.

시간(time)

생태학적 연구는 일회성 조사가 아닌 오랜 시간 동안의 조사가 필요하다. 행동, 지각과 학습의 과정 등은 오랜 시간 동안 점진적으로 전개되기 때문에 연구는 장기적으로 변화 과정을 기록해야 한다.

PPCT 모델은 생태학적 연구에서 가장 적합한 형태가 행동 연구(혹은 다른 매개 연구), 사례 연구, 민족지학 및 다양한 유형의 협력 연구라는 사실을 암시한다. 이 가운데 생태계를 연구하기 위해 비교행동학을 보편적인 방법으로 사용하는 생물학적 연구를 주목할 수 있다. 이는 각인(imprinting)에 대한 연구로 노벨상을 받은 콘라트 로렌츠(Konrad Lorenz)와 니콜라스 틴베르헌(Nico Tinbergen)과 같은 생물학자들에 의해 대중적으로 알려졌다. 생물학에서 비교행동학은 사회과학에서 민족지학과 동등한 위상을 지닌다. 그런데 교육학적 연구에도 한 가지 이점이 있다(물론 단점도 있지만). 연구 환경에 속한 사람들과 대화할 수 있고 우리 자신에 대해서도 연구할 수 있다는 점이다.

생태학적 연구는 몇몇 개념을 전통적인 연구와는 다른 방법으로 파악한다. 예를 들면, 지속적으로 변하고 상호작용하는, 셀 수 없이 많은 변수를 지닌 환경에서 일반화란 매우 어렵다. 인과 관계, 특히 선형적인 변화의 인과성('X는 Y를 일으킨다')은 불가능하다고 본다. 반면 수량화는 통제된 연구의 형태에서 수량화된 항목과 수량화에 대한 원인이 분명한 경우에 유용하다.

8. 내포된 생태계의 위계적 교육 환경

교육에서 맥락은 각각의 생태계가 다음 생태계에 내포되는 중층적인 생태계로 볼 수 있다(Bronfenbrenner, 1979; 1993). 각 체계는 행위자와 대상, 그리고 그들 간의 관계와 작동 형태를 갖고 있다. 그리고 각각의 생태계는 사건의 시간 범위와 주기를 갖는다. 브론펜브레너에 따르면, 생태계의 위계는 미시 체계, 중간 체계, 외적 체계 및 거시 체계로 나눌 수 있다. 이들 각각을 다음과 같이 살펴볼 수 있다(Bronfenbrenner, 1993).

미시 체계(microsystem)

미시 체계는 발달 과정에 있는 개인이 특정한 물리적·사회적·상징적 특징이 담긴 환경에서 경험하는 행위, 역할, 대인관계의 양식이다. 개인에게 주어진 환경, 즉 당면한 환경은 지속적이고 점점 복잡해지는 상호작용과 행위에 참여하는 것을 요청, 수락, 또는 거절한다(p. 15).

중간 체계(mesosystem)

중간 체계는 발달 단계의 사람을 포함하는 둘 이상의 환경 사이에서 일어나는 연결과 과정을 포함한다. 거리의 펀칭에서 나타나는 빌딩을 조상하거나 억제하는 특징과 과정이 상호작용하여 상승적 효과를 만들어 낸다는 점에 특히 주목해야 한다(p. 22).

외적 체계(exosystem)

외적 체계는 둘 이상의 환경 사이에서 발생하는 연결과 과정을 포함한다. 이 중 최소한 하나는 발달 단계의 사람을 포함하지 않으나, 발달 단계의 사람이 살아가는 즉각적 환경에서 일어나는 과정에 직접적으로 영향을 주는 사건이 발생한다(p. 24).

거시 체계(macrosystem)

거시 체계는 미시 체계, 중간 체계 및 외적 체계를 아치로 쌓은 모양으로 구성된다. 거시 체계는 기존 문화, 하위 문화 또는 확장된 다른 사회 구조의 특징을 보여 주는데, 특히 발달과 관련된 신념 체계, 자원, 위기, 생활방식, 기회 구조, 생애과정 선택 및 사회적 교환의 형태에 관해 그러하다(p. 25).

브론펜브레너 모델의 가치는 내포된 체계의 집합에 있는 것이 아니라

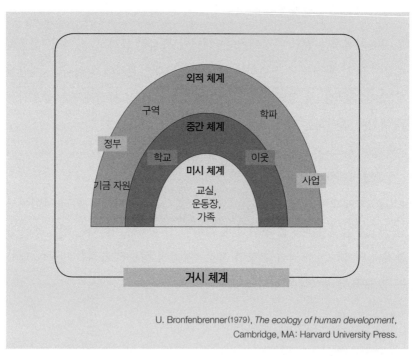

U. Bronfenbrenner(1979), *The ecology of human development*,
Cambridge, MA: Harvard University Press.

[그림 8.3] 브론펜브레너의 내포된 생태계

체계들 간의 관계에 초점을 맞춘다는 데 있다. 이러한 '연결'은 하나의 생
태계와 또 다른 생태계 사이에 작동하는 힘의 관계를 확인할 수 있게 한다.
예를 들어, 교육적 환경에서 중요한 화두 가운데 하나는 학교와 가정 사이
에 잠재된 격차다. 중간 체계의 관점(학교 정책의 수준, 이웃의 패턴 및 관습)
뿐만 아니라 미시적 관점(집과 학교의 교육)의 연구가 병행되어야 한다. 이
때 학생의 집을 방문한 선생님, 관리자 혹은 연구자는 거시적 관점을 취할
것이다. 그들은 미시 체계의 구성원이 아니기 때문이다. 이처럼 교육에 관
한 연구는 미시적 관점과 거시적 관점의 균형을 유지해야 한다(브론펜브레
너 모델에 근거한 것은 아니지만 이러한 균형을 보이는 좋은 예로 Heath, 1983 참
조). 무엇보다 이 모델이 지니는 흥미로운 사실은 하나의 위계에서 보이는

활동이나 경향이 다른 위계의 활동에 어떻게 영향을 끼치는지를 주목할 수 있게 한다는 점이다. 앞 장에서 살펴본 에보닉스의 예에서 대중 매체 그리고 다양한 이익 단체에서 표출된(어느 정도는 그것에 의해 만들어진) 여론은 교실에서 일어나는 일에 큰 영향을 미칠 수 있다. 의사결정 과정에 영향을 주는 연결 고리들은 모든 방향으로 나아가며 이들을 온전히 살피기 위해서는 지속적인 노력과 대규모의 분석을 해야 한다.

비록 브론펜브레너 모델이 체계 간의 연결을 강조하고 있지만, 주요 사례에서 볼 수 있듯이 중심 연구 대상으로 상정하는 것은 거시 체계적인 교실 단위라는 점이다. 그러나 교실에서 일어나는 언어의 확장과 수립 과정을 연구할 때, 다시 말해서 교실을 근접맥락의 확장된 개념으로 조명할 때, 원인과 결과에 입각하거나 탈맥락적인 실험 연구는 부적절하다. 맥락에서 분리된 변수에 의해 도출된 실험 결과는 해당 환경을 체계적으로 이해할 수 있도록 해 주지 않는다. 따라서 근접 환경 연구에서는 결과 지표가 식별되어야 하며, 그러한 결과가 발생한 증거가 관찰되고 기록될 수 있어야 한다. 브론펜브레너는 그 지표들을 몇 가지로 제시하고 있으며, 지각의 반응 형태의 구별, 활동의 자율성과 학습 환경의 구조, 스트레스 대처, 특정 분야에서 증가하는 지식 및 기술, 보상과 효과적인 사회적 관계의 구축 등이 이에 해당한다(Bronfenbrenner & Ceci, 1994; van Lier, 2000).

9. 활동 이론

현재 맥락 기반 활동 연구에서 가장 영향력 있는 체제는 엥에스트룀의 활동 이론 모델(Engeström, 1999)이다. 다음의 그림에서 볼 수 있듯이, 이 모델은 여러 갈래로 연결된 삼각형으로 이루어져 있다. 첫 번째는 '주체 〉 대상 〉

중재하는 인공물/도구'의 삼각형이다. 두 번째는 '주체〉 대상〉 공동체'의 삼각형이다. 이밖에도 또 다른 삼각형이 노동의 분배, 가치와 규칙 등과 같은 축으로 이어진 다른 맥락을 따라서 형성될 수 있다. 이러한 관점은 활동이 일어나는 환경의 물리적·상징적인, 상호 연결된 내적 체계를 보여 준다.

이 모델은 학습 활동과 실행 맥락을 연결시키는 데 매우 효과적이다. 환경의 각 요소 사이의 긴장과 모순이 이 모델에서 드러날 수 있다. 다만 활동 이론의 초기 모델(예를 들어 Leontiev, 1981)에서 이 모델은 학습과정과 상호작용을 통해 드러나는 역동성에는 주의를 기울이지 못하였다.

다른 수단에 의해 각 요소들의 가치가 해석된 후에, 그것들은 다양한 방식으로 체제에 기술된다. 예를 들어 중요한 요소인 '주체'는 "행위 주체성이 분석 관점으로 선택된 하위 그룹이나 개인"(Wells, 2000—엥에스트

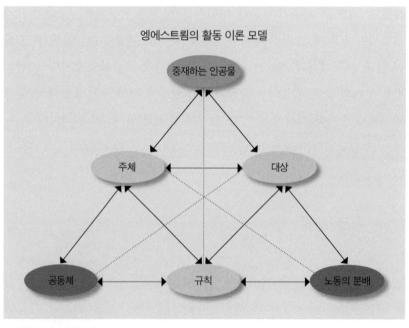

[그림 8.4] 활동 이론

룀의 웹 페이지에서 인용)이 될 수 있다. 본래의 체제는 설명적 모델보다 서술에 있어 더 체험적(heuristic)이다. 가령 두 명의 학습자가 나란히 연구를 진행하고 있을 때, 개별 학습자 각각에 초점을 맞추어야 할 것인가, 아니면 한 쌍을 분석 단위로 상정해야 할 것인가? 이 물음에 답하기 위해서 (체제 밖에서) 몇 가지 근거를 찾아 결정한 후 각각의 결합 지점을 적절하게 설명해야 한다. 목표, 목적, 관심 가치, 동기 등은 체제 자체를 이루는 요소는 아니지만 체제에 영향을 마치는 관련된 중요한 개념들이다. 마찬가지로 지각과 인지, 그리고 정서는 교육적 활동에서 중요한 역할을 하는 학습의 중심 요소다. 이러한 구조는 에믹 모델보다 에틱 모델에 더 가깝다(혹자는 활동이 형성되는 배경이라고 한다).

그러나 최근의 과정 기반 서술에서는 이 비판이 덜 유효하다. 엥에스트룀은 최근 연구에서 말하기의 자세한 분석, 인공물의 기능적인 분석, 그리고 학습 행위와 사회적 인식에 대한 "광범위한 주기"를 분석했다(Engeström, 1999; Thorne, 2006b 참조). 이 분석에서 참가자들의 관점(특히 동기, 그리고 목표와 관련하여)이 해석을 주도하였기 때문에 활동 체제는 해석적 구속이라기보다는 하나의 지침으로 활용되었다. 다음의 그림은 연구나 교육의 공간에서 협력 활동 모둠에 대한 광범위한 학습 주기의 이상적인 예를 나타낸 것이다(Engeström, 1999: 384). 이는 피터 체클랜드(Peter Checkland, 1981)의 '소프트 시스템 방법론'을 비롯하여 행동 연구에 대한 시의적인 제안(예를 들어 NcNiff, 1993)과 같은 맥락이다.

거시적 관점과 미시적 관점의 간극을 좁히기 위한 다른 모델의 시도와 마찬가지로 주요 과제가 남아 있다. 개인의 미시 발생 과정과 그것이 실현되는 사회적·문화적·역사적·제도적 형태와 구조는 어떻게 통합되는가? 이 문제는 비고츠키의 선구적인 연구 이래로 충분히 진전되지 않은 연구 영역이다. 1장에서 살펴보았듯이, 비고츠키는 레빈의 표현형(외적 현실)과

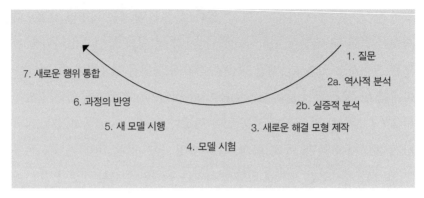

[그림 8.5] 행위 주기의 연구

유전자형(기원, 발달) 분석의 결합과 병치를 사용하여 묘사와 설명을 통합했다. 예를 들어, 표현형으로(외면적으로) 고래는 물고기다. 유전자형으로, 곧 생물 진화의 측면에서 고래는 소와 더 비슷하다. 비고츠키는 이러한 이중 분석을 말하기의 발달 연구에 적용하였다(Vygotsky, 1978: 62). 말하기에는 외부적 표현(표현형)과 발달적 본질(유전자형)이 모두 포함되어 있다. 이 둘을 모두 고려함으로써 사적인 말하기가 한편으로는 사회적 말하기와 유사하고, 다른 한편으로는 내적 말하기의 외부적 표현과 유사하다는 사실을 유추할 수 있다. 이러한 측면에서 자기 조절의 발달과 관련된 사적 말하기의 역할을 이해할 수 있다.

손은 채팅방이나 이메일을 활용한 컴퓨터 매개 통신(CMC)을 대상으로 이와 유사한 분석을 시도하였다. 표현형의 측면에서 사회적 역동성, 공동체의 수립, 대화의 책임과 권리의 분배에 관련된 온라인 언어를 분석하였다. 유전자형의 수준에서 CMC가 면대면 대화와 어떻게 관련되는지, 통신을 매개하는지(여기에서의 '매개'는 '촉진', '제한', '조절'과 같은 개념을 포함함), 기술적 인공물(컴퓨터, 채팅방, 소프트웨어 프로그램, 컴퓨터 실험실 등)로부터 어떻게 영향을 받는지 연구했다(Thorne, 2000b).

10. 체계 이론

체계 이론은 러시아에서는 혁명 발발 직후부터 수십 년 동안 알렉산더 보그다노프(Alexander Bogdanov)가, 독일과 미국에서는 1940년대에 루트비히 폰 베르탈란피(Ludwig von Bertalanffy)가 독립적으로 발전시켰다(Capra, 1996). 보그다노프의 체계 이론은 레닌의 권력 투쟁 과정에서 레닌으로부터 강력한 공격을 받았으며 심지어 비방까지 당했기 때문에 소련의 외부에는 알려지지 못했다(Bakhurst, 1991).

체계 이론*은 지금까지 일관되게 고찰해 온 맥락적이고 과정적인 사고에 초점을 맞추고 있다. 이와 관련하여 베르탈란피는 자기 조절 체계(항상성)에 주목하여 '개방 체계'라는 새로운 이론을 주창했다(von Bertalanffy, 1968).

동시대에 새로운 통신 기술과 이론의 영향을 받은 노버트 위너(Norbert Wiener)는 일반적인 체계 이론과 통신 이론의 통합을 시도했고 그 결과 인공두뇌학(cybernetics)이라는 용어를 창안했다(1948).

1970년대 내내 심리학자와 교육 연구자의 주된 관심인 정보 처리 이론(통신 이론의 인식적 과학 분파)에 의해 인공두뇌학(체계 이론의 일부)이 가려졌다. 정보 처리 이론은 생태학적 세계관과 (그러므로 체계 이론과 인공두뇌학과도) 양립할 수 없다. 그 이유는 다음과 같다(Capra, 1996; Damasio, 1999).

....

* 체계 이론과 관련하여 루만을 살펴보는 것은 의미가 있다. 루만은 마투라나와 바렐라의 논리를 바탕에 둔 체계 이론, 곧 생물 생태학에 바탕을 둔 체계 이론을 내세운 바 있다. "사회 현상을 추동하는 모든 체계는 이를 구성하는 요소들 간의 역동성을 바탕으로 끊임없는 변화와 생성을 거듭한다"라는 명제는 여기에서도 의미가 있다[N. Luhmann(1995), *Social Systems*, Stanford University Press].

1) 생태학은 정보를 별개의 고정된 대상으로 다루지 않는다.

2) 정보는 수동적으로 수용되는 것이 아니라 살아 있는 유기체가 환경에서 상호작용하면서 구성되는 것이다.

3) 상호작용으로 창출된 정보는 항상 감정에 의해 채색된다.

4) 마음과 몸은 절대 분리될 수 없기 때문에 뇌에서 정보를 찾아내는 것은 부적절하다.

5) 인간 활동과 그에 따라 구성된 정보는 도덕적인 목적을 내포하고 있다.[4]

6) 정보 이론(비록 정보가 적은 정도로 '처리될지라도')은 선형적 인과 관계를 가정한다.

이처럼 정보 처리 이론은 심리학, 교육학 및 언어학(다른 분야들 가운데)에서 체계 이론과 인공두뇌학의 관련성을 모호하게 하였다.

한편 물리학, 수학, 그리고 생물학에 대한 새로운 통찰은 뉴턴의 과학, 프랙탈(fractals) 연구, 소산 구조, 비선형 방정식 등의 경계를 넓히고 점차 혼돈과 복잡성에 관한 과학의 출현을 이끌었다. 앙리 푸앵카레(Henri Poincaré), 르네 통(Lené Thom), 브누아 망델브로(Benoît Mandelbrot), 에드워드 로렌츠(Edward Lorenz)와 일리야 프리고진(Ilya Prigogine)은 모두 혼돈 및 복잡성 이론 즉, 위에서 언급한 일부 특징들을 발달시키는 데 관련되어 있다.

인문학이나 사회과학에서 혼돈 및 복잡성 과학의 출현(Cilliers, 1998)과 함께, 체계 이론과 체계적 사고는 핵심적인 억견(doxa)이었던 선형적 인과 관계의 속박에서 탈피하는 사회과학적 연구를 위한 접근법으로 다시 한 번 출현했다.

....

4 기업이나 정부 기관과 같은 사람이 만든 기구에 이것을 적용하지 않는 것 같다는 사실에 대하여, 생태학적 세계관을 견지하고 있는 연구자는 심도 있게 고민해 보아야 한다.

과정 지향적이고 맥락 기반적인 체계 이론은 언어 학습과 같은 복잡한 과정을 생태학적 방법으로 연구하는 방식을 구체적으로 제안한다. 이러한 관점에서 가치 있는 방법은 체계 이론가인 체클랜드가 개발했고(Check-land, 1981), 알렌과 호엑스트라의 생태학적 연구에서도 장려됐다(Allen & Hoekstra, 1992). 이 방법은 다른 생태학적 모델들보다 좀 더 자세하고 실용적이며, 특히 행동을 위한 구체적인 절차를 포함하고 있어서 교육적 연구에 적용하기에 좋다. 생태학적 용어로 교육 환경은 '소프트 시스템(soft sys-tem)'으로 불리며, 선형적이고 인과적인 법칙이 적용되지 않는다. 오히려 교육 환경은 종종 경쟁적이고 모순적인 수많은 행위사와 사건에 의해 통제된다는 점에서 '골칫거리'다. 그러나 그러한 교육 환경에는 공식적인 연구를 가능하게 할 정도로 충분히 지속적이고 분별할 수 있는 경향이 있다고 가정해야 한다.

소프트 시스템 연구의 절차는 비록 순서에 따라 엄격히 실행되지 않는다고 할지라도 상호 의존적인 여덟 단계를 포함한다. 이들 단계는 확장 혹은 축소될 수 있으며, 일반적이고 거시적인 관점과 자세하고 미시적인 관점 사이를 계속 오간다. 또한 구체적 분석과 추상적 개념화 사이, 비개입적 연구와 행동의 형태에 개입하는 연구를 오간다. 생태학적 연구는 이처럼 많은 퍼즐 조각을 점진적으로 맞추는 인내심은 말할 것도 없고 엄청난 시간과 명확한 집중이 필요하다.

다만 체클랜드가 언급한 것처럼 소프트 시스템 연구 모델에서 여덟 단계를 순차적으로 살피는 일이 필요한 것은 아니다. 연구의 초점은 (다국적 기업과 같은) 관리 체계, 즉 기름 유출 청소나 삼림 관리와 같은 생태학적 업무가 아니라 교육, 특히 언어 교육에 있다. 따라서 연구의 본질은 '언어가 의미하는 바가 무엇인가(그리고 어떻게 맥락과 연관되는가)', '우리의 기본적인 학습 이론은 무엇인가', '궁극적으로 학교에서 학습자가 성취하도록 유도하는 목표는 무엇인가' 등에 관한 것을 포함해야 한다. 다시 말해서 도덕적 가치와 목표에 대한 꼼꼼한 설명을 비롯하여 명확한 인식론적 기저를 갖추는 것이 탐구의 일부분이기에 기술적 혹은 공학적 연구만으로는 결코 구성될 수 없다.

구체적으로 여기에서 살펴볼 체클랜드의 소프트 시스템 방법론(SSM)은 폴 매그너슨이 조사한(Paul Magnuson, 2003), 미네소타 주에서 '자국에서 제한된 정규 학교 교육을 받는 언어 학습자(LFS-ELL)'의 교육에 적용된 책무성 정책의 효과에 관한 것이다. 최근 몇 년 동안 미국 연방 정부는 학교가 높은 기준(의무 향상 목표와 자금 단절의 위협 및 부적절한 행동에 대한 처벌 등을 포함)을 달성하는 데 필요한 기준과 메커니즘을 수립하기 위해 점차 더 많은 노력을 기울이고 있다. 그런데 성취 기준과 수행 목표를 세우기 위한 교육적 방법은 학교 체계 전반에 걸쳐 계속 증가하고 있는 고부담 시험이다.

부시 행정부의 초·중등 교육법의 현재 버전은 "낙오 학생 방지"라고 불린다. 특히 영어 언어 학습자(ELL)를 포함하여 사회적·경제적·민족적 집단을 위해 교육 기회를 동등하게 제공해야 한다는 점을 강조한다. 매그너슨은 기준-책무성-시험의 시스템이 미네소타의 LFS-ELL 인구의 교육 기회에 어떻게 영향을 미치는지를 시험하였다.

매그너슨은 새로운 정책들이 LFS-ELL 학생들에게 효과를 가져다주는지를 파악하기 위하여 미네소타와 전국의 정책 입안자(장관과 주 의회 의원)를 대상으로 설문 조사와 인터뷰를 실시하였다. 특히 소프트 시스템 방법론을 적용한 트윈시티 지역의 두 학교 교사에 대해서는 표적 집단 조사와 심화 회의를 동시에 진행하였다. 시스템 접근에서 가장 중요한 것은 시스템(또는 조직, 이 경우에는 학교 시스템) 안의 여러 사람이 참여해야 한다는 사실이다. 표적 집단 회의에서 매그너슨은 회의 내용을 기록하고 시각적으

생태학적 연구에 대한 소프트 시스템 접근

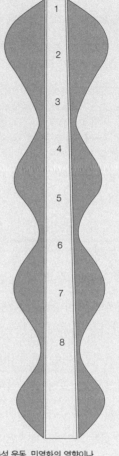

I. **탐구의 요소**(EXPLORATORYSTRAND)

    초점화

    풍부한 묘사

    정의(CATWOE)*

II. **모델링 요소**(MODELING STRAND)

    모델 수립

    현실성 확인

III. **중재 요소**(INTERVENTION STRAND)

    바람직한 변화

    현장 연구

    (개입)

IV. **평가 요소**(EVALUATION STRAND)

* 정의(아래 제시된 예들은 교육에서의 기술 활용, 미국 학교에서의 책무성 운동, 민영화의 영향이나 다른 주요 영역을 포함할 수 있다. '근원 정의'에 관한 머리글자 형식으로 이루어진 여섯 영역은 문제 상황을 특징짓는다.)

C 고객/수혜자/희생자(Client/Beneficiary/Victiom): 선생님, 학생, 부모, 변화가 '진행되거나' 진행되지 않는 대상

A 행위자들(Actors): 선생님과 학생, 책임자, 움직이고 혁신하는 관리자인 책임자, 기술자, 조정자(coordinator), 조련사(trainer), 기업, 영업사원, 재정담당관, 지역·주·연방 당국 및 입법자.
    참고: 이러한 사람들의 영향력이 미치는 범위에 따라 이들을 계층화할 수도 있다.

T 변형(Transformations): 변화(예를 들어, 기술의 유입, 비용이 많이 소요되는 검사의 사용 증가)가 고객의 일과 삶에 어떻게 영향을 미치는가?

W 세계관(Worldview): 교육적 비전, 기술의 관점, 기준과 책무성의 개념, 평생 교육 등.

O 소유(Ownership): 누가 그 변화를 조절하는가? 누가 혹은 무엇이 서비스, 자원, 교육과정의 질을 결정하는가? 진짜/인지된 권력 구조는 무엇인가?

E 환경(Environment): 시간/공간 고려. 무엇이 그것을 이동시키고 늦추는가? 예컨대 기술에서: 최신 기계 혹은 소프트웨어의 이용 능력인 숙련도, 교체 주기에 따른 예산. 표준 기반 개혁에서: 책무성, 시험과 결과, 커리큘럼의 매커니즘. 여기서 우리는 환경에서의 제약과 자원 또한 바라본다(Checkland, 1981 및 Allen & Hoekstra, 1992에 근거).

[그림 8.6] 체클랜드의 소프트 시스템 모형

로 표상하였다. 이러한 표상들은 함께 논의되었으며(표적 집단 전반에 걸쳐), 2차 논의를 위한 근거로 작용하였다. 이와 같은 방법으로 상황의 '근본 정의'에 도달할 수 있는데, 교사에게 그것은 (축약된 형태로) "교사는 주의 책무성 시스템의 요구 조건을 맞추는 것을 통해 LFS-ELL 대상 학생이 수료증을 받기를 원한다"라는 것이었다. 액면 그대로 받아들이면 하나의 단순한 문장이지만, 이는 체계 내의 다양한 긴장과 모순, 그리고 실행되고 있는 현재의 변화를 요약하고 있다. 예를 들면, 새로운 체계에는 두 유형의 시험이 존재한다. 하나는 개인의 책무성에 관한 목표(학생의 졸업 가능성을 가늠해 볼 수 있는 개인 점수)이고, 다른 하나는 체계의 책무성에 관한 목표(학교 전체의 시험 통과 비율이나 이익사업에 관한 내용)이다. 개인 책무성 시험은 교사들에게 근본 정의의 관점에서 중요하지만, 학교는 체계 차원의 시험을 가장 중요시한다. 그러나 학생들은 개인 결과를 보여 주지 않는 체계 차원의 시험을 심각하게 생각하지 않는다. 일련의 사항에서 교사는 두 종류의 책무성을 요구하는 모순적인 상황에 봉착한다.

수많은 다른 모순된 권력과 요구, 그리고 장애물이 이 연구에서 나타나지만 결론적으로 말한다면, 이해 당사자들은 엄격한 기준과 시험이 주류 학생들보다 LFS-ELL(또는 일반적으로 ELL) 학생들에게 더 이롭기는커녕 동등하게 이익이 된다고도 생각하지 않는다.

이러한 사실은 특히 행정관, 정치가, 학부모 등 다른 주민들(constituency)과의 참여적 연구를 포함하는 차원으로 확장될 수 있다. 물론 이것은 결코 만만한 작업이 아니다. 그러나 다양한 참여자 그룹에서 다른 '근본 정의'가 나타나고 이를 서로 비교할 수 있다는 점에서 꽤 흥미롭다. 한 가지 간과해서는 안 되는 것은 체계 이론이 변화 지향적이라는 사실이다. 즉, 개선이 필요한 영역이 정해지면, 연구가는 변화를 실행하기 위해 참여자들과 함께 작업해야 한다. 그러나 이번 사례에서 의미 있는 변화를 가져올 힘을 가지고 있다고 생각한 참여자는 아무도 없었다(심지어 이는 법 제정자에게도 적용되는데, 애초에 그들 중 상당수는 해당 법 제정에 반대 투표를 했다).

체클랜드 모델의 시각적 재현(Allen & Hoekstra, 1992에서 적용)과 교육적 맥락에서의 후속 연구(Magnuson, 2003)는 엥에스트룀의 활동 이론과도 비교할 수 있다. 사실 이 절에서 논의한 세 가지 모델, 즉 브론펜브레너의 내포된 생태계와 PPCT 체제, 엥에스트룀의 활동 이론, 및 체클랜드의 소프트 시스템 접근은 맥락적이고 사례 기반적인 틀이고, 비고츠키 및 레빈의 연구에 상당 부분 의지하는 중재주의자의 행위 연구라고 할 수 있다.

이들 모델은 변화를 만들거나 도약하기 전에 그 상황을 면밀히 분석하여 주의 깊게 행동(개입)을 준비한다. 생태학적 연구의 모든 모델은 맥락을 이해하고 묘사하고 모델화하는 데 많은 노력을 기울여야 한다. 처음에는 잠정적인 방식으로, 그리고 점차 근본적이고 면밀한 방법으로 구체적인 개입을 제시해야 한다. 그러한 연구 결과의 응용이나 확장은 일반화와는 거의 관계가 없고, 다른 상황에서의 결론을 재맥락화하고 적용하는 '특수화'와 밀접하게 관련되어 있다.

11. 정리

이 장에서는 생태학적 접근의 연구 방법론과 실제를 살펴보았다. 물론 생태학적 연구는 정의상 맥락적이고 상황적이기 때문에 실험실 연구는 불가능하다. 따라서 생태학적 연구에서 증명 혹은 일반화 등과 같은 개념이 차지하는 비중은 전통적인 물리학 연구에서 차지하는 비중과 다르다. 그러한 정확한 용어(일반적으로 수많은 지표에 의해 뒷받침되는 용어)를 진실, 가능성, 이해, 해석 등 정형화된 공식에 영향을 덜 받는 '부드러운' 용어들과 비교해 보았다.

이러한 대조적인 논의에 이어 증명, 진실, 일반화의 가능성 그리고 미시 대 거시 연구와 같은 개념을 검토하였다. 그리고 지금까지 일반적으로 언어 학습에 적극 적용되지는 않았지만(그럼에도 Larsen-Freeman, 1997; 2002 참조), 앞으로의 언어 학습 연구에 많은 영감을 줄 수 있는 혼돈 및 복잡성 이론을 정리해 보았다.

생태학적 연구는 맥락적이고 맥락적 연구는 교육에서 큰 실적을 보여주지 않는다(특히 통제된 실험 연구가 선호되기 때문이다). 이 장에서는 생태학적이라고 불리는 맥락적 접근에 바탕을 둔 세 가지의 모델을 검토해 보았다.

먼저 브론펜브레너의 생물 생태학 모델을 살펴보았다. 이 모델은 과정(Process), 사람(Person), 맥락(Context), 시간(Time)에 초점을 둔다. 브론펜브레너는 상호관계성을 지니고 있는 미시 체계, 중간 체계, 거시 체계 및 외적 체계와 같은 내포된 생태계로 맥락을 개념화하였다. 이들 모든 체계 간의 관련성을 추적하면서 영향력과 실천의 풍부한 관점을 얻을 수 있었다.

두 번째 모델은 활동 이론이다. 초기 관점은 레온티예프의 작용과 행동 및 활동과 같이 정적이고 에틱(etic)한 것이었지만, 이후 특히 엥에스트룀과 동료들의 최근 연구(Engeström et al. 1999)와 손의 컴퓨터 매개 통신 연구(Thorne, 2000b)를 통해 발전하여 특정 맥락에서의 활동을 역동적이며 에믹(emic)한 관점으로 기술하는 것이 가능해졌다.

세 번째 모델은 조직과 기관의 실천적인 연구로부터 파생된 체클랜드의 소프트 시스템 방법론이다. 체계 이론에 바탕을 둔 이 방법론은 특정 조직 혹은 기관에서 발생하고 있는 일에 대한 특징을 파악하는 데 목적이 있다. 그런 다음 더욱 효과적으로 기능하기 위한 변화 방향을 제안한다. 이 모델은 연구 대상의 체계에 속한 사람들의 활동적인 참여를 유도한다는 점에서 가장 특징적이다.

이때 중요한 사실은 이들 세 가지 모델(물론 다른 모델도 존재함)이 모두 과정을 중시하고, 풍부한 맥락적 관점을 견지하며, 실재하는 탐구 대상(기관, 학교, 교실 등)의 기능 개선을 목표로 삼고 있다는 점이다. 이러한 측면에서 세 모델은 생태학적 특징을 공유하고 있다.

교사를 위한 후기

　이 책의 마지막에 도달하면서―여기까지 오느라 고생했을 독자들과 함께―지금까지 각 장에서 다룬 다양한 주장과 제안들을 전체적으로 정리해 보고자 한다. 이들을 생태학, 기호학, 교육언어학의 범주에서 분류하는 작업은 언어 교사와 학습자들에게 실천적인 가치를 부여할 수 있을 것이다.

　이 책은 교육언어학에 대한 논의로부터 시작하였다. 교육언어학은 이 책의 각 장을 조망할 수 있는 자세하고도 다양한 관점을 제시해 주었다. 언어와 교육의 밀접한 관계, 이론적 차원에서는 언어학과 교육 이론의 관계, 실천적 차원에서는 교수와 교육학의 관계를 논의하였다. 이러한 밀접한 관계는 아직 실현되지 않았지만 반드시 언어로 정립되어야 한다. 모든 교육은―할리데이(Halliday, 1993)가 주장하였듯이, 모든 학습은―반드시 언어에 의해 추동되기 때문이다. 이에 관하여 여기에서 주창하고자 한 것은 바로 생태학적 교육언어학(ecological educational linguistics)이다.

　언어 사용과 언어 학습 및 교육 성과에서 그것들의 역할에 대한 연구는 생태학적 혹은 사회문화적 관점을 취하든 그렇지 않든 매우 중요하다 (이들 관점에 대해서는 Trappes-Lomax & Ferguson, 2002 참조). 그러나 교육에서 언어의 다양한 양상에 대해 이 책이 취하는 생태학적, 사회문화적 관점은 현재 그리고 미래의 언어 교사들에게 특히 유용할 것이다. 물론 언어 교사뿐만 아니라 모든 교사에게 그러할 것이다. 아래에 이 책에서 언급된 몇 가지 주요 개념을 짚어 보면서 이러한 이점을 확인해 보고자 한다.

첫 번째 핵심 개념은 '행동 및 지각', '상호작용', '관계', '환경'이다. 자연물을 관찰해 보라. 바위, 시냇물, 나무, 벌레, 새 혹은 어떤 것이라도 상관없다. 어떻게 이들 각각이 환경과 관계를 맺고 있는가? 그것들은 지각하고 행동하는가? (생태학적으로 말하자면, 지각이 일어나면 행동하고 행동이 일어나면 지각한다.) 이들 개념을 교실로 옮겨와 보면, 우리는 그간 생각해 온 교수와 학습에 대한 몇 가지 다른 추론을 할 수 있다. 먼저 지각은 행동과 묶여 있다는 것이다.

언어 학습에서 지각의 중요성은 (오랫동안 간과된 이후) 점차 증대되고 있다. 주목, 주의집중, 그리고 초점화(예를 들어 형태 초점은 Long, 1996 참조) 등의 개념이 조명받고 있다. 생태학적 관점은 직접 지각의 역할을 강조했는데, 직접 지각이란 일차적 행동유도성으로서의 발화(손짓, 어조 등을 포함한)의 특징을 즉시적으로 알아차리는 것을 말한다. 상호작용 맥락에서 관련성(relevance)에 대한 평가는, 대개 직전 인지의 추론이나 처리가 필요하지 않고, 직접적이면서도 즉시적이다. 사실 사회적·인지적 과정은 보통 초기 관련성이 설정된 이후에 나타난다. 만일 초기 행동유도성이 없다면, 아무런 준비 없이 의미를 만들어 내기는 어렵다. 행동유도성은 관계성이다. 이는 학습자와 환경을 이어주는 신호이며, 더 나아가 행동, 상호작용, 그리고 인지를 매개하는 근간이다.

교실에서 이것은 언어가 풍부하게 맥락화되고, 이용 가능한 모든 의미 구성 체계와 기호적으로 연결되며, 학습자의 활동 유형과 통합되어야 함을 의미한다. 따라서 학습의 단위는 학습할 수 있는 환경에서 활동하는 학습자다. 이로써 학습자는 의미(그리고 언어학적 형태)를 행동으로 전용하고, 다른 사람들과 공동으로 효과적인 기능 구조를 구축한다. 학습이 그들에게 전달되는 것이 아니라 그들로부터 나오게 하기 위해서 학습자는 반드시 참여해야 한다.

생태학적 관점에서 가장 자연스러운 교육과정은 프로젝트 기반 교육과정이다. 세심하게 구성된 프로젝트는 목표와 과정이 분명하며, 동시에 학습자의 흥미와 창의력을 개발하도록 유도한다. 또한 학습자들이 함께 작업하며 동료로부터 배울 수 있는 여건을 제공한다. 그러나 프로젝트 기반 학습이 일어나기 어렵게 하는 환경이 있다. 예를 들어, 책상이 바닥에 붙어 있는 큰 교실에서는 유동적으로 자리를 배치(원형의 탁자, 작업대 등)할 수 없을 것이다. 그리고 높은 점수를 요구하는 시험을 치르는 교실에서는 훈련과 시험 준비에 많은 시간을 쏟아부어야만 할 것이다. 한편 외국어 학습 환경에서는 학습자가 프로젝트에 사용할 수 있는 자원은 풍부하지도 않다. 게다가 모든 학습자가 같은 모국어를 말할 때 어떻게 진정한 외국어 학습이 이루어질 수 있겠는가? 이러한 모든 의문과 제약은 많은 교사에 의해서 인지되어 왔고, 그들은 심도 있는 고민이 필요함을 언급하였다. 그렇지 않다면, 생태학적 관점은 엘리트 계층의 제2언어 혹은 학술 언어 맥락으로 제한될 위험성을 안고 있다(Holliday, 1994; Coleman, 1996; Canagaraja, 1999).

이러한 어려움이 있지만, 어떠한 학습 맥락에도 생태학적 접근을 적용할 수 있어야 한다. 생태학은 특정한 방법이나 이론이 아니라, 세계관이자 특정한 학습 방향이기 때문이다. 지각, 행동과 맥락의 관계는 어떠한 맥락에서도 중시할 수 있으며, 참여와 조정의 중요성은 항상 중요하게 인식된다고 하겠다.

심지어 많은 학생이 있는 비좁은 교실도 설리반(2000)에서 보여 주었듯이 언어 놀이를 통한 언어 탐구의 환경으로 변할 수 있다. 이와 유사하게, 문법 연습을 위해 구성된 맥락 없는 문장도 학습자의 동기를 유발하는 흥미로운 출발점이 될 수 있다(Butzkamm, 1980; van Lier, 1988; Holliday, 1994). 상업적 컴퓨터 프로그램의 기계적 작업도 학습자들이 함께 모여서 컴퓨터 화면을 볼 수 있다면, 탐구 학습을 이끌 수도 있다(Wegerif & Scrimshaw, 1997). 모국어 사용은 부정적인 영향만을 미치는 것은 아니다. 사실 모국어는 제2언어를 중재하는 중요한 역할을 한다(Brooks, Donato & McGlone, 1997).

바로 그 현실을 제거하거나 무시하지 않더라도, 그리고 많은 제도적 환경에서 고수하는 제약을 해소하지 않더라도, 생태학적 원리에 대한 명확한 관점을 가진 교사는 흥미를 유발할 수 있고, 결국 학습을 시작하게 하는 지각적·사회적·인지적 과정을 불러일으킬 수 있다. 수많은 교실을 실제로 또 비디오로 분석해 본 결과, 참여적 교실과 수동적 교실의 차이는 극명하다. 물론 점수나 학습 목표의 개념으로 치환하기는 어렵지만, 이것은 지각과 태도의 정도, 대인관계적 참여, 학습자의 진취적인 참여 등의 측면에서 분명히 시각적으로 확인할 수[민족지학의 용어로 '기록할 수', 그리고 브론펜브레너(Bronfenbrenner, 1993)가 제시한 지표에서] 있다(van Lier, 1988).

첫 번째로 중요한 것은 '행동'인데, 이는 학습자가 자기 학습의 행위자라는 생각, 그리고 그러한 관점에서 비롯된 모든 결과이다. 다른 중요한 점은 능동적인 학습자에게 제공될 수 있는 '조력'이다. 언어 학습에 관한 고전 철학에서는 언어 '사용'과 언어 '학습'은 뚜렷하게 구별되어야 한다고 가정해 왔다. 물론 이것은 듣기·말하기 학습(가령, 행동주의 학습)과 언어 학습의 인지적 접근(기능 사용보다 앞선 기능 습득―Rivers & Temperly, 1978)에는 특히 타당하며[1], 심지어는 시의적인 학습법, 주제 기반 혹은 과제 기반 학습을 비롯한 학술 언어 발달에 대한 수많은 접근법에도 타당할 수 있다. 그러나 생태학적 관점은 사용과 학습의 구분을 단호하게 부정한다.

사용과 학습을 구분하는 이분법이 잘못되었다는 것을 생태학을 통해 간략히 논의해 보면 다음과 같다. 첫째, 기능 습득과 기능 사용의 구분은 양자택일이 아니라 역동적으로 상호작용하는 상보적인 대상으로 보아야 한다. 둘째, 생태학적 접근은 교수를 '지원된 사용'으로 간주한다. 셋째, 학습은 '상황적'이기에 의미 있는 활동의 맥락 속에서 일어난다. 기능 습득의 언어 연습은 언어 학습의 일부분이다. 즉, 언어의 여러 측면에서 더욱 효과적인 작용을 하기 위해 학습자는 연습이 필요할지도 모른다. 예를 들어, 만일 학습자들이 그들이 만든 컴퓨터 기반 발표 자료에 도입 부분을 녹음하고자 한다면, 그들은 이를 제대로 하기 위해 여러 번 발표 연습을 할 것이다. 중요한 점은 연습 또한 반드시 의미 있는 목표의 맥락에서 일어난다는 사실이다. 그것을 해야 하는 특정한 이유가 반드시 존재한다. 그러한 특별한 동기 없이 일어나는 연습, 가령 오직 책이나 시험 프로그램을 따라가기 위한 문법 연습은, 이미 100여 년 전에 화이트헤드(1929)가 지적한 것처럼 일종의 비활성화된 지식으로 끝날 수밖에 없다.

언어는 결코 진공 속에서 이루어지는 의사소통의 체계가 아니다. 반대로, 언어는 연결된 많은 의미 구성 체계의 구성 요소이다. 다시 말해서, 언어는 기호학의 한 부분이다. 2장에서 제시한 동심원 다이어그램은 손짓, 어조, 사회문화적 지식 등이 얼마나 중요한지 설명했다. 의미-구성과정은 그

....

1 리버스와 템펄리에게 적절한 정당성을 주자면, 그들은 기능 습득과 기능 사용을 어떻게 연계해야 하는지가 중요한 문제라는 것을 의미 있는 방식으로 주장한다. 그럼에도 그들이 제기하는 요점은 의미 기반 접근에서 실행의 역할을 고려하는 것과 관련되어 있다.

러한 모든 체계와 단서 위에서 복잡한 현상에 대한 해석 과정에서 발생한다. 위에서 설명했듯이, 해석의 첫 번째 단계는 보통 행동유도성에 의해 이루어지고, 이는 의사소통에서 인지적 영역만큼이나 중요한 정의적 영역을 수반한다.

생태학적 접근은 학습자를 문법 생산 단위가 아닌, 온전한 개인으로 본다. 온전한 개인으로서의 학습자란 다음과 같은 의미 있는 활동을 하는 주체이다. 사려 깊은 수용, 책임감 있는 행동, 열정적인 프로젝트 도전, 비판적 사고, 그리고 자기주도적 학습의 조절 등을 할 수 있는 주체인 것이다. 교사는 이들을 도와주는 역할이다. 교사는 이들에게 필요한 때에 딱 충분할 만큼만 (교육학적 비계의 형태로) 도움을 주면 된다. 학습자가 발달시키고 있는 기술과 흥미가 교육과정의 진짜 원동력이기 때문이다.

요컨대 생태학은 모든 학습 상황에 적용할 수 있는 교수와 학습에 대한 사고 방식이자 참여적이며 활동적인 학습자를 출발점으로 상정하는 작업 방식으로 나타난다. 이것은 결코 완성된 체계 혹은 이론이 아니며 교수의 방법론은 더더욱 아니다. 생태학은 모든 복잡성 속에서 교수와 학습을 사고하는 방식이자, 언어를 다양한 용도의 도구로 보는 방식, 그리고 모든 인간의 의미-구성 활동을 이끄는 핵심 요소일 뿐이다. 이에 따라 생태학에서의 교실은 다양한 활동이 일어나는, 바쁜 작업장이 된다. 그리고 이 교실에서 학습자는 교사와 동료 학습자 등으로부터 도움을 받아 그들의 목표를 성취하는 데 필요한 도구를 찾아낸다.

참고문헌

Abrams, D. (1996). The mechanical and the organic: Epistemological consequences of the Gaia hypothesis. In P. Bunyard (Ed.), *Gaia in action: Science of the living earth* (pp. 234-247). Edinburgh: Floris Books.

Agar, M. (1994). *Language shock: Understanding the culture of conversation.* New York: William Morrow.

Alexander, N. (2002). Linguistic rights, language planning and democracy in post-apartheid South Africa. In S. Baker (Ed.), Language *policy: Lessons from global models* (pp. 116-129). Monterey, CA: Monterey Institute of International Studies.

Allen, T.F.H. & Hoeckstra, T.W. (1992). *Toward a unified ecology.* New York: Columbia University Press.

Anderson, B. (1991). *Imagined communities* (Second Edition). London: Verso.

Apel, K-O. (1981). *Charles S. Peirce: From pragmatism to pragmaticism.* Amherst, MA: University of Massachusetts Press.

Argyle, M. (1991). *Cooperation.* London: Routledge.

Arndt, H. & Janney, R. W. (1983). The duck-rabbit phenomenon: Notes on the disambiguation of ambiguous utterance. In W. Enninger & L. M. Haynes (Eds.), *Studies in language ecology* (pp. 94-115). Wiesbaden: Franz Steiner Verlag.

Arnold, J. (Ed.). (1999). *Affect in language learning.* Cambridge: Cambridge University Press.

Auer, P. (Ed.). (1998). *Code-switching in conversation: Language, interaction and identity.* New York: Routledge.

Auyang, S. A. (2000). *Mind in everyday life and cognitive science.* Cambridge, MA: MIT.

Bailey, K, M. & Nunan, D. (Eds.). (1996). *Voices from the language classroom.* Cambridge: Cambridge University Press.

Bakhtin, M. (1981). *The dialogical imagination.* Austin: University of Texas Press.

Bakhurst, D. (1991). *Consciousness and revolution in Soviet philosophy.* Cambridge: Cambridge University Press.

Bakhurst, D. & Sypnowich, C. (Eds.). (1995). *The social self.* London: Sage Publications.

Barker, R. (1978). *Ecological psychology.* Stanford, CA: Stanford University Press.

Bates, E. Elman, J., Johnson, M., Karmiloff-Smith, A., Parisi, D., & Plunkett, K. (1998). Innateness and emergentism. In W. Bechtel and G. Graham (Eds.)., *A Companion to Cognitive Science.* Oxford: Basil Blackwell. Available online at http://crl.ucsd.edu/~elman/.

Bates, E. & Goodman, J. C. (1999). On the emergence of grammar from the lexicon. In B. MacWhinney (Ed.), *The emergence of language* (pp. 29-80). Mahwah, NJ: Erlbaum.

Bateson, G. (1936), *Naven*. London: Wildwood House.

Bateson, G. (1973). *Steps to an ecology of mind*. London: Granada.

Bateson, G. (1979). *Mind and nature: A necessary unity*. London: Fontana.

Beaugrande, R. de (1991). *Linguistic theory: The discourse of fundamental works*. London: Longman.

Bersnstein, B. (2000). *Pedagogy, symbolic control and identity: Theory, research, critique* (revised edition). Lanham, MD: Rowman & Littlefield.

Bhabha, H. K. (1992). Post-colonial authority and post-modern guild. In L. Grossberg, P. Nelson & P. Treichler (Eds.), *Cultural Studies*. London: Routledge.

Bhaskar, R. (1989). *Reclaiming reality: A critical introduction to contemporary philosophy*. London: Verso.

Birk, D. (1972). You never speak a dead language. An informal account of the origins and some applications of functional theory. In G. Thornton, D. Birk, & R. A. Hudson (Eds.), *Language at work* (pp. 25-56). London: Longman for The Schools Council.

Bloomfield, L. (1933). *Language*. Chicago: University of Chicago Press.

Bourdieu, P. (1977). *Outline of a theory of practice*. Cambridge: Cambridge University Press.

Bourdieu, P. (1984). *Distinction: A social critique of the judgment of taste*. Cambridge: Cambridge University Press.

Bourdieu, P. (1988). *Homo Academicus*. Stanford, CA: Stanford University Press.

Bourdieu, P. (1991). *Language and symbolic power*. Cambridge, MA: Harvard University Press.

Bourdieu, P. & Wacquant, L. (1992). *An invitation to reflexive sociology*. Chicago: University of Chicago Press.

Bowerman, M. & Levinson, S. C. (Eds.). (2001). *Language acquisition and conceptual development*. Cambridge: Cambridge University Press.

Bowers, C. A. (1993). *Critical essays on education, modernity, and the recovery of the ecological imperative*. New York: Teachers College Press.

Bowers, C. A. (2000). *Let the eat data: How computers affect education, cultural diversity, and the prospects of ecological sustainability*. Athens, GA: University of Georgia Press.

Bowers, C. A. & Flinders, D. J. (1990). *Responsive teaching: An ecological approach to classroom patterns of language, culture, and thought*. New York: Teachers College Press.

Bowers, R. (1990). Mountains are not cones: What can we learn from chaos? In

Georgetown University Round Table on Languages and Linguistics 1990 (pp. 123-135). Washington, DC: Georgetown University Press.

Bransford, J. D., Sherwood, R. D., Hasselbring, T. S., Kinzer, C. K., & Williams, S. M. (1990). Anchored instruction: Why we need it and how technology can help. In D. Nix & R. Spiro (Eds.), *Cognition, education, and multimedia: Exploring ideas in high technology* (pp. 115-141). Hillsdale, NJ: Erlbaum.

Bråten, S. (1992). The virtual others in infants' minds and social feelings. In A. H. Wold (Ed.), *The dialogical alternative: Towards a theory of language and mind* (pp. 77-97). Oslo: Scandinavian University Press (Distr. OUP).

Bråten, S. (Ed.). (1998). *Intersubjective communication and emotion in early ontogeny.* Cambridge: Cambridge University Press.

Brent, J. (1993). *Charles Sanders Peirce: A life.* Bloomington, IN: Indiana University Press.

Broeder, P. & Extra, G. (1997). *Immigrant minority language in primary and secondary education. A comparative study of six European Union countries.* Tilburg, NL: Research Group on Language and Minorities, University.

Bronfenbrenner, U. (1979). *The ecology of human development.* Cambridge, MA: Harvard University Press.

Bronfenbrenner, U. (1993). The ecology of cognitive development: Research models and fugitive findings. In Wozniak, R. H. & Fischer, K. W. (Eds.), *Development in context: Acting and thinking in specific environments* (pp. 3-44). Hillsdale, NJ: Erlbaum.

Bronfenbrenner, U. & Ceci, S. J. (1994). Nature-nurture reconceptualized in developmental perspective: A bioecological model. *Psychological Review*, 101, pp. 568-586.

Brooks, F. B., Donato, R. & McGlone, J. V. (1997). When are they going to say "it" right? Understanding learner talk during pair-work activity. *Foreign Language Annals*, 30, pp. 524-541.

Brown, A. L. (1992). Design experiments: Theoretical and methodological challenges in creating complex interventions in classroom settings. *Journal of the Learning Sciences*, 2, pp. 141-178.

Brown, R. (1973). A first language: *The early stages.* Cambridge, MA: Harvard University Press.

Brumfit, C. (1997). The teacher as educational linguist. In L. van Lier & D. Corson (Eds.), *Encyclopedia of Language and Education, Volume 6: Knowledge about language* (pp. 163-172). Dordrecht: Kluwer Academic.

Bruner, J. (1983). *Child's talk.* New York: Norton.

Bruner, J. (1986). *Actual minds, possible worlds.* Cambridge, MA: Harvard University Press.

Bruner, J. S. & Sherwood, V. (1975). Peekaboo and the learning of rule structures.

In J. S. Bruner, A. Jolly & K. Sylva (Eds.), *Play: Its role in development and evolution* (pp. 277-285). Harmondsworth: Penguin Books.

Brunswik, E. (1943). Organismic achievement and environmental probability. *The Psychological Review*, 50, pp. 255-272.

Butler, S. (1872/1967). *Erewhon*. New York: Airmont Publishing.

Butterworth, G. (1999). A developmental-ecological perspective on Strawson's "The Self". In Gallagher, S. & Shear, J.(Eds.), *Models of the self* (pp. 203-11). Thorverton, UK: Imprint Academic.

Butzkamm, W. (1980). Verbal play and pattern practice. In Felix, S. (Ed.) *Second language development: Trends and issues* (pp. 233-248). Tübingen: Günther Narr.

Büchler, J. (1955). *Philosophical writings of Peirce*. New York: Dover Books.

Byram, M. (1997). *Teaching and assessing intercultural communicative competence*. Clevedon, UK: Multilingual Matters.

Canagarajah, A. S. (1999). *Resisting linguistic imperialism in English teaching*. Oxford: Oxford University Press.

Canagarajah, A. S. (2001). Critical ethnography of a Sri Lankan classroom: Ambiguities in student opposition to reproduction through ESOL. In C. N. Candlin & N. Mercer (Eds.), *English language teaching in its social context* (pp. 208-226). London: Routledge.

Capra, F. (1996). *The web of life: A new scientific understanding of living systems*. New York: Anchor Books.

Cazden, C. B. (1992). *Whole language plus: Essays on literacy in the United States and New Zealand*. New York: Teachers College.

Checkland, P. (1981). *Systems thinking, systems practice*. New York: Wiley.

Chomsky, N. (1959). Review of B. F. Skinner: Verbal behavior. *Language*, 35, pp. 26-59.

Chomsky, N. (1986). *Knowledge of Language*. Cambridge, MA: MIT.

Chomsky, N. (2000). *New horizons in the study of language and mind*. Cambridge: Cambridge University Press.

Cilliers, P. (1998). *Complexity and postmodernism: Understanding complex systems*. London: Routledge.

Clandinin, D. J. & Connolly, F. M. (1995). *Teachers' professional knowledge landscapes*. New York: Teachers College.

Clark, H. (1996). *Using language*. Cambridge: Cambridge University Press.

Clay, M. M. & Cazden, C. B. (1992). A Vygotskyan interpretation of reading recovery. In C. B. Cazden, *Whole language plus: Essays on literacy in the United States and New Zealand* (pp. 114-135). New York: Teachers College.

Clifford, J. (1986). Introduction: Partial truths. In J. Clifford & G. E. Marcus, *Writing culture: The poetics and politics of ethnography* (pp. 1-26). Berkeley, CA:

University of California Press.

Clifford, J. & Marcus, G. E. (1986). *Writing culture: The poetics and politics of ethnography*. Berkeley, CA: University of California Press.

Cobley, P. (2001). *The Routledge companion to semiotics and linguistics*. London: Routledge.

Colapietro, V. M. (1989). *Peirce's approach to the self: A semiotic perspective on human subjectivity*. Albany, NY: State University of New York Press.

Cole, M. (1995). Socio-cultural-historical psychology: Some general remarks and a proposal for a new kind of cultural-genetic methodology. In J. V. Wertsch, P. Del Rio, & A. Alvarez (Eds.), *Sociocultural studies of mind* (pp. 187-214). Cambridge: Cambridge University Press.

Cole, M. (1996). *Cultural psychology: A once and future discipline*. Cambridge, MA: Harvard University Press.

Cole, M. (1999). Ecological validity. In R. A. Wilson & F. C. Keil (Eds.), *The MIT encyclopedia of the cognitive sciences* (pp. 257-259). Cambridge, MA: MIT.

Cole, M., Hood, L. & McDermott, R. (1997). Concepts of ecological validity: Their differing implications for comparative cognitive research. In M. Cole, Y. Engeström, & O. Vasquez (Eds.), *Mind, culture and activity* (pp. 49-56). Cambridge: Cambridge University Press.

Coleman, H. (1996). *Society and the language classroom*. Cambridge: Cambridge University Press.

Collins, A. (1992). Towards a design science of education. In E. Scanlon & T. O'Shea (Eds.), *New directions in educational technology*. New York: Springer Verlag.

Cook, V. J. (2002). Language teaching methodology and the L2 user perspective. In V. J. Cook (Ed.), *Portraits of the L2 user* (pp. 327-343). Clevedon, UK: Multilingual Matters.

Corder, S. P. (1967). The significance of learners' errors. *International Review of Applied Linguistics, 5*, 161-9.

Coupland, N. & Jaworski, A. (1997). *Sociolinguistics: A reader*. New York: St. Martin's Press.

Crawford, J. (1991). *Bilingual education: History, Politics, theory and practice* (second edition). Los Angeles, CA: Bilingual Educational Services.

Crichton, M. (1991). *Jurassic park*. New York, NY: Knopf.

Crook, C. (1994). *Computers and the collaborative experience of learning*. London: Routledge.

Cuban, L. (1993). *How teachers taught: Constancy and change in American classrooms, 1890-1990*. New York: Teachers College Press.

Cuban, L. (2001). *Oversold and underused: Computers in the classroom*. Cambridge, MA: Harvard University Press.

Dakin, J. (1974). *The language laboratory and language teaching*. London:

Longman.

Damasio, A. (1999). *The feeling of what happens: Body and emotion in the making of consciousness*. New York: Harcourt Brace.

Damasio, A. (2003). *Looking for Spinoza: Joy, sorrow and the feeling brain*. Orlando, FL: Harcourt.

Davidson, D. (1986). A nice derangement of epitaphs. In E. Lepore (Ed.), *Truth and interpretation: Perspectives on the philosophy of Donald Davidson* (pp. 433-446). Oxford: Basil Blackwell.

Deci, E. & Flaste, R. (1995). *Why we do what we do: The dynamics of personal autonomy*. New York: Putnam's Sons.

Deely, J. (1990). *Basics of semiotics*. Bloomington: Indiana University Press.

Dennett, D. (1991). *Consciousness explained*. Boston: Little, Brown and Company.

Dewey, J. (1904). *The relation of theory to practice in education. Third Yearbook, Part 1* (pp. 9-30). Bloomington, IL: National Society for the Study of Education.

Dewey, J. (1938). *Experience and education*. London: Collier Books.

Dittmar, N. (Ed.). (1992). Grammaticalization in second language acquisition. *Studies in Second Language Acquisition, 14*, 3(Thematic Issue).

Donato, R. (1994). Collective scaffolding. In J. P. Lantolf and G. Appel. (Eds.), *Vygotskyan approaches to second language research* (pp. 33-56). Norwood, NJ: Ablex.

Dornyei, Z. (2001). Motivation and second language acquisition. In Z. Dornyei and R. Schmidt (Eds.), *Motivation and second language acquisition*. Honolulu: University of Hawaii Press, Second Language Teaching and Curriculum Center.

Drew, P. & Heritage, J. (Eds.). (1992). *Talk at work: Interaction in institutional settings*. Cambridge: Cambridge University Press.

Dunn, W. E. & Lantolf, J. P. (1998). Vygotsky's Zone of Proximal Development and Krashen's i+1: Incommensurable constructs, incommensurable theories. *Language Learning*, 48, 3, pp. 411-422.

Duranti, A. & Goodwin, C. (Eds.). (1992). *Rethinking context: Language as an interactive phenomenon*. Cambridge: Cambridge University Press.

Durkheim, E. (1964[1895]). *The rules of sociological method*. London: Collier-Macmillan.

Eco, U. (2000). *Kant and the platypus: Essays on language and cognition*. New York: Harcourt Brace.

Edge, J. (1993). The dance of Shiva and the linguistics or relativity. *Applied Linguistics*, 14, pp. 43-45.

Edwards, D. (1997). *Discourse and cognition*. London: Sage.

Elliott, G. (many editions) *Middlemarch*. London: Penguin Classics. (Org. publ. 1871-2).

Ellis, R. (1994). *The study of second language acquisition*. Oxford: Oxford

University Press.

Elli, R. (2003). *Task-Based Language Learning and Teaching*. oxford: oxford University Press.

Elman, J., Bates, E. A., Johnson, M. H., Karmiloff-Smith, A., Parisi, D. & Plunkett, K. (1996). *Rethinking Innatism: A connectionist perspective on development*. Cambridge, MA: MIT.

Engeström, Y. (1999). Innovative learning in work teams: Analyzing cycles of knowledge creation in practice. In Y. Engeström, R. miettinen, & R-L. Punamäki (Eds.), *Perspectives on activity theory* (pp. 377-404). Cambridge: Cambridge University Press.

Engeström, Y., Miettinen, R. & Punamäki, R-L., *Perspectives on activity theory* (377-404). Cambridge: Cambridge University Press.

Feyerabend, P. (1975). *Against method: Outline of an anarchistic theory of knowledge*. London: Verso.

Fill, A. & Mühlhäusler, P. (Eds.). (2001). *The ecolinguistics reader: Language, ecology and environment*. London: Continuum.

Firth, A. & Wagner, J. (1997). On discourse, communication and (some) fundamental concepts in SLA research. *Modern Language Journal*, 81, pp. 285-300.

Flynn, P. J. (1991). *The ethnomethodological movement: Sociosemiotic interpretations*. Berlin: Mouton de Gruyter.

Fodor, J. (1998). *Concepts: Where cognitive science went wrong*. Oxford: Clarendon Press.

Forrester, M. (1999). Conversation and instruction within apprenticeship: Affordances for learning. In P. Ainley & H. Rainbird (Eds.), *Apprenticeship: Towards a new paradigm of learning* (pp. 86-97). London: Kogan Page.

Foucault, M. (1977). *Discipline and punish: The birth of the prison*. New York: Pantheon.

Freire, P. (1972). *Pedagogy of the oppressed*. New York: Herder and Herder.

Gallagher, S. & Shear, J. (Eds.) (1999). *Models of the self*. Thorverton, UK: Imprint Academic.

Gardner, H. (1985). *The mind's new science*. New York: Basic Books.

Gardner, H. (1993). *Multiple intelligence: The theory into practice*. New York: Basic Books.

Garfinkel, H. & Sacks, H. (1970). On formal structures of practical actions. In J. C. McKinney & E. A. Tiryakian (Eds.), *Theoretical sociology* (pp. 338-366). New York: Appleton Century Crofts.

Geertz, C. (1973). *The interpretation of cultures*. New York: Basic Books.

Genesee, F. (2002). Portrait of the bilingual child. In Cook, V. (Ed.), *Portraits of the second language user* (pp. 170-196). Clevedon, UK: Multilingual Matters.

Gibbons, P. (2002). *Scaffolding language, scaffolding learning: Teaching second language learners in the mainstream classroom.* Portsmouth, NH: Heinemann.

Gibson, E. J. (Ed.). (1991). *An odyssey in learning and perception.* Cambridge, MA: MIT Press.

Gibson, J. J. (1979). *The ecological approach to visual perception.* Hillsdale, NJ: Erlbaum.

Giddens, A. (1991). *Modernity and self-identity: Self and society in the late modern age.* Stanford, CA: Stanford University Press.

Gimson, A. C. (1970). *An introduction to the pronunciation of English.* London: Edward Arnold.

Glachan, M. & Light, P. (1982). Peer interaction and learning: Can two wrongs make a right? In G. Butterworth & P. Light (Eds.), *Social cognition.* Brighton: Harvester Press.

Glausiusz, J. (2001). The ecology of language: Link between rainfall and language diversity. In A. Fill & P. Mühlhäusler (Eds.), *The ecolinguistics reader: Language, ecology and environment* (pp. 165-166). London: Continuum.

Gleick, J. (1987). *Chaos: Making a new science.* New York: Penguin Books.

Goatly, A. (2001). Green grammar and grammatical metaphor, or language and myth of power, or metaphors we die by. In A. Fill & P. Mühlhäusler (Eds.), *The ecolinguistics reader: Language, ecology and environment* (pp. 203-225). London: Continuum.

Goffman, E. (1981). *Forms of talk.* Oxford: Basil Blackell.

Goldsmith, E. (1998). *The way: An ecological world view* (second edition). Athens: University of Georgia Press.

Gomes de Matos, F. (2002). Second language learner's rights. In V. J. Cook (Ed.), *Portraits of the L2 user* (pp. 305-323). Clevedon, UK: Multilingual Matters.

Gould, S. J. (1993). *Eight Little Piggies.* New York: Norton.

Granott, N. (1993). Patterns of interaction in the co-construction of knowledge: Separate minds, joint effort, and weird creatures. In R. H. Wozniak & K. W. Fischer (Eds.), *Development in context: Acting and thinking in specific environments* (pp. 183-207). Hillsdale, NJ: Erlbaum.

Greeno, J. G. (1994). Gibson's affordances. *Psychological Review, 101,* pp. 336-342.

Greeno, J. G. (1997). On claims that answer the wrong questions. *Educational Researcher, 26,* pp. 5-17.

Grice, H. P. (1975). Logic and conversation. In P. Cole & J. L. Morgan (Eds.), *Speech acts. Syntax and Semantics,* 3(41-58). New York: Academic Press.

Grossberg, S. (1980). Direct perception or adaptive resonance? In S. Ullman, Against direct perception(385-6). *The Behavioral and Brain Science* (1980), 3.

Guerrero, M. C. M. de. (1994). Form and functions of inner speech in adult second language learning. In J. P. Lantolf & G. Appel (Eds.), *Vygotskian approaches to second language research* (pp. 83-115). Norwood, NJ: Ablex.

Gumperz, J. & Hymes, D. (Eds.) (1972). *Directions in sociolinguistics: The ethnography of communication*. New York: Hold, Rinehart & Winston.

Hacking, I (1975). *Why does language matter to philosophy?* Cambridge: Cambridge University Press.

Haeckel, E. (1866). *Aligemeine Anatomie der Organismen*. Berlin.

Halliday, M. A. K. (1975). *Learning how to mean*. London: Arnold.

Halliday, M. A. K. (1978). *Language as social semiotic*. London: Arnold.

Halliday, M. A. K. (1993). Towards a language-based theory of learning. *Linguistics and Education*, 5, pp. 93-116.

Halliday, M. A. K. (2001). New ways of meaning: The challenge to applied linguistics. In E. Fill & P. Mühlhäusler (Eds.), *The ecolinguistics reader*. (pp. 175-202). London: Continuum.

Halliday, M. A. K. & Martin, J. (1993). *Writing science: Literacy and discursive power*. Pittsburgh: University of Pittsburgh Press.

Hanks, W. F. (1995). *Language and communicative practices*. Boulder, CO: Westview Press.

Hargreaves, A. (1994). Changing teachers, changing times. New York: Teachers College Press.

Harré, R. (1983). *Personal being: A theory for individual psychology*. Oxford: Blackwell.

Harré, R. & Gillett, G. (1994). *The discursive mind*. Thousand Oaks, CA: Sage Publications.

Harris, R. (1990). *Language, Saussure and Wittgenstein: How to play games with words*. London: Routledge.

Harris, R. (1996). *Signs, language and communication*. London: Routledge.

Harris, R. (1997). From an integrational point of view. In G. Wolf & N. Love (Eds.), *Linguistics inside out: Roy Harris and his critics* (pp. 229-310). Amsterdam: John Benjamins.

Harter, S. (1993). Visions of the self: Beyond the me in the mirror. In J. E. Jacobs (Ed.), *Developmental perspectives on motivation*. Nebraska Symposium on Motivation, Vol. 40, 1992 (pp. 99-144). Lincoln, NE: University of Nebraska Press.

Hassanpour, A. (2000). The politics of a-political linguistics: Linguists and linguicide. In E. Fill & P. Mühlhäusler (Eds.), *The ecolinguistics reader: Language, ecology and environment* (pp. 33-34). London: Continuum.

Haugen, E. (1972). *The ecology of language: Essays by Einar Haugen* (Edited by Anwar S. Dil). Stanford, CA: Stanford University Press.

Heath, S. B. (1983). *Ways with words*. Cambridge: Cambridge University Press.

Heath, S. B. (2000). Seeing our way into learning. *Cambridge Journal of Education*, 30, pp. 121-132.

Hebb, D. O. (1953). Heredity and environment in mammalian behavior. *British Journal of Animal Behavior*, 1, pp. 43-47.

Heisenberg, W. (1965). The role of modern physics in the development of human thinking. In F. T. Severin (Ed.), *Humanistic viewpoints in psychology*. New York: McGraw-Hill.

Heritage, J. (1987). Ethnomethodology. In A. Giddens & A. Turner (Eds.), *Social theory today* (pp. 224-272). Stanford, CA: Stanford University Press.

Herrnstein, R. & Murray, C. (1994). *The bell curve: Intelligence and class structure in American life*. New York: Free Press.

Hinton, L. & hale, K. (2001). *The green book of language revitalization in practice*. New York: Academic Press.

Hockett, C. (1968). *The State of the art*. The Hague: Mouton.

Hoffman, E. (1989). *Lost in translation: A life in a new language*. New York, NY: Dutton.

Holliday, A. (1994). *Appropriate methodology and social context*. Cambridge: Cambridge University Press.

Hooks, B. (1989). *Talking back: Thinking feminist, thinking black*. Boston: South End Press.

Hopper, P. J. (1998). Emergent grammar. In M. Tomasello (Ed.), *The new psychology of language: Cognitive and functional approaches to language structure*. Mahwah, NJ: Erlbaum.

Hornberger, N. (2001). Educational linguistics as a field: A view from Penn's program as it approaches its 25th anniversary. In R. Cooper, E. Shohamy, & J. Walters (Eds.), *New perspectives and issues in educational language policy: A volume in honor of Bernard Dov Spolsky* (pp. 271-296). Philadelphia: John Benjamins.

Hornberger, N. H. (2002). Multilingual language policies and the continua of biliteracy: An ecological approach. *Language Policy*, 1, pp. 27-51.

Humphrey, N. (1992). *A history of the mind*. London: Chatto & Windus.

Hymes, D. (1974). *Foundations of sociolinguistics: An ethnographic approach*. Philadelphia, PA: University of Pennsylvania Press.

James, C. (1998). *Errors in language learning and use: Exploring error analysis*. New York: Longman.

Jaworsky, A. & Coupland, N. (Eds.). (1999). *The discourse reader*. London: Routledge.

Johansen, J. D. (1993). *Dialogic semiosis: An essay on signs and meaning*. Bloomington, IN: Indiana University Press.

Johnson, S. (2001). *Emergence: The connected lives of ants, brains, cities, and software*. New York: Scribner.

Kant, I. (1934[1787]). *Critique of pure reason*. London: Dent.

Keller, R. (1998). *A theory of linguistic signs*. Oxford University Press.

Ketner, K. L. (Ed.). (1995). *Peirce and contemporary thought: Philosophical inquiries*. New York: Fordham University Press.

Kirkpatrick, H. & Cuban, L. (1998). Computers make kids smarter right? *TECHNOS Quarterly for Education and Technology*, 7. (http://www.technos.net/tq07/2cuban.htm, Downloaded July 20, 2000).

Kohonen, V. (2001). Towards experiential foreign language education. In V. Kohonen, R. Jaatinen, P. Kaikkonen, & J. Lehtovaara (Eds.), *Experiential learning in foreign language education* (pp. 8-60). London: Longman.

Kohonen, V., Jaatinen, R., Kaikkonen, P., & Lehtovaara, J. (Eds.), *Experiential learning in foreign language education*. London: Longman.

Kozulin, A. (1986). Introduction. In L. S. Vygotsky, *Thought and language* (Transl. A Kozulin). Cambridge, MA: MIT.

Kozulin, A. (1990). *Vygotsky's psychology: A biography of ideas*. New York: Harvester Wheatsheaf.

Kramsch, C. (1993). *Context and culture in language teaching*. Oxford: Oxford University Press.

Kramsch, C. (1998). *Language and culture*. Oxford: University Press.

Kramsch, C. (2000). Social discursive constructions of self in L2 learning. In J. Lantolf (Ed.), *Sociocultural theory in language learning* (pp. 133-154). Oxford: Oxford University Press.

Kramsch, C. (Ed.). (2002). *Language acquisition and language socialization: Ecological perspectives*. London: Continuum.

Krashen, S. (1985). *The input hypothesis*. London: Longman.

Kroeber, A. L. & Kluckhohn, C. (1952). *Culture: A critical review of concepts and definitions*. New York: Vintage Books.

Kuhn, T. (1970). *The structure of scientific revolutions*. Chicago: The University of Chicago Press.

Labov, W. (1972). *Sociolinguistic Patterns*. Oxford: Basil Blackwell.

Lakoff, G. (1987). *Women, fire, and dangerous things: What categories reveal about the mind*. Chicago: University of Chicago Press.

Lam, W. S. E. & Kramsch, C. (2003). The ecology of an SLA community in a computer-mediated environment. In J. Leather & J. van Dam (Eds.), *Ecology of language acquisition* (pp. 141-158). Dordrecht: Kluwer Academic.

Langacker, R. W. (1987). *Foundations of Cognitive Grammar, volume 1: Theoretical Prerequisites*. Stanford, CA: Stanford University Press.

Langer, E. (1989). *Mindfulness*. Reading, MA: Addison-Wesley.

Lantolf, J. (Ed.) (2000). *Sociocultural theory and second language learning*. Oxford: Oxford University Press.

Lantolf, J., & Thorne, S. (forthcoming). *The sociogenesis of second language development*. Oxford: Oxford University Press.

Larsen-Freeman, D. (1997). Chaos/complexity science and second language acquisition. *Applied Linguistics*, 18, pp. 141-165.

Larsen-Freeman, D. (2002). Language acquisition and language use from a chaos/complexity perspective. In C. Kramsch (Ed.), *Language acquisition and language socialization: Ecological perspectives* (pp. 33-46). London: Continuum.

Larsen-Freeman, D. (2003). *Teaching language: From grammar to grammaring.* Boston: MA: Heinle and Heinle.

Larsen-Freeman, D. & Long, M. H. (1991). *An introduction to second language acquisition research.* London: Longman.

Lave, J. & Wenger, E. (1991). *Situated learning: Legitimate peripheral participation.* Cambridge: Cambridge University Press.

Layder, D. (1990). *The realist image in social science.* London: Macmillan.

Leather, J. & van Dam, J. (2003). Towards an ecology of language acquisition. In J. Leather & J. van Dam (Eds.), *The ecology of language acquisition* (pp. 1-29). Dordrecht: Kluwer Academic Publishers.

Lee, P. (1996). *The Whorf theory complex: A critical reconstruction.* Amsterdam: John Benjamins.

Lemke, J. (2002). Language development and identity: Multiple timescales in the social ecology of learning. In C. Kramsch (Ed.), *Language acquisition and language socialization: Ecological perspectives* (pp. 68-87). London: Continuum.

Leontiev, A. N. (1981). The problem of activity in psychology. in J. V. Wertsch (Ed.). *The problem of activity in contemporary psychology* (pp. 37-71). Armonk, NY: M. E. Sharpe.

Leontiev, A. N. (1997). On Vygotsky's creative development. In Vygotsky, L. S. *The collected works of L. S. Vygotsky, Volume 3. Problems of the theory and history of psychology* (pp. 9-32). New York: Plenum Press.

Levinson, S. (1983). *Pragmatics.* Cambridge: Cambridge University Press.

Lewin, K. (1943). Defining the 'field at a given time.' *Psychological Review*, 50, pp. 292-310.

Lewin, R. (1993). *Complexity: Life at the edge of chaos.* London: Phoenix.

Liddicoat, A. (1997). Interaction, social structure, and second language use: A response to Firth and Wagner. *The Modern Language Journal, 81*, pp. 313-317.

Lightfoot, D. (1982). *The language lottery: Toward a biology of grammars.* Cambridge, MA: MIT Press.

Long, M. (1996). The role of the linguistic environment in second language acquisition. In W. C. Ritchie & T. K. Bhatia (Eds.), *Handbook of second language acquisition* (pp. 413-468). San Diego: Academic Press.

Lorenz, K. (1990). *On life and living*. London: St. Martin's Press.

Lovelock, J. (1979). *Gaia*. Oxford: Oxford University Press.

MacIntyre, A. (1981). *After virtue*. London: Duckworth.

MacWhinney, B. (Ed.). (1987). *Mechanisms of language acquisition*. Hillsdale, NJ: Erlbaum.

MacWhinney, B. (Ed.). (1999). *Emergence of language*. Mahwah, NJ: Erlbaum.

Maffi, L. (2000). Linguistic and biological diversity: The inextricable link. In R. Phillipson (Ed.), *Rights to language: Equity, power, and education* (pp. 17-22). Mahwah, NJ: Erlbaum.

Magnuson, P. (2003). The interplay between Minnesota's accountability system and adolescent English Language Learners with limited formal schooling. Unpublished Ph. D. Thesis, University of Minnesota.

Makkai, A. (1993). *Ecolinguistics: Toward a new **paradigm** for the science of language*. London: Printer Publishers.

Makoni, S. (2003). From misinvention to disinvention of language: Multilingualism and the South African constitution. In S. Makoni, G. Smitherman, A. Ball & A. Spears (Eds.), *Black linguistics: Language, society, and politics in Africa and the Americas* (pp. 132-152). New York: Routledge.

Malinowsky, B. (1967). *A diary in the strict sense of the term*. London: Routledge & Kegan Paul.

Markus, H. R., Mullally, P. R. & Kitayama, S. (1997). Selfways: Diversity in modes of cultural participation. In U. Neisser & D. A. Jopling (Eds.), *The conceptual self in context: Culture, experience, self-understanding* (pp. 13-61). Cambridge: Cambridge University Press.

Maturana, H. R. & Varela, F. J. (1992). *The tree of knowledge: The biological roots of human understanding*. Boston: Shambala.

May, S. (2001). *Language and minority rights: Ethnicity, nationalism and the politics of language*. London: Longman.

Maybin, J. (1994). Children's voices: Talk, knowledge and identity. In D. Graddol, J. Maybin & B. Stierer (Eds.), *Researching language and literacy in social context* (pp. 131-150). Clevedon: Multilingual Matters.

McArthur, L. Z. & Baron, R. M. (1983). Toward an ecological theory of social perception. *Psychological Review, 90*, pp. 215-238.

McCafferty, S. (2002). Gesture and creating zones of proximal development for second language learning. *The Modern Language Journal, 86*, pp. 192-203.

McKay, S. L. & Hornberger, N. H. (1996). *Sociolinguistics and language teaching*. New York: St. Martin's Press.

McLaren, P. (1998). *Life in Schools: An introduction to critical pedagogy in the foundations of education*. New York: Addison Wesley Longman.

McLaughlin, B. (1987). *Theories of second language learning*. London: Edward

Arnold.

McNeill, D. (Ed.). (2000). *Language and gesture*. Cambridge: Cambridge University Press.

McNiff, J. (1993). *Teaching as learning: An action research approach*. London: Routledge.

Mead, G. H. (1934). *Mind, Self, and society*. Chicago: University of Chicago Press.

Medawar, P. B. (1967). *The art of the soluble*. London: Methuen.

Meltzoff, A. N. & Prinz, W. (Eds.). (2002). *The imitative mind: Development, evolution and brain bases*. Cambridge: Cambridge University Press.

Menand, L. (2001). *The metaphysical club: A story of ideas in America*. New York: Farrar, Straus and Giroux.

Mercer, N. (1995). *The guided construction of knowledge: Talk between teachers and learners in the classroom*. Clevedon: Multilingual Matters.

Merleau-Ponty, M. (1962). *Phenomenology of perception*. London: Routledge & Kegan Paul.

Merrell, F. (1997a). *Peirce, signs, and meaning*. Toronto: University of Toronto Press.

Merrell, F. (1997b). Do we really need Peirce's whole decalogue of signs? *Semiotica*, 114, pp. 193-286.

Merrell, F. (1998). *Sensing semiosis: Toward the possibility of complementary cultural "logics."* Basingstoke, UK: Macmillan Press.

Miles, M. B. & Huberman, A. M. (1994). *Qualitative data analysis*. Thousand Oaks, CA: Sage Publications.

Miller, H. (1963). *Black spring*. New York: Grove Press.

Miramontes, O. B., Nadeau, A., & Commins, N. L. (1997). *Restructuring schools for linguistic diversity: Linking decision making to effective programs*. New York: Teachers College Press.

Montessori, M. (1917/1965). *Spontaneous activity in education*. New York: Schocken.

Mühlhäusler, P. (1996). *Linguistic ecology: Language change and linguistic imperialism in the Pacific Region*. New York: Routledge.

Naess, A. (1989). *Ecology, community and lifestyle*. Translated and edited by D. Rothenberg. Cambridge: Cambridge University Press.

Nakahama, Y., Tyler, A. & van Lier, L. (2001). Negotiation of meaning in conversations and tasks: A comparative discourse analysis. *TESOL Quarterly*, 35, pp. 377-405.

Natsoulas, T. (1993). Perceiving, its component stream of perceptual experience, and Gibson's ecological approach. *Psychological Research, 55*, pp. 248-257.

Neisser, U. (1987). From direct perception to conceptual structure. In U. Neisser (Ed.), *Concepts and conceptual development: Ecological and intellectual factors in categorization*. Cambridge: Cambridge University Press.

Neisser, U. (1988). Five kinds of self-knowledge. *Philosophical Psychology*, 1, pp. 35-59.

Neisser, U. (1992). Two themes in the study of cognition. In H. L. Pick, P. van den Broek, & D. C. Knill (Eds.), *Cognition: Conceptual and methodological issues*. Washington, D.C.: American Psychological Association.

Neisser, U. (Ed.). (1993). *The perceived self: Ecological and interpersonal sources of self-knowledge*. Cambridge: Cambridge University Press.

Neisser, U. & Fivush, R. (Eds.). (1994). *The remembering self: Construction and accuracy in the self-narrative*. Cambridge: Cambridge University Press.

Neisser, U. & Jopling, D. A. (Eds.). (1997). *The conceptual self in context: Culture, experience, self-understanding*. Cambridge: Cambridge University Press.

Nietzsche, F. (1954). On truth and lie in an extra-moral sense. In W. Kaufmann (Ed.), *The Viking Portable Nietzsche* (pp. 46-47).

Norman, D. A. (1988). *The psychology of everyday things*. New York: Basic Books.

Norman, D. A. (no date) *Affordance, conventions and design*. Retrieved on 5-10-2002 from: http://www.jnd.org/dn.mss.affordances-interactions.html.

Norton Peirce, B. (1995). Social identity, investment, and language learning. *TESOL Quarterly, 29*, pp. 9-31.

Norton, B. (2000). *Identity and language learning: Gender, ethnicity and educational change*. New York: Longman.

Nöth, W. (1995). *Handbook of semiotics*. Bloomington, IN: Indiana University Press.

Nystrand, M. (1992). Social interactionism versus social constructionism. In A. H. Wold (Ed.), *The dialogical alternative: Towards a theory of language and mind* (pp. 157-174). Oslo: Scandinavian University Press.

Ochs, E. (2002). Becoming a speaker of culture. In C. Kramsch (Ed.), *Language acquisition and language socialization: Ecological perspectives* (pp. 99-120). London: Continuum.

Ogbu, J. U. (1991). Immigrant and involuntary minorities in comparative perspective. In M. A. Gibson and J. U. Ogbu (Eds.) *Minority status and schooling: A comparative study of immigrant and voluntary minorities* (pp. 3-33). New York: Garland Publishing.

Ogden, C. K. & Richards, I. A. ([1923] 1985). *The meaning of meaning*. London: Routledge.

Ohta, A. S. (2001). *Second language acquisition processes in the classroom: Learning Japanese*. Mahwah, NJ: Erlbaum.

Oyama, S. (2000). *Evolution's eye: A systems view of the biology-culture divide*. Durham, NC: Duke University Press.

Paikeday, T. (1985). *The native speaker is dead!* Toronto: Paikeday Publishing.

Palincsar, A., David, I. & Brown, A. (1992). Using reciprocal teaching in the classroom: A guide for teachers. Unpublished manuscript: The Brown/ Campione Research Group.

Passmore, J. (1978). *Science and its critics*. London: Duckworth.

Pavlenko, A. & Lantolf, J. (2000). Second language learning as participation and the (re)construction of selves. In J. Lantolf (Ed.) *Sociocultural theory in language learning* (pp. 155-178). Oxford: Oxford University Press.

Peirce, C. S. (1992 and 1998): *Selected Philosophical Writings*, Vols, 1 and 2. Bloomington, IN: Indianan University Press. Vol. 1: Edited by Nathan Houser and Christian Kloesel, 1992; Vol. 2. Edited by The Peirce Edition Project, 1998.

Pennycook, A. (1995). English in the world / The world in English. In J. W. Tollefson (Ed.), *Power and inequality in language education* (pp. 34-58). Cambridge: Cambridge University Press.

Pennycook, A. (2001). *Critical applied linguistics*. Mahwah, NJ: Erlbaum.

Pennycook, A. (forthcoming). Critical applied linguistics. To appear in A. Davies & C. Elder (Eds.), *Handbook of Applied Linguistics*. Oxford: Blackwell.

Phelan, P. & Davidson, A. L. (Eds.). (1993). *Renegotiating cultural diversity in American schools*. New York: Teachers College Press.

Phillipson, R. (Ed.) (2000). *Rights to language, Equity, power, and education*. Mahwah, NJ: Erlbaum.

Piaget, J. (1928). *Judgement and reasoning in the child*. London: Routledge and Kegan Paul.

Piaget, J. (1978). *Success and understanding*. Cambridge, MA: Harvard University Press.

Pica, T. (1992). The textual outcomes of native speaker-non-native speaker negotiation: What do they reveal about second language learning? In C. Kramsch and S. McConnell-Ginet (Eds.), *Text and Context Cross-Disciplinary Perspectives on Language Study*. Lexington, MA: D.C. Heath.

Pienemann, M. (1998). *Language processing and second language development: processability theory*. Philadelphia: John Benjamins.

Pinker, S. (1994). *The language instinct*. New York: William Morrow.

Poster, M. (1993). Foucault and the problem of self-constitution. In J. Caputo & M. Youny (Eds.), *Foucault and the critique of institutions* (pp. 63-80). University Park, PA: The Pennsylvania State University Press.

Postman, N. (1988). *Conscientious objections: Stirring up trouble about language, technology, and education*. New York: Vintage Books.

Postman, N. (1993). *Technopoly: The surrender of culture to technology*. New York: Vintage Books.

Potter, J. & Wetherell, M. (1987). *Discourse and social psychology: Beyond attitudes and behaviour*. London: Sage Publications.

Price, H. H. (1969). *Thinking and experience*. London: Hutchinson.

Prigogine, I. & Stengers, I. (1984). *Order out of chaos: Man's new dialogue with nature*. New York: Bantam Books.

Pullum, G. (1991). *The great Eskimo vocabulary hoax and other irreverent essays on the study of language*. Chicago: The University of Chicago Press.

Rampton. B. (2002). Ritual and foreign language practices at school. *LPI Working Paper No. 9*. Albany, Antwerp, Gent, London and Toronto: Working Papers on Language, Power & Identity.

Reddy, M. (1979). The conduit metaphor. In R. Ortony (Ed.), *Metaphor and thought*. Cambridge: Cambridge University Press.

Reed, E. S. (1988). *James J. Gibson and the psychology of perception*. New Haven CT: Yale University Press.

Reed, E. S. (1996). *Encountering the world: Toward an ecological psychology*. New York: Oxford University Press.

Riggins, S. H. (1997). The rhetoric of othering. In S. H. Riggins (Ed.), *The language and politics of exclusion: Others in discourse* (pp. 1-30). Thousand Oaks, CA: Sage Publications.

Rivers, W. M. & Temperley, M. S. (1978). *A practical guide to the teaching of English as a second language*. New York: Oxford University Press.

Rodriguez, R. (1981). *Hunger of memory*. Boston, MA: D. R. Godine.

Rogoff, B. (1993). Children's guided participation and participatory appropriation in sociocultural activity. In R. H. Wozniak & K. W. Fischer (Eds.), *Development in context: Acting and thinking in specific environments* (pp. 121-153). Hillsdale, NJ: Erlbaum.

Rogoff, B. (1995). Observing sociocultural activity on three planes: Participatory appropriation, guided participation, and apprenticeship. In J. V. Wertsch, P. Del Rio, & A. Alvarez (Eds.), *Sociocultural studies of mind* (pp. 139-164). Cambridge: Cambridge University Press.

Rogoff, B. & Gardner, W. (1984). Adult guidance in cognitive development. In B. Rogoff & J. Lave (Eds.), *Everyday cognition: Its development in social contexts*. *Cambridge*, MA: Harvard University Press.

Rommetveit, R. (1974). *On message structure*. New York: Wiley.

Rommetveit, R.(1998). Intersubjective attunement and linguistically mediated meaning in discourse. In S. Bråten (Ed.) *Intersubjective communication and emotion in early ontogeny* (pp. 354-371). cambridge: Cambridge University Press.

Rosch, E. (1997). Mindfulness meditation and the private (?) self. In U. Neisser & D. A. Jopling (Eds.), *The conceptual self in context: Culture, experience self-understanding* (pp. 185-202). Cambridge: Cambridge University Press.

Rosen, H. (1986). The importance of story. *Language Arts*, 63 (3), pp. 226-237.

Rossi-Landi, F.(1992). *Between signs and non-signs*. Amsterdam: John Benjamins.

Rutherford, W. E. (1987). *second language grammar: Teaching and learning*. London: Longman.

Ruthrof, H. (2000). *The body in language*. London: Cassell.

Sacks, H. (1963). Sociological description. *Berkeley Journal of Sociology*, 8, pp. 1-16.

Sacks, O. (1984). *A leg to stand on*. New York: Harper.

Sartre, J. P. (1957). *Being and nothingness*. London: Methuen.

Sato, C. (1988). Origins of complex syntax in interlanguage development. *studies in Second Language Acquisition*, 10, 3, pp. 371-395.

Saussure, F. (de) (1907/1983). *Course in general linguistics*. La Salle, IL: Open Court.

Schmidt, R. (1944) Deconstructing concsciousness in search of useful definitiones for applied linguistics. *Revue de l'AILA/AILA Review*, 11, pp. 11-26.

Schmidt, R. & Frota, S. (1986). Developing basic conversational ability in a second language: A case study of an adult learner of Portuguese. In R. Day (Ed.), *Talking to learn: Conversation in second language acquisition* (pp. 237-326). Rowley, MA: Newbury House.

Schumann, J. (1978). Social and psychological factors in second language acquisition. In J. Richards (Ed.) *Understanding second and foreign language learning*(pp. 163-178). Rowley, MA: Newbury House.

Schumann, J. (1990). The role of the amygdala as a mediator of acculturation and cognition in second language acquisition. In *Georgetown University Round Table on Language and Linguistics 1990* (pp. 176-196) Washington, D.C.: Georgetown University press.

Scollon, R (1976). *Conversations with a one-year old*. Hawaii: University of Hawaii Press.

Sebeok, T. A. (1994). *Signs: An introduction to semiotics*. Toronto: University of toronto press.

Sfard, A. (1998). On two metaphors for learning and the dangers of choosing just one. *Educational Researcher, 27*, pp. 4-13.

Shotter, J. (1984). *Social accountability and selfhood*. London: Blackwell.

Shotter, J. (1993). *Conversational realities: Constructing life through language*. London: Sage

Shotter, J. and Newson, J. (1982). An ecological approach to cognitive development: Implicate orders, joint action and intentionality. In G. Butterworth and P. Light (Eds.), *Social Cognition: Studies of the Development of Understanding*. Sussex: Harvester Press.

Skutnabb-Kangas, T. (2000). *Linguistic genocide in education, or worldwide diversity and human rights?* Mahwah, NJ: Erlbaum.

Skutnabb-Kangas, T. & Phillipson, R. (Eds.) (1995). *Linguistic human rights: Overcoming linguistic discrimination*. Berlin: Mouton.

Slavin, R. E. (1983). *student team learning: An overview and practical guide*.

washington, D.C.: National Education Association.

Sperber, D. & Wilson, D. (1986). *Relevance: Communication and cognition.* Oxford: Basil Blackwell.

Stenhouse, L. (1975). *An introduction to curriculum research and development.* London: Heinemann.

Stephens, J. (1912). *The crock of gold.* London: Macmillan.

Stewart, I. (1989). *Does God play dice? The mathematics of chaos.* Oxford: Basil Blackwell.

Sullivan, P. N. (2000). playfulness as mediation in communicative language teaching in a Vietnamese classroom. In J. P. Lantolf (Ed), *sociocultural theory and second language learning* (pp. 115-131). Oxford: Oxford University press.

Swain, M. (2000). The output hypothesis and beyond: Mediating acquisition through collaborative dialogue. In J. P. Lantolf (Ed), *Sociocultural theory and second language learning* (pp. 97-114). Oxford: Oxford University press.

Swain, M. & Lapkin, S. (2000). Task-based second language learning: The uses of the first language. *Language Teaching Research*, 4, pp. 251-274.

Thibault, P. J. (1997). *Re-reading Saussure: The dynamics of signs in social life.* London: Routledge.

Thorne, S. L. (2000a). Second language acquisition theory and the truth(s) about relativity. In J. P. Lantolf (Ed), *Sociocultural theory and second language learning* (pp. 219-244). Oxford: Oxford University press.

Thorne, S. L. (2000b). Beyond bounded activity systems: Heterogeneous cultures in instructional uses of persistent conversation. Proceedings of the Thirty-Third Annual Hawaii International Conference on system sciences (CD-ROM), IEEE computer Society, Los Alamitos, CA.

Todorov, T. (1984). *Mikhail bakhtin: The dialogical principle*, (translated by Wlad Godzich). Minneapolis: University of Minnesota Press.

Tomasello, M. (2001). *Cultural origins of human cognition.* Cambridge, MA: Harvard University Press.

Tornberg, U. (2000). On foreign language teaching and learning in a discursive space. English summary of Ph. D. Dissertation, University of Örebro, Sweden.

Toulmin, S. (1982). The genealogy of 'consciousness.' In P. F. Secord (Ed.), *Explaining human behavior: Consciousness, human action, and social structure* (pp. 53-70). Beverly Hills: Sage.

Trappes-Lomax, H. & Ferguson, G. (Eds.). (2002). *Language in language teacher education.* Amsterdam: John Benjamins.

Trevarthen, C. (1990). Signs before speech. In T. Sebeok & Sebeok-Umiker, J. (Eds.), *The semiotic web* (pp. 689-755). The Hage: Mouton.

Trevarthen, C. (1998). The concept and foundations of infant intersubjectivity. In S. Bråten (Ed.), *Intersubjective communication and emotion in early ontogeny* (pp. 15-46). Cambridge: Cambridge University Press.

Trim, J. L. M. (1959). Historical, descriptive and dynamic linguistics. *Language and Speech*, 2, pp. 9-25.

Tudge, J. (1990). Vygotsky, the zone of proximal development, and peer collaboration: Implications for classroom practice. In L. C. Moll (Ed.), *Vygotsky and education: Instructional implications and applications of sociohistorical psychology* (pp. 155-172). Cambridge: Cambridge University Press.

Turner, J. (1988). *A theory of social interaction.* Stanford: Stanford University Press.

Turvey, M. (1992). Ecological foundations of cognition: Invariants of perception and action. In H. L. Oick, Jr., P. van den Broek & D. C. Knill (Eds.), *Cognition: Conceptual and methodological issues* (pp. 85-117). Washington, D. C.: American Psychological Association.

Ullman, S. (1980). Against direct perception. *The Behavioral and Brain Sciences, 3*, pp. 373-415.

Valsiner, J. & van der Veer, R. (2000). *The social mind: Construction of the idea.* Cambridge: Cambridge University Press.

van Dam, J. (200). Ritual, face, and play in a first English lesson: Bootstrapping a classroom culture. In C. Kramsch (Ed.), *Language acquisition and language socialization: Ecological perspectives* (pp. 237-265). London: Continuum.

van Lier, L. (1988). *The classroom and the language learner.* London: Longman.

van Lier, L. (1994a). Educational linguistics: Field and project. In J. Alatis (Ed.), *Georgetown University Round Table on Languages and Linguistics 1994* (pp. 199-209). Washington, D. C.: Georgetown University Press.

van Lier, L. (1994b). Forks and hope: Pursuing understanding in different ways. *Applied Linguistics, 15*, pp. 328-346.

van Lier, L. (1994c). Some features of a theory of practice. *TESOL Journal, 4*, pp. 6-10.

van Lier, L. (1995). *Introducing language awareness.* London: Penguin UK. See also http://maxkade.miis.edu/Faculty_Pages/lvanlier/

Van Lier, L. (1996). *Interaction in the language curriculum: Awareness, autonomy and authenticity.* London: Longman.

van Lier, L. (1998). The relationship between consciousness, interaction and language learning. *Language Awareness*, 7, pp. 128-145.

van Lier, L. (2000). From input to affordance: Social-interactive learning from an ecological perspective. In J. P. Lantolf (Ed.), *Sociocultural theory and second language learning: Recent advances* (pp. 245-259). Oxford: Oxford University Press.

van Lier, L. (2002). An ecological-semiotic perspective on language and linguistics. In C. Kramsch (Ed.), *Language Acquisition and Language Socialization. Ecological perspectives* (pp. 140-164). London: Continuum.

van Lier, L. (2003). A tale of two computer classroom: The ecology of project-based language learning. In J. Leather & J. van Dam (Eds.), *Ecology of language acquisition* (pp. 49-63). Dordrecht: Kluwer Academic.

van Lier, L. & Matsuo, N. (2000). Varieties of conversational experience: Looking for learning opportunities. *Applied Language Learning*, 10. pp. 2.

van Maanen, J. (1988). *Tales of the field*. Chicago, IL: University of Chicago Press.

van Manen, M. (1990). *Researching lived experience: Human science for an action sensitive pedagogy*. New York: SUNY Press.

van Manen, M. (1991). *The tact of teaching*. Albany, NY: SUNY Press.

van der Veer, R. & Valsiner, J, (1991). *Understanding Vygotsky: A quest for synthesis*. Oxford: Basil Blackwell.

Varela, F. J., Thompson, E. and Rosch, E. (1991). *The embodied mind: Cognitive science and human experience*. Cambridge, MA: The MIT Press.

Verhoeven, L. (1990). Language variation and learning to read. In P. Reitsma and L. Verhoeven (Eds.), *Acquisition of reading in Dutch* (pp. 105-120). Dordrecht: Foris.

Volosinov, V. N. (1973). *Marxism and the philosophy of language*. Cambridge, MA: Harvard University Press.

von Bertalanffy, L. (1968). *General system theory*. New York: Braziller.

Vonnegut, K. (1990). *Hocus pocus*. New York: Putnam Press.

Vygodskaia, G. L. (1995). Remembering father. *Educational Psychologist, 30*, pp. 57-59.

Vygotsky, L. S. (1962). *Thought and language*. (Transl, E. Hanfmann & G. Vakar). Cambridge, MA: MIT.

Vygotsky, L. S. (1978). *Mind in society*. Cambridge: Cambridge University Press.

Vygotsky, L. S. (1986). *Thought and language*. (Transl. A. Kozulin). Cambridge, MA: MIT.

Vygotsky, L. S. (1987). *Thinking and speech*. (Transl. N. Minick). In The Collected Works of L. S. Vygotsky, Volume 1: Problems of general psychology. New York: Plenum Press.

Vygotsky, L. S. (1993). The collected works of L. S. Vygotsky, Volume 2: *The fundamentals of defectology*. New York: Plenum Press.

Vygotsky, L. S. & Luria, A. (1994). Tool and symbol in child development. In R. van der Veer & J. Valsiner (Eds.), *The Vygotsky reader* (pp. 99-174). Oxford: Basil Blackwell.

Waldrop, M. M. (1992). *Complexity: The emerging science at the edge of order and chaos*. New York: Simon & Schuster.

Walqui, A. (2000). *Access and engagement*. Washington, D. C.: Center for Applied Linguistics and Delta Systems.

Warschauer, M. (1998). *Electronic literacies: literacies, language, culture, and power in online education*. Mahwah, NJ: Erlbaum.

Wegerif, R. & Scrimshaw, P. (Eds.). (1997). *Computers and talk in the primary classroom*. Clevedon, England: Multilingual Matters.

Wells, G. (1986). *The meaning makers: Children learning language and using language to learn*. Portsmouth, NH: Heinemann.

Wells, G. (1999). *Dialogic inquiry: Towards a sociocultural practice and theory of education*. Cambridge: Cambridge University Press.

Wells, G. (2000). Dialogue in activity theory. Unpublished paper, based on a presentation at AAAL, Vancouver, March 2000.

Wenger, E. (1998). *Communities of practice: Learning, meaning, and identity*. Cambridge: Cambridge University Press.

Werner, H. (1956). Microgenesis and aphasia. *Journal of Abnormal and Social Psychology*, 52, pp. 347-353.

Werker, J. F. & Tees, R. C. (1984). Cross language speech perception. Evidence for perceptual reorganization during the first year of life. *Infant Behavior and Development, 7*, pp. 49-63.

Wertsch, J. V. (1985). *Vygotsky and the social formation of mind*. Cambridge, MA: Harvard University Press.

Wertsch, J. V., Del Rio, P., & Alvarez, A. (Eds.). (1995). *Sociocultural studies of mind*. Cambridge: Cambridge University Press.

Whitehead, A. N. (1929). *The aims of education*. New York: The Free Press.

Wiener, N. (1948). *Cybernetics*. Cambridge, MA: MIT.

Wiley, N. (1994). *The semiotic self*. Chicago, IL: University of Chicago Press.

Wilson, R. A. & Keil, F. C. (Eds.). (1999). *The MIT encyclopedia of the cognitive sciences*. Cambridge, MA: MIT.

Winnips, J. C. (2001). Scaffolding-by-Design: A model for WWW based learner support. Dissertation Enschede: University of Twente. Online: http://scaffolding.edte.utwente.nl/

Wittgenstein, L. (1974). *Philosophical grammar*. Berkeley: University of California Press.

Wittgenstein, L. (1980). *Culture and value*. Chicago, IL: University of Chicago Press.

Wolf, G. & Love, N. (Eds.). (1997). *Linguistics inside out: Roy Harris and his critics*. Amsterdam: John Benjamins.

Wood, D. (1988). *How children think and learn*. Oxford: Basil Blackwell.

Wood, D., Bruner, J. & Ross, G. (1976). The role of tutoring in problem-solving. *Journal of Child Psychology and Child psychiatry, 17*, pp. 89-100.

Wortham, S. (1994). *Acting out participation examples in the classroom*. Amsterdam: John Benjamins.

Wortham, S. (2001). *Narratives in action: A strategy for research and analysis*. New York: Teachers College Press.

찾아보기